科学社会主义若干问题探讨

李心华　著

山东大学出版社

图书在版编目(CIP)数据

科学社会主义若干问题探讨/李心华著. —济南：
山东大学出版社，2020.5
ISBN 978-7-5607-6565-5

Ⅰ.①科…　Ⅱ.①李…　Ⅲ.①科学社会主义理论—理论研究
Ⅳ.①D0-0

中国版本图书馆 CIP 数据核字(2020)第 007303 号

策划编辑：祝清亮
责任编辑：刘森文
封面设计：谷盼强　刘芳蕾

出版发行：山东大学出版社
社　址　山东省济南市山大南路 20 号
邮　编　250100
电　话　市场部(0531)88363008
经　销：新华书店
印　刷：济南华林彩印有限公司
规　格：720 毫米×1000 毫米　1/16
22.75 印张　418 千字
版　次：2020 年 5 月第 1 版
印　次：2020 年 5 月第 1 次印刷
定　价：98.00 元

前　言

《科学社会主义若干问题探讨》一书共分三编，每编各有主题。上编的主题是社会主义历史进程研究。作者认为，马克思、恩格斯的“同时胜利”论是就社会革命而言的，并不否定政治革命可以在一国首先取得胜利；列宁的“一国胜利”论是就政治革命而言的，并不否定社会革命的最终胜利必定是世界性的胜利。“一国胜利”论与“同时胜利”论的精神是一致的。列宁的新贡献，一是结合资本主义发展不平衡规律明确提出“一国胜利”论，二是在俄国国内战争结束后，根据国内外的新形势，提出一国可以建立社会主义基本制度的思想。

中编的主题是科学社会主义基本理论研究。本编对科学社会主义的若干重大问题，从理论与实践的结合上做了认真探讨。诸如对判定无产阶级政党的标准、马克思关于无产阶级革命前提条件的思想、马克思“跨越卡夫丁峡谷”的设想、巴黎公社革命的客观条件和失败原因、列宁关于比较落后国家首先走向社会主义的思想、科学社会主义的基本概念、社会主义社会的基本特征等问题，都做了力求追寻马列主义创始人真实思想和历史本来面目的阐释。

下编的主题是马克思主义中国化与中国特色社会主义研究。本编对具有中国特色的革命道路和建设道路尤其是改革道路做了认真探讨。诸如对社会主义改革的性质、社会主义本质论、社会主义初级阶段论、社会主义经济体制改革、社会主义政治体制改革、社会主义精神文明建设、“一国两制”构想、时代性质和时代主题等重大问题，都做了实事求是的研究。书中舛误之处，敬请读者批评指正。

李心华

2020 年 1 月 6 日

目　录

上　编

中　编

下 编

上　编

关于社会主义“同时胜利”和“一国胜利”问题辨析

——《社会主义胜利问题研究》[①](代序言)

高　放

一、“同时胜利”论和“一国胜利”论分歧的由来

自从16世纪资本主义在西欧发展起来、暴露出新兴资产者与无产者贫富两极分化和弱肉强食、野蛮掠夺等弊病后，社会主义思潮就应运而生。从1516年英国人托·莫尔出版的专著《乌托邦》到1844年罗·欧文写成的《新道德世界书》，300多年间西欧有众多空想主义者，都构想在海外某个仙岛或在某个地区先试验建立理想社会的样板，然后再把它推广到全国以至全世界。19世纪40年代，卡·马克思和弗·恩格斯把社会主义从空想变为科学后就对社会主义的世界进程改变了看法。他们不是从道德伦理的观点来谴责资本主义的不人道、不合理，而是从科技、产业和生产力革命的实现来论证社会主义必然取代资本主义。既然科技、产业和生产力革命已先在西欧北美实现，那么他们就认为社会主义将首先在西欧北美较发达的众多国家几乎同时实现，然后再带动、帮助东欧和亚非拉不发达国家逐步进入社会主义。这就是他们所设想的世界社会主义发展的图式。早在1846年他们两人合著的《德意志意识形态》这部奠基著作中就明确指出：“只有随着生产力的这种普遍发展，人们之间的普遍交往才能建立起来”……“交往的任何扩大都会消灭地域性的共产主义。共产主义只有作为占统治地位的各民族‘立即’同时发生的行动才可能是经验的，而这是以生产力的普遍发展和与此有关的世界交往的普遍发展为前提的。”[②]1847年，恩格斯在《共产主

---

① 拙著《社会主义胜利问题研究》1995年在华龄出版社出版，著名政治学家、中国人民大学教授高放先生(1927～2018)为本书作序。在本文集出版之际，特收录高放先生的序言放在首篇，以飨读者。

② 《马克思恩格斯选集》第1卷，人民出版社1972年版，第39～40页。

义原理》中更具体地讲道：由于大工业在世界的广泛发展，所以共产主义革命“将在一切文明国家里，即至少在英国、美国、法国、德国同时发生”①。可见他们完全是从唯物史观和共产主义世界革命的普遍性来论证共产主义将要在发达国家同时发生。他们虽然是使用“同时发生”而不是使用“同时胜利”，但两者的含义是接近的。所谓“同时发生”或“同时胜利”应该理解为某一国无产阶级带头夺取政权并开始社会主义建设后，其他先进国家的无产阶级就会很快起来响应，使社会主义革命接连取得胜利。所谓“同时”是相对的，即相隔时间不太长，譬如几年或十几年，而不能从绝对意义上把它说成是同年、同月、同日。然而他们所预计的世界生产力和世界交往的普遍发展，并不是发展得那么快，所以他们所预测的世界各国社会主义的“同时发生”始终没有出现。他们自己生前也只是把社会主义的首先胜利主要寄希望于英、法、德三国。以至于恩格斯晚年(1892 年)还这样说：“欧洲工人阶级的胜利，不是只依靠英国一个国家。它至少需要英法德三国的共同努力，才能得到保证。”②事实证明，马克思、恩格斯虽然奠定了唯物史观，揭示了世界社会主义的趋势，但是他们对 19 世纪资本主义发展的程度和无产阶级的革命力量估计过高，而对资产阶级的统治能力和自我调节能力则估计过低，以至于当今英、法、德三国的工人阶级都还未能取得胜利。他们并未讲过英、法、德三国之中某一国可以首先取得社会主义胜利而其余两国会长期停留在资本主义。他们确实预计过会由这三国之中的某一国率先带头进行社会主义革命和社会主义建设，“先是单个国家实行”③社会主义，然后其他两国隔不了几年就会紧步跟随也走上社会主义道路，进而带动整个西欧以至东欧、北美和亚非拉进入社会主义世界。总之，他们是主张在资本主义世界的核心地带对世界资本主义进行决定性打击，这样来扩展世界社会主义的胜利；他们仅是在终极意义上认为共产主义制度或共产主义社会会“同时发生”。如果说，他们仅在早期提出过社会主义的“共同发生”，而并没有明确说过“共同胜利”的话，那么应该说，他们直到后期也没有明确说过社会主义可能在一国或几国首先胜利而其他国家会长期停留在资本主义阶段。如果采用后来的说法，可以说马、恩既提出“同时胜利”论，又主张“一国胜利”论，即由一国带头胜利很快达到发达国家同时胜利。

关于“同时胜利”论和“一国胜利”论的鲜明分歧是发生在第一次世界大战期间，而这一分歧显然与是否要提出“欧洲联邦”口号问题有密切关系的，这一点是后来争论者有所忽视的。这里不能不稍加说明。从资本主义兴起以来，资产阶

① 《马克思恩格斯选集》第 1 卷，人民出版社 1972 年版，第 221 页。

② 《马克思恩格斯选集》第 3 卷，人民出版社 1972 年版，第 403 页。

③ 《马克思恩格斯全集》第 37 卷，人民出版社 1971 年版，第 443 页。

级、小资产阶级的众多思想家都曾经主张把欧洲各国联合组成欧洲联邦，工人运动中有巴枯宁、拉萨尔等人附和过这种论调，曾经遭到马克思、恩格斯的批评。[①]但是从无产阶级社会主义立场出发，马、恩也认为欧洲联邦是一种势不可当的发展趋势。1893 年 6 月底，英国《每日纪事报》记者曾经问恩格斯：您认为成立欧洲联邦的时间不远了吗？明确的回答是：“当然，一切都在朝着这个方向走，因为我们的思想正在全欧洲传播。……全世界的工人都在迅速地学习联合的艺术。”[②]事隔 20 多年之后，在第一次世界大战期间，德、俄等国的社会民主党人仍有人提出“欧洲联邦”的口号。列宁经过缜密研究、深思熟虑之后，感到不妥，所以于 1915 年 8 月发表《论欧洲联邦口号》一文，指出：“在资本主义制度下建立欧洲联邦，就等于缔结瓜分殖民地的协定。”[③]而世界联邦“是同社会主义相联系的、各民族实行联合并共享自由的国家形式”，但是也不宜作为独立口号提出。“因为它会造成一种曲解，以为社会主义不可能在一个国家内获得胜利，并且会使人曲解这样的国家和其余国家之间的关系。”“经济和政治发展的不平衡是资本主义的绝对规律。由此就应得出结论：社会主义可能首先在少数甚至在单独一个资本主义国家内获得胜利。”[④]一年后，即 1916 年 9 月，列宁在《无产阶级革命的军事纲领》一文中更明确地重申：“社会主义不能在所有国家内同时获得胜利。它将首先在一个或者几个国家内获得胜利，而其余的国家在一段时间内将仍然是资产阶级的或资产阶级以前的国家。”[⑤]由此可见，列宁是在批驳欧洲联邦和世界联邦主张时提出“一国胜利”论的。

对列宁的上述重要原理，我认为要明确以下四点。第一，把“同时胜利”和“一国胜利”作为两种观点鲜明地对立起来，是列宁自己在这里首先提出的，而不是像好多同志所说，这是后来斯大林炮制出来的。第二，列宁在这里所说的“同时胜利”论，并不是针对马克思、恩格斯的理论，因为他们只是从终极意义上预见过社会主义将在发达国家“同时发生”，而从未讲过社会主义将在所有国家同时胜利。第三，列宁在这里所说的“同时胜利”论是针对当时考茨基、托洛茨基等人的主张。考茨基在 1915 年 2 月写的《民族国家、帝国主义国家和国家联盟》小册子中，曾经把资本主义社会的发展分为民族国家、帝国主义国家和国家联盟三个阶段。他认为这种国家联盟即世界联邦，是资本主义最后的、最高级的形态，“而

---

① 参见高放：《欧洲联邦口号的反动实质》，《教学与研究》1962 年第 6 期。

② 《马克思恩格斯全集》第 22 卷，人民出版社 1965 年版，第 635 页。

③ 《列宁全集》第 26 卷，人民出版社 1988 年版，第 366 页。

④ 《列宁全集》第 26 卷，人民出版社 1988 年版，第 367 页。

⑤ 《列宁全集》第 28 卷，人民出版社 1990 年版，第 88 页。

无产阶级将在这种最后、最高级形态中夺得权力"，这是一条牺牲最少、痛苦最小的道路。这是右倾观点。托洛茨基则从"左"的方面坚持鼓吹欧洲联邦和世界联邦，急于搞世界革命，反对社会主义首先在一国或几国胜利。第四，列宁既反右又反"左"，既坚持又发展了马克思主义。他坚持了马、恩提出的社会主义将在一个或几个发达国家首先胜利的思想，又从到了20世纪才表现更为突出的资本主义经济政治发展不平衡的规律来论证这一问题；马、恩只讲到英、法、德三国要共同胜利，列宁根据俄国资本帝国主义的新发展，显然已把俄国也考虑包括在内。他不同意俄国社会民主党再提出"欧洲联邦"的口号，这岂不是明证？至于他在1917年以后对马、恩思想的进一步大发展，那就更值得重视和研究了。

二、列宁对"一国胜利"论的大发展和俄共(布)党内的争论

如果说列宁于1915～1916年间提出"一国胜利"论还只是单纯从理论上论述这个问题，那么1917年俄国二月革命后，一国能否首先胜利则开始变成为实践中的重大问题，即俄国能不能带头去夺取社会主义的胜利。列宁进而力排右的和"左"的干扰，把马克思主义理论与俄国实际相结合，从1917年至1923年间先后依次递进波浪式地解决了以下四个问题。

第一，1917年4月提出俄国在推翻沙皇专制制度后资产阶级民主革命的任务已经基本完成，主张过渡到社会主义革命；从7月起积极准备举行武装起义；10月间率领革命工人和士兵夺取政权，取得了社会主义政治革命的胜利。

第二，1918年初他提出俄国一国开展社会主义改造和社会主义建设的计划。这时他还热切指望西欧多国会在俄国社会主义革命推动之下很快起来进行革命。马、恩当年预计西欧社会主义的进程是法国工人开始，德国、英国工人完成，或者德国工人开始，法国、英国工人完成，列宁于1918年1月表示深信："俄国人开始了，德国人、法国人、英国人将去完成，社会主义定将胜利。"[①]果然，这一年11月德国爆发了革命，推翻了君主制度，1919年3月匈牙利成立了苏维埃共和国。看来欧洲革命高潮已经到来，这时列宁脑子也开始发热，对世界社会主义形势作了过高估计。他在国内推行战时共产主义政策，以为可以一步登天，直接过渡到共产主义；在国际上加速推进世界革命，急于在1919年3月建立共产国际作为领导无产阶级世界革命的总指挥部。本来他于1915年时已明确表示不宜提出"世界联邦"的口号，可是正是他自己在1919年3月深信"国际苏维埃

① 《列宁全集》第33卷，人民出版社1985年版，第279页。

共和国的建立已经为期不远了”[①],1920 年 1 月进而提出为“建立世界苏维埃联邦共和国而斗争”[②]。这表明列宁已改变了看法。他认为从 1917 年俄国首先取得社会主义革命的一国胜利,到全世界社会主义革命的共同胜利,用不了几年时间,简直比马、恩当年的预计还要快。可是后来事态的发展却十分曲折。从 1921 年起,欧洲革命显然已开始转入低潮。

第三,俄国结束了三年内战和外战之后,从 1921 年也转入和平建设。是年 10 月列宁明确提出:“无产阶级力求建成社会主义社会。”[③]这时列宁深刻反省,总结经验,拨乱反正,调整路线。在世界革命推迟的新形势下,争取同资本主义国家较长期和平共处,要善于利用资本主义国家之间的矛盾,发展国际经贸与科技合作;加强工农政权,从俄国欠发达的实际出发,转向实行新经济政策,采取迂回曲折的办法,在俄国铲除封建主义残余,利用国家资本主义,发展社会主义民主,提高人民大众文化,加强执政党建设,沿着合作化、工业化、电气化、社会化的道路逐步建成社会主义。这样,列宁晚年也就大体上解决了一国如何建成社会主义的问题。

第四,列宁认为,如果其他国家长期不发生革命,就不能说俄国取得了社会主义的最终胜利。尽管苏维埃俄国的军事力量将比任何一个资本主义强国都强大,还不能说苏俄已免除了遭到资本主义列强武装进攻和资本主义复辟的危险。“尽管这样,危险并没有消除,危险还存在着,直到革命在一个或几个先进国家里取得胜利为止。”[④]“资本是一种国际力量,要想彻底战胜它,工人在国际范围内也必须共同行动起来。”[⑤]即是说,社会主义在一国的最终胜利还有赖于社会主义在几个先进国家的共同胜利。由此可见,社会主义的一国胜利与共同胜利也是辩证的统一,并不是完全对立的。这既符合原来马、恩的设想,又是列宁对马克思主义社会主义革命论的新发展。

刚开始,列宁比较正确地解决了俄国一国如何继续发展社会主义建设的问题,不幸的是,他于 1924 年 1 月过早溘然长逝!这时也正是西方资本主义进入相对稳定时期,在这种国际条件下,苏联能否单独一国建成社会主义呢?对此,俄共(布)中央内部,以斯大林和布哈林等为一方,托洛茨基、季诺维也夫、加米涅夫等为另一方,从 1924 年至 1927 年,展开了一场延续四年的激烈争论。简而言

① 《列宁全集》第 35 卷,人民出版社 1985 年版,第 503 页。
② 《列宁全集》第 38 卷,人民出版社 1986 年版,第 50 页。
③ 《列宁全集》第 42 卷,人民出版社 1987 年版,第 185 页。
④ 《列宁全集》第 40 卷,人民出版社 1986 年版,第 3 页。
⑤ 《列宁全集》第 40 卷,人民出版社 1986 年版,第 318～319 页。

之，斯大林等捍卫并且发挥了列宁的上述思想；托洛茨基等依然坚持其“不断革命论”，主张要不断推进世界革命，反对一国建成社会主义。本来理论上、政策上的分歧可以按照民主集中制的原则，求同存异，少数服从多数，多数尊重少数，以实践来检验真理。可惜的是，由于分歧中掺杂着争夺权力和派别斗争的因素，以致这场论战发展到把反对派清除出党，并且作为敌特分子加以肉体消灭的结局。而且在争论中，斯大林对马克思、恩格斯和列宁的思想观点，也有形而上学的解释。例如，硬说马、恩就是主张“同时胜利”论，列宁则是提出“一国胜利”论；硬说列宁与马、恩的观点是对立的，两者在各自不同的时代都是正确的；等等。在论战中斯大林还前后矛盾，修改自己的观点。如前所述，实际上列宁与马、恩在观点上既有一致性和继承性，又有差异性和超越性。斯大林的一些错误解释，通过1938年10月出版的《联共(布)党史简明教程》这部被称为“行动中的马列主义”的百科全书的传播，在苏联和各国共产党人的思想中统治了几十年。

三、究竟应该怎样正确认识这桩理论公案

在《联共(布)党史简明教程》结束语中，按照斯大林在20年代论战中的说法，在理论上又拔得更高。其中说恩格斯和马克思关于社会主义革命只能同时胜利的旧公式已经不适合于新的历史条件，如果列宁没有足够的勇气抛开马克思主义的旧结论，而代之以社会主义能够在单独一个国家内获得胜利的新结论，那么，党就会在黑暗中徘徊，无产阶级就会遭到失败。“可以毫不夸大地说，恩格斯逝世后，最伟大的理论家列宁以及继列宁之后的斯大林和列宁的其他学生，是唯一向前推进了马克思主义理论、用无产阶级斗争新条件下的新经验丰富了这个理论的马克思主义者。”①实际上列宁是继承并发展了马、恩的思想，却硬说是列宁抛开了马、恩的旧结论；而且在任意拔高列宁之时，把斯大林也编入最伟大理论家的行列。

在1956年苏共二十大批判了对斯大林的个人崇拜和《联共(布)党史简明教程》中的严重错误之后，在苏联理论界长期没有见到有人出来为这一桩历史上的理论公案翻案。相反，在1959年、1962年、1969年、1972年和1977年五次新编的《苏联共产党历史》结束语中，还是一如既往地不断重复以上这些错话，只是删除了对斯大林的歌颂，而代之以对赫鲁晓夫或勃列日涅夫的个人崇拜。可见，因循守旧是何等严重！僵化思想和教条主义在苏联理论界是何等根深蒂固！

① 《联共(布)党史简明教程》，人民出版社1975年版，第393页。

在世界共产党人中，最早起来为这桩理论公案写翻案文章的是原西班牙共产党理论家费南德·克劳丁。他于1937年当选为西共中央委员，1947～1965年为中央政治委员会委员，1965年因与西共领导人有严重分歧而被开除党籍。1969年他写成《共产主义运动——从共产国际到共产党情报局》两卷本。这部书有较大国际影响，先后出版西班牙文、法文、英文、德文版，中文版也于1982年、1983年问世，其中的主要部分节译先刊于《马列著作编译资料》第13期(人民出版社1981年版)。书中引用不少材料，说明马、恩和列宁都认为由于生产力使资本主义成为世界体系，所以社会主义革命本质上是世界革命，它必须在先进国家取得胜利；他们虽然没有设想过社会主义革命可以在所有先进国家同时胜利，但"仍然把这场革命看作是彼此紧跟出现和彼此紧密地相互依赖的一系列社会主义革命"[①]。斯大林说"列宁以一国可以单独建立社会主义的理论，修正了马克思有关这方面的观点，这种说法是不符合历史事实的。这是斯大林为了提供权威性的论据以证明他关于这一问题的观点而捏造的"[②]。他认为"一国社会主义"完全是斯大林独自炮制的谬论，斯大林之所以能够轻易地篡改列宁在这一问题上的理论，乃是因为"政治革命"和"社会革命"这两个概念是有区别的。意即列宁所说的一国胜利只是指夺取政权的政治革命，而并非指改变整个社会形态的社会革命。实际上列宁在1915～1916年最早提出"一国胜利"论时，虽然主要指政治革命，但是也包含社会革命在内。列宁说：一个国家内"获得胜利的无产阶级既然剥夺了资本家并在本国组织了社会主义生产，就会奋起同其余的资本主义世界抗衡"。[③] 剥夺资本家并组织社会主义生产，这岂不是社会革命的开端吗？列宁当时还是深信，由某一国开端之后，其他一些国家会群起响应、达到共同胜利的。还有，克劳丁表示既反对托洛茨基所鼓吹的以建立欧洲联邦为目标的"不断革命论"，又反对斯大林的"一国社会主义论"。他看到"托洛茨基的极端'欧洲中心主义'与斯大林的极端'俄罗斯中心主义'是完全不可调和的"[④]。既然两者都不可取，那么在1924年以后世界资本主义相对稳定时期以及随后到来的危机时期，苏联该怎么办呢？该走什么道路呢？克劳丁并没有正面回答这个问题。可见，尽管克劳丁推翻了把列宁与马、恩对立起来的旧结论，仍然未能

① [西班牙]费南德·克劳丁：《共产主义运动——从共产国际到共产党情报局》第1卷，方光明等译，福建人民出版社1982年版，第39页。

② [西班牙]费南德·克劳丁：《共产主义运动——从共产国际到共产党情报局》第1卷，方光明等译，福建人民出版社1982年版，第38页。

③ 《列宁全集》第26卷，人民出版社1988年版，第367页。

④ [西班牙]费南德·克劳丁：《共产主义运动——从共产国际到共产党情报局》第1卷，方光明等译，福建人民出版社1982年版，第71～72页。

使人们对这个问题获得正确的答案。

1978年底,我国端正了指导思想,开始解放思想、实事求是地研究问题以来,理论界也就这一问题重新探索。最早是《江淮论坛》1980年第4期发表李良瑜的《马克思恩格斯提出过"同时胜利"吗?》和《社会科学研究》同年第5期刊登袁亚愚的《"社会主义革命不能在单独一国获胜"并非马、恩的观点》。可能由于袁文曾收入《新华文摘》的关系,影响更大一些。自此报刊上曾就此问题展开争鸣。中央编译局、中国社会科学院等单位还于1985年11月在杭州召开过关于社会主义在一国胜利问题讨论会。1986年10月东方出版社出版中央编译局编译的《"一国社会主义"问题论争资料》,提供了联共(布)党内20年代就此问题论争的原始发言和文稿。15年来报刊上先后发表30多篇文章,主要观点分歧如下:第一种看法,马、恩没有提出"共同胜利论",恩格斯说过的"共同发生"只是他个人偶然有过的思想,并不周密、完善,不足为凭。还有人认为,恩格斯晚年已明确提出"一国胜利论"。第二种看法,马、恩只有过"共同发生"的思想,并无"共同胜利"的思想。有人认为马、恩主张"共同发生"是一贯的,有人则说因这种看法不科学,后来已放弃了。第三种看法,马、恩没有提出过"共同胜利","共同发生"也只是由恩格斯讲过一次,他们共同提出并始终一贯坚持的是社会主义革命的世界性。第四种看法,马、恩确实提出过"共同胜利",但实践证明在当时就是错误的,后来由列宁加以纠正。第五种看法,马、恩和列宁都是主张"共同胜利论","一国胜利论"是后来斯大林杜撰的。第六种看法,马、恩、列、斯都是主张"一国胜利论",他们依据形势的变化和实践的经验,不断充实并向前发展。第七种看法,"一国胜利论"揭示的是历史发展的特殊规律,"共同胜利论"揭示的是历史发展的一般规律,这两种不同规律所产生的社会形态分别是特殊形态的社会主义和一般形态的社会主义,两者既有联系又有区别。第八种看法,列宁的"一国胜利论"在实践中已经得到证实,今后在新科技革命迅猛发展条件下,欧洲共同体的发展将实现"同时胜利"论。第九种看法,"一国胜利论"已因苏联的解体而证明行不通,未来将回到世界"同时胜利论"。第十种看法,马、恩、列都主张"一国胜利论",列宁是在实践中具体实现了马、恩的思想。最近我见到宁夏大学一位教师给我送来的未发表的手稿,其标题是《马克思、恩格斯指明了俄国十月革命胜利的道路》。文中引用了大量马、恩晚年预见到俄国革命即将爆发及其重大意义的论述,以此来说明他在文章标题中列出的主题。在这里,作者忽略了一个重要前提,即马、恩反复预见的俄国革命只是推翻沙皇专制制度的民主革命;这一革命将引发西欧社会主义革命,然后由西欧再推动俄国社会主义革命,这样就不会只是一国胜利。作者还认为,斯大林把马、恩、列开创的十月革命和俄国社会主义的业绩都记在自己的功劳簿上，在《斯大林传略》等书中硬说是“斯大林发起创办领导的1912年《真理报》奠定了布尔什维主义1917年胜利的基础”，是“斯大林论证了一国胜利的列宁原理，预言了俄国先胜”等等。这十种看法，只是就我所见到的文稿的大体粗略综合；如果细分的话，各人观点还有不少差异。

除报刊文章外，从已出版的专著来看，对这一问题论述较多的，有广西人民出版社出版的两位中青年学者的力作，即李忠杰著《列宁主义论纲》(1992年版)和俞良早著《列宁主义研究》(1993年版)。李忠杰认为：恩格斯所提出的无产阶级革命“同时发生”的结果，可以是“同时胜利”，也可以是“一国或数国胜利”，此后马、恩没有再使用过“同时发生”的措辞，李也说：列宁于1915～1916年提出社会主义能够在一国胜利，是指“以夺取政权为主要标志的政治革命的胜利，不是指社会革命意义上的胜利，而且列宁是把俄国排除在能够实现社会主义的国家之外的”。我以为这样理解未必准确，理由已如上述。李还对社会主义革命胜利的空间范围和时间形式分别作了分析，即空间范围越大，所需时间也越长，反之空间范围越小则时间越短；1917～1923年俄、芬、德、匈等国革命和1945～1949年一系列人民民主国家的建立，都可视为一定地区数国革命的“同时发生”。这方面作者有独到的新见解。俞良早的书是以作者多年研究的系列论文为基础写成的，有不少新意。书中认为马、恩的“同时发生”与“同时胜利”在意义上是相连结和相一致的，列宁在第一次世界大战期间一直也是主张“同时胜利”的，“然而正是这以后，列宁通过对国际国内政治、经济形势的分析，通过不断总结社会主义事业的经验，于1920年底至1922年3月，即从国内战争结束到党的十一大期间，逐步形成和提出了‘一国首先胜利’论”[①]。理论本应是实践的先导，像列宁这样伟大的革命家居然是在十月社会主义革命胜利三至五年之后才逐步形成并提出了“一国首先胜利”论?！这实在难以令人信服。如此说来，究竟应该怎样理解列宁于1915～1916年在《论欧洲联邦口号》和《无产阶级革命的军事纲领》中明确提出的“一国胜利”论呢？作者认为联共(布)和斯大林对列宁这两篇文章中的两段名言误解了几十年，原来列宁的本意还是说明“同时胜利”论；那么，其中列宁所说社会主义可能“甚至在单独一个资本主义国家内获得胜利”，“它将首先在一个……国家内获得胜利”，该怎样解释呢？作者说：“只能把这几个字眼看成是离开了他本来思想的过头的说法。”[②]意即列宁在1915～1916年提出的“一国胜利论”是讲错话了。产生这种误解的根源主要在于许多人都把“共同胜利论”

① 俞良早：《列宁主义研究》，广西人民出版社1993年版，第61页。

② 俞良早：《列宁主义研究》，广西人民出版社1993年版，第84页。

和“一国胜利论”看成是完全对立、互相排斥的两种革命理论,因此总要想方设法去寻找由前者转变为后者的转折点。如前所述,我以为实际上这两种革命理论最初本来是统一的、兼容的。

欣闻烟台师范学院马列主义教研部李心华所著《社会主义胜利问题研究》一书即将出版,这是我国学术界迄今为止第一部专门阐述“同时胜利论”和“一国胜利论”这一重大理论问题的有分量、有深度的论著。作者是在多年潜心研究的基础上系统地说明自己的见解,并且对俞良早著作中的许多看法提出了异议。当然,他的看法别人也未必都同意。这样有助于开展学术争鸣,把问题的探讨引向纵深。

综观十多年来我国学术界关于这一问题的争论,我感到过多纠缠在“同时”“一国”“发生”“胜利”“政治革命”“社会革命”这些概念和对马、恩、列有关语录的理解上,而忽视了从宏观与微观、终点与起点的结合上来把握这个理论问题。我认为,真正的马克思主义者,从宏观上,从社会生产力的高度发达应达到的终点上看问题,都是最终共同胜利论者;从微观上,从社会主义革命的起点和具体进程上看问题,都是一国首先胜利论者。马、恩、列等等,都既是“同时胜利”论者,又是“一国胜利”论者,他们都是主张由一国带头革命,从一国胜利扩展到多国胜利,最终达到全世界胜利。只因他们所处的社会历史时代条件不同,对革命的具体突破点和进展的速度有不同的设想。简而言之,马、恩设想由英、法、德三国中的某一国带头取得政权并开始社会主义建设,然后很快得到其余两国响应,这三个核心国家取得胜利后很快扩展到整个欧洲和北美,再逐步帮助较为落后的亚非拉众多国家走上社会主义道路。列宁起初的思路和马、恩一致,1915 年后进而开始把俄国考虑在内,1917 年 7 月以后主张以俄国社会主义革命来促进欧洲社会主义革命。1921 年欧洲革命明显转入低潮后,他认为俄国有条件在一国坚持社会主义建设并能够建成社会主义,较长期地脚踏实地、树立榜样,以此来推进东西方的革命。如果本世纪社会主义不是在俄国这样资本主义较落后的外围国家而是在美国这样资本主义最先进的核心国家首先取胜,那么社会主义从“一国胜利”到“同时胜利”的历程将会便捷得多!由于社会主义首先在较落后的俄国一国胜利和各国政治经济发展是很不平衡,从而把由一国胜利达到最终共同胜利的时间和进程大大拉长了。这样,如何坚持并发展“一国胜利”的问题便具有了独立的重大的意义,而“同时胜利”的问题则成为非现实、较为久远未来的事。

当今我们从总结历史经验的角度来重新研究这个问题,重点不要放在一国、几国和同时胜利上,更为重要的是应该弄清究竟什么是社会主义和如何建设社会主义。苏联在 1936 年宣布一国建成了社会主义，半个多世纪之后，为什么到 1991 年突然发生剧变？根本原因在于后来苏共领导人没有遵照列宁教导，继续探索不发达国家建设社会主义的特殊规律，提前结束了新经济政策，过早过急侧重用行政手段消灭资本主义和小生产，阶级斗争扩大化，让封建主义残余渗透到社会主义肌体中来，形成了个人集权制、领导职务终身制和指定接班人制这种权力过度集中的政治体制；教条式照搬马克思主义，在未经过商品市场经济高度发达的落后国家急于实行行政指令性的计划经济；降低了社会主义标准，在尚未完成工业化、电气化、机械化的情况下就在 1936 年宣布建成了社会主义，还要急于向共产主义过渡。总之，30 年代建成的苏联模式社会主义在好多方面背离了科学社会主义。后来苏联模式又硬性推广到东欧其他社会主义国家，在长期改革中又难以有根本变革，终于被广大人民抛弃。只要我们切实认真借鉴苏联东欧社会主义兴衰成败的经验教训，真正建设有中国特色的社会主义，那么像中国这样一个大国的社会主义就必能推进世界社会主义的最终共同胜利。我们还要看到，在世界新科技革命迅猛发展和各国人民奋起斗争的推动下，未来先进国家可能共同趋向社会主义，大体同时取得社会主义的胜利；在先进国家带领下，世界各国也将逐步先后达到社会主义。我想当今研究历史上的“共同胜利”和“一国胜利”问题，应该落叶归根到这样一个基本点上来。

1995 年 7 月 1 日于中国人民大学寓所顶斋

（原载李心华：《社会主义胜利问题研究》，华龄出版社 1995 年版）

“同时胜利”论与“一国胜利”论之比较

传统观点认为，在社会主义革命的进程问题上，马克思、恩格斯主张“同时胜利”论，列宁主张“一国胜利”论；“同时胜利”论在自由资本主义时代是正确的，但到帝国主义时代就变得“不合时宜”了，因此为“一国胜利”论所取代。笔者认为，这种观点没有准确反映马克思、恩格斯和列宁的本来思想，需要重新审视。

一、马克思、恩格斯的“同时胜利”论是社会革命的“同时胜利”论，并不否认政治革命的“一国胜利”

马克思、恩格斯主张“同时胜利”论，人们经常引以为据的，是下面的两段话。

1846 年，马克思、恩格斯在《德意志意识形态》一书中说：“共产主义只有作为占统治地位的各民族‘立即’同时发生的行动才可能是经验的，而这是以生产力的普遍发展和与此有关的世界交往的普遍发展为前提的。”①

1847 年，恩格斯在《共产主义原理》一文中，在回答第十九个问题即“这种革命能不能单独在某个国家内发生”的问题时说：“不能。……共产主义革命将不仅是一个国家的革命，而将在一切文明国家里，即至少在英国、美国、法国、德国同时发生。”②

要准确理解马克思、恩格斯关于各国革命“同时发生”的观点，首先需要搞清楚的是，他们所说的“共产主义”或“共产主义革命”的含义。1848 年 2 月，马克思在《论波兰问题》的演说中说：“共产主义否认阶级存在的必要性；它要消灭任何阶级，消除任何阶级的差别。”③恩格斯在《共产主义原理》中，在回答第十八个问题即“这个革命的进程将是怎样的”问题时，从建立无产阶级的政治统治一直谈到消灭私有制。由此可见，他们所说的共产主义革命，不仅包括无产阶级夺取

① 《马克思恩格斯选集》第 1 卷，人民出版社 1972 年版，第 40 页。

② 《马克思恩格斯选集》第 1 卷，人民出版社 1972 年版，第 221 页。

③ 《马克思恩格斯选集》第 1 卷，人民出版社 1972 年版，第 292 页。

政权的政治革命，而且还包括社会主义经济变革的社会革命；而他们认为完成了社会革命，就是实现了无阶级无国家的社会主义社会。

要准确理解马克思、恩格斯关于各国革命"同时发生"的观点，其次需要搞清楚的是，他们所说的"同时发生"究竟是什么意思。他们认为，随着生产力的普遍发展，人们之间的普遍交往建立起来，资本主义越出了民族的和国家的界限，形成了世界体系，致使每一国家的人民都受着另一国家事变的影响，每一民族同其他民族的变革都有了依存关系；同时，随着资本主义的发展，贸易自由的实现和世界市场的建立，工业生产以及与之相适应的生活条件的趋于一致，各国人民之间的民族隔绝和对立日益消失，资产阶级和无产阶级成为世界性的至少是所有文明国家内的两大对抗阶级。这种资本主义体系的世界性和工人阶级利益的共同性，决定了无产阶级解放事业的国际性。马克思、恩格斯正是在这个意义上，认为各先进国家的共产主义变革将在同一历史时期内"发生"。各国的无产阶级革命虽然发动有早有迟，发展有快有慢，但最终必然是在同一历史时期内"胜利"。因为任何一个国家都无法单独完成消灭私有制，消灭阶级和国家的共产主义变革；共产主义变革只有在至少是各主要国家的无产阶级都掌握政权以后才能得以实现，只有在至少是各主要国家的变革都实现以后才能得到保证。因此，马克思、恩格斯关于共产主义革命"同时发生"的观点，不是各国无产阶级政治革命"同时发动"或"同时胜利"的意思，而是各国无产阶级社会革命"同时胜利"的意思。当然，这个"同时"，不是"同一时间"，而是"同一时期"。

马克思、恩格斯是以无产阶级的彻底解放为出发点，来论述社会主义胜利问题的。在他们看来，完成无产阶级社会革命，即完成共产主义变革；实现无产阶级的彻底解放，即实现全人类的解放。从社会主义最终胜利这个意义上说，无产阶级革命必然是在各国"同时胜利"的。但是，这丝毫不意味他们主张无产阶级政治革命也必须在各国"同时胜利"，各国无产阶级必须同时夺取政权。恰恰相反，1848 年《共产党宣言》发表，特别是欧洲革命爆发以后，虽然他们也强调过社会主义的事业是国际的事业，强调过各国无产阶级团结战斗的重要性，但是，他们再也没有无产阶级革命将在各国"同时发生"之类的提法；他们更加重视的是各国无产阶级反对本国资产阶级的斗争，重视的是各国争取建立无产阶级政权的革命。这就是说，他们主张无产阶级社会革命的"同时胜利"，但并不否认无产阶级政治革命的"一国胜利"。

即使在 1848 年以前，马克思、恩格斯提出共产主义革命将在各国"同时发生"的观点时，也并未否认一国无产阶级能够首先夺取政权。就在《共产主义原理》中，恩格斯在说共产主义革命将在英美法德同时发生这句话之后，紧接着说：

共产主义革命在各国发展得较快或较慢，要看这个国家的资本主义发展情况而定。“因此，在德国实现共产主义革命最慢最困难，在英国最快最容易。”他还指出：“如果现在英国或法国的工人在解放自己，这必然会引起其他一切国家的革命，并迟早会使这些国家的工人也获得解放。”[①]这就是说，各国共产主义革命的发展和实现有快有慢，各国工人阶级的解放或早或迟；英国将先于德国和其他欧美国家取得革命的胜利，英法等国的工人阶级将先于世界其他国家的工人阶级获得解放。无产阶级夺取政权，开始共产主义变革的革命，不是在欧美各主要国家，更不是在全世界所有国家“同时胜利”的。

后来，马克思、恩格斯把这一思想表达得更加明确。在《共产党宣言》中，他们一方面说，无产阶级要获得解放就必须采取“联合的行动”，另一方面又说，“每一个国家的无产阶级当然首先应该打倒本国的资产阶级”[②]。在《法兰西阶级斗争》中，马克思一方面说，只有在“欧洲的舞台”上，“才能够实现十九世纪的社会革命”，另一方面又说，巴黎六月起义的失败，“造成了所有那些使法国能够担起欧洲革命首倡作用的条件”[③]。从这些地方，我们可以清楚地看到，马克思、恩格斯强调无产阶级解放斗争的国际性和共产主义革命胜利的世界性，决不是否定一国无产阶级首先打倒本国资产阶级的必要性，决不是否定一国无产阶级首先夺取政权的可能性。确切些说，马克思、恩格斯具有无产阶级政治革命“一国胜利”思想。

总之，在马克思、恩格斯看来，欧美各主要国家无产阶级革命的客观条件已经具备，各国资本主义经济的发展已经达到向社会主义过渡的程度。这就要求各国无产阶级积极利用革命形势，争取掌握国家政权，由一国胜利到多国胜利，然后在共同胜利的基础上完成社会主义的经济变革和向共产主义社会的过渡。巴黎公社革命发生后，马克思指出：工人阶级知道，他们必须经历阶级斗争的几个不同阶段。他们知道，以自由的联合的劳动条件去代替劳动受奴役的经济条件，需要相当一段时间才能逐步完成。但是，工人阶级同时也知道，通过公社的政治组织形式，可以立即向前大步迈进，他们知道，为了他们自己和为了人类开始这一运动的时刻已经到来了。[④] 这就是说，社会主义经济变革的完成和共产主义社会的实现，需要经过一个漫长的发展过程和几个不同的斗争阶段；但是，无产阶级在一国或几国掌握政权，首先开始这一变革，就可以向着解放自己和解

① 《马克思恩格斯选集》第1卷，人民出版社1972年版，第214页。
② 《马克思恩格斯选集》第1卷，人民出版社1972年版，第262页。
③ 《马克思恩格斯选集》第1卷，人民出版社1972年版，第418页。
④ 参见《马克思恩格斯选集》第2卷，人民出版社1972年版，第416～417页。

放人类的最终目标大步迈进。马克思、恩格斯的确认为社会主义的最终胜利需要一切国家至少几个主要国家的联合行动才能实现,但绝不是主张各国无产阶级必须同时掌握政权,必须同时开始社会主义变革。马克思、恩格斯的这一思想,反映了无产阶级革命的客观规律,直到帝国主义时代也仍然没有"过时"。

二、列宁的"一国胜利"论是政治革命的"一国胜利"论,并不否认社会主义的最终胜利必然是"同时胜利"

19 世纪末至 20 世纪初,世界资本主义发展到了帝国主义阶段。由于经济和政治发展的不平衡,各帝国主义国家之间的力量对比发生了重大变化。1914 年 8 月,一场旨在重新瓜分殖民地和势力范围的帝国主义世界大战终于爆发了。大战爆发后,列宁批判了社会沙文主义者为支持本国反动政府进行帝国主义战争而宣扬的"保卫祖国"的口号,针锋相对地提出了"变帝国主义战争为国内战争"和"使自己的政府在帝国主义战争中失败"的口号,号召各国无产阶级利用战争所造成的革命形势来加速资本主义的崩溃。列宁指出,战时的革命就是国内战争;而在先进资本主义国家所进行的国内战争,就是无产阶级反对资产阶级的社会主义革命。但是,由于各国经济和政治发展的不平衡,包括各国无产阶级革命力量和准备程度的不平衡,所以社会主义革命不能在所有资本主义国家内同时获得胜利,而只能在少数甚至在单独一个资本主义国家内首先获得胜利。列宁就是在这种政治背景下,提出"一国胜利"论的。

1915 年 8 月,列宁在《论欧洲联邦口号》一文中写道:"经济和政治发展的不平衡是资本主义的绝对规律。由此就应得出结论:社会主义可能首先在少数甚至在单独一个资本主义国家内获得胜利。"①

1916 年 8 月,列宁在《无产阶级革命的军事纲领》一文中写道:"资本主义的发展在各个国家是极不平衡的。而且在商品生产下也只能是这样。由此得出一个必然的结论:社会主义不能在所有国家内同时获得胜利。它将首先在一个或者几个国家内获得胜利,而其余的国家在一段时间内将仍然是资产阶级的或资产阶级以前的国家。"②

传统观点认为,这两段话,就是列宁在新的历史条件下,提出"一国胜利"论来代替已经过时的马克思、恩格斯的"同时胜利"论的证据。但是,人们往往忽略

① 《列宁全集》第 26 卷,人民出版社 1988 年版,第 367 页。

② 《列宁全集》第 28 卷,人民出版社 1990 年版,第 88 页。

了一个十分重要的问题，即列宁和马克思、恩格斯之间，在使用“社会主义革命”的概念时，是否赋予它同样的含义。我认为，一切误解概出于此。

那么，列宁在这两处所说的“一国首先胜利”的“社会主义”，含义是什么呢？它是指以“无产阶级专政代替资产阶级专政的政治革命”①，不是指“以社会主义生产关系代替资本主义生产关系”的“社会革命”②。它与马克思、恩格斯所使用的“共产主义”或“共产主义革命”的含义是不同的。这个以无产阶级夺取政权为标志的革命的胜利，并不包括社会革命的胜利（完成社会主义的经济变革）和社会主义的最终胜利（建成完全的社会主义社会）。

在《论欧洲联邦口号》中，列宁指出，政治革命只是社会主义革命过程中的“必不可免”的“一次行动”，而社会主义革命是包括阶级斗争、国内战争和政治经济变革等等一系列内容的“一个时代”。在一国或几国首先获得胜利的无产阶级，必须利用无产阶级专政的民主共和国这种社会的政治形式，同非社会主义国家作斗争；只有通过比较长期而顽强的斗争，才能最终消灭阶级，实现社会主义在全世界各民族中的完全胜利。在《无产阶级革命的军事纲领》中，列宁指出，社会主义在一国的首先胜利，只是推翻资产阶级的政治革命的胜利，还不是完成社会主义经济变革的社会革命的胜利。它将进行反对其他各国资产阶级进攻的自卫战争，为争取建成社会主义，争取全人类的解放而继续斗争；在全世界的资产阶级未被推翻、彻底战胜并剥夺之前，这种战争就不可避免，因而一国无产阶级政治革命的胜利，还不能保证社会主义的最终胜利。

十月革命胜利以后，列宁仍然坚持这样的观点，即推翻剥削者、夺取政权意义上的社会主义革命，在几国同时发生是“罕有的例外”，在一国单独发生才是“典型的情况”。他认为，十月革命的胜利，就是在一国内获得的推翻资产阶级意义上的社会主义革命的胜利。1917 年 12 月，列宁指出：“工人，农民和士兵所完成的十月革命，毫无疑问，是社会主义革命。”③但是，他同时又认为，在一国内不能全部完成社会主义革命，不能取得消灭国际资本意义上的社会主义的最终胜利。1918 年 4～5 月间，列宁指出：“我们单靠自己的力量是不能在一个国家内全部完成社会主义革命的”。④“我们只有最后彻底地粉碎凭借技术和纪律的巨大力量支持的国际帝国主义，才能取得最终的胜利。而且我们只有同世界各国

① 《列宁全集》第 6 卷，人民出版社 1986 年版，第 45 页。
② 《列宁全集》第 29 卷，人民出版社 1985 年版，第 483 页。
③ 《列宁全集》第 33 卷，人民出版社 1985 年版，第 168 页。
④ 《列宁全集》第 34 卷，人民出版社 1985 年版，第 357 页。

的工人一道才能取得胜利。”①

列宁认为，在俄国爆发的社会主义革命，仅仅是世界社会主义革命的开始。他最初指望，俄国革命发生后，西方先进国家的革命也将在一个不太长的时间内相继发生；如果没有西方先进国家革命的支持，俄国的无产阶级政权将难以长期存在下去，社会主义建设事业的胜利更是无从设想。但是，列宁曾多次说过的俄国革命的胜利有赖于西方革命支援的话，只是从归根结底的意义上说，从社会主义最终胜利的意义上说，俄国革命必须同西方革命联系起来，决不能从中引申出列宁在十月革命胜利以后认为苏俄不能保持无产阶级政权，不能进行社会主义改造和社会主义建设的结论。1919 年 8 月，列宁指出：“俄国苏维埃政权的将近两年的经验不仅证明，甚至在一个农民国家里，无产阶级专政也能存在，也能靠建立一支强大的军队……而在难以想象的空前困难条件下坚持下来。”②同时，列宁认为一国也能开始社会革命。早在《论欧洲联邦口号》中，他所说的在一国获得胜利的无产阶级在本国“剥夺了资本家”并“组织了社会主义生产”的意思，就是一国可以开始社会主义的经济变革。事实上，十月革命胜利以后，苏维埃俄国就已经开始了改造旧经济、建设新经济的伟大工作。这正像 1918 年 3 月列宁所指出的，“我们建立了为贫苦农民所拥护的无产阶级专政，开始了一系列宏伟的社会主义改造”③；也正像 1918 年 12 月列宁所指出的，“我们在消灭了君主制和中世纪的地主权力以后，现在正着手进行真正的社会主义建设事业”④。1919年10 月，列宁又指出：“从无产阶级专政的基本经济问题来看，共产主义战胜资本主义在我国是有保证的。全世界资产阶级……十分清楚，若不用武力把我们压倒，我们就必然会在改造社会经济方面获得胜利。但资产阶级要想这样把我们压倒是办不到的。”⑤他认为，苏俄在军事上不会被敌人压倒，在社会主义经济建设上也必然获得胜利。

1920 年底，国内战争结束，敌我双方都既没有获得胜利，也没有遭到失败。战争证明，即使在全世界社会主义革命延迟爆发的情况下，无产阶级政权和苏维埃共和国也能够生存下去。这就为“认真地”进行社会主义建设提供了政治保障。列宁全面考察了国际国内的新形势，指导苏维埃俄国制定了社会主义建设的长期规划，实行了由战时共产主义政策向新经济政策的转变，领导全国人民为

---

① 《列宁全集》第 34 卷，人民出版社 1985 年版，第 219 页。

② 《列宁全集》第 37 卷，人民出版社 1986 年版，第 158 页。

③ 《列宁全集》第 34 卷，人民出版社 1985 年版，第 74 页。

④ 《列宁全集》第 35 卷，人民出版社 1985 年版，第 352 页。

⑤ 《列宁全集》第 37 卷，人民出版社 1986 年版，第 270 页。

社会主义事业的胜利而英勇斗争。在此基础上，列宁不断总结经验，并展望了世界无产阶级革命和俄国社会主义建设的可能的前途，最终形成了俄国一国率先进行并基本完成社会主义经济变革，建成社会主义社会的基础即建立社会主义的基本经济制度和基本政治制度的新思想。

但是，列宁始终未提出俄国一国能够建成完全的社会主义社会的结论。他认为，“完全组织起社会主义社会”，即“获得最终胜利”①；而俄国一国是不能取得社会主义的最终胜利的。1921 年 3 月，列宁指出：“在俄国这样的国家里，社会主义革命只有具备两个条件才能获得彻底的胜利。第一个条件是及时得到一个或几个先进国家社会主义革命的支援。”②1922 年 2 月，列宁又指出：“我们向来笃信并一再重申马克思主义的一个起码的真理，即要取得社会主义的胜利，必须有几个先进国家的工人的共同努力。”③这里说的“社会主义的胜利”，即“社会主义的最终胜利”。

三、“一国胜利”论与“同时胜利”论不是对立的，而是一致的

如前所述，马克思、恩格斯的“同时胜利”论，是社会革命意义上的“同时胜利”论，并不否认政治革命的“一国胜利”。1892 年，恩格斯在《〈社会主义从空想到科学的发展〉英文版导言》中说：“欧洲工人阶级的胜利，不是只依靠英国一个国家。它至少需要英、法、德三国的共同努力，才能得到保证。”但是，“在德国，工人运动的胜利甚至指日可待了”；“依目前的形势来判断，德国难道不可能同样成为欧洲无产阶级第一次伟大胜利的舞台吗”？④ 由前后两部分组成的这一整段话，准确无误地表达了马克思、恩格斯关于社会主义胜利问题的基本观点，即一国不能保证无产阶级社会革命的最终胜利，但一国的无产阶级可以首先夺取政权，开始社会主义的变革。

列宁的“一国胜利”论，是政治革命意义上的“一国胜利”论，并不否认社会主义的最终胜利必然是“同时胜利”。1918 年 5 月 14 日，列宁在《关于对外政策的报告》中说：“我知道，当然有一些自以为很明智、甚至自称为社会主义者的聪明人，他们硬说在一切国家爆发革命以前不应夺取政权。他们没有料到他们这样说就是脱离革命而转到资产阶级方面去了。要等待劳动者阶级完成国际范围的

① 《列宁全集》第 36 卷，人民出版社 1985 年版，第 294 页。

② 《列宁全集》第 41 卷，人民出版社 1986 年版，第 51 页。

③ 《列宁全集》第 42 卷，人民出版社 1987 年版，第 450 页。

④ 《马克思恩格斯选集》第 3 卷，人民出版社 1972 年版，第 403 页。

革命，那就是要大家在等待中停滞不前。这是荒谬的。革命的困难是大家都知道的。革命在一个国家虽以辉煌的成就开始，但以后可能要经历痛苦的时期，因为只有在全世界范围内，只有靠各国工人的共同努力，才能够最终取得胜利。"①这段话，准确无误地表达了列宁关于社会主义胜利问题的完整思想，即一国可以取得夺取政权意义上的社会主义革命的胜利，可以开始社会主义的变革，但不能建成完全的社会主义社会，不能取得社会主义的最终胜利；要取得社会主义的最终胜利，只有在全世界范围内，只有靠各国工人的共同努力。

总之，如果从社会主义最终胜利的意义上讲，那么马克思、恩格斯和列宁都是"同时胜利"论者；如果从无产阶级政治革命的意义上讲，那么马克思、恩格斯和列宁又都是"一国胜利"论者。列宁的"一国胜利"论与马克思、恩格斯的"同时胜利"论不是对立的，而是一致的。因此，事实上并不存在列宁在帝国主义条件下用"一国胜利"的新理论代替马克思、恩格斯"同时胜利"的旧观点的问题。而列宁本人，向来也未认为自己用新结论代替了他们的旧结论；他认为马克思、恩格斯说的"完全正确"，无须修正。列宁的新贡献，在于他在俄国国内战争结束以后，根据国际形势中出现的"均势"和苏维埃共和国得以存在下去的事实，提出了俄国一国可以基本完成社会主义的经济变革，建成社会主义社会的基础的设想，从而将社会主义建设的胜利（即建成社会主义社会的基础）与社会主义的最终胜利（即建成完全的社会主义社会）区分开来，向前推进和发展了马克思、恩格斯关于社会主义胜利的思想。

（原载《理论学刊》1997年第3期；人大复印报刊资料A1·月刊《马克思列宁主义研究》1997年第7期全文转载）

---

① 《列宁全集》第34卷，人民出版社1985年版，第313页。

列宁"一国建成"思想与斯大林"一国建成"论之比较

至今,学术界在讨论斯大林的"一国建成"论时,还有人以为它是列宁"一国建成"思想的继承和发展。我认为,列宁确实有其"一国建成"思想,但它与斯大林的"一国建成"论之间,存在着重大差别,而且没有师承关系。

一、俄国国内战争结束以后,列宁根据国际国内的新形势,发展了"一战"期间提出的"一国胜利"论,形成了一国建成社会主义社会基础的新思想,向前推进了马克思主义关于社会主义胜利的理论

举世公认,列宁在"一战"期间提出了"一国胜利"论。但对其中的含义,历来有两种不同的解释。其一认为,列宁的"一国胜利"论是政治革命的"一国胜利"论,即表示一国无产阶级可以首先夺取政权;其二认为,列宁的"一国胜利"论是社会革命的"一国胜利"论,即不仅表示一国无产阶级可以首先夺取政权,而且还表示一国可以首先完成社会主义经济变革,建成社会主义社会。我赞同前者。

列宁在"一战"期间提出了"一国胜利"论,人们经常引以为据的,是他在《论欧洲联邦口号》和《无产阶级革命的军事纲领》中说的两段话:"社会主义可能首先在少数甚至在单独一个资本主义国家内获得胜利。"[①]"社会主义不能在所有国家内同时获得胜利","它将首先在一个或者几个国家内获得胜利"。[②] 列宁在这两处所说的"一国首先胜利"的"社会主义",含义是什么呢?它是指以"无产阶级专政代替资产阶级专政的政治革命",而不包括"以社会主义生产关系代替资本主义生产关系"的"社会革命"。在《论欧洲联邦口号》中,列宁指出,政治革命只是社会主义革命过程中的"必不可免"的"一次行动",而社会主义革命则是包括阶级斗争、国内战争和政治经济变革等等一系列内容的"一个时代"。因此,无

① 《列宁全集》第26卷,人民出版社1988年版,第367页。

② 《列宁全集》第28卷,人民出版社1990年版,第88页。

产阶级政治革命的胜利，还不是社会主义革命的完全胜利。在一国或几国首先获得政治革命胜利的无产阶级，必须利用无产阶级专政的民主共和国这种社会的政治形式，同非社会主义国家作斗争；只有通过比较长期而顽强的斗争，才能最终消灭阶级，实现社会主义在全世界各民族中的完全胜利。在《无产阶级革命的军事纲领》中，列宁指出，“社会主义”在一国的首先胜利，只是推翻本国资产阶级的政治革命的胜利，还不是建成社会主义社会的社会革命的胜利。这个社会主义国家还将进行反对其他各国资产阶级进攻的“自卫战争”，为争取实现社会主义，争取全人类的解放而继续斗争；在全世界的资产阶级未被推翻、彻底战胜并剥夺之前，这种战争就不可避免。因而，一国无产阶级政治革命的胜利，还不能保证社会主义的最终胜利。

十月革命胜利以后，列宁仍然坚持这样的观点，即推翻资产阶级、夺取政权意义上的社会主义革命，在几国同时发生是“罕有的例外”，在一国单独发生才是“典型的情况”。他认为，十月革命的胜利，就是在一国内获得的推翻资产阶级意义上的社会主义革命的胜利。但是，他同时又认为，在一国内不能获得社会主义的最终胜利，即不能建成完全的社会主义社会。1918 年 4～5 月间，列宁指出：“我们只有最后彻底地粉碎凭借技术和纪律的巨大力量支持的国际帝国主义，才能取得最终的胜利。而且我们只有同世界各国的工人一道才能取得胜利。”“我们单靠自己的力量是不能在一个国家内全部完成社会主义革命的。”①

但是，十月革命胜利以后，列宁关于世界社会主义革命进程的观点的确开始发生变化。十月革命的胜利，为俄国走向社会主义开辟了道路。1918 年 1 月，列宁指出：“当然，在一个国家内取得社会主义的最终胜利是不可能的。”但是，“我们深信一定会取得巨大的成就，我们所走的道路一定能保证完全的胜利。”②同年 8 月，列宁又指出：“我们指望国际革命必然发生，但这决不是说，我们象傻瓜一样指望它在某个短时期内必然发生。”“我们知道，在国际革命爆发之前，一些国家的革命遭到失败还是可能的”，“虽然如此，我们还是坚定地认为我们是不可战胜的”。③ 列宁领导苏俄人民，努力巩固无产阶级政权，积极开展社会主义建设。在这场艰苦卓绝的斗争中，列宁开始思考俄国一国实行社会主义改造，建立社会主义社会的基础的问题。1918 年 4 月，列宁指出：布尔什维克党在大体上完成了夺取政权和镇压剥削者的事业之后，能够直接着手管理国家的任务。这是社会主义革命中的一项最困难的任务，也是最能收效的任务。俄国一国能

① 《列宁全集》第 34 卷，人民出版社 1985 年版，第 219、357 页。

② 《列宁全集》第 33 卷，人民出版社 1985 年版，第 277 页。

③ 《列宁全集》第 35 卷，人民出版社 1985 年版，第 62 页。

够大体上和基本上解决这项任务，建立起社会主义经济的基础，使俄国不仅成为无产阶级专政的共和国，而且还成为社会主义制度的共和国。①

1920年底，国内战争结束。苏维埃俄国击退了国内外敌人的联合进攻，取得了反武装干涉的伟大胜利，为自己争得了独立生存的权利与和平建设的环境。这时，列宁号召全党利用国际形势中出现的“均势”和苏维埃俄国获得的比较长期的“喘息时机”，积极开展社会主义建设。他拟定了在俄国建设社会主义的宏伟计划，领导全国人民为社会主义事业而奋斗。正是在这场斗争实践中，列宁进一步探讨了落后国家建设社会主义的问题，最终形成了俄国一国建成社会主义社会的基础的新思想。

国内战争的胜利结束，证明即使全世界的社会主义革命推迟爆发，无产阶级政权和苏维埃共和国也能够存在下去。这就为“认真地”进行社会主义建设提供了政治保障。在这种条件下，如果能够建立起在现代技术基础上的大机器工业，为社会主义提供经济保障，那么俄国就能够建成社会主义社会的基础。列宁关于“共产主义就是苏维埃政权加全国电气化”②的著名论断，准确地反映了他的这一基本思想。

国内战争结束以后，列宁发现，在一个小农占优势的国家实现向社会主义的过渡，采用直接冲击的方法是行不通的，必须通过间接迂回的途径。因此，他领导苏俄实行了由战时共产主义政策向新经济政策的转变。实行新经济政策，就是为了探索“怎样在一个小农国家里进一步建设社会主义大厦”③，探索“建设社会主义经济、建立社会主义经济基础的真正途径”④。它的目的，就是利用国家资本主义作为提高生产力的手段和途径，为社会主义创造物质前提。

实现合作化，对于提高农业的生产力水平，改造千百万小农经济，建立社会主义的经济基础，具有十分重要的意义。因此，列宁特别重视合作社的发展。他指出：在我国，既然国家政权操在工人阶级手中，既然全部生产资料又属于这个国家政权，我们要解决的任务的确就只剩下实现居民的合作化了。“而在生产资料公有制的条件下，在无产阶级对资产阶级取得了阶级胜利的条件下，文明的合作社工作者的制度就是社会主义的制度。”⑤1923年1月，列宁在《论合作社》一文中指出：在国家支配着一切大的生产资料，无产阶级掌握着国家权力，建

---

① 参见《列宁全集》第34卷，人民出版社1985年版，第155页。
② 《列宁全集》第40卷，人民出版社1986年版，第156页。
③ 《列宁全集》第42卷，人民出版社1987年版，第175页。
④ 《列宁全集》第43卷，人民出版社1987年版，第73页。
⑤ 《列宁全集》第43卷，人民出版社1987年版，第365页。

立了工农联盟并实现了无产阶级对工农联盟的领导的条件下，通过合作化的道路，俄国就能够基本完成对社会的社会主义改造，建成社会主义社会的基础。[①]如果不考虑国际关系的话，那么甚至可以说，俄国能够建成完全的社会主义社会。

但是，苏维埃俄国是不能摆脱国际关系的，它必须在国际范围内的阵地进行斗争。而在国内战争结束以后，列宁还指出，只要苏维埃俄国还处在整个资本主义世界的包围之中，那种认为苏俄经济完全可以独立和各种各样的危险已经消失的想法，就是十分可笑的幻想和空想；只要这种根本对立还存在，危险也就存在，并且不可避免。因此，列宁临终仍然认为，俄国一国不能获得社会主义的“彻底的”“最终的”胜利。1921 年 3 月，列宁指出：“在俄国这样的国家里，社会主义革命只有具备两个条件才能获得彻底的胜利。第一个条件是及时得到一个或几个先进国家社会主义革命的支援。”[②]1922 年 2 月，列宁又指出：“我们向来笃信并一再重申马克思主义的一个起码的真理，即要取得社会主义的胜利，必须有几个先进国家的工人的共同努力。”[③]这里说的“社会主义的胜利”，即“社会主义的最终胜利”。

总之，俄国国内战争结束以后，列宁根据国际国内的新形势，发展了自己在“一战”期间提出的“一国胜利”论，最终形成了“一国建成”的新思想，即在国际形势出现“均势”、苏维埃政权得到巩固的情况下，俄国一国单独进行社会主义改造，建成社会主义社会的基础的思想。这样，列宁事实上把社会主义建设的胜利（即建成社会主义社会的基础）和社会主义的最终胜利（即建成完全的社会主义社会）区分开来，从而向前推进和发展了马克思主义关于社会主义胜利的理论。

列宁的“一国建成”思想，是列宁思想史上的一个重要的里程碑，在马克思主义发展史上也占有十分重要的地位。它对科学社会主义理论的贡献，主要表现在以下两个方面：

第一，列宁“一国建成”思想的产生，标志着列宁对“社会主义”认识的新突破。

马克思、恩格斯对未来新社会的基本特征的科学设想，是基于对资本主义社会的认识和批判之上的。他们的社会主义，是作为资本主义的对立物和创新物，是为了克服资本主义的弊端而提出来的。比如，公有制是针对于私有制提出来的，按劳分配是针对于按资分配提出来的，有计划地组织生产是针对于生产的无

---

① 参见《列宁全集》第 43 卷，人民出版社 1987 年版，第 362 页。

② 《列宁全集》第 41 卷，人民出版社 1986 年版，第 51 页。

③ 《列宁全集》第 42 卷，人民出版社 1987 年版，第 450 页。

政府状态提出来的。1886 年，恩格斯指出："无论如何应当声明，我所在的党没有提出任何一劳永逸的现成方案。我们对未来非资本主义社会区别于现代社会的特征的看法，是从历史事实和发展过程中得出的确切结论；脱离这些事实和过程，就没有任何理论价值和实际价值。"[①]1890 年，恩格斯又指出：社会主义社会也不是一种一成不变的东西，而是经常变化和改革的社会。[②] 他认为，未来社会主义社会的生产资料公有制的具体形式和产品按劳分配的具体形式，将随着历史和实践的不断发展而不断变化；而落后国家要实现社会主义，必然要经历一些特殊的社会和政治的发展阶段。

列宁正是运用马克思主义的这一观点，来看待社会主义社会的。十月革命胜利以后，苏维埃政权在全国得以建立，使建设社会主义的问题提到了俄国的日程。列宁认为，马克思主义创始人给后人提供的，只能是新社会的基本原则，而不会是新社会的现成方案；至于各国走向社会主义的具体道路和各国社会主义的实现形式，则只能靠人民群众的实践来探索。1918 年 7 月，列宁指出："对俄国来说，根据书本争论社会主义纲领的时代也已经过去了，我深信已经一去不复返了。今天只能根据经验来谈论社会主义。"[③]国内战争结束以后，列宁从在一个落后国家内建设社会主义的实际出发，分析了国内和国际的具体条件；他一方面估计到了俄国社会主义建设任务的艰巨性和俄国过渡时期的长期性，另一方面又坚信在和平环境下，依靠广大人民群众的艰苦奋斗和实践检验，在俄国一国建成社会主义社会的基础的可能性。

毋庸置疑，列宁所说的"社会主义社会的基础"，还不是"完全的社会主义社会"。但是，他有时也称其为"社会主义社会"。列宁所说的"建成社会主义的基础"，就是建立社会主义的基本制度。它的主要标志是：在经济领域，奠定了社会主义所必需的高度发达的物质技术基础，建立了以国家所有制和集体所有制为基础的社会主义生产关系，实行了按劳分配原则；在政治领域，在坚持无产阶级专政的条件下，建立了巩固的工农联盟和民主高效的政治制度；在文化思想领域，完成了文化革命的基本任务，建立了以马克思主义为指导的意识形态。列宁在新的历史条件下对"社会主义"的新认识，是原则性和灵活性相结合的光辉典范；它既继承了马克思主义，又发展了马克思主义。

第二，列宁"一国建成"思想的产生，标志着列宁对"社会革命"认识的新突破。

---

① 《马克思恩格斯全集》第 36 卷，人民出版社 1975 年版，第 419～420 页。

② 参见《马克思恩格斯全集》第 37 卷，人民出版社 1971 年版，第 443 页。

③ 《列宁全集》第 34 卷，人民出版社 1985 年版，第 466 页。

马克思、恩格斯曾经设想，在西方各先进资本主义国家，无产阶级将在一个不太长的时期内相继夺得政权，然后各自经过一定的过渡时期，完成社会主义的经济变革，即完成无产阶级的社会革命。他们认为，完成了社会主义的经济变革，消灭了私有制，建立了公有制之后，社会即进入无阶级无国家的社会主义社会。

起初，列宁坚持了马克思、恩格斯的设想。十月革命胜利后，他预料西方先进国家将很快爆发革命，苏俄将同西方无产阶级夺取政权的国家一起，进行社会主义建设，完成社会主义经济变革。但是，事实与列宁的预想不同，俄国革命胜利后，西方各国并没有随即发生革命。在这种情况下，列宁没有消极地等待西方革命，而是积极地领导苏俄人民巩固无产阶级政权，从事社会主义建设。国内战争结束后，西方各国的革命又相继失败，使列宁关于俄国同西方先进国家一起进行社会主义建设的设想未能变为现实；而此时的俄国，同帝国主义国家之间却形成了某种"均势"，使俄国一国长期单独进行社会主义建设成为可能。在这种形势下，列宁认真考察了俄国社会主义建设的国际国内条件，制定了社会主义建设的宏伟蓝图，领导全国人民为社会主义事业的胜利而英勇斗争。在此基础上，列宁不断总结经验，并展望了世界无产阶级革命和俄国社会主义建设的可能的前途，最终形成了俄国一国率先进行社会主义的经济变革，建成社会主义社会的基础的新思想。

列宁在强调加速实现国家的工业化和电气化，为社会主义奠定物质基础的同时，十分重视社会制度的变革。他提出了改造旧时代遗留下来的国家机关，创造社会主义政治上层建筑的任务；他提出了通过工业的国有化和农业的合作化，实现社会主义经济变革的前景。列宁指出，俄国面临两个划时代的主要任务。第一个任务就是改造原封不动地从旧时代接受下来的简直毫无用处的国家机关；第二个任务就是为完全实现合作化而在农民中间进行文化工作。他认为，有了完全合作化的条件，俄国就能成为完全社会主义的国家了，也就在社会主义基地上站稳了。针对敌人关于"在一个文化不够发达的国家里推行社会主义是冒失行为"的攻击，列宁尖锐地指出："我们没有从理论（一切书呆子的理论）所规定的那一端开始，我们的政治和社会变革成了我们目前面临的文化变革，文化革命的先导。"[①]在列宁看来，无须等到社会主义所需要的物质条件全部创造出来之后，才来实行社会主义经济变革；无须等到具备了完全合作化的条件即实现了文化革命之后，才来实行合作化。社会主义变革是一个历史过程，不是一次行动；

① 《列宁全集》第43卷，人民出版社1987年版，第368页。

向社会主义过渡是逐步完成的，不是一蹴而就的。列宁关于在俄国首先建成社会主义社会的基础，然后再逐渐过渡到完全的社会主义社会的设想，就是在这种思想基础上产生的。列宁的确认为，社会主义的最终胜利，即完全建成社会主义社会，至少需要几个先进国家无产者的共同努力，但是，无产阶级在掌握了国家政权和大的生产资料的情况下，只要同农民达成协议，就能够拯救俄国的社会主义革命。通过实行新经济政策来提高生产力水平，建立工业和农业的联系，建立巩固的工农联盟；通过实行合作制来变革生产关系，实现社会主义的生产资料集体所有制和产品按劳分配原则，从而完成对整个社会的社会主义改造，建成社会主义社会的基础。

总之，列宁认为，在西方先进国家的无产阶级革命没有及时到来，而苏维埃俄国却获取了长期和平稳定局面的情况下，一方面努力提高生产力水平，另一方面逐步实行社会主义经济变革，就能够在俄国建成社会主义社会的基础。列宁关于"社会革命"的这一新思想，在马克思主义发展史上具有重大的理论意义。首先，它突破了各先进国家同时完成社会主义经济变革的设想，展望了单独一国实现社会主义经济变革的前景；其次，它突破了只有在生产力高度发达的条件下才能实行社会主义经济变革，而这一变革完成之后即进入完全的社会主义社会的设想，开创了在提高生产力水平的同时，逐步实行社会主义改造，即发展生产力和变革生产关系同时并举的道路。列宁关于"社会革命"的这一新思想，在国际共产主义运动中具有重大的实践意义。世界上所有社会主义国家的社会主义改造，大体上都是沿着列宁的这一思路进行的。各国在无产阶级掌握政权以后，一方面积极发展生产力，另一方面逐步变革生产关系；各国在基本完成社会主义改造之后，建立了社会主义的基本制度，从而为在社会主义道路上继续前进，为进一步过渡到完全的社会主义社会奠定了初步的基础。但是，需要指出的是，各国在进行社会主义改造时，都忽视了列宁关于社会主义必须建立在高度发达的物质技术基础之上的思想，在生产力水平相对低下的情况下，匆忙实行生产关系的全面变革，犯了急于求成和急躁冒进的错误；一些国家在基本完成社会主义改造以后，又不重视发展生产力和科学技术，致使国民经济长期处于落后状态，最终在国内外反动势力的联合进攻之下发生蜕变，给国际共运留下了深刻的历史教训。

二、列宁逝世以后，斯大林在同反对派的论战中，曲解了列宁的“一国胜利”论和“一国建成”思想，提出了一国建成完全的社会主义社会的理论，继而又提出了一国建成共产主义社会的理论，把马克思列宁主义关于社会主义胜利的理论推向了极端

1924年1月，列宁逝世。在之后一段时间内，俄共(布)内部并无人提出一国建成完全的社会主义社会的问题。同年5月，斯大林在《论列宁主义基础》中，明确指出一国不能保证社会主义的完全胜利，不能获得社会主义的最终胜利，甚至不能组织社会主义生产。但是不久，党内以斯大林为首的多数派，与先以托洛茨基为首、后有季诺维也夫和加米涅夫加盟的反对派，围绕苏联一国能否建成社会主义的问题，展开了一场大论战。正是在这场论战中，斯大林“纠正”了自己的观点，提出了苏联一国建成完全的社会主义社会的结论。

本来，对“苏联向何处去”的问题，列宁晚年已作出了明确回答。这就是利用国际关系中出现的稳定局面，积极开展社会主义建设，争取建成社会主义的基础，以迎接世界革命的到来和社会主义的最终胜利。俄共(布)的领袖们只要能够准确理解和认真宣传列宁的这一思想，就完全可以把全国人民的思想统一起来。但是，他们没有做到这一点，而是在抛弃或曲解列宁思想的基础上展开了一场大争论，把本来已经十分清楚的问题搞乱了。

在这场争论中，反对派自恃“马克思主义和列宁主义的传统完全在我们这方面”①，从社会主义的最终胜利就是建成完全的社会主义社会，而完全的社会主义社会就是无阶级无国家的社会的认识出发，笼统地否定苏联一国能够建成社会主义；他们无视历史条件的变化和列宁晚年思想的发展，无视列宁关于在得到巩固的苏维埃政权下，俄国一国能够建成社会主义社会的基础的思想，躺在马克思列宁主义关于社会主义的最终胜利必定是世界性的胜利的结论之上。这种立场和方法，使反对派在社会主义胜利问题上固守一个极端，而不能向前迈出一步。

相反，斯大林在这场争论一开始，就迅速改变了自己的观点，提出了一国建成完全的社会主义社会的结论。1924年12月，他在《十月革命和俄国共产党人的策略》中说：“在其他国家(即使这些国家的资本主义比较发达)还保存着资本

---

① [苏]托洛茨基：《在共产国际执行委员会第七次扩大全会上的发言》，《“一国社会主义”问题论争资料》，东方出版社1986年版，第240页。

主义的情况下，社会主义在一个国家（即使这个国家的资本主义不大发达）内胜利是完全可能的，是可以肯定的。”[①]但是，“为了社会主义的完全胜利，为了有免除旧制度恢复的完全保障，必须有几国无产者的共同努力。”[②]斯大林的这一新说法，在1925年4月召开的俄共（布）第十四次代表会议上得到确认。这次会议通过的决议指出：“两个直接对立的社会制度的存在，经常引起资本主义封锁、其他种种经济压力、武装干涉和复辟的危险。因此，几个国家内胜利的社会主义革命是社会主义最后胜利的唯一保障，即免除复辟的唯一保障。”“但由此决不能得出结论说，在俄国这样落后的国家中，如果没有技术上经济上比较发达的‘国家援助’（托洛茨基），就不可能建成完全的社会主义社会。”[③]此后，斯大林一直坚持并进一步阐发了苏联一国能够建成完全的社会主义社会的结论。他把“社会主义的胜利”区分为“社会主义建设的胜利”和“社会主义的最终胜利”，认为一国虽然不能保证免除资本主义制度复辟意义上的社会主义的最终胜利，但是可以取得建成完全的社会主义社会意义上的社会主义建设的胜利，从而将社会主义胜利的理论推向了与反对派观点相反的另一个极端。

斯大林是在曲解列宁思想的基础上提出“一国建成”论的。首先，斯大林曲解了列宁的“一国胜利”论。起初，斯大林否认一国能够建成社会主义，所以在《论列宁主义基础》中，公然反对列宁在《论欧洲联邦口号》中关于一国可以组织社会主义生产的说法；他认为“组织社会主义生产”与“获得社会主义的最终胜利”一样，“必须有几个先进国家中无产者的共同努力”。[④] 后来，斯大林提出了“一国建成”论，便在《论列宁主义的几个问题》中改口承认了列宁关于一国可以组织社会主义生产的说法；他将“组织社会主义生产”解释为“建成社会主义社会”，认为列宁在1915年就提出了一国建成社会主义的理论。这是十分明显的曲解。列宁认为，一国可以组织社会主义生产，但不能取得社会主义的最终胜利，即不能建成完全的社会主义社会。他说：“获得最终胜利，即完全组织起社会主义社会。”[⑤]因此，斯大林关于一国能够建成完全的社会主义社会，但不能获得社会主义的最终胜利的提法，违背了列宁思想。实际上，列宁所说的在一国内获得胜利的无产阶级“剥夺了资本家并在本国组织了社会主义生产”，是指无产阶级利用国家政权的力量，夺取资本家的生产资料，建立国营企业，在生产资料公

① 《斯大林选集》上卷，人民出版社1979年版，第285页。
② 参见《斯大林选集》上卷，人民出版社1979年版，第288页。
③ 《苏共决议汇编》第3分册，人民出版社1956年版，第47页。
④ 参见《斯大林选集》上卷，人民出版社1979年版，第435页。
⑤ 《列宁全集》第36卷，人民出版社1985年版，第294页。

有制的基础上组织生产。这种生产的性质当然不是资本主义的，而是社会主义的；但这只是向社会主义社会的过渡，还不是社会主义社会的建成。也就是说，列宁在这里所说的“社会主义生产”，是指在过渡时期所组织的具有社会主义性质的生产。

其次，斯大林曲解了列宁的“一国建成”思想。斯大林在与反对派的论战中，曾多次引用列宁1922年在莫斯科苏维埃全会上说的“新经济政策的俄国将变成社会主义的俄国”和1923年在《论合作社》一文中说的苏联具有“建成完全的社会主义社会所必需的一切”，来证明列宁提出了一国建成完全的社会主义社会的理论。这也是不对的。如前所述，国内战争结束以后，列宁的确提出俄国一国可以建成社会主义社会的基础，但并未提出俄国一国能够建成完全的社会主义社会。他是在实行新经济政策有利于发展生产力和无产阶级学会管理的意义上，才说“新经济政策的俄国将变成社会主义的俄国”。列宁始终认为，完全的社会主义社会，就是无阶级无国家的社会。既然是“俄国”，那就不会是建成完全的社会主义社会的俄国，充其量不过是建成社会主义社会的基础的俄国。就在《论合作社》中，列宁指出：俄国即使要建成完全社会主义的“国家”，也是异常困难的，更何况建成完全社会主义的“社会”。[①] 所以，列宁在这篇文章中列举了无产阶级掌握国家权力，国家支配一切大的生产资料，无产阶级和农民结成联盟，无产阶级对工农联盟的领导等等条件之后，还仍然说“这还不是建成社会主义社会”。列宁所列举的这些条件，确切些说，只是“建成社会主义社会所必需而且足够的一切”政治前提，还不是一切必要条件。建成社会主义社会所必需的大工业、大农业、民主高效的国家政权机关以及高度发达的文化等等条件，苏联并不具备。另外，建成社会主义社会，除了需要具备国内条件之外，还需要具备国际条件；在这里，列宁将它撇开未谈。而列宁在国内战争结束以后仍然指出，只要苏俄还处在资本主义世界的包围之中，那种认为苏俄经济完全可以独立和各种各样的危险已经消失的想法，就是十分可笑的幻想和空想。因此，列宁始终认为，俄国一国是不能建成完全的社会主义社会的。

斯大林的“一国建成”论，存在着明显的缺陷。这主要是，对什么是社会主义，苏联一国能够建成什么样的社会主义，斯大林的认识是模糊的，有时甚至是矛盾的。

1925年，斯大林说：“什么是社会主义呢？社会主义就是由无产阶级专政的

---

① 参见《列宁全集》第43卷，人民出版社1987年版，第368页。

社会向无国家的社会的过渡。”[①]这里的“社会主义”，就是一个模糊概念。因为无产阶级专政的社会，既可以理解为从无产阶级夺取政权起到社会主义社会建立止的这样一个过渡时期，又可以理解为社会主义社会的初始阶段；而无国家的社会，既可以理解为共产主义的高级阶段，又可以理解为共产主义的低级阶段即社会主义社会本身。所以，“社会主义”就是由前者向后者的“过渡”，从本质上说是混乱不清的。

1926年，斯大林在答复“建成社会主义是什么意思”的问题时说：“社会主义在我国的胜利是可能的，可以认为建立社会主义经济基础的可能性是有保证的。”那么，“社会主义的经济实质和经济基础是什么呢？是不是在人间创造‘天堂’使大家都富足呢？不，不是这样的。这是对社会主义经济实质的庸俗的、市侩的见解”[②]。可见，斯大林与列宁坚持社会主义必须建立在高度发达的物质技术基础之上的观点不同；他要在苏联建成的社会主义，是低层次的社会主义，是“贫穷”的社会主义，而不是“使大家都富足”的社会主义。

1928年，斯大林说：社会主义的实现意味着阶级的消灭和国家的消亡。[③] 但是，这种正确认识并没有成为斯大林和联共(布)的奋斗目标。他们降低了社会主义的标准，急于“建成”社会主义。1929年，联共(布)指出：社会主义经济形式在整个国民经济中所占比重的提高，说明在无产阶级专政国家内建成社会主义的事业是可以在最短的历史时期内完成的。[④] 在这种思想指导下，苏联废弃了新经济政策，加快了经济形式变革的步伐。1932年，联共(布)又指出：苏联已经建成社会主义基础，社会主义已经战胜资本主义，列宁所提出的“谁战胜谁”的问题，已经彻底地永远地解决了。[⑤] 1936年，斯大林宣布：苏联社会已经基本上实现了社会主义，建立了社会主义制度，即实现了马克思主义者又称为共产主义第一阶段或低级阶段的制度。[⑥] 1938年，斯大林又宣布：我国的内部关系问题，即战胜本国资产阶级和建立起完全的社会主义的问题，我们已经解决了。[⑦] 斯大林在当时宣布苏联已经基本上建立了社会主义制度，这是可以的。但是，斯大林和联共(布)宣布苏联已经建立起完全的社会主义，“谁战胜谁”的问题已经彻底地永远地解决了，这是不对的。苏联所建成的“社会主义”，并不像斯大林所说的

---

① 《斯大林选集》上卷，人民出版社1979年版，第356页。
② 《斯大林选集》上卷，人民出版社1979年版，第511～512页。
③ 参见《斯大林选集》下卷，人民出版社1979年版，第110页。
④ 参见《苏共决议汇编》第4分册，人民出版社1957年版，第72～73页。
⑤ 参见《苏共决议汇编》第4分册，人民出版社1957年版，第289～290页。
⑥ 参见《斯大林选集》下卷，人民出版社1979年版，第399页。
⑦ 参见《斯大林文选》，人民出版社1962年版，第169～170页。

那样;无论从生产力和生产关系上看,还是从经济基础和上层建筑上看,它都不是马克思所称的"共产主义第一阶段",也不是列宁所称的"共产主义低级阶段"。

斯大林的"一国建成"论,后来又有了新的发展。1939年,在苏共十八大上,他提出了"一国共产主义"的问题,因而造成了更大的谬误。"二战"结束以后,他又指出,"一国的共产主义"是完全可能的。1946年9月,他在《答韦尔特先生问》中认为,新战争的实际危险并不存在,英美等国已不能对苏联造成资本主义包围。他"无条件地相信"苏联和西方民主国家能够建立友好的、长期的合作,开展两种制度间的"友好竞赛"。他说:当苏联继续向共产主义迈进时,它同外部世界和平合作的可能性不仅不会减少,而且还能够增加。"'一个国家内的共产主义'特别是苏联这样的国家的共产主义,是完全可能的。"①1952年,苏共十九大又提出,建成共产主义社会已成为苏联各族人民的实际任务了。

"一国的共产主义",错误是十分明显的。在理论上,这一提法是荒谬的。它否定了马克思列宁主义关于共产主义的胜利只能是世界性的胜利的正确结论,陷入了乌托邦。只要世界上还存在社会主义和资本主义两种社会制度的对立,资本主义国家颠覆社会主义国家的企图就不会放弃;只要世界上还存在无产阶级和资产阶级两大对抗阶级的斗争,社会主义国家内部的反社会主义分子也就不会绝迹。在一个社会主义国家与整个资本主义世界对峙的条件下更是如此。因此,"一国的共产主义"是不可设想的。在实践上,这一提法是有害的。第一,它容易使社会主义国家产生"左"倾冒进情绪。离建成完全的社会主义社会还相距甚远,就提出向共产主义社会过渡的任务,势必导致"左"倾冒进错误。苏联和其他社会主义国家后来所犯的此类错误,虽然不能过分地让斯大林来负责任,但是他的"一国共产主义"的提法,确实对后世造成了不良影响。第二,它容易使社会主义国家产生一味和平的麻痹思想。由于不承认新战争的实际危险和国际上的阶级斗争,所以往往导致社会主义国家放松对帝国主义国家武装颠覆与和平演变两种战略的警惕,使社会主义国家在与帝国主义国家"友好相处"和"友好竞赛"的喧闹声中丧失自己的阵地。苏联的蜕变在这方面留下了极其沉痛的教训。

三、列宁"一国建成"思想与斯大林"一国建成"论的几点差别

列宁的"一国建成"思想与斯大林的"一国建成"论之间,存在着重大差别。这主要表现在以下几个方面:

① 《斯大林文选》,人民出版社1962年版,第478页。

首先,列宁的“一国建成”思想,是适应社会主义建设的客观要求产生的,是在审视国际国内形势和总结实践经验的基础上形成的。而斯大林的“一国建成”论,是迎合党内派别斗争的需要提出来的,是在论战中为了击败对手而打出的一面旗帜。

其次,列宁“一国建成”思想的含义是,一国可以建成社会主义社会的基础,即建立社会主义的基本经济制度和基本政治制度,但不能建成无阶级无国家的完全的社会主义社会。这是合乎历史规律的,至今仍具有重大的指导意义。而斯大林“一国建成”论的含义是,一国能够建成完全的社会主义社会,甚至能够建成共产主义社会,但不能免除资本主义制度复辟的危险。这是违背历史规律的,而且是自相矛盾的。

再次,列宁的“一国建成”思想,坚持了生产力标准,认为要建成社会主义社会的基础,也需要高度发达的社会生产力。而斯大林的“一国建成”论,否定了生产力标准,认为不需要高度发达的生产力,只要变更了生产关系,就可以建成完全的社会主义社会。

最后,列宁的“一国建成”思想认为,俄国即使要建成社会主义社会的基础,也需要相当长的历史时期。而斯大林的“一国建成”论认为,苏联建成完全的社会主义社会的任务,可以在最短的历史时期内完成。

（原载《理论学刊》2000 年第 1 期）

斯大林在“一国社会主义”理论上的误解

列宁逝世以后，联共（布）党内围绕苏联一国能否建成社会主义的问题，展开了激烈的争论。在这场争论中，斯大林批驳了托洛茨基、季诺维也夫和加米涅夫等人的观点，明确提出了苏联一国可以依靠自己的力量建成社会主义社会的理论，鼓舞苏联人民为实现社会主义而奋斗。事隔半个多世纪以后，我们冷静地回顾这场争论，客观地评价这场争论，就会发现，在阐发马克思列宁主义的社会主义理论上，斯大林在做出贡献的同时，不无失误之处。

一、对马克思、恩格斯思想的误解

斯大林在《论我们党内的社会民主主义倾向》中，引用《共产主义原理》中关于“同时发生”的一段话，来证明马克思、恩格斯的观点，即认为“推翻资产阶级政权，建立无产阶级政权”的社会主义革命在单独一个国家内的胜利是不可能的，要使社会主义革命获得胜利，必须在几个国家内，至少在几个最发达的文明的国家内同时爆发革命。[①] 这是不对的。实际上，恩格斯在《共产主义原理》中所说的在几个主要资本主义国家“同时发生”的“共产主义革命”，指的是从建立无产阶级的政治统治到废除私有制的整个过程的革命，即不仅包括无产阶级夺取政权的政治革命，而且包括共产主义经济变革在内的社会革命。在以这篇文章为基础写成的《共产党宣言》中，马克思、恩格斯指出：“共产主义革命就是同传统的所有制关系实行最彻底的决裂；毫不奇怪，它在自己的发展进程中要同传统的观念实行最彻底的决裂。”[②]实行这两个“最彻底的决裂”，绝非政治革命所能达到的。他们认为：夺取政权，“使无产阶级上升为统治阶级”，仅仅是共产主义革命的“第一步”。[③] 马克思、恩格斯的确认为要实现共产主义的经济变革，至少需要几个主

---

① 参见《斯大林全集》第 8 卷，人民出版社 1954 年版，第 218～219 页。

② 《马克思恩格斯选集》第 1 卷，人民出版社 1972 年版，第 271～272 页。

③ 参见《马克思恩格斯选集》第 1 卷，人民出版社 1972 年版，第 272 页。

要国家无产阶级的共同努力，但是并不认为无产阶级的政治革命不能在一国内首先获得胜利。1848 年 11 月，马克思明确指出：英国是现代资产阶级社会的矛盾，即资产阶级和无产阶级之间的阶级斗争充分发展和极端尖锐的国家。“先于其他任何国家解决问题和消灭矛盾是英国的使命。”[①]此年年底，马克思又指出：欧洲的解放，取决于法国工人阶级的胜利的起义。首先打倒法国资产阶级，争取法国工人阶级的胜利，然后才能达到整个工人阶级的解放。[②] 晚年的恩格斯则认为：德国无产阶级政党在 1898 年左右就能取得政权；而法国无产阶级还远没有成熟到夺取政权的程度，英国从欧文主义灭绝以后再也没有过社会主义了。[③]

马克思、恩格斯认为，推翻旧社会，建立新社会，必须经过若干历史阶段。他们指出，共产主义变革的最终目的是实现整个社会和社会每个成员的自由全面发展；要达到这个目的，就必须使社会生产发展到能够创造极为丰富的物质财富和精神财富，能够满足所有社会成员需求的水平；为了保证生产力不受阻碍、更加迅速地发展，就必须使其从资本主义生产关系的束缚下解放出来，消灭生产资料的私有制并代之以公有制；要实现这一经济变革，无产阶级首先必须夺得政权。反过来说，共产主义的变革大致可以分为这样四个主要阶段：(1)无产阶级夺取政权的政治革命时期；(2)在无产阶级专政下剥夺剥夺者，尽快地增加生产力的总量，实行社会主义经济变革的过渡时期；(3)在生产资料公有制下迅速发展生产力，为共产主义创造各种条件的社会主义社会；(4)“各尽所能，按需分配”的共产主义社会。这几个阶段不是同时实现的，而是逐步完成的。在《法兰西内战》初稿中，马克思指出，共产主义的经济变革需要经过不同的历史阶段和漫长的发展过程才能完成，但是，无产阶级在一国掌握政权，首先开始这一变革的时刻已经到来了。由此可见，说马克思、恩格斯认为单独一国不可能取得社会主义革命的胜利，是斯大林对他们思想的一个误解。

斯大林在《论列宁主义基础》中，说“从前”认为社会主义革命将“在工业比较发达的地方，在无产阶级占多数的地方，在文化水平较高的地方，在民主成分较多的地方”[④]首先开始和取得胜利。如果按照斯大林所说的，对于资本战线首先会在哪个国家内被突破这个问题“通常”所作出的回答，那么，“从前”这样的国家只有一个，就是英国。因为“唯有这个国家中的资本主义形式——即劳动大规模

① 《马克思恩格斯全集》第 6 卷，人民出版社 1961 年版，第 89～90 页。

② 参见《马克思恩格斯全集》第 6 卷，人民出版社 1961 年版，第 174～175 页。

③ 参见《马克思恩格斯全集》第 38 卷，人民出版社 1972 年版，第 147～148 页，第 562 页；《马克思恩格斯选集》第 4 卷，人民出版社 1972 年版，第 283～284 页。

④ 《斯大林选集》上卷，人民出版社 1979 年版，第 205 页。

地联合在资本主义企业主的统治下——几乎笼罩了整个的生产。唯有这个国家中的绝大多数居民是雇佣工人”[①]。如前所述，马克思、恩格斯早期委实作过资本主义最发达的英国即将发生社会主义革命的预言。但是后来，他们认为比英国落后的法国能够担起欧洲革命的首倡作用；再到后来，他们认为比英、法都落后的德国，工人运动处于世界无产阶级斗争的前列。

的确，马克思、恩格斯认为，只有在现代生产力和资产阶级生产方式这两个要素互相矛盾的时候，社会主义革命才可能发生；但是，他们同时认为，由于同工业比较发达的国家进行广泛的国际交往所引起的竞争，就足以使工业比较不发达的国家内产生类似的矛盾。的确，马克思、恩格斯认为，彻底的社会革命是同资本主义的发展和无产阶级的发展紧密联系着的；但是，他们同时认为，只要资本主义经济发展到“一定程度”，工业无产阶级在人民群众中占有“重要地位”，社会主义革命就可能取得胜利。由此可见，说马克思、恩格斯认为社会主义革命将在工业比较发达、无产阶级占多数等等的地方首先开始和取得胜利，是斯大林对他们思想的又一个误解。

斯大林说：“从前，通常都是根据某一个国家的经济状况去分析无产阶级革命的前提。”[②]这是不对的。恰恰相反，马克思、恩格斯正是根据大工业建立了世界市场把全球各国的人民尤其是各文明国家的人民彼此紧紧地联系起来，并使所有文明国家内资产阶级和无产阶级之间的斗争成为资本主义时代的主要斗争这一状况，认为共产主义革命将至少在几个文明国家英、美、法、德“同时发生”；马克思、恩格斯正是从分析资本主义已经形成世界体系这一点出发，指出无论是法国人、德国人或英国人，都不能单独赢得消火资本主义的光荣，无产阶级的解放只能是国际的事业。

斯大林说：“从前，通常都是说，在个别国家内，或者确切些说，在某一个发达的国家内，是否已经具备无产阶级革命的客观条件。”[③]这是不对的。恰恰相反，马克思、恩格斯正是通过分析世界资本主义整个体系中是否具备革命的客观条件，认为英国这个资本主义机体中的“心脏”得到补救的可能性要大些，而比英国落后的法、德等资本主义机体中的“四肢”国家将先于英国发生革命；马克思、恩格斯正是从全球的观点出发，认为落后国家中国的革命将引起欧洲大陆的政治革命，俄国的革命将成为全世界社会革命的开端。

斯大林说：“从前，通常都是说某一个发达的国家内的无产阶级革命，认为这

---

① 《马克思恩格斯全集》第16卷，人民出版社1964年版，第437～438页。

② 《斯大林选集》上卷，人民出版社1979年版，第204页。

③ 《斯大林选集》上卷，人民出版社1979年版，第205页。

是个别的独立自在的现象，而以个别的民族的资本战线为敌方。”[①]这是不对的。恰恰相反，马克思、恩格斯正是根据世界领域内资本主义社会还在走上坡路，认为“小小角落里”的欧洲大陆上的社会主义革命有可能被国际资产阶级联合镇压下去；马克思、恩格斯正是把整个资本主义战线看作世界各国革命运动的敌方，认为“工人没有祖国”，无产阶级必须以“联合的行动”来战胜国际资本，求得彻底解放。

斯大林说：“从前，总是把无产阶级革命看作纯粹是某一个国家内部发展的结果。”[②]这是不对的。恰恰相反，开始，马克思、恩格斯正是分析在资本主义世界体系中，英国同别的国家比较起来，是一个无产阶级和资产阶级之间的矛盾最为尖锐的国家，认为英国将首先突破资本战线，然后促使各国求得解放；后来，马克思、恩格斯正是分析资本主义世界体系中各种矛盾的发展，认为欧洲革命将起到世界革命的首倡作用，而其中德国的革命将最先取得胜利。

斯大林一方面认为马克思、恩格斯只是从某一国家的经济状况出发去分析无产阶级革命的前提，把某一发达国家内的无产阶级革命看作独立自在的现象；另一方面又说：“从前认为革命在一个国家内胜利是不可能的，以为要战胜资产阶级就必须要有一切先进国家内或至少要有多数先进国家内无产者的共同发动。”[③]从分析一国经济状况出发，却得出“同时胜利”的结论；主张“同时胜利”论，却又不根据世界经济状况去观察问题。斯大林的这种说法是自相矛盾的。

斯大林在阐发列宁的社会主义革命理论时，多有精彩之处。但是，他为了强调列宁的贡献，却将马克思、恩格斯的思想与列宁的思想完全对立起来，这是不符合历史事实的，也是不符合列宁本意的。这容易给人们造成一种错觉，似乎到了帝国主义时代，马克思、恩格斯关于社会主义革命的基本理论已经过时，因而可能造成否定马克思主义对于各国革命指导作用的危险。

二、对列宁思想的误解

斯大林在《论列宁主义的几个问题》中说：列宁在 1915 年 8 月《论欧洲联邦口号》中说的这句话——“‘在本国组织了社会主义生产’是什么意思呢？这就是说，获得了胜利的那个国家的无产阶级，在夺得政权以后，能够而且应当在本国组织社会主义生产。‘组织社会主义生产’又是什么意思呢？这就是建成社会主

① 《斯大林选集》上卷，人民出版社 1979 年版，第 205 页。

② 《斯大林选集》上卷，人民出版社 1979 年版，第 205 页。

③ 《斯大林选集》上卷，人民出版社 1979 年版，第 212 页。

义社会。未必用得着证明:列宁的这个明确的原理是无须再加解释的。否则,列宁在1917年10月对无产阶级发出的夺取政权的号召就会是不可理解的了。”[①]由于斯大林对列宁的“一国组织了社会主义生产”产生误解,认为列宁在1915年就具有一国建成社会主义的思想,所以他在阐述列宁的“一国首先胜利”论时出现了混乱。

开始,斯大林在《论列宁主义基础》中,把“组织了社会主义生产”理解为“建成社会主义社会”,并将其与“社会主义的最终胜利”等同看待,认为“为了组织社会主义生产”,“就必须有几个先进国家中无产者的共同努力”。[②] 为了建成社会主义社会,就必须有几个先进国家中无产者的共同努力,这是符合列宁思想的;但是,“组织了社会主义生产”就是“建成社会主义社会”,却不是列宁的本意。列宁认为,一国可以组织社会主义生产,但一国不能取得社会主义的最终胜利。他说:“我们只有最后彻底地粉碎凭借技术和纪律的巨大力量支持的国际帝国主义,我们才能取得最终的胜利。而且我们只有同世界各国的工人一道才能取得胜利。”[③]什么是“最终胜利”呢?“最终胜利,即完全组织起社会主义社会”[④]。国内战争结束以后,列宁产生了一国建成社会主义基础的思想,从而在事实上将“建成社会主义社会的基础”与“社会主义的最终胜利”区分开来。实际上,列宁在《论欧洲联邦口号》中说的一个国家内获得胜利的无产阶级“剥夺了资本家并在本国组织了社会主义生产”,是指无产阶级利用国家政权的力量,夺取资本家的生产资料,建立国营经济,掌握国家经济命脉,在生产资料公有制的基础上组织生产。这种生产的性质当然不是资本主义的,而是社会主义的;但这只是向社会主义社会的过渡,而不是社会主义社会的建成。也就是说,列宁所说的“组织了社会主义生产”,是指在过渡时期为实现社会主义所组织的生产。列宁在《大难临头,出路何在?》一文中,甚至把还“不是无产阶级专政,不是社会主义国家”的“革命民主国家”下面的国家垄断资本主义看作“社会主义”,更能说明这个问题。他说:“社会主义无非是从国家资本主义垄断再向前跨进一步。换句话说,社会主义无非是变得有利于全体人民的国家资本主义垄断,就这一点来说,国家资本主义垄断也就不再是资本主义垄断了。”[⑤]在这里,列宁所说的“社会主义”,决不是实现了的社会主义,而仅仅是实现社会主义的“一个或一些步骤”。由于

① 《斯大林选集》上卷,人民出版社1979年版,第441页。
② 《斯大林选集》上卷,人民出版社1979年版,第435页。
③ 《列宁全集》第34卷,人民出版社1985年版,第219页。
④ 《列宁全集》第36卷,人民出版社1985年版,第294页。
⑤ 《列宁全集》第32卷,人民出版社1985年版,第217页。

斯大林对列宁这一提法的误解，所以他在阐述列宁思想时不免出现悖谬。列宁认为一国胜利的无产阶级可以在本国组织社会主义生产，而斯大林却说“不，不能”。

斯大林说：如果不把“组织社会主义生产”解释成“建成社会主义社会”，那么，“列宁在1917年10月对无产阶级发出的夺取政权的号召就会是不可理解的了”。他还说：“谁否认社会主义在一个国家内建成的可能性，谁也就一定要否认十月革命的合理性。”[①]这个判断也是不正确的。列宁一直认为一国不能建成社会主义，但列宁并未否认十月革命的合理性。二月革命胜利后，列宁认为，战争形势既然造成了俄国社会主义革命的客观条件，无产阶级就应该积极争取夺得政权，努力巩固政权并开展社会主义建设；这必将引起欧洲各国特别是德国的革命，然后在共同胜利的基础上建成社会主义社会。而且，这个判断本身就是矛盾的。斯大林在1924年以前也曾否认过一国建成社会主义的可能性，难道他自己也否认十月革命的合理性吗？斯大林后来认为一国能够建成社会主义，同时又反复强调一国不能免除资本主义复辟的危险，按照他的逻辑，这岂不是否认了一国建成社会主义的合理性？

后来，斯大林认为自己在《论列宁主义基础》中的说法“有缺点”，因而“不正确了”，所以在《论列宁主义的几个问题》中对此作了“修正”。他把“社会主义的胜利”问题分成两个问题：一个是可能在一个国家内建成完全的社会主义社会的问题，另一个是免除资产阶级制度复辟的完全保障的问题。他认为：“无须其他国家无产阶级革命的预先胜利”，俄国“无产阶级可能夺得政权并利用这个政权来在我国建成完全的社会主义社会”；但是，“没有至少几个国家革命的胜利，就不可能有免除武装干涉因而不可能有免除资产阶级制度复辟的完全保障”[②]。斯大林的这一明确划分，有一定的积极意义，它鼓舞苏联人民为争取建成社会主义社会而奋斗。但是，这里仍然存在着模糊不清的东西，即所谓的“完全的社会主义社会”指的是什么？是指建立起社会主义经济基础的社会，还是指消灭了阶级和国家的社会主义社会？

斯大林在批判反对派的过程中，曾引用过列宁的一些话，其中引用次数最多的，是列宁1922年在莫斯科苏维埃全会上说的“新经济政策的俄国将变成社会主义的俄国”和1923年在《论合作社》中说的苏联具有“建成完全的社会主义社会所必需的一切”。斯大林引用这些话来证明列宁具有一国建成完全的社会主

① 《斯大林选集》上卷，人民出版社1979年版，第341页。

② 《斯大林选集》上卷，人民出版社1979年版，第438页。

义社会的思想，同样是错误的。的确，俄国国内战争结束后，列宁认为可以利用国际局势中出现的敌我双方都既没有取得胜利也没有遭到失败的“某种均势”，抓住“喘息”时机，积极开展社会主义建设事业，争取建成社会主义社会的基础，即建立社会主义的基本经济制度和基本政治制度。但是，列宁并不认为俄国当时已经具备了建成社会主义社会的一切条件，俄国一国能够建成完全的社会主义社会。列宁认为，社会主义的真正的唯一的物质基础，就是同时也能改造农业的大机器工业，是社会化大生产。这对于当时的俄国来说，并不是短期内所能达到的。1921 年 3 月，列宁指出：大生产是不可能在旧的基础上恢复起来的，这至少需要几十年，在我们这种遭受破坏的情况下，可能还要更长一些的时间。[①] 正因为如此，所以俄国不能用直接的正面攻击的方式来解决消灭资本主义的任务，而必须用迂回的改良主义的办法实现向社会主义的过渡。苏俄由战时共产主义政策转变到新经济政策的目的，就是利用国家资本主义作为提高生产力的手段和途径，为社会主义创造物质条件。列宁正是从实行新经济政策有利于发展生产力和无产阶级学会管理的意义上，说“新经济政策的俄国将变成社会主义的俄国”。同时，列宁认为，要建成社会主义社会，还必须实现文化革命；在一个文盲的国家内是不能实现电气化的，是不能建成社会主义社会的。1922 年 3 月，列宁指出：“新经济政策在经济上和政治上都充分保证我们有可能建立社会主义经济的基础。问题‘只’在于无产阶级及其先锋队的文化力量。”[②]就在《论合作社》中，列宁也指出：现在，只要实现了文化革命，我们的国家就能成为完全社会主义的国家了。但是这个文化革命，对于我们说来，是异常困难的。[③] 所以，列宁在这篇文章中列举了无产阶级掌握着国家政权，国家支配着一切大的生产资料，无产阶级和农民结成联盟，无产阶级对工农联盟的领导等等条件之后，仍然说“这还不是建成社会主义社会”。列宁所列举的这些条件，确切些说，只能是“建成社会主义社会所必需而且足够的一切”政治前提，还不是一切必要条件。1923 年 1 月，列宁在批驳“俄国生产力还没有发展到实行社会主义的高度”的观点时，并没有说俄国生产力已经达到实行社会主义的高度，而是说俄国改变了通常的历史顺序，首先创造了发展生产力和提高文化水平的前提，然后在文明程度上奋力赶上别国的人民，最终走到社会主义。[④] 1923 年3 月，列宁又指出：“我国的文明程

① 参见《列宁全集》第 41 卷，人民出版社 1986 年版，第 22 页。
② 《列宁全集》第 43 卷，人民出版社 1987 年版，第 63 页。
③ 参见《列宁全集》第 43 卷，人民出版社 1987 年版，第 368 页。
④ 参见《列宁全集》第 43 卷，人民出版社 1987 年版，第 371～372 页。

度也还够不上直接向社会主义过渡，虽然我们已经具有这样做的政治前提。”[①]可见，列宁认为俄国只是具备了实现社会主义的政治前提即无产阶级专政，还不具备实现社会主义的经济前提即高度发展的生产力和文化前提即高度发展的文化。对于列宁的这一思想，斯大林显然没有予以足够的认识。后来的实践证明，苏联过早地结束新经济政策，急于进行生产资料所有制的社会主义改造，与斯大林对列宁这一思想存在误解有着直接联系。

综上所述，斯大林在批驳反对派的观点和提出“一国建成”论时，误解甚至曲解了马克思、恩格斯和列宁的有关思想。今天，我们必须认真分析斯大林在社会主义理论上的失误，总结苏联的经验教训，以便更好地运用马克思列宁主义的基本原理，来指导我国的社会主义现代化建设。

（原载《国际共运史研究》1993 年第 3 期；人大报刊复印资料 A1 · 月刊《马克思列宁主义研究》1993 年第 11 期和 D3 · 双月刊《世界社会主义运动》1993 年第5 期分别全文转载）

① 《列宁全集》第 43 卷，人民出版社 1987 年版，第 391 页。

社会主义"一国胜利"理论的历史演变

我国《科学社会主义原理》和《国际共产主义运动史》的诸多教材，在阐述社会主义胜利问题时，基本上沿袭了《联共(布)党史简明教程》的说法，即马克思、恩格斯主张"同时胜利"论，这一理论在自由资本主义时代是正确的，但到帝国主义时代就已经过时了；列宁在新的历史条件下，修正了马克思、恩格斯的旧结论，提出了"一国胜利"论，发展了马克思主义；列宁逝世以后，斯大林继承并发展了列宁的"一国胜利"论，提出了"一国建成"论，向前推进了马克思列宁主义。我认为，这是一个历史的误会。实际上，"一国胜利"理论，经历了一个由马克思、恩格斯到列宁再到斯大林的发展和演变过程，其中既有后人对前人的继承和发展，又有后人对前人的误解和曲解，对此应作具体分析。

一、马克思、恩格斯的确认为无产阶级社会革命必须"同时胜利"，即社会主义变革的完成至少需要几个主要国家工人阶级的共同努力，但同时指出一国可以首先取得无产阶级政治革命的胜利，即一国无产阶级可以首先夺取政权，开始社会主义变革

马克思、恩格斯主张社会主义革命"同时胜利"论，人们经常引以为据的，是下面的几段话。

1846 年，马克思、恩格斯在《德意志意识形态》中指出："共产主义只有作为占统治地位的各民族'一下子'同时发生的行动，在经验上才是可能的，而这是以生产力的普遍发展和与此相联系的世界交往为前提的。"①

1847 年，恩格斯在《共产主义原理》中，在回答第 19 个问题即"这种革命能不能单独在一个国家发生"的问题时说："不能。……共产主义革命将不是仅仅一个国家的革命，而是将在一切文明国家里，至少在英国、美国、法国、德国同时

① 《马克思恩格斯选集》第 1 卷，人民出版社 1995 年版，第 86 页。

发生的革命。”①

要准确理解马克思、恩格斯关于各国革命“同时发生”的观点，首先需要搞清楚的是，他们所说的“共产主义”或“共产主义革命”的含义。在《德意志意识形态》中，马克思、恩格斯指出：“共产主义和所有过去的运动不同的地方在于：它推翻一切旧的生产关系和交往关系的基础，并且第一次自觉地把一切自发形成的前提看作是前人的创造，消除这些前提的自发性，使它们受联合起来的个人的支配。因此，建立共产主义实质上具有经济的性质，这就是为这种联合创造各种物质条件，把现存的条件变成联合的条件。”②在《共产主义原理》中，恩格斯在回答第18个问题即“这个革命的发展过程将是怎样的”问题时，从建立民主的国家制度和无产阶级的政治统治，一直谈到消灭私有制建立公有制。可见，他们所说的共产主义革命，不仅包括无产阶级夺取政权的政治革命，而且还包括实行社会主义经济变革的社会革命；而他们认为完成了社会革命，社会即进入无阶级无国家的社会主义社会。

要准确理解马克思、恩格斯关于各国革命“同时发生”的观点，其次需要搞清楚的是，他们所说的“同时发生”究竟是什么意思。他们认为，随着生产力的普遍发展，人们之间的普遍交往建立起来，资本主义越出了民族和国家的界限，形成了世界体系，致使每一国家的人民都受到另一国家事变的影响，每一民族同其他民族的变革都有了依存关系；同时，随着资本主义的发展，贸易自由的实现和世界市场的建立，工业生产以及与之相适应的生活条件的趋于一致，各国人民之间的民族隔绝和对立日益消失，资产阶级和无产阶级成为世界性的至少是所有文明国家内的两大对抗阶级。这种资本主义体系的世界性和工人阶级利益的共同性，决定了无产阶级解放事业的国际性。马克思、恩格斯正是在这个意义上，认为各先进国家的共产主义变革将在同一历史时期内“发生”。各国的无产阶级革命虽然发动有早有迟，发展有快有慢，但最终必定是在同一历史时期内“胜利”。因为任何一个国家都无法单独完成消灭私有制，消灭阶级和国家的共产主义变革；共产主义变革只有在至少是各主要资本主义国家的无产阶级都掌握政权以后才能得以实现，只有在至少是各主要国家的变革都实现以后才能得到保证。因此，马克思、恩格斯关于共产主义革命“同时发生”的观点，不是各国无产阶级政治革命“同时发动”或“同时胜利”的意思，而是各国无产阶级社会革命“同时胜利”的意思。当然，这个“同时”，不是“同一时间”，而是“同一时期”。

---

① 《马克思恩格斯选集》第1卷，人民出版社1995年版，第241页。

② 《马克思恩格斯选集》第1卷，人民出版社1995年版，第122页。

马克思、恩格斯是以无产阶级的彻底解放为出发点，来论述社会主义胜利问题的。在他们看来，完成无产阶级社会革命，即完成共产主义变革；实现无产阶级的彻底解放，即实现全人类的解放。从社会主义最终胜利这个意义上说，无产阶级革命必然是在各国“同时胜利”的。但是，这丝毫不意味他们主张无产阶级政治革命也必须在各国“同时胜利”，各国无产阶级必须同时夺取政权。恰恰相反，1848 年《共产党宣言》发表，特别是欧洲革命爆发以后，虽然他们也强调过社会主义的事业是国际的事业，强调过各国无产阶级团结战斗的重要性，但是，他们再也没有无产阶级革命是将在各国“同时发生”的革命之类的提法；他们更加重视的是各国无产阶级反对本国资产阶级的斗争，重视的是各国无产阶级在本国夺取政权的革命。这就是说，他们主张无产阶级社会革命的“同时胜利”，但并不否认无产阶级政治革命的“一国胜利”。

即使在 1848 年以前，马克思、恩格斯提出共产主义革命将在各国“同时发生”的观点时，也并未否认一国无产阶级能够首先夺取政权。就在《共产主义原理》中，恩格斯在说共产主义革命是将在英、美、法、德同时发生的革命这句话之后，紧接着说：共产主义革命在各国发展得较快或较慢，要看这个国家的资本主义发展情况。“因此，在德国实现共产主义革命最慢最困难，在英国最快最容易。”他还指出：“如果现在英国或法国的工人获得解放，这必然会引起其他一切国家的革命，这种革命迟早会使这些国家的工人也获得解放。”[①]这就是说，各国共产主义革命的发展和实现有快有慢，各国工人阶级的解放或早或迟；英国将先于德国和其他欧美国家取得革命的胜利，英、法等国的工人阶级将先于世界其他国家的工人阶级获得解放。无产阶级夺取政权，开始共产主义变革的革命，不是在欧美各主要国家，更不是在全世界所有国家“同时胜利”的。

后来，马克思、恩格斯把这一思想表达得更加明确。在《共产党宣言》中，他们一方面说，无产阶级要获得解放就必须采取“联合的行动”，另一方面又说，“每一个国家的无产阶级当然首先应该打倒本国的资产阶级。”[②]在《法兰西阶级斗争》中，马克思一方面说，只有在欧洲地区，“才能够实现 19 世纪的社会革命”，另一方面又说，巴黎六月起义的失败，“造成了所有那些使法国能够发挥欧洲革命首倡作用的条件”[③]。从这些地方，我们可以清楚地看到，马克思、恩格斯强调无产阶级解放斗争的国际性和共产主义革命胜利的世界性，决不是否定一国无产阶级首先打倒本国资产阶级的必要性，决不是否定一国无产阶级首先夺取政权

① 《马克思恩格斯选集》第 1 卷，人民出版社 1995 年版，第 234 页。

② 《马克思恩格斯选集》第 1 卷，人民出版社 1995 年版，第 283～284 页。

③ 《马克思恩格斯选集》第 1 卷，人民出版社 1995 年版，第 401 页。

的可能性。

1892年，恩格斯在《社会主义从空想到科学的发展》英文版导言中说："欧洲工人阶级的胜利，不是仅仅取决于英国。至少需要英法德三国的共同努力，才能保证胜利"。但是，"在德国，工人运动的胜利甚至指日可待了"；"依目前的形势来判断，德国难道不可能又成为欧洲无产阶级夺取第一次伟大胜利的舞台吗"？[①] 由前后两部分组成的这一整段话，准确无误地表达了马克思、恩格斯关于社会主义胜利问题的基本观点，即一国不能保证无产阶级社会革命的最终胜利，但一国的无产阶级可以首先夺取政权。确切些说，马克思、恩格斯具有无产阶级政治革命"一国胜利"思想。[②]

总之，在马克思、恩格斯看来，欧美各主要国家无产阶级革命的客观条件已经具备，各国资本主义经济的发展已经达到向社会主义过渡的程度。这就要求各国无产阶级积极利用革命形势，奋起进行革命斗争，争取掌握国家政权，由一国胜利到多国胜利，然后在共同胜利的基础上完成社会主义的经济变革和向共产主义社会的过渡。巴黎公社革命发生后，马克思指出：工人阶级知道，他们必须经历阶级斗争的几个不同阶段。他们知道，以自由的联合的劳动条件去代替劳动受奴役的经济条件，需要经过漫长的发展过程才能逐步完成。但是，工人阶级同时也知道，通过公社的政治组织形式，可以立即向前大步迈进，他们知道，为了他们自己和为了人类开始这一运动的时刻已经到来了。[③] 这就是说，社会主义经济变革的完成和共产主义社会的实现，需要经过一个漫长的发展过程和几个不同的斗争阶段；但是，无产阶级在一国或几国掌握政权，首先开始这一变革，就可以向着解放自己和解放人类的最终目标大步迈进。马克思、恩格斯的确认为社会主义的最终胜利需要一切文明国家至少几个主要国家的联合行动才能实现，但绝不是主张各国无产阶级必须同时掌握政权，必须同时开始社会主义变革。马克思、恩格斯的这一思想，反映了无产阶级革命的客观规律，直到帝国主义时代也仍然没有"过时"；这一思想，为后来列宁明确提出"一国胜利"论，奠定了坚实的理论基础。

---

① 《马克思恩格斯选集》第3卷，人民出版社1995年版，第718页。

② 详见李心华：《关于巴黎公社革命的客观条件和失败原因》，《世界历史》1992年第4期；《论马克思恩格斯的"一国首先胜利"思想》，《科学社会主义研究》1993年第2期。

③ 参见《马克思恩格斯选集》第3卷，人民出版社1995年版，第98～99页。

二、列宁继承和发展了马克思、恩格斯的思想，明确提出了“一国胜利”论，并进而产生了“一国建成”思想，认为一国无产阶级不但能够首先夺取政权，开始社会主义变革，而且能够基本完成社会主义变革，建成社会主义社会的基础，但要取得社会主义的最终胜利，即建成完全的社会主义社会，至少需要几个先进国家工人的共同努力

19 世纪末至 20 世纪初，世界资本主义发展到了帝国主义阶段。由于经济和政治发展的不平衡，各帝国主义国家之间的力量对比发生了重大变化。1914 年 8 月，一场旨在重新瓜分殖民地和势力范围的帝国主义世界大战终于爆发了。此时，列宁批判了社会沙文主义者为支持本国反动政府进行帝国主义战争而宣扬的“保卫祖国”的口号，针锋相对地提出了“变帝国主义战争为国内战争”和“使自己的政府在帝国主义战争中失败”的口号，号召各国无产阶级利用战争所造成的革命形势来加速资本主义的崩溃。列宁指出，战时的革命就是国内战争；而在先进资本主义国家所进行的国内战争，就是无产阶级反对资产阶级的社会主义革命。但是，由于各国经济和政治发展的不平衡，尤其是各国阶级斗争和工人运动发展的不平衡，所以社会主义革命不能在所有资本主义国家内同时获得胜利，而只能在少数甚至在单独一个资本主义国家内首先获得胜利。列宁就是在这种新的国际形势下，继承马克思、恩格斯的“一国胜利”思想，明确提出“一国胜利”论的。

1915 年 8 月，列宁在《论欧洲联邦口号》中写道：“经济和政治发展的不平衡是资本主义的绝对规律。由此就应得出结论：社会主义可能首先在少数甚至在单独一个资本主义国家内获得胜利。”①

1916 年 9 月，列宁在《无产阶级革命的军事纲领》中写道：“资本主义的发展在各个国家是极不平衡的。而且在商品生产下也只能是这样。由此得出一个必然的结论：社会主义不能在所有国家内同时获得胜利。它将首先在一个或者几个国家内获得胜利，而其余的国家在一段时间内将仍然是资产阶级的或资产阶级以前的国家。”②

传统观点认为，这两段话，就是列宁在新的历史条件下，提出“一国胜利”论来代替已经过时的马克思、恩格斯的“同时胜利”论的证据。但是，人们往往忽略

---

① 《列宁全集》第 26 卷，人民出版社 1988 年版，第 367 页。

② 《列宁全集》第 28 卷，人民出版社 1990 年版，第 88 页。

了列宁和马克思、恩格斯在使用“社会主义”或“社会主义革命”的概念时，是否赋予它同样的含义。我认为，一切误解概出于此。

那么，列宁在这两处所说的“一国首先胜利”的“社会主义”，含义是什么呢？它是指以无产阶级专政代替资产阶级专政的政治革命，不是指以社会主义生产关系代替资本主义生产关系的社会革命。它与马克思、恩格斯在《德意志意识形态》和《共产主义原理》中所使用的“共产主义”或“共产主义革命”的含义是不同的。这个以无产阶级夺取政权为标志的政治革命的胜利，并不包括社会革命的胜利（完成社会主义的经济变革）和社会主义的最终胜利（建成完全的社会主义社会）。

在《论欧洲联邦口号》中，列宁指出，政治革命只是社会主义革命过程中的“必不可免”的“一次行动”，而社会主义革命则是包括阶级斗争、国内战争和政治经济变革等等一系列内容的“一个时代”。因此，无产阶级政治革命的胜利，还不是社会主义革命的完全胜利。在一国内或几国内首先获得胜利的无产阶级，必须利用无产阶级专政的民主共和国这种社会的政治形式，同非社会主义国家作斗争；只有通过比较长期而顽强的斗争，才能最终消灭阶级，实现社会主义在全世界各民族中的完全胜利。在《无产阶级革命的军事纲领》中，列宁指出，“社会主义”在一国的首先胜利，只是推翻本国资产阶级的政治革命的胜利，还不是建成社会主义社会的社会革命的胜利。这个社会主义国家还将进行反对其他各国资产阶级进攻的“自卫战争”，为争取实现社会主义，争取全人类的解放而继续斗争；在全世界的资产阶级未被推翻、彻底战胜并剥夺之前，这种战争就不可避免。因而一国无产阶级政治革命的胜利，还不能保证社会主义的最终胜利。

十月革命胜利以后，列宁仍然坚持这样的观点，即推翻资产阶级、夺取政权的社会主义革命，在几国同时发生是“罕有的例外”，在一国单独发生才是“典型的情况”。他认为，十月革命的胜利，就是在一国内获得的推翻资产阶级意义上的社会主义革命的胜利。1917 年 12 月，列宁指出：“工人、农民和士兵所完成的十月革命，毫无疑问，是社会主义革命。”①但是，他同时又认为，在一国内不能获得社会主义的最终胜利，即不能建成完全的社会主义社会。1918 年 4～5 月间，列宁指出：“我们只有最后彻底地粉碎凭借技术和纪律的巨大力量支持的国际帝国主义，才能取得最终的胜利。而且我们只有同世界各国的工人一道才能取得胜利。”②“我们单靠自己的力量是不能在一个国家内全部完成社会主义革命

① 《列宁全集》第 33 卷，人民出版社 1985 年版，第 168 页。

② 《列宁全集》第 34 卷，人民出版社 1985 年版，第 219 页。

的”。[①] 当然，我们不能从中引申出列宁在十月革命胜利以后认为苏俄不能保持无产阶级政权，不能进行社会主义改造和社会主义建设的结论。事实上，苏俄人民在列宁领导下，为巩固新生的无产阶级政权进行了艰苦卓绝的斗争，并为实行社会主义的变革开始了改造旧经济、建设新经济的伟大工作。

列宁明确提出的“一国胜利”论，并不像以往人们所认为的那样，是修正了马克思、恩格斯“同时胜利”的旧观点，而是继承了他们的“一国胜利”思想。列宁本人，向来也未认为自己用新结论代替了他们的旧结论；他认为马克思、恩格斯说的“完全正确”，无须修正。列宁关于一国可以取得夺取政权意义上的社会主义革命的胜利，可以开始社会主义的经济变革，但不能全部完成社会主义革命，不能取得社会主义的最终胜利的观点，并没有超出马克思、恩格斯的“一国胜利”思想。列宁在社会主义胜利问题上的新贡献，在于他在第一次世界大战期间，结合资本主义发展不平衡规律，明确提出了政治革命意义上的社会主义革命“一国胜利”论，特别是在俄国国内战争结束以后，根据国际形势中出现的“均势”和苏维埃政权得以存在下去的事实，得出了俄国一国可以基本完成社会主义的经济变革，建成社会主义社会的基础的结论，向前推进和发展了马克思、恩格斯的“一国胜利”思想。

列宁认为，无产阶级政权和机器大工业，是社会主义的政治保证和经济保证。1920 年年底，俄国国内战争结束，敌我双方都既没有获得胜利，也没有遭到失败。战争证明，即使在全世界社会主义革命延迟爆发的情况下，无产阶级政权和苏维埃共和国也能够生存下去。这就为“认真地”进行社会主义建设提供了政治保障。在这种条件下，如果能够建立起在现代技术基础上的大机器工业，为社会主义提供了经济保障，那么，俄国就能够建成社会主义社会的基础。列宁关于“共产主义就是苏维埃政权加全国电气化”[②]的著名论断，准确地反映了他的这一基本思想。

列宁所说的“建成社会主义的基础”，就是建立社会主义的基本制度。它的主要标志是：在经济领域，奠定了社会主义所必需的高度发达的物质技术基础，建立了以国家所有制和集体所有制为基础的社会主义生产关系，实行了按劳分配原则；在政治领域，在坚持无产阶级专政的条件下，建立了巩固的工农联盟和民主高效的政治制度；在文化思想领域，完成了文化革命的基本任务，建立了以马克思主义为指导的意识形态。列宁认为，在国家支配着一切大的生产资料，无

① 《列宁全集》第 34 卷，人民出版社 1985 年版，第 357 页。

② 《列宁全集》第 40 卷，人民出版社 1986 年版，第 156 页。

产阶级掌握着国家权力，建立了工农联盟并实现了无产阶级对工农联盟的领导的条件下，通过实行新经济政策来提高生产力水平，为社会主义创造物质前提，通过实行合作制来变革生产关系，完成社会主义改造，俄国就能够建成社会主义社会的基础。1921 年 4 月，他满怀信心地指出：只要在 10～20 年内和农民保持正常的关系，甚至在日益发展的各国无产阶级革命推迟爆发的情况下，俄国也能保证建立社会主义的基础，取得具有世界意义的胜利。①

但是，列宁始终未提出俄国一国能够建成完全的社会主义社会的结论。他认为，完全组织起社会主义社会，即获得社会主义的最终胜利；而俄国一国是不能取得社会主义的最终胜利的。1921 年 3 月，列宁指出："在俄国这样的国家里，社会主义革命只有具备两个条件才能获得彻底的胜利。第一个条件是及时得到一个或几个先进国家社会主义革命的支援。"②1922 年 2 月，列宁又指出："我们向来笃信并一再重申马克思主义的一个起码的真理，即要取得社会主义的胜利，必须有几个先进国家的工人的共同努力。"③这里说的"社会主义的胜利"，即"社会主义的最终胜利"。

总之，俄国国内战争结束以后，列宁根据国际国内的新形势，发展了自己在"一战"期间提出的"一国胜利"论，最终形成了"一国建成"的新思想，即在国际形势出现"均势"，苏维埃政权得到巩固的情况下，俄国一国通过努力提高生产力水平和逐步实行社会主义改造，建成社会主义社会的基础的思想。这样，列宁事实上把社会主义建设的胜利（即建成社会主义社会的基础）和社会主义的最终胜利（即建成完全的社会主义社会）区分开来，从而向前推进和发展了马克思主义关于社会主义胜利的理论。

三、斯大林在同反对派的论战中，曲解了列宁的"一国胜利"论和"一国建成"思想，提出了"一国建成完全的社会主义"论，继而又提出了"一国建成共产主义"论，将马克思主义关于社会主义胜利的理论推向了极端

斯大林的"一国建成完全的社会主义"论，是在与反对派的争论中提出来的。

1924 年初列宁逝世以后，俄共（布）内部以斯大林为首的多数派同以托洛茨基等人为首的反对派，围绕苏联一国能否建成社会主义的问题，展开了一场激烈的争论。本来，对于苏联的前途问题，列宁晚年已作了明确回答，这就是争取建

① 《列宁全集》第 41 卷，人民出版社 1986 年版，第 378 页。

② 参见《列宁全集》第 41 卷，人民出版社 1986 年版，第 51 页。

③ 《列宁全集》第 42 卷，人民出版社 1987 年版，第 450 页。

成社会主义社会的基础，以迎接西方革命的到来和社会主义的最终胜利。俄共(布)的领袖们只要能够准确地理解和认真地宣传列宁这一思想，就完全可以对全国人民回答清楚“苏联向何处去”的问题。但是，他们没有做到这一点。相反，他们在抛弃或曲解列宁思想的基础上展开了一场大争论，把本来已经十分清楚的问题搞乱了。

在这场争论中，反对派与多数派各执己见，各走极端。反对派自诩坚持了马克思主义和列宁主义的传统，从社会主义的最终胜利就是建成完全的社会主义社会，而完全的社会主义社会就是无阶级无国家的社会的认识出发，笼统地否定苏联一国能够建成社会主义；他们无视历史条件的变化和列宁晚年思想的发展，无视列宁关于在得到巩固的苏维埃政权下，俄国一国能够建成社会主义社会的基础的思想，死抱马克思、恩格斯和列宁的个别结论不放。这种立场和方法，使反对派在关于社会主义胜利问题上固守一个极端，而不能向前迈出一步。

相反，斯大林在这场争论一开始，就迅速改变了自己的观点，提出了一国建成完全的社会主义社会的理论。列宁逝世之初，斯大林同俄共(布)的其他领袖一样，并没有提出苏联一国建成社会主义的问题。1924 年 5 月，他在《论列宁主义基础》中明确表示，一国虽然能够推翻资产阶级政权，建立无产阶级政权，但不能保证社会主义的完全胜利，不能获得社会主义的最终胜利，甚至不能组织社会主义生产。但是时过不久，斯大林便改变了提法。同年 12 月，他在《十月革命和俄国共产党人的策略》中说：“在其他国家(即使这些国家的资本主义比较发达)还保存着资本主义的情况下，社会主义在一个国家(即使这个国家的资本主义不大发达)内胜利是完全可能的，是可以肯定的。”但是，“为了社会主义的完全胜利，为了有免除旧制度恢复的完全保障，必须有几国无产者的共同努力”[①]。在这里，斯大林把一国能够获得“推翻资产阶级”的胜利，改成一国能够获得“社会主义”的胜利；把一国不能“组织社会主义生产”，改成一国不能“有免除旧制度恢复的完全保障”。次年 4 月召开的俄共(布)第十四次代表会议明确地将斯大林的这一新提法与托洛茨基的观点对立起来。这次会议通过的决议指出：“两个直接对立的社会制度的存在，经常引起资本主义封锁、其他种种经济压力、武装干涉和复辟的危险。因此，几个国家内胜利的社会主义革命是社会主义最后胜利的唯一保障，即免除复辟的唯一保障。”“但由此决不能得出结论说，在俄国这样落后的国家中，如果没有技术上经济上比较发达的‘国家援助’(托洛茨基)，就不

① 《斯大林选集》上卷，人民出版社 1979 年版，第 285、288 页。

可能建成完全的社会主义社会。"[①]此后,斯大林一直坚持并进一步阐发了苏联一国能够建成完全的社会主义社会的结论,从而将社会主义胜利的理论推向了与反对派观点相反的另一个极端。

斯大林的"一国建成完全的社会主义"论,是在曲解列宁思想的基础上提出来的。

首先,斯大林曲解了列宁的"一国胜利"论。起初,斯大林否认一国能够建成社会主义,所以在《论列宁主义基础》中,把列宁在《论欧洲联邦口号》中所说的"组织了社会主义生产"与"社会主义的完全胜利"和"社会主义的最终胜利"等同看待,认为"为了组织社会主义生产","就必须有几个先进国家中无产者的共同努力",单靠一个国家的努力是不够的。[②] 后来,斯大林提出了一国建成完全的社会主义社会的理论,于是便在 1926 年 1 月写的《论列宁主义的几个问题》中改变了说法。他把"社会主义的胜利"问题分成两个问题:一个是社会主义可能在一个国家内获得胜利的问题,即可能在一个国家内建成完全的社会主义社会的问题;另一个是社会主义不可能在一个国家内获得完全的最终胜利的问题,即不可能在一个国家内提供免除资产阶级制度复辟的完全保障的问题。[③] 斯大林的这一划分,十分明显地歪曲了列宁关于"获得最终胜利,即完全组织起社会主义社会"[④]的思想,也与自己关于"取得'最终的胜利',即建成完全的社会主义"[⑤]的提法相矛盾。为了证明自己的新说法是来源于列宁思想的,斯大林便把"组织社会主义生产"解释为"建成社会主义社会",认为列宁在 1915 年 8 月就提出了一国建成社会主义的理论。这是不对的。实际上,列宁所说的在一国内获得胜利的无产阶级"剥夺了资本家并在本国组织了社会主义生产",是指无产阶级利用国家政权的力量,夺取资本家的生产资料,建立国营企业,在公有制的基础上组织生产。这种生产的性质当然不是资本主义的,而是社会主义的;但这只是向社会主义社会的过渡,还不是社会主义社会的建成。斯大林的解释,违背了列宁的本意。

其次,斯大林曲解了列宁的"一国建成"思想。斯大林在与反对派的论战中,曾多次引用列宁 1922 年在莫斯科苏维埃全会上所说的"新经济政策的俄国将变成社会主义的俄国"和 1923 年在《论合作社》一文中所说的苏联具有"建成完全的社会主义社会所必需的一切",来证明列宁提出了一国建成完全的社会主义社

---

① 《苏联共产党代表大会代表会议和中央全会决议汇编》第 3 分册,人民出版社 1956 年版,第 47 页。

② 参见《斯大林选集》上卷,人民出版社 1979 年版,第 435 页。

③ 参见《斯大林选集》上卷,人民出版社 1979 年版,第 438 页。

④ 《列宁全集》第 36 卷,人民出版社 1985 年版,第 294 页。

⑤ 《斯大林选集》上卷,人民出版社 1979 年版,第 340 页。

会的理论。这同样是错误的。如前所述，国内战争结束以后，列宁的确提出俄国一国可以建成社会主义社会的基础，但并未提出俄国一国能够建成完全的社会主义社会。他认为，作为社会主义真正的和唯一的物质基础的机器大工业，俄国并不具备，而且在短期内也不可能具备。列宁是在实行新经济政策有利于发展生产力和无产阶级学会管理的意义上，是在号召人民克服困难争取胜利的气氛中，才说“新经济政策的俄国将变成社会主义的俄国”。而在列宁看来，“社会主义的俄国”，只能是建立起社会主义基本经济制度和基本政治制度即建成社会主义社会的基础的俄国，不会是建成无阶级无国家的社会即建成完全的社会主义社会的俄国。同时，列宁认为，要建成社会主义社会，还必须实现文化革命；在一个文盲的国家内是不能实现社会主义的。就在《论合作社》中，列宁指出：俄国只要实现了文化革命，就能成为完全社会主义的国家了；但是这个文化革命，无论在纯粹文化方面或物质方面，对于我们说来，都是异常困难的。[①] 这就是说，俄国即使要建成完全社会主义的“国家”，也是异常困难的，更何况建成完全社会主义的“社会”。所以，列宁在这篇文章中列举了国家支配着一切大的生产资料，无产阶级掌握着国家政权，无产阶级和农民结成了联盟，无产阶级对农民的领导得到了保证等等条件之后，还仍然说“这还不是建成社会主义社会”。列宁所列举的这些条件，确切些说，只是“建成社会主义社会所必需而且足够的一切”前提条件，还不是一切必要条件。建成社会主义社会所必需的大工业、大农业、民主高效的国家政权机关以及高度发达的文化等等条件，苏联并不具备。另外，建成社会主义社会，还需要国际条件；在这里，列宁将它撇开未谈。列宁在谈到苏联应该把工作重心转到和平组织“文化”工作方面时说，这是“把国际关系撇开不谈，只就国内经济关系来说”的。而如果考虑到国际关系的话，那么结论应该是什么呢？列宁在国内战争结束以后还仍然认为，只要苏俄还处在资本主义世界的包围之中，那种认为苏俄经济完全可以独立和各种各样的危险已经消失的想法，就是十分可笑的幻想和空想；只要这种根本对立还存在，危险也就存在，并且不可避免。因此，俄国一国是不能建成完全的社会主义社会的。

总之，列宁认为，无产阶级社会革命的完全胜利，只能是世界性的胜利。换句话说，如果从社会主义最终胜利的意义上讲，那么列宁自始至终也未提出“一国胜利”论或“一国建成”论。因此，斯大林认为列宁早就提出了俄国一国建成完全的社会主义社会的理论，是曲解了列宁的思想。

本来，斯大林提出一国建成完全的社会主义的理论，就已经将马克思主义关

① 参见《列宁全集》第43卷，人民出版社1987年版，第368页。

于社会主义胜利的理论推向了极端；后来，他又提出了一国建成共产主义的理论，造成了更大的谬误。1939 年，他在党的十八大上，在回答"我们的国家是不是在共产主义时期也要保存下来"的问题时说："是的，要保存下来，假如那时资本主义的包围尚未消灭，假如那时外来的武装侵犯危险尚未消除的话。"①此时的斯大林，虽然没有改变一国不能免除资本主义复辟危险的观点，但是同时又提出了在资本主义包围中的一国建成共产主义的问题，因而形成了新的矛盾。"二战"结束以后，斯大林又指出，"一国的共产主义"是完全可能的。1946 年 9 月，他在《答韦尔特先生问》中认为，新战争的实际危险并不存在，英美等国已不能对苏联造成资本主义包围。他无条件地相信苏联和西方民主国家能够建立友好的、长期的合作，开展两种制度间的"友好竞赛"。他说：当苏联继续向共产主义迈进时，它同外部世界和平合作的可能性不仅不会减少，甚至能够增加。"'一个国家内的共产主义'，特别是苏联这样的国家的共产主义，是完全可能的。"②1952 年，苏共十九大又提出，建成共产主义社会已成为苏联各族人民的实际任务了。

综上所述，社会主义"一国胜利"理论，经历了一个由马克思、恩格斯到列宁再到斯大林的发展和演变过程。马克思、恩格斯在认为共产主义的最终胜利必然是"同时胜利"的同时，提出了一国无产阶级首先夺取政权，并开始社会主义经济变革的设想，这无论在自由资本主义时代还是在帝国主义时代都是正确的；列宁在新的历史条件下，在审视国际国内形势和总结革命斗争经验的基础上，继承和发展了马克思、恩格斯的思想，明确提出了"一国胜利"论，并在此基础上形成了"一国建成"思想，即一国基本实现社会主义的经济变革，建成社会主义社会的基础的思想，使马克思主义关于社会主义胜利的理论臻于成熟；斯大林的"一国建成"论，是在党内的派别斗争中为击败对手而打出的一面旗帜，它不是继承和发展马克思列宁主义的结果，而是误解或曲解马克思、恩格斯和列宁思想的产物，"一国建成完全的社会主义"和"一国建成共产主义"的提法，背离了马克思主义关于共产主义的胜利只能是世界性的胜利的正确结论，陷入了乌托邦式的空想，在社会主义思想史和国际共产主义运动中造成了极大的混乱。因此，在这个问题上，我们的结论应该是："回到列宁！"

（原载《社会主义研究》2008 年第 4 期，原文署名赖淑春、李心华）

① 《斯大林选集》下卷，人民出版社 1979 年版，第 471 页。

② 《斯大林文选》，人民出版社 1962 年版，第 478 页。

列宁是如何看待社会主义的历史进程的?

苏联解体以后,国外一些理论家和政治家将其"原罪"归于列宁的"一国社会主义"思想和他领导的十月社会主义革命;国内个别学者也开始"反思"和"质疑"列宁关于社会主义历史进程的观点。笔者认为,正确认识这一问题,具有重大的理论意义和实践意义,因此著文作一些探讨。

一

马克思、恩格斯曾经强调高度发展的生产力是社会主义革命的"物质条件",认为不具备这种物质条件,社会主义革命是不会成功的。因此,他们关于世界社会主义发展的历史进程的观点是,社会主义革命将在西欧、北美的先进资本主义国家英、法、德、美首先开始,这些国家在革命取得胜利后,将带动东欧和亚洲、非洲、拉丁美洲各国走上社会主义道路;只有在东欧和亚、非、拉革命的支持下,才能保证西欧、北美社会主义的最终胜利。后来,马克思、恩格斯也曾设想"情况非常特殊,在历史上没有先例"的俄国农村公社,可以不通过资本主义制度的"卡夫丁峡谷"[①]而直接过渡到社会主义制度,但必须具备两个前提条件:一是西欧"胜利地完成无产阶级革命"[②]并给俄国提供必需的物质援助,二是俄国必须吸取资本主义制度所取得的一切肯定成果。这就是说,落后的俄国是不能先于先进的西欧取得社会主义革命的胜利的。

起初,列宁也坚持了马克思、恩格斯的这一思想。1911 年,他在《纪念公社》一文中指出:"胜利的社会革命至少要具备两个条件:生产力的高度发展和无产阶级的充分准备。但是在 1871 年,这两个条件都不具备。法国的资本主义还不够发达,法国当时主要是一个小资产阶级(手工业者、农民、小店主等)的国

① 《马克思恩格斯全集》第 19 卷,人民出版社 1963 年版,第 451 页。

② 《马克思恩格斯选集》第 3 卷,人民出版社 1995 年版,第 282 页。

家。"[①]在这里,列宁对"社会革命"和"政治革命"没有作区分。他虽然谈的是"社会革命"的胜利需要高度发展的生产力,但是这段话的意思很明确,即像1871年巴黎公社革命那样的无产阶级政治革命的胜利也必须具备高度发展的生产力。从这种认识出发,列宁在一个时期内也认为社会主义革命将在西方先进的资本主义国家首先发生。所以,在1915～1916年期间,列宁明确提出社会主义"一国胜利"论时,仍然认为首先取得社会主义革命胜利的,将是一个或几个西方先进的资本主义国家,而落后的俄国所面临的革命任务,则是完成资产阶级民主革命。但是,值得注意的是,列宁在提出"一国胜利"论时,将"政治革命"和"社会革命"做了区分。他所说的"一国首先胜利"的"社会主义",是指以无产阶级专政代替资产阶级专政的政治革命,不是指以社会主义生产关系代替资本主义生产关系的社会革命。更为重要的是,这期间列宁对于政治革命条件的认识也开始发生变化。一是在革命的客观条件上,他更注重"政治危机"而不是"经济因素";二是在革命的主观条件上,他更注重无产阶级的"革命行动"而不是它的"数量"和"比例"。1915年6月,列宁在《第二国际的破产》一文中,列举了革命形势的三个主要特征。[②] 他在谈到革命的客观条件(革命形势)时只强调了"政治危机",认为"上层"出现不能照旧统治下去的政治危机,革命就有可能发生;他在谈到革命的主观条件时只强调了"革命群众行动",认为革命阶级能够发动足以打倒旧政府的强大的革命群众行动,革命就能取得胜利。列宁从"一战"爆发后开始发生的这一思想转变,到俄国二月革命胜利后趋于完成。这一转变具有十分重要的意义。它意味着列宁改变了以往关于世界社会主义革命进程的观点,产生了比较落后的国家在特定的历史条件下首先开始社会主义革命的思想。

二月革命胜利以后,资产阶级掌握了国家政权,标志着俄国资产阶级民主革命已经完成,社会主义革命提上了俄国的日程。列宁号召布尔什维克积极利用革命形势,及时将资产阶级民主革命转变为社会主义革命。他批驳了所谓俄国是一个落后的小农国家、还没有成熟到实行社会主义的程度的观点,指出"世界上任何地方都没有而且在战争期间也不可能有向纯粹社会主义过渡的纯粹资本主义"[③],只有经过某些中间站才能逐步实行社会主义。

当然,列宁认为,比较落后国家首先开始社会主义革命,是需要具备一定的经济条件的。俄国是一个落后国家,但是须知,它是帝国主义阵营中的落后国家,不是世界范围内的落后国家。列宁在《大难临头,出路何在?》以及其他许多

① 《列宁全集》第20卷,人民出版社1989年版,第222页。

② 参见《列宁选集》第2卷,人民出版社1995年版,第460～461页。

③ 《列宁选集》第3卷,人民出版社1995年版,第77页。

著作中,都对俄国社会主义革命的经济前提作了深刻分析。他指出,国家垄断资本主义在俄国达到了较高的发展水平,形成了社会调整生产和分配的机构。这就为俄国向社会主义革命的过渡和转变,提供了基本的客观的物质前提。他说:"如果社会主义在经济上尚未成熟,任何起义也创造不出社会主义来。"①在列宁看来,社会主义革命是从具有一定程度资本主义的比较落后的国家首先开始的,这些国家既不是世界上拥有发达资本主义的最先进的国家,也不是世界上还没有资本主义的最落后的国家。

十月革命胜利初期,列宁预想西方先进国家的社会主义革命将会相继发生;如果没有西方先进国家社会主义革命的支持,俄国的无产阶级政权就难以长期生存下去,社会主义建设事业的胜利就更是无从设想。1918 年 3 月,列宁指出:"从全世界历史范围来看,如果我国革命始终孤立无援,如果其他国家不发生革命运动,那么毫无疑问,我国革命的最后胜利是没有希望的。……我再说一遍,能把我们从所有这些困难中拯救出来的,是全欧洲的革命。"②

当然,列宁曾多次说过的俄国社会主义革命的胜利有赖于欧洲革命胜利的话,只是从归根结底的意义上说,从社会主义最终胜利的意义上说,俄国革命必须同欧洲革命联系起来。列宁并没有把全部希望寄托在欧洲革命的胜利上,更没有放弃巩固苏维埃政权的斗争和社会主义经济建设的事业,去消极地等待欧洲革命的到来。他认为,俄国能够依靠本国人民的力量巩固无产阶级政权并进行社会主义建设。事实正是如此,十月革命胜利后,苏维埃俄国就立即开始了改造旧经济、建设新经济的工作。

二

1920 年底,国内战争结束,苏维埃俄国击退了国内外敌人的联合进攻,取得了反武装干涉的伟大胜利。此时,虽然西方各国的革命相继失败,但是苏维埃俄国同帝国主义国家之间却形成了某种"均势"。列宁认真总结了国内战争的经验,分析了国内战争结束后的国际形势。11 月 21 日,他在《我国的国内外形势和党的任务》一文中指出:"三年前当我们提出关于俄国无产阶级革命的任务及其胜利的条件的问题时,我们总是明确地说:没有西欧无产阶级革命的支持,这个胜利就不可能巩固;只有从国际的观点出发才能正确估价我们的革命。为了

① 《列宁选集》第 3 卷,人民出版社 1995 年版,第 266 页。
② 《列宁选集》第 3 卷,人民出版社 1995 年版,第 441 页。

取得巩固的胜利，我们必须使无产阶级革命在一切国家或者至少在几个主要的资本主义国家取得胜利。经过三年残酷而激烈的战争，我们看到，我们的预言在哪些方面没有得到证实，在哪些方面已经得到证实。”①他认为，关于西方先进国家的无产阶级革命将迅速获得胜利的预言没有得到证实；而“即使全世界的社会主义革命推迟爆发，无产阶级政权和苏维埃共和国也能够存在下去”的预言却得到了证实。这就为“认真地”进行社会主义建设事业提供了可能。在这种条件下，列宁领导全党和全国人民，制定了宏伟的社会主义建设计划，开展了大规模的社会主义建设。在此基础上，列宁不断总结经验，并展望了世界无产阶级革命和俄国社会主义建设的可能的前途，形成了俄国一国率先实行社会主义的经济变革，建立社会主义社会的基础的新思想。

列宁认为，社会主义是以无产阶级的政权这一能使被压迫群众完成各项事业的政治机构为前提的，否则社会主义便是不可想象的；这是政治方面的保证。另外，社会主义的真正的和唯一的物质基础，就是同时也能改造农业的大机器工业；这是经济方面的保证。国内战争的胜利结束，使新生的苏维埃政权得到了巩固。在这个政治前提下，如果能够建立起在现代技术基础上的大机器工业，为社会主义提供了经济前提，那么，俄国就能够建立社会主义社会的基础。列宁根据当时的世界科学技术水平，指出建立大机器工业就意味着实现电气化。他认为，如果实现了全国电气化，“那么从宗法制度到社会主义就不需要或者几乎不需要过渡阶段和中间环节了”②。“共产主义就是苏维埃政权加全国电气化”③的著名论断，准确地反映了列宁的这一思想。这里说的“共产主义”，就是“社会主义社会的基础”。

国内战争结束以后，列宁发现，在一个小农占优势的国家实现向社会主义的过渡，采用直接冲击的方法是行不通的，必须通过间接迂回的途径。因此，他领导苏俄实行了由战时共产主义政策向新经济政策的转变。“新经济政策就是以实物税代替余粮收集制，就是在很大程度上转而恢复资本主义”④。但是，“新经济政策没有从根本上改变苏维埃俄国社会制度方面的任何东西，只要政权还掌握在工人手里，就不可能引起任何改变。而对于苏维埃政权的巩固，看来目前已经谁也不会怀疑了”⑤。实行新经济政策的目的，就是利用国家资本主义来迅速

① 《列宁全集》第40卷，人民出版社1986年版，第22页。
② 《列宁选集》第4卷，人民出版社1995年版，第509页。
③ 《列宁选集》第4卷，人民出版社1995年版，第364页。
④ 《列宁选集》第4卷，人民出版社1995年版，第576页。
⑤ 《列宁文稿》第4卷，人民出版社1978年版，第403页。

发展生产力，为社会主义创造物质前提。列宁高度评价了新经济政策的意义。他说：新经济政策充分保证我们有可能建立社会主义经济的基础。“新经济政策的俄国将变成社会主义的俄国。”①这里说的“社会主义的俄国”，即建成社会主义社会的基础的俄国。

列宁在强调加速实现国家的电气化，为社会主义奠定物质基础的同时，十分重视社会制度的变革。他提出了改造旧时代遗留下来的国家机关，反对官僚主义，发展社会主义民主，创造社会主义政治上层建筑的任务；他提出了通过工业的国有化和农业的合作化，实现社会主义经济变革，建立社会主义经济基础的任务。在他看来，无须等到社会主义所需要的物质条件全部创造出来之后，才来实行社会主义的经济变革；无须等到具备了完全合作化的条件即实现了文化革命之后，才来实行合作化。社会主义改造是一个历史过程，不是一次行动；向社会主义的过渡是逐步完成的，不是一蹴而就的。列宁关于在俄国首先建立社会主义社会的基础，然后再逐渐过渡到完全的社会主义社会的设想，就是在这种思想基础上产生的。

列宁所说的“建立社会主义社会的基础”，就是建立社会主义的基本制度，即建立以公有制为基础的社会主义经济制度，以无产阶级专政为基础的社会主义政治制度，以马克思主义为指导的社会主义意识形态。列宁认为，建立社会主义社会的基础，还不是建成完全的社会主义社会；俄国一国能够建立社会主义社会的基础，但不能建成完全的社会主义社会；要建成完全的社会主义社会，即取得社会主义的最终胜利，则有待于世界革命至少是各先进国家革命的胜利。1921年3月，列宁指出：“在俄国这样的国家里，社会主义革命只有具备两个条件才能获得彻底的胜利。第一个条件是及时得到一个或几个先进国家社会主义革命的支援。”②

三

马克思曾经指出，高度发展的社会化生产力，是解放劳动的“第一个条件”，是实现社会主义的经济前提；而无产阶级夺取政权，剥夺剥夺者，则是解放劳动的“第二个条件”，是实现社会主义的政治前提。

毋庸置疑，列宁是坚持马克思主义关于社会主义前提的观点的。但是，列宁

① 《列宁选集》第4卷，人民出版社1995年版，第738页。

② 《列宁选集》第4卷，人民出版社1995年版，第445页。

认为,俄国是一个介于西方文明国家和东方落后国家之间的国家,所以俄国可能表现出而且势必表现出某些特殊性,这些特殊性固然并不越出世界发展的一般规律,但是使俄国革命显得有别于以前西欧各国的革命,而且这些特殊性到了东方国家又会产生某些局部的新东西。“世界历史发展的一般规律,不仅丝毫不排斥个别发展阶段在发展的形式或顺序上表现出特殊性,反而是以此为前提的”①。

列宁认为,俄国革命的特殊性的重要表现,在于俄国可以改变通常的历史顺序,即在马克思所说的“第一个条件”尚不具备的情况下,首先创造“第二个条件”,然后再去发展“第一个条件”。针对苏汉诺夫等人把“俄国生产力还没有发展到可以实行社会主义的高度”的论点当作口头禅,反对俄国实行社会主义革命,列宁指出:“既然建立社会主义需要一定的文化水平(虽然谁也说不出这个一定的‘文化水平’究竟是什么样的,因为这在各个西欧国家都是不同的),我们为什么不能首先用革命手段取得达到这个一定水平的前提,然后在工农政权和苏维埃制度的基础上赶上别国人民呢?”②

但是,列宁关于可以变更社会主义经济前提和政治前提的创造顺序的思想,丝毫不包含否定社会主义经济前提的意思。他始终认为,社会主义唯一的物质基础是社会化大生产;而在小生产的基础上是不能建立起社会主义制度的。比较落后国家无产阶级在夺取政权并大体上和基本上镇压了剥削者的反抗之后,应该把经济文化建设放在首要地位,大力发展生产力,为社会主义奠定物质基础。同时,列宁虽然指出俄国已经具备了社会主义的政治前提即无产阶级专政,但是,俄国的无产阶级专政是缺乏民主基础的。而“没有民主,就不可能有社会主义”③。因此,列宁反复强调改善国家机关以加强苏维埃政权的重要性。他说:“如果没有‘机构’,那我们早就灭亡了。如果不进行有步骤的和顽强的斗争来改善机构,那我们一定会在社会主义的基础还没有建成以前灭亡。”④因此,必须加强民主建设,加强国家机关同人民群众的密切联系,提高国家机关的工作效率,为建立社会主义社会的基础提供政治保障。

但是,无论是实现电气化为社会主义奠定物质技术基础,还是实现合作化以引导小农走上社会主义道路;无论是实现文化革命为发展社会主义物质文明创造条件,还是反对官僚主义以改善苏维埃国家机关,对于落后的俄国来说,都是

① 《列宁选集》第4卷,人民出版社1995年版,第776页。
② 《列宁选集》第4卷,人民出版社1995年版,第777页。
③ 《列宁选集》第2卷,人民出版社1995年版,第782页。
④ 《列宁全集》第41卷,人民出版社1986年版,第376页。

十分艰巨和长期的任务。“资本主义社会愈不发达，所需要的过渡时间就愈长”[①]。因此，列宁最终也没有提出俄国能够先于西方先进国家实现社会主义的结论。他临终最担心的仍然是“我们能不能支持到西欧资本主义国家发展到社会主义的那一天”[②]。

1924 年初，列宁逝世。斯大林于 20 世纪 20 年代末在政治上击败了党内反对派，废弃了新经济政策，在生产力水平相对低下、民主制度相当匮乏的情况下，加快了经济形式变革的步伐。1936 年，斯大林宣布苏联已经实现了马克思主义者又称为共产主义第一阶段的社会主义制度。1939 年，在联共(布)“十八大”上，斯大林又宣布苏联已经“彻底消灭了剥削阶级的残余”[③]，并提出了“一国共产主义”的问题。“二战”结束后的 1946 年，他又明确提出苏联一国能够建成共产主义。[④] 1952 年，苏共“十九大”提出，“建成共产主义社会已成为苏联各族人民的实际任务了”。此后，苏共几任领导人继续“左”的错误。1961 年，在苏共“二十二大”上，赫鲁晓夫宣布苏联“在二十年内基本上建成共产主义社会”，“这一代苏联人将要在共产主义制度下生活”。1964 年赫鲁晓夫下台后，他的继任者勃列日涅夫虽然在苏联社会所处发展阶段的提法上有所收敛，但仍然认为苏联已经“建成了发达社会主义社会”，下一步的任务就是“建设共产主义的物质技术基础”。苏共的“左”的错误留下了巨大的隐患，最终导致苏联在戈尔巴乔夫的改革中，为“人道的、民主的社会主义”所葬送。

综上所述，列宁关于社会主义的历史进程的观点，是符合社会主义和人类社会的发展规律的，因而是正确的。苏联的解体，不是遵循而是背离列宁思想的结果。因此，把苏联社会主义实践的失败归罪于列宁，是完全错误的。

（原载《社会主义研究》2009 年第 6 期，原文署名赖淑春、李心华）

① 《列宁选集》第 4 卷，人民出版社 1995 年版，第 575 页。
② 《列宁选集》第 4 卷，人民出版社 1995 年版，第 795 页。
③ 《斯大林文选》，人民出版社 1962 年版，第 221 页。
④ 《斯大林文选》，人民出版社 1962 年版，第 478 页。

列宁"一国建成"思想新论

列宁是如何看待一国建成社会主义问题的？对此，理论界一直存在三种不同的观点。其一认为，列宁在第一次世界大战期间提出的"一国胜利"论中，就已经包含了一国建成完全的社会主义社会的内容；其二认为，列宁在俄国国内战争结束以后，提出了一国建成完全的社会主义社会的理论；其三则认为，列宁始终坚持马克思、恩格斯的"同时胜利"论，否认一国能够建成社会主义。笔者认为，这三种观点均失之偏颇，都没有准确反映列宁在社会主义胜利问题上的本来思想。实际上，"一战"期间列宁提出的"一国胜利"论中，并不包含"一国建成"的内容；俄国国内战争结束以后，列宁形成了一国建成社会主义社会的基础，即建立社会主义的基本制度的思想，但他仍然认为一国不能建成无阶级无国家的完全的社会主义社会。

一、列宁从"一国胜利"到"一国建成"的思想发展

列宁在"一战"期间提出了"一国胜利"论，人们经常引以为据的，是他在《论欧洲联邦口号》和《无产阶级革命的军事纲领》中说的两段话："社会主义可能首先在少数甚至在单独一个资本主义国家内获得胜利"。[①] "社会主义不能在所有国家内同时获得胜利"，"它将首先在一个或者几个国家内获得胜利"。[②] 列宁在这两处所说的"一国首先胜利"的"社会主义"，含义是什么呢？它是指以"无产阶级专政代替资产阶级专政的政治革命"，而不包括"以社会主义生产关系代替资本主义生产关系"的"社会革命"。在《论欧洲联邦口号》中，列宁指出，政治革命只是社会主义革命过程中的"必不可免"的"一次行动"，而社会主义革命则是包括阶级斗争、国内战争和政治经济变革等等一系列内容的"一个时代"。因此，无

① 《列宁全集》第26卷，人民出版社1988年版，第367页。

② 《列宁全集》第28卷，人民出版社1990年版，第88页。

产阶级政治革命的胜利，还不是社会主义革命的完全胜利。在一国或几国首先获得政治革命胜利的无产阶级，必须利用无产阶级专政的民主共和国这种社会的政治形式，同非社会主义国家作斗争；只有通过比较长期而顽强的斗争，才能最终消灭阶级，实现社会主义在全世界各民族中的完全胜利。在《无产阶级革命的军事纲领》中，列宁指出，“社会主义”在一国的首先胜利，只是推翻本国资产阶级的政治革命的胜利，还不是建成社会主义社会的社会革命的胜利。这个社会主义国家还将进行反对其他各国资产阶级进攻的“自卫战争”，为争取实现社会主义，争取全人类的解放而继续斗争；在全世界的资产阶级未被推翻、彻底战胜并剥夺之前，这种战争就不可避免。因而一国无产阶级政治革命的胜利，还不能保证社会主义的最终胜利。

十月革命胜利以后，列宁仍然坚持这样的观点，即推翻资产阶级、夺取政权意义上的社会主义革命，在几国同时发生是“罕有的例外”，在一国单独发生才是“典型的情况”。他认为，十月革命的胜利，就是在一国内获得的推翻资产阶级意义上的社会主义革命的胜利。1917 年 12 月，列宁指出：“工人、农民和士兵所完成的十月革命，毫无疑问，是社会主义革命。”①1918 年 6 月，列宁又指出：“在一个最不发达的资本主义国家，工人阶级已经争得了胜利。”②但是，他同时又认为，在一国内不能获得社会主义的“最终”和“绝对”胜利，即不能建成完全的社会主义社会。1918 年 4～5 月间，列宁指出：“我们只有最后彻底地粉碎凭借技术和纪律的巨大力量支持的国际帝国主义，才能取得最终的胜利。而且我们只有同世界各国的工人一道才能取得胜利。”③“我们单靠自己的力量是不能在一个国家内全部完成社会主义革命的。”④1920 年 10 月，列宁还指出：“布尔什维克在开始革命时说过：我们可以而且应当开始革命。可是我们同时并没有忘记：不能只限于在俄国一国革命，只有联合其他许多国家战胜国际资本，才能顺利地把革命进行到底，取得绝对的胜利。”⑤

总之，列宁“一国胜利”论的含义是：一国可以首先获得无产阶级政治革命的胜利并开始社会革命，即一国的无产阶级可以首先夺取政权并开始社会主义的经济变革，但是，一国不能完成无产阶级的社会革命，即一国不能实现社会主义的经济变革，建成完全的社会主义社会；要完成无产阶级的社会革命，要保证社

① 《列宁全集》第 33 卷，人民出版社 1985 年版，第 168 页。
② 《列宁全集》第 34 卷，人民出版社 1985 年版，第 446 页。
③ 《列宁全集》第 34 卷，人民出版社 1985 年版，第 219 页。
④ 《列宁全集》第 34 卷，人民出版社 1985 年版，第 357 页。
⑤ 《列宁全集》第 39 卷，人民出版社 1986 年版，第 347～348 页。

会主义的最终胜利，至少需要几个先进国家无产者的共同努力。当然，这并不意味列宁认为一国不能开始社会革命；在《论欧洲联邦口号》中，他所说的在一国内首先获得胜利的无产阶级在本国“剥夺了资本家”并“组织了社会主义生产”的意思，就是一国可以开始社会主义的经济变革。但是，列宁认为，一国不能全部完成社会主义的各项变革，建成完全的社会主义社会，取得整个社会革命的“首先胜利”。因此，断定列宁在“一战”期间就提出了一国建成完全的社会主义社会的理论，是不对的。

但是，十月革命胜利以后，列宁关于世界社会主义革命进程的观点的确开始发生变化。十月革命的胜利，为俄国走向社会主义开辟了道路。列宁指出：“这次革命是社会主义革命。消灭土地私有制、实行工人监督和银行国有化，这一切都是导向社会主义的措施。”①尽管在俄国革命胜利之初，列宁指望西方先进国家的社会主义革命将随之发生，认为没有西方革命的支持，俄国的无产阶级政权将难以长期存在，社会主义建设事业的胜利也无从设想，但是，这只是从归根结底的意义上说，从社会主义最终胜利的意义上说，俄国革命必须同西方革命联系起来，这并不证明列宁把全部希望寄托在西方革命的胜利上，认为没有西方革命的支持，俄国的苏维埃政权就不能巩固，社会主义建设事业就不能开展。

1918 年 1 月，列宁指出：“当然，在一个国家内取得社会主义的最终胜利是不可能的。”但是，“我们深信一定会取得巨大的成就，我们所走的道路一定能保证完全的胜利。”②同年 8 月，列宁又指出：“我们指望国际革命必然发生，但这决不是说，我们像傻瓜一样指望它在某个短时期内必然发生。”“我们知道，在国际革命爆发之前，一些国家的革命遭到失败还是可能的”，“虽然如此，我们还是坚定地认为我们是不可战胜的”。③ 十月革命胜利后，列宁领导苏俄人民，努力巩固无产阶级政权，积极开展社会主义建设。在这场艰苦卓绝的斗争中，列宁开始思考俄国一国实行社会主义改造，建立社会主义社会的基础的问题。1918 年 4 月，列宁指出：布尔什维克党在大体上完成了夺取政权和镇压剥削者的事业之后，能够直接着手管理国家的任务。这是社会主义革命中的一项最困难的任务，也是最能收效的任务。俄国一国能够大体上和基本上解决这项任务，建立起社会主义经济的基础，使俄国不仅成为无产阶级专政的共和国，而且成为社会主义制度的共和国。④ 1919 年 10 月，列宁又指出：苏维埃俄国在军事上不会被敌人

---

① 《列宁全集》第 33 卷，人民出版社 1985 年版，第 95 页。

② 《列宁全集》第 33 卷，人民出版社 1985 年版，第 277 页。

③ 《列宁全集》第 35 卷，人民出版社 1985 年版，第 62 页。

④ 参见《列宁全集》第 34 卷，人民出版社 1985 年版，第 155 页。

压倒，在改造社会经济方面也必然获得胜利；在俄国，社会主义经济战胜资本主义经济是有保证的。[①] 他认为，俄国一国建立社会主义社会的基础是完全可能的。

1920年底，国内战争结束。苏维埃俄国击退了国内外敌人的联合进攻，取得了反武装干涉的伟大胜利，为自己争得了独立生存的权利与和平建设的环境。这时，列宁号召全党利用国际形势中出现的“均势”和苏维埃俄国获得的比较长期的“喘息时机”，积极开展社会主义建设。他拟定了在俄国建设社会主义的宏伟计划，领导全国人民为社会主义事业而奋斗。正是在这场斗争实践中，列宁进一步探讨了落后国家建设社会主义的问题，最终形成了俄国一国建成社会主义社会的基础的新思想。

列宁认为，社会主义是以无产阶级的政权这一能使被压迫群众完成各项事业的政治机构为前提的，否则社会主义便是不可想象的；这是政治方面的保证。另外，社会主义的真正的和唯一的物质基础，就是同时也能改造农业的大机器工业；这是经济方面的保证。国内战争的胜利结束，证明即使全世界的社会主义革命推迟爆发，无产阶级政权和苏维埃共和国也能够存在下去。这就为“认真地”进行社会主义建设提供了政治保障。在这种条件下，如果能够建立起在现代技术基础上的大机器工业，为社会主义提供了经济保障，那么，俄国就能够建成社会主义社会的基础。列宁关于“共产主义就是苏维埃政权加全国电气化”[②]的著名论断，准确地反映了他的这一基本思想。

国内战争结束以后，列宁发现，在一个小农占优势的国家实现向社会主义的过渡，采用直接冲击的方法是行不通的，必须通过间接迂回的途径。因此，他领导苏俄实行了由战时共产主义政策向新经济政策的转变。实行新经济政策，就是为了探索“怎样在一个小农国家里进一步建设社会主义大厦”[③]，探索“建设社会主义经济、建立社会主义经济基础的真正途径”[④]。它的目的，就是利用国家资本主义作为提高生产力的手段和途径，为社会主义创造物质前提。列宁高度评价了新经济政策的意义。他指出：“新经济政策在经济上和政治上都充分保证我们有可能建立社会主义经济的基础。”[⑤]“新经济政策的俄国将变成社会主义

① 参见《列宁全集》第37卷，人民出版社1986年版，第270页。

② 《列宁全集》第40卷，人民出版社1986年版，第156页。

③ 《列宁全集》第42卷，人民出版社1987年版，第175页。

④ 《列宁全集》第43卷，人民出版社1987年版，第73页。

⑤ 《列宁全集》第43卷，人民出版社1987年版，第63页。

的俄国。”①

实现合作化，对于提高农业的生产力水平，改造千百万小农经济，建立社会主义的经济基础，具有十分重要的意义。因此，列宁特别重视合作社的发展。他指出：在我国，既然国家政权操在工人阶级手中，既然全部生产资料又属于这个国家政权，我们要解决的任务的确就只剩下实现居民的合作化了。“而在生产资料公有制的条件下，在无产阶级对资产阶级取得了阶级胜利的条件下，文明的合作社工作者的制度就是社会主义的制度。”②就完全合作化的条件，即文化革命问题，列宁说，现在，只要实现了文化革命，我们的国家就能成为完全社会主义的国家了。1923 年 1 月，列宁在《论合作社》一文中指出：在国家支配着一切大的生产资料，无产阶级掌握着国家权力，建立了工农联盟并实现了无产阶级对工农联盟的领导的条件下，通过合作化的道路，俄国就能够基本完成对社会的社会主义改造，建成社会主义社会的基础。③ 如果不考虑国际关系的话，那么甚至可以说，俄国能够建成完全的社会主义社会。

但是，苏维埃俄国是不能摆脱国际关系的，它必须在国际范围内的阵地进行斗争。而在国内战争结束以后，列宁还指出，只要苏维埃俄国还处在整个资本主义世界的包围之中，那种认为苏俄经济完全可以独立和各种各样的危险已经消失的想法，就是十分可笑的幻想和空想；只要这种根本对立还存在，危险也就存在，并且不可避免。因此，列宁临终仍然认为，俄国一国不能获得社会主义的“彻底的”“最终的”胜利。1921 年 3 月，列宁指出：“在俄国这样的国家里，社会主义革命只有具备两个条件才能获得彻底的胜利。第一个条件是及时得到一个或几个先进国家社会主义革命的支援。”④1922 年 2 月，列宁又指出：“我们向来笃信并一再重申马克思主义的一个起码的真理，即要取得社会主义的胜利，必须有几个先进国家的工人的共同努力。”⑤这里说的“社会主义的胜利”，即“社会主义的最终胜利”。而“获得最终胜利，即完全组织起社会主义社会”⑥。可见，认为列宁在俄国国内战争结束以后提出了一国建成完全的社会主义社会的理论，是不符合事实的。

总之，俄国国内战争结束以后，列宁根据国际国内的新形势，发展了自己在

① 《列宁全集》第 43 卷，人民出版社 1987 年版，第 302 页。
② 《列宁全集》第 43 卷，人民出版社 1987 年版，第 365 页。
③ 参见《列宁全集》第 43 卷，人民出版社 1987 年版，第 362 页。
④ 《列宁全集》第 41 卷，人民出版社 1986 年版，第 51 页。
⑤ 《列宁全集》第 42 卷，人民出版社 1987 年版，第 450 页。
⑥ 《列宁全集》第 36 卷，人民出版社 1985 年版，第 294 页。

"一战"期间提出的"一国胜利"论,最终形成了"一国建成"的新思想,即在国际形势出现"均势",苏维埃政权得到巩固的情况下,俄国一国单独进行社会主义改造,建成社会主义社会的基础的思想。这样,列宁事实上把社会主义建设的胜利(即建成社会主义社会的基础)和社会主义的最终胜利(即建成完全的社会主义社会)区分开来,从而向前推进和发展了马克思主义关于社会主义胜利的理论。因此,笼统地说列宁始终坚持马克思、恩格斯的"同时胜利"论,否认一国能够建成社会主义,也是不恰当的。

二、列宁"一国建成"思想的主要贡献

列宁的"一国建成"思想,是列宁思想史上的一个重要的里程碑,在马克思主义发展史上也占有十分重要的地位。它对科学社会主义理论的贡献,主要表现在以下两个方面:

第一,列宁"一国建成"思想的产生,标志着列宁对"社会主义"认识的新突破。

马克思、恩格斯对未来新社会的基本特征的科学设想,是基于对资本主义社会的认识和批判之上的。他们的社会主义,是作为资本主义的对立物和创新物,是为了克服资本主义的弊端而提出来的。比如,公有制是针对于私有制提出来的,按劳分配是针对于按资分配提出来的,有计划地组织生产是针对于生产的无政府状态提出来的。1886 年,恩格斯指出:"无论如何应当声明,我所在的党没有提出任何一劳永逸的现成方案。我们对未来非资本主义社会区别于现代社会的特征的看法,是从历史事实和发展过程中得出的确切结论;脱离这些事实和过程,就没有任何理论价值和实际价值。"①1890 年,恩格斯又指出:社会主义社会也不是一种一成不变的东西,而是经常变化和改革的社会。② 他认为,未来社会主义社会的生产资料公有制的具体形式和产品按劳分配的具体形式,将随着历史和实践的不断发展而不断变化;而落后国家要实现社会主义,必然要经历一些特殊的社会和政治的发展阶段。

列宁正是运用马克思主义的这一观点,来看待社会主义社会的。十月革命胜利以后,苏维埃政权在全国得以建立,使建设社会主义的问题提到了俄国的日程。列宁认为,马克思主义创始人给后人提供的,只能是新社会的基本原则,而

① 《马克思恩格斯全集》第 36 卷,人民出版社 1975 年版,第 419～420 页。

② 参见《马克思恩格斯全集》第 37 卷,人民出版社 1971 年版,第 443 页。

不会是新社会的现成方案;至于各国走向社会主义的具体道路和各国社会主义的实现形式,则只能靠人民群众的实践来探索。1918 年 7 月,列宁指出:“对俄国来说,根据书本争论社会主义纲领的时代也已经过去了,我深信已经一去不复返了。今天只能根据经验来谈论社会主义。”①国内战争结束以后,苏维埃政权得到巩固,使俄国长期进行社会主义建设成为可能。在这种情况下,列宁进一步强调了依靠群众实践来检验社会主义的道路和形式的问题。1922 年 11 月,列宁指出:“目前我们踏上了实干的道路,我们必须走向社会主义,但不是把它当作用庄严的色彩画成的圣像。我们必须采取正确的方针,必须使一切都经过检验,让广大群众,全体居民都来检验我们的道路,并且说:‘是的,这比旧制度好。’这就是我们给自己提出的任务。”②列宁从在一个落后国家内建设社会主义的实际出发,分析了国内和国际的具体条件;他一方面估计到了俄国社会主义建设任务的艰巨性和俄国过渡时期的长期性,另一方面又坚信在和平环境下,依靠广大人民群众的艰苦奋斗和实践检验,在俄国一国建成社会主义社会的基础的可能性。列宁对社会主义社会的基本特征的认识,正是体现了他一切从实际出发,一切由实践来检验的作风。

毋庸置疑,列宁所说的“社会主义社会的基础”,还不是“完全的社会主义社会”。但是,他有时也称其为“社会主义社会”。大家知道,列宁也曾与马克思、恩格斯一样,认为社会主义社会的全部生产资料是全民所有制,全体社会成员作为平等的工作者在社会主义的企业中进行生产,实行按劳分配的产品分配原则。1923 年 1 月,列宁却说:“在生产资料公有制的条件下,在无产阶级对资产阶级取得了阶级胜利的条件下,文明的合作社工作者的制度就是社会主义的制度。”③按照这种说法,社会主义社会是一个有合作化劳动者的社会;他们在社会主义的合作企业中劳动。而列宁又明确指出合作企业是集体企业,与社会主义的国营企业有所区别;合作企业与国营企业的生产者在劳动与分配上都会有所差别,他们的社会经济地位也必然有所不同。大家知道,列宁也曾与马克思、恩格斯一样,认为社会主义社会消灭了阶级和阶级差别,包括消灭了工农这两个劳动阶级和工农之间的差别。1921 年 12 月,列宁却说:“资本主义正在走向灭亡……以工农联盟为基础的新社会必然到来。……我们努力实现我们的新经济政策,这也就是在帮助这个社会创造工农联盟的形式。”④这就是说,社会主义社会

① 《列宁全集》第 34 卷,人民出版社 1985 年版,第 466 页。

② 《列宁全集》第 43 卷,人民出版社 1987 年版,第 301 页。

③ 《列宁全集》第 43 卷,人民出版社 1987 年版,第 365 页。

④ 《列宁全集》第 42 卷,人民出版社 1987 年版,第 353 页。

是以工农联盟为基础的社会,社会主义社会还存在着工人和农民这两个不同的阶级,当然也就存在着工农之间的差别。大家知道,列宁也曾与马克思、恩格斯一样,认为无产阶级专政只是与过渡时期相联系,社会主义社会的建立意味着无产阶级专政的消亡。1921 年 4 月,列宁却说:在小农国家内实现本阶级专政的无产阶级,只有实行正确的政策,"才能巩固社会主义的基础,才能使社会主义取得完全的胜利。"[①]这就是说,在社会主义社会的初始阶段,仍然必须坚持无产阶级专政,才能巩固社会主义的基础,才能过渡到完全的社会主义社会。大家知道,列宁也曾与马克思、恩格斯一样,认为社会主义社会将废除镇压机关和常备军,而代之以全民的武装。但是,1920 年 5 月,列宁在批评布哈林关于"首先消亡的是最尖锐的外部强制工具——陆军和海军,其次是惩罚机关和镇压机关系统,再其次是强迫性的劳动等等"的观点时却说:"是不是倒过来说:开头是'再其次',然后是'其次',最后是'首先'?"[②]他认为,在建成社会主义社会的基础之后,甚至在仍然存在强迫性劳动的整个社会主义历史阶段,还必须保留镇压机关和正规军,以防范反动分子的破坏活动和抵御帝国主义国家的武装侵略。

总之,列宁所说的"建成社会主义的基础",就是建立社会主义的基本制度。它的主要标志是:在经济领域,奠定了社会主义所必需的高度发达的物质技术基础,建立了以国家所有制和集体所有制为基础的社会主义生产关系,实行了按劳分配原则;在政治领域,在坚持无产阶级专政的条件下,建立了巩固的工农联盟和民主高效的政治制度;在文化思想领域,完成了文化革命的基本任务,建立了以马克思主义为指导的意识形态。列宁在新的历史条件下对"社会主义"的新认识,是原则性和灵活性相结合的光辉典范;它既继承了马克思主义,又发展了马克思主义。

第二,列宁"一国建成"思想的产生,标志着列宁对"社会革命"认识的新突破。

马克思、恩格斯曾经设想,在西方各先进资本主义国家,无产阶级将在一个不太长的时期内相继夺得政权,然后各自经过一定的过渡时期,完成社会主义的经济变革,即完成无产阶级的社会革命。他们认为,完成了社会主义的经济变革,消灭了私有制,建立了公有制之后,社会即进入无阶级无国家的社会主义社会。

起初,列宁坚持了马克思、恩格斯的设想。十月革命胜利后,他预料西方先

---

① 《列宁全集》第 41 卷,人民出版社 1986 年版,第 209 页。

② 《列宁全集》第 60 卷,人民出版社 1990 年版,第 319 页。

进国家将很快爆发革命，苏俄将同西方无产阶级夺取政权的国家一起，进行社会主义建设，完成社会主义经济变革。但是，事实与列宁的预想不同，俄国革命胜利后，西方各国并没有随即发生革命。在这种情况下，列宁没有消极地等待西方革命，而是积极地领导苏俄人民巩固无产阶级政权，从事社会主义建设。国内战争结束后，西方各国的革命又相继失败，使列宁关于俄国同西方先进国家一起进行社会主义建设的设想未能变为现实；而此时的俄国，同帝国主义国家之间却形成了某种“均势”，使俄国一国长期单独进行社会主义建设成为可能。在这种形势下，列宁认真考察了俄国社会主义建设的国际国内条件，制定了社会主义建设的宏伟蓝图，领导全国人民为社会主义事业的胜利而英勇斗争。在此基础上，列宁不断总结经验，并展望了世界无产阶级革命和俄国社会主义建设的可能的前途，最终形成了俄国一国率先进行社会主义的经济变革，建成社会主义社会的基础的新思想。

列宁在强调加速实现国家的工业化和电气化，为社会主义奠定物质基础的同时，十分重视社会制度的变革。他提出了改造旧时代遗留下来的国家机关，创造社会主义政治上层建筑的任务；他提出了通过工业的国有化和农业的合作化，实现社会主义经济变革的前景。列宁指出，俄国面临两个划时代的主要任务。第一个任务就是改造原封不动地从旧时代接受下来的简直毫无用处的国家机关；第二个任务就是为完全实现合作化而在农民中间进行文化工作。他认为，有了完全合作化的条件，俄国就能成为完全社会主义的国家了，也就在社会主义基地上站稳了。针对敌人关于“在一个文化不够发达的国家里推行社会主义是冒失行为”的攻击，列宁尖锐地指出：“我们没有从理论（一切书呆子的理论）所规定的那一端开始，我们的政治和社会变革成了我们目前面临的文化变革，文化革命的先导。”[①]在列宁看来，无须等到社会主义所需要的物质条件全部创造出来之后，才来实行社会主义经济变革；无须等到具备了完全合作化的条件即实现了文化革命之后，才来实行合作化。社会主义变革是一个历史过程，不是一次行动；向社会主义过渡是逐步完成的，不是一蹴而就的。列宁关于在俄国首先建成社会主义社会的基础，然后再逐渐过渡到完全的社会主义社会的设想，就是在这种思想基础上产生的。列宁的确认为，社会主义的最终胜利，即完全建成社会主义社会，至少需要几个先进国家无产者的共同努力，但是，无产阶级在掌握了国家政权和大的生产资料的情况下，只要同农民达成协议，就能够拯救俄国的社会主义革命。通过实行新经济政策来提高生产力水平，建立工业和农业的联系，建立

① 《列宁全集》第 43 卷，人民出版社 1987 年版，第 368 页。

巩固的工农联盟；通过实行合作制来变革生产关系，实现社会主义的生产资料集体所有制和产品按劳分配原则，从而完成对整个社会的社会主义改造，建成社会主义社会的基础。这就是列宁在国内战争结束以后产生的新设想。1921 年 3 月，他满怀信心地说：只要在 10～20 年内和农民保持正常的关系，甚至在日益发展的各国无产阶级革命推迟爆发的情况下，俄国也能保证建立社会主义的基础，取得具有世界意义的胜利。①

总之，列宁认为，在西方先进国家的无产阶级革命没有及时到来，而苏维埃俄国却获取了长期和平稳定局面的情况下，一方面努力提高生产力水平，另一方面逐步实行社会主义经济变革，就能够在俄国建成社会主义社会的基础。列宁关于“社会革命”的这一新思想，在马克思主义发展史上具有重大的理论意义。首先，它突破了各先进国家同时完成社会主义经济变革的设想，展望了单独一国实现社会主义经济变革的前景；其次，它突破了只有在生产力高度发达的条件下才能实行社会主义经济变革，而这一变革完成之后即进入完全的社会主义社会的设想，开创了在提高生产力水平的同时，逐步实行社会主义改造，即发展生产力和变革生产关系同时并举的道路。列宁关于“社会革命”的这一新思想，在国际共产主义运动中具有重大的实践意义。世界上所有社会主义国家的社会主义改造，大体上都是沿着列宁的这一思路进行的。各国在无产阶级掌握政权以后，一方面积极发展生产力，另一方面逐步变革生产关系；各国在基本完成社会主义改造之后，建立了社会主义的基本制度，从而为在社会主义道路上继续前进，为进一步过渡到完全的社会主义社会奠定了初步的基础。但是，需要指出的是，各国在进行社会主义改造时，都忽视了列宁关于社会主义必须建立在高度发达的物质技术基础之上的思想，在生产力水平相对低下的情况下，匆忙实行生产关系的全面变革，犯了急于求成和急躁冒进的错误；一些国家在基本完成社会主义改造以后，又不重视发展生产力和科学技术，致使国民经济长期处于落后状态，最终在国内外反动势力的联合进攻之下发生蜕变，给国际共运留下了深刻的历史教训。

（原载《烟台师范学院学报》2000 年第 2 期）

① 参见《列宁全集》第 41 卷，人民出版社 1986 年版，第 378 页。

中　编

第一个无产阶级政党和第一个共产党不是同一组织

如今,人们往往把"共产党"和"无产阶级政党"这两个概念等同起来,把共产主义者同盟既认作世界上第一个共产党,又称为世界上第一个无产阶级政党。①我认为,在国际共运史上,"无产阶级政党"和"共产党"曾经不是同一概念,世界上第一个无产阶级政党和世界上第一个共产党也不是同一组织。

何谓无产阶级政党?无产阶级政党就是以无产阶级为其阶级基础的政党,是代表无产阶级的利益并为之而斗争的政党。其基本特征是:第一,有以无产阶级取得政权为最近目的的政治纲领和具体的斗争策略;第二,有比较稳定的组织机构和民主的组织制度;第三,有相当数量的党员队伍以及所联系的千百万群众。这三个基本特征,对于无产阶级政党来说,是缺一不可的;而把工人阶级的统治即无产阶级专政作为斗争的最近目的,则是无产阶级政党的根本特征。马克思说:"工人们在英国以宪章派为名、在北美以民族改良派为名分别形成政党,其战斗口号根本不是以共和制代替君主制,而是以工人阶级的统治代替资产阶级的统治。"②

无产阶级政党是无产阶级的先进部队,是无产阶级不可分割的一部分。所谓无产阶级,是指"现代雇佣工人阶级"。产业工人是无产阶级的核心,是无产阶级中最先进的一部分,是无产阶级政党赖以存在的根基和中坚。由于产业工人是工业革命的产物,所以,真正的无产阶级政党,只能产生于工业革命之后。英国于19世纪30年代末基本上完成了工业革命,是世界上最早完成工业革命的国家。世界上最早的无产阶级政党也产生于英国。正如恩格斯所说:"把无产阶级专政作为斗争的最近目的"的"真正的无产阶级政党,从英国宪章派起"。③

英国的宪章运动是"世界上第一次广泛的、真正群众性的、政治上已经成型

---

① 参见熊家学:《也谈共产主义者同盟的性质问题》,《国际共产主义运动》1987年第3期。

② 《马克思恩格斯选集》第1卷,人民出版社1972年版,第176页。

③ 参见《马克思恩格斯选集》第2卷,人民出版社1972年版,第529页。

的无产阶级革命运动”[①]。宪章运动的领导者——全国宪章派协会是世界上第一个无产阶级政党。

1832年英国实行的议会改革，只满足了工业资产阶级的要求，使它在议会中占据了重要地位，而在争取议会改革的斗争中发挥了重大作用的无产阶级却一无所获。于是，英国无产阶级为了争取政治权利，从根本上改变经济地位，决心把议会改革斗争继续进行下去。1836年6月建立的伦敦工人协会，成为这个斗争的组织中心。它于1837年2月通过了以争取普选权为中心内容的六项要求，并于1838年5月以法案形式公布，命名为“人民宪章”，号召人民群众签名支持，准备递交国会批准。从此，这个运动就被称为“宪章运动”，宪章运动的参加者也就被称为“宪章派”。1839年2月，为了同1838年建立的工业资产阶级的反谷物法同盟相对抗，宪章派在伦敦召开了首次代表大会——英国工业阶级全国国民公会。随后，宪章运动掀起第一次斗争高潮。到这年5月，在递交国会的请愿书上签名的多达125万人。7月，请愿书被国会否决以后，各地工人纷纷集会游行，以示抗议。1840年7月，为了领导全国的宪章运动，宪章派在曼彻斯特召开代表大会，成立了全国宪章派协会，即“宪章党”。

全国宪章派协会有以争取工人阶级的选举权为中心内容的、即以争取无产阶级的统治权为目的的纲领，有中央机构和地方组织以及民主的组织制度，有赞同协会宗旨、原则和章程并定期交纳会费的数万会员以及所联系的数百万群众。因此，它具备了无产阶级政党的条件。恩格斯在“宪章党”诞生半个世纪之后的1892年作出结论说：宪章派是“一个独立的政党”，是“近代第一个工人政党”。[②]

有人认为，工人政党还不是无产阶级政党。[③] 这是没有道理的。工人政党，就其阶级性来说，即无产阶级政党在资本主义社会中，按阶级性来划分，政党只能分为无产阶级政党、资产阶级政党和小资产阶级政党。如果工人政党不是无产阶级政党的话，那么，它属于资产阶级政党，还是属于小资产阶级政党？实际上，在马克思主义、列宁主义的创始人眼里，工人政党和无产阶级政党也是同一个概念。恩格斯把“近代第一个工人政党”——英国宪章党，说成“真正的无产阶级政党”，而把“真正的无产阶级政党”——德国社会民主工党，又说成“工人政党”。列宁也曾多次说过，俄国的无产阶级政党——布尔什维克党是工人政党。

---

① 《列宁全集》第36卷，人民出版社1985年版，第292页。

② 《马克思恩格斯选集》第3卷，人民出版社1972年版，第397页。

③ 参见汪义诚：《共产主义者同盟是第一个无产阶级政党吗?》，《社会科学研究》1980年第5期；聂运林：《共产主义者同盟的性质问题》，《江汉论坛》1981年第4期。

有人认为，在英国宪章党之前，世界上曾出现过无产阶级政党，比如德国的正义者同盟、法国的四季社等；正义者同盟应是世界上第一个无产阶级政党。[①]我认为，根据马克思主义关于政党必须是整个阶级或阶层的领导者的观点，根据无产阶级政党应具有群众基础这个条件，是不能把狭隘的密谋性组织正义者同盟和四季社认定为无产阶级政党的。而且，在19世纪30年代中期的德国和法国，工业革命才刚刚开始，第一代产业工人还没有形成，也不可能产生真正的无产阶级政党。1847年春天，即共产主义者同盟建立之前，恩格斯指出：在德国，资产阶级政党是唯一明确意识到自己应该用什么来代替现状的党，是带头和现状作斗争并直接参加消灭它的活动的党；而德国无产阶级还不够成熟，对夺取公共事务领导权没有什么准备。[②] 由此可见，在正义者同盟已经存在了11年的情况下，恩格斯仍然认为，德国只有资产阶级政党，没有无产阶级政党。后来，恩格斯指出：共产主义者同盟才是"德国社会民主党的第一个组织"[③]。他说的"社会民主党"，即无产阶级政党。

法国的情形也大致如此。马克思曾经指出：直到1848年二月革命爆发时，法国工人阶级还把自己的利益和资产阶级利益并列在一起，而不是把自己的利益提出来当作社会本身的革命利益；它只是作为资产阶级的助手，来反对金融贵族的统治的。[④] 这就是说，二月革命以前，法国工人阶级作为一个阶级，还没有自己的政权要求，因而法国也没有以夺取政权为目的的独立的无产阶级政党。后来，马克思说："法国真正的工人党的第一个组织是从马赛代表大会开始建立的"[⑤]。他指的是1879年10月在马赛法国第三次工人代表大会上建立的法国工人党。恩格斯也说：建立法国工人党，才是法国"第一次建立工人政党"[⑥]。可见，他们并不把1837年建立的四季社看作无产阶级政党。

应该指出的是，在马克思、恩格斯的科学政党观完全成熟之前，他们偶尔也把一些政治派别或政治倾向称为"政党"，比如称英国革命中的"真正平等派"和法国革命中的巴贝夫主义者以及德国魏特林建立的组织为"共产主义政党"。但是，他们在使用"政党"这一字眼时，并没有赋予它以概念的性质，因为他们当时对"政党"的认识还不十分清楚。马克思主义的政党观，是在总结"宪章党"的经

① 参见赵树海：《世界上第一个无产阶级政党是哪个组织？》，《国际共产主义运动》1987年第1期。
② 参见《马克思恩格斯全集》第4卷，人民出版社1958年版，第57～60页。
③ 《马克思恩格斯全集》第19卷，人民出版社1963年版，第116页。
④ 参见《马克思恩格斯选集》第1卷，人民出版社1972年版，第402～403页。
⑤ 《马克思恩格斯全集》第35卷，人民出版社1971年版，第111页。
⑥ 《马克思恩格斯选集》第4卷，人民出版社1972年版，第434页。

验和改造正义者同盟的过程中逐渐成熟的。恩格斯概括的宪章派作为“第一个工人政党”所具有的几个特点，诸如统一的政治纲领，在觉悟的基础上建立的团结和代表整个阶级的组织，以政治斗争的形式进行的阶级斗争等等，构成了马克思主义政党观的重要内容。1848 年 2 月作为共产主义者同盟纲领发表的《共产党宣言》，同 1847 年 12 月被共盟二大批准的《共产主义者同盟章程》，对共产党的性质、指导思想、奋斗目标、斗争策略和组织制度，都作了系统的、准确的阐述，标志着马克思主义政党观的最终形成。尽管在以后相当一段时间里，马克思、恩格斯仍然保留以“党”来作为政治派别统称的习惯，需要后人在考察和研究马克思主义政党学说史时作具体分析和认真鉴别，但是他们已经把习惯使用的“党”与作为阶级政治利益代表者的政党进行了严格的区分。“政党”已经成为确切的概念，“共产党”也有了特定的含义。

那么，什么是共产党呢？共产党就是共产主义政党。共产党是无产阶级政党，但又不同于一般的无产阶级政党。因此，它除了具有无产阶级政党的基本特征之外，还必须具备以下几个条件：

第一，由无产阶级的先进分子组成，由马克思主义者组成的领袖集团领导。

第二，在科学社会主义理论指导下制定彻底的革命纲领和明确的斗争策略，以建立无产阶级的政治统治并最终实现共产主义的社会制度为目的。

第三，具有严密的组织机构，实行民主集中制的组织原则。

世界上第一个共产党是 1847 年 6 月建立的共产主义者同盟。对此，学术界的争议不是很大。所以，本文不想对共产主义者同盟之所以是共产党作更多的论证，只就它的特点和它与一般无产阶级政党的区别作一些说明。

恩格斯说：“当二月革命爆发的时候，我们所称的德国‘共产党’仅仅是一个人数不多的核心，即作为秘密宣传团体而组成的共产主义者同盟。……但是，这个不大的战斗队，却拥有一个大家都乐于服从的第一流领袖马克思，并且赖有他才具备了一个至今还保留其全部意义的原则性的和策略的纲领——《共产党宣言》。”[①]在这里，恩格斯阐明了两点意思：第一，共产主义者同盟是共产党；第二，使共产主义者同盟成为共产党的，一是马克思作它的领袖，二是《共产党宣言》作它的纲领。

有无由马克思主义者组成的领袖集团，有无在科学社会主义理论指导下制定的以实现共产主义社会制度为最终目的的革命纲领，是共产党同其他无产阶级政党的分水岭。因此，英国宪章派虽然是无产阶级政党，但不是共产党。在

① 《马克思恩格斯选集》第 4 卷，人民出版社 1972 年版，第 176 页。

《共产主义原理》中，恩格斯说过："在英国，由工人组成的宪章派就要比小资产阶级民主主义者或所谓激进派更接近共产主义者。"[①]这就是说，他们只是接近，但还没有成为共产主义者。

在《共产党宣言》中，马克思、恩格斯概括了共产党与无产阶级政党的相互关系和显著区别。他们说：共产党不是同其他无产阶级政党相对立的特殊政党。共产党不同于其他无产阶级政党的地方只是：一方面，在各国无产者的斗争中，共产党人强调和坚持整个无产阶级的不分民族的共同利益；另一方面，在无产阶级和资产阶级的斗争所经历的各个发展阶段上，共产党人始终代表整个运动的利益。因此，在实践方面，共产党是各国无产阶级政党中最坚决的、最先进的党派；在理论方面，共产党比其他无产阶级政党优越的地方在于了解无产阶级运动的条件、进程和一般结果。共产党的最近目的和其他一切无产阶级政党的最近目的是一样的：使无产阶级形成为阶级，推翻资产阶级的统治，由无产阶级夺取政权。但是，共产党的最终目的是消灭一切阶级和阶级差别，实现以自由人联合体为社会组织的共产主义制度。[②] 在这里，马克思、恩格斯指明，共产党不是同其他无产阶级政党相对立的政党，而是各国无产阶级政党中最坚决的、最先进的党派；它代表整个无产阶级的共同利益和根本利益，掌握科学社会主义理论，为最终实现共产主义社会制度而奋斗。这就是共产党的最根本的特征，也是共产党区别于其他一切无产阶级政党的最显著的标志。

无产阶级政党中出现不同的党派，不足为怪。无产阶级政党，表明党的无产阶级性质，它与资产阶级政党或小资产阶级政党相区别。但是，正像在资产阶级政党中，由于代表不同阶层或集团的利益、具有不尽相同的斗争目的而形成不同的党派，如英国的辉格党和托利党、美国的民主党和国民共和党一样，在无产阶级政党中，由于指导思想和奋斗目标的差别，也可能形成不同的党派。以实现共产主义社会制度为最终奋斗目标的共产主义者同盟，就是与以争取普选权为目的的英国宪章派和以分给每个劳动者一块土地为宗旨的北美民族改良派不同的党派。

总之，当今世界上是否存在不同于共产党的无产阶级政党，尚需探讨，另当别论。至少在国际共运史上，至少在马克思、恩格斯的时代，"共产党"和"无产阶级政党"不是同一概念。共产党同其他无产阶级政党在阶级性质上是一致的。共产党是无产阶级政党，是无产阶级政党中最先进的党派；无产阶级政党未必是

① 《马克思恩格斯选集》第1卷，人民出版社1972年版，第226页。

② 《马克思恩格斯选集》第1卷，人民出版社1972年版，第264、273页。

共产党,无产阶级政党中存在不同于共产党的党派。因此,世界上第一个无产阶级政党和世界上第一个共产党也不是同一组织,前者应为全国宪章派协会,后者则是共产主义者同盟。

(原载《国际共运史研究》1989 年第 4 期)

对列宁判定无产阶级政党的著名论断的再认识

1920年8月6日，列宁在共产国际第二次代表大会上所作的关于加入英国工党问题的发言中，提出了判定无产阶级政党的著名论断。他说："确定一个党是不是真正工人的政党，不仅要看它是不是由工人组成的，而且要看它是由什么人领导以及它的行动和政治策略的内容如何。只有根据后者，才能确定这个党是不是真正无产阶级的政党。"①

虽然后人在论及如何判定无产阶级政党时往往运用列宁这一观点，但是这个问题仍然相当复杂，易生争议。20世纪40年代末期苏南冲突之后，特别是60年代前期中苏论战以来，这个问题变得更加扑朔迷离了。看来，对列宁这个著名论断有再认识的必要。解决这个问题，对于在目前变幻莫测的国际形势下，识别和团结各国无产阶级政党，推动国际共产主义运动的发展，具有重要意义。

从这个论断中可以看出，基于当时的条件和经验，列宁认为，真正的无产阶级政党应该由工人组成；然而由工人组成的政党未必是无产阶级政党。现在看来，对于这一观点的认识不能绝对化。无产阶级政党是以无产阶级为其阶级基础的政党，是代表无产阶级的利益并为之而斗争的政党。党员的社会成分，大体上可以反映党的阶级基础。世界上绝大多数无产阶级政党的基本成员是工人阶级分子。但是，也有个别无产阶级政党，比如中国共产党，多数成员并不是工人阶级分子，而是农民小资产阶级分子。这些非工人阶级分子加入无产阶级政党，必须无条件地掌握无产阶级的世界观，必须成为无产阶级利益的代表者，而不能把资产阶级、小资产阶级思想带进来，不能充当其他任何阶级的代表人物。能够做到这一点，即使工人阶级分子在党内不占多数，党仍然可以保持它的无产阶级性质。中共就属于这种类型的政党。相反，正如列宁所说，像英国工党这样大部分由工人组成的政党，却是资产阶级的政党。因此，笔者认为，列宁所讲的由工人组成的政党未必是无产阶级政党是对的，但是真正的无产阶级政党应该由工

---

① 《列宁全集》第39卷，人民出版社1986年版，第246页。

人组成却是不准确的。这就是说，党员的社会成分，不能包括在判定无产阶级政党的标准之内。

在这个论断中，列宁提出了“领袖决定”论。的确，一个党是否具有无产阶级性质，很大程度上取决于它的领导权是否掌握在无产阶级革命家手中。因为由无产阶级革命家组成的领袖集团领导的党，才能真正代表无产阶级的根本利益，才能为无产阶级的彻底解放而英勇斗争。如果一个党从建立的时候起，就处在资产阶级分子的控制之下，那么，它决不会成为无产阶级政党。而且，一个由工人组成的政党的领导权被反革命分子所篡夺，也会丧失党的无产阶级性质。列宁在这个论断后面讲到英国工党性质时指出，“虽然它是由工人组成的，但是领导它的是反革命分子，是完全按照资产阶级的意图行动的最坏的反革命分子”，因此，“工党完全是一个资产阶级的政党”①。由此可见，列宁提出的“领袖决定”论，只限于革命分子与反革命分子、无产阶级分子与资产阶级分子这个范围内。如果党的领袖是反革命分子和资产阶级分子，那么，这个党就不是无产阶级政党。

但是，党的领袖主要是机会主义者的话，党的性质如何判定就不那么简单了，需要作具体分析。并不是在任何时候和任何条件下，只要机会主义者在党内占了统治地位，无产阶级政党的性质就会蜕变。列宁认为，有两种性质的机会主义者。他说：“我们往往把机会主义当作‘只是一个骂人的词儿’而不去深思它的意义，这是不对的。机会主义者不出卖自己的党，不背叛自己的党，不脱离自己的党。机会主义者诚心诚意，积极努力地继续为党服务。”②工人阶级政党内部的机会主义者同它的队伍以外的资产阶级自由派的区别就在于此。但是，机会主义者采取了不正确的、不坚定的策略立场，这种立场会造成使无产阶级在政治上从属于资产阶级自由派的结果。即使机会主义者的策略立场的错误，能够导致党的性质的蜕变，也需要经过一个较长的由量变到质变的演化过程。第一次世界大战爆发后，第二国际机会主义者由战前同资产阶级的秘密联盟发展到战时同资产阶级的公开联盟，从而使他们控制的各国社会民主党由主张社会革命的无产阶级政党蜕变为主张社会改良的资产阶级政党。这是机会主义在几十年“和平的”资本主义条件下滋生和成熟的结果。正是从这个时候起，列宁说机会主义者是资产阶级的政治队伍，是反对无产阶级革命的资产阶级分子，机会主义是我们的主要敌人。

---

① 《列宁全集》第 39 卷，人民出版社 1986 年版，第 246 页。

② 《列宁全集》第 14 卷，人民出版社 1988 年版，第 36 页。

可见，用党的领袖来判定党的性质，必须分清党的领袖是代表无产阶级根本利益的真正的无产阶级革命家，还是“完全按照资产阶级的意图行动的最坏的反革命分子”；是“真心诚意，积极努力地继续为党服务”的机会主义者，还是已经堕落成为“反对无产阶级革命的资产阶级分子”的机会主义者。要做到这一点，必须用阶级分析的方法对党的领袖的表现作长过程的考察，一个较短时期内的情况是靠不住的。

那么，如何认识列宁关于根据党的行动和政治策略的内容来确定无产阶级政党的论断呢？

政策和策略是党的生命。没有正确的政策和策略，就不能贯彻执行党的政治路线，因而也不可能最终完成党的历史使命，党也就没有存在的理由。然而，由于各个民族之间、各个国家之间的民族差别和国家差别的存在，各个无产阶级政党的政策和策略必定存在着多样性。马克思主义认为，无产阶级政党的政策原则应该是一样的，但是具体策略可以根据各国的特殊情况而有所不同。恩格斯指出：“马克思的历史理论是任何坚定不移和始终一贯的革命策略的基本条件；为了找到这种策略，需要的只是把这一理论应用于本国的经济条件和政治条件。”[①]而各国“内部的政治条件，特别是每个国家议会现有的情况，是千差万别的，对一个国家来说是最好的做法，对另一个国家可能是绝对行不通甚至是有害的”[②]。马克思更加具体地指出：无产阶级在选择摧毁旧的国家机器，建立新的国家政权的手段时，必须考虑到各国的制度、风俗和传统。像美国、英国这些民主较多的国家，工人可能用和平手段达到自己的目的；而在欧洲大陆上的大多数国家中，由于专制统治的存在，暴力应当是我们革命的杠杆。[③] 因此，在不同的国家里，为了建立工人阶级的政治统治而组织的各个政党，根据自己所面临的经济条件和政治条件，采取互不相同的斗争策略，并不妨碍它们成为无产阶级政党。在当代，信奉欧洲共产主义的政党，如意共、西共和法共，一致认为发达资本主义国家不能再走暴力革命的道路，而应当通过民主道路实现向社会主义的过渡。这与夺取政权以前的俄国布尔什维克党和中国共产党的主张是不同的，与至今仍然坚持农村包围城市、武装夺取政权道路的缅共、泰共和马共等政党的主张也是不同的。但是，我们不能因此而否定这些政党的无产阶级性质。

另外，策略本身具有灵活性。它要求党根据客观形势和敌我力量对比的变化，针对反动力量对革命力量的手段，来运用和变换各种斗争形式。恩格斯说：

---

① 《马克思恩格斯选集》第 4 卷，人民出版社 1972 年版，第 450 页。

② 《马克思恩格斯全集》第 39 卷，人民出版社 1974 年版，第 187 页。

③ 参见《马克思恩格斯全集》第 18 卷，人民出版社 1964 年版，第 179 页。

“我们的策略不是凭空臆造的，而是根据经常变化的条件制定的。”[①]列宁则说：党“必须使自己的策略具有最大的灵活性”[②]。列宁认为，随着具体历史环境的变化和群众革命运动的发展，斗争形式将适当变换。他举例说，欧洲社会民主党承认过 19 世纪 40 年代的街垒斗争，以后又根据 19 世纪末期的一定情况否认了这种斗争，认为议会制和工会运动是主要的斗争形式，而在有了莫斯科 1905 年十二月起义的经验以后，却又表示完全愿意修改这种否认街垒斗争的观点，承认这种斗争是适当的，因为莫斯科的经验提供了新的街垒战术。[③] 布尔什维克党在十月革命前夕的策略变化也是一个很好的例证。大家知道，布尔什维克党是历来主张暴力革命、武装夺取政权的。但是，二月革命后，俄国出现了工兵代表苏维埃和资产阶级临时政府两个政权并存的局面。列宁针对这一特殊情况，在《四月提纲》中提出了革命和平发展的方针。他认为，如果使布尔什维克在苏维埃中占据多数，不给临时政府任何支持，就可以实现“全部政权归苏维埃”，使革命通过和平发展得到胜利。列宁的这一设想，在党的第七次代表会议上得到确认。但是“七月事变”表明，资产阶级公开使用暴力镇压群众，苏维埃变成临时政府的附属品，两个政权并存的局面已经结束，革命和平发展已不可能。在新的形势下，党的六大根据列宁的建议，决定收回“全部政权归苏维埃”的口号，代之以“政权归无产阶级和贫苦农民”的行动口号，确定了实行武装起义，推翻临时政府，实现社会主义革命的方针。短短三个月的时间，党的策略发生如此重大的转变，是由于革命所处的具体环境发生了急剧变化。由此可见，脱离具体历史环境，是难以对党的斗争策略作出正确评价的。列宁说：“不详细考察某个运动在它的某一发展阶段的具体环境，要想对一定的斗争手段问题作肯定或否定的回答，就等于完全抛弃了马克思主义的立脚点。”[④]因此，党的政治策略本身不能作为判断党的性质的标准。

党的行动本身也不能作为判断党的性质的标准。因为有什么样的策略，就有什么样的行动，“党的策略即党的政治行动”[⑤]。政治策略具有多样性和灵活性，党的行动必然具有多样性和灵活性。同样性质的政党，可能有不同的政治行动。信奉欧洲共产主义的各个政党，出于它们通过民主道路实现社会主义的策略，在国内从事竞选活动和议会斗争；而东南亚的一些共产党，出于它们通过暴

① 《马克思恩格斯全集》第 38 卷，人民出版社 1972 年版，第 439 页。
② 《列宁选集》第 4 卷，人民出版社 1972 年版，第 255 页。
③ 参见《列宁选集》第 1 卷，人民出版社 1972 年版，第 673 页。
④ 《列宁选集》第 1 卷，人民出版社 1972 年版，第 673 页。
⑤ 《列宁全集》第 11 卷，人民出版社 1987 年版，第 126 页。

力革命夺取政权的策略，则在国内搞武装斗争。更为复杂的是，同样的政治行动，可能由不同性质的政党共同为之。世界上许多政党同时参加了反对德、日、意法西斯的战争，但是，领导英、美等国资产阶级政府的政党和联共（布）、中共、南共等政党是性质根本不同的政党。它们虽然在某些时候从事同样的政治活动，但是所要达到的政治目的是不同的。正像斯大林所说的，在1906年俄国第一届杜马解散以后，孟什维克也曾经提议组织“总罢工”，甚至提议组织“武装起义”，但是它与布尔什维克有着根本的差别。布尔什维克走的是革命道路，为的是摧毁旧制度；孟什维克走的是立宪道路，为的是改良旧制度。因此，我认为，对列宁关于根据党的行动和政治策略的内容来确定无产阶级政党的论断，只有从行动和政治策略所要达到的政治目的这个意义上来认识，才是正确的。斯大林指出：“在确定某个政党是革命的政党还是改良主义的政党的时候，起决定作用的不应当认为是‘革命行动’本身，而应当认为是党采取和利用‘革命行动’所要达到的政治目的和政治任务。”①我们坚持根据行动的“政治目的”来判断政党性质的观点，并不是否定实践标准，而是贯彻实践标准。实践检验理论或策略本身，就要求人们历史地全面地看问题，要求人们根据实践所达到的目的和社会效果来考察理论或策略的正确性。

根据党的行动和政治策略所要达到的政治目的来判断政党性质，是由政党的本质特征决定的。政党的本质特征就是以参与或取得政权为自己的斗争目的。无产阶级政党的本质特征就是把无产阶级专政作为斗争的最近目的。恩格斯说：“每个真正的无产阶级政党，从英国宪章派起，总是把阶级政策，把无产阶级组织成为独立政党作为首要条件，把无产阶级专政作为斗争的最近目的。”②在无产阶级夺取政权之后，无产阶级政党的最近目的，则是在坚持无产阶级专政的条件下，建成社会主义的现代化国家。无产阶级政党的最近目的，体现无产阶级的根本利益。因此，在判定一个党是不是无产阶级政党的时候，必须从党的“最近目的”出发，来考察党的行动和政治策略是否符合无产阶级的根本利益。如果撇开“最近目的”，孤立地去看革命或建设的道路和途径，革命或建设的手段和方法，则难免犯错误。在这方面，国际共运的历史教训是十分深刻的。

应该特别指出的是，在当今世界上，一些没有取得政权的无产阶级政党，放弃建立无产阶级专政的最近目的；一些执掌政权的无产阶级政党，放弃无产阶级专政，背离社会主义道路。无论这些党如何频繁地更换领导人和调整党员队伍，

① 《斯大林全集》第7卷，人民出版社1958年版，第181页。

② 《马克思恩格斯选集》第2卷，人民出版社1972年版，第529页。

如何高喊"革命""改革"之类的诱人的口号，如何翻新行动和政治策略的花样，都避免不了党的性质发生蜕变的结局。

综上所述，在根据列宁的著名论断来判断政党性质时，首先要看这个党是否将建立无产阶级的政权和建成社会主义的现代化国家作为斗争的最近目的，然后再看党的领袖是否领导广大党员和群众为达到这个最近目的而奋斗，党的行动和政治策略是否为这个最近目的服务。只有根据这个标准作认真细致的考察，才能确定这个党是否属于真正的无产阶级政党。如果撇开"最近目的"而孤立地去看党员的社会成分，党的领袖的表现以及党的行动和政治策略的内容，则难辨真伪。

（原载《苏联东欧问题》1991 年第 5 期）

论《共产党宣言》中的两个重要战略原则

《共产党宣言》(以下简称《宣言》)是科学社会主义的百科全书,是共产党人的"详细的理论和实践的党纲"。它揭示了"资产阶级的灭亡和无产阶级的胜利是同样不可避免的"历史趋势,论述了无产阶级的伟大历史使命,并为实现这一使命制定了基本的战略策略原则。本文拟就其中两个重要战略思想谈一些粗略的看法,以求教于学界同人。

一、关于一国革命与世界革命的关系问题

《宣言》论述了无产阶级作为资产阶级的"掘墓人"所担负的解放人类的历史使命。1872 年,马克思又总结说:"这个阶级的历史使命是推翻资本主义生产方式和最后消灭阶级。这个阶级就是无产阶级。"①1880 年,恩格斯也概括说:"完成这一解放世界的事业,是现代无产阶级的历史使命。"②无产阶级怎样才能完成自己的历史使命呢?《宣言》作了明确的回答:"无产阶级用暴力推翻资产阶级而建立自己的统治。"③然后,"无产阶级将利用自己的政治统治,一步一步地夺取资产阶级的全部资本,把一切生产工具集中在国家即组织成为统治阶级的无产阶级手里,并且尽可能快地增加生产力的总量。"④"当阶级差别在发展进程中已经消失而全部生产集中在联合起来的个人的手里的时候,公共权力就失去政治性质。""代替那存在着阶级和阶级对立的资产阶级旧社会的,将是这样一个联合体,在那里,每个人的自由发展是一切人的自由发展的条件。"⑤

---

① 《马克思恩格斯选集》第 2 卷,人民出版社 2012 年版,第 90 页。

② 《马克思恩格斯选集》第 3 卷,人民出版社 2012 年版,第 817 页。

③ 《马克思恩格斯选集》第 1 卷,人民出版社 2012 年版,第 412 页。

④ 《马克思恩格斯选集》第 1 卷,人民出版社 2012 年版,第 421 页。

⑤ 《马克思恩格斯选集》第 1 卷,人民出版社 2012 年版,第 422 页。

但是,无产阶级的历史使命,必须依靠各国无产阶级来完成。换句话说,每个国家的无产阶级首先应该完成在本国的历史使命,然后才能联合其他国家的无产阶级完成在世界的历史使命。这里,必然涉及一国革命与世界革命的关系问题。在《宣言》中,马克思、恩格斯明确指出:“如果不就内容而就形式来说,无产阶级反对资产阶级的斗争首先是一国范围内的斗争。每一个国家的无产阶级当然首先应该打倒本国的资产阶级。”①这就是说,无产阶级革命即社会主义革命,首先是一国革命,然后才是世界革命。

马克思在《论犹太人问题》中,曾把人类的解放归结为两个阶段:一是政治解放,二是人类解放。马克思说的“政治解放”,指的是资产阶级政治革命,用政治民主代替政治专制;马克思说的“人类解放”,指的是无产阶级社会革命,实现人的自由全面发展。后来,马克思、恩格斯还使用过“经济解放”和“社会解放”的概念。马克思说:“工人阶级的经济解放是一切政治运动都应该作为手段服从于它的伟大目标。”②恩格斯则说:“工人阶级夺取政权是社会解放的手段。”③特别应该注意的是,恩格斯对“政治解放”赋予了新的含义。在《共产党宣言》的一稿——《共产主义信条草案》中,恩格斯说:“实行财产公有的第一个基本条件是通过民主的国家制度达到无产阶级的政治解放。”④显然,这里的“政治解放”,已经超越了资产阶级革命的含义。“达到无产阶级的政治解放”即实现无产阶级政治革命,亦即《共产党宣言》中所说的“工人革命的第一步就是使无产阶级上升为统治阶级,争得民主。”⑤根据马克思、恩格斯的有关论述,我们可以把工人解放即人类解放分为三个阶段:一是政治解放,指的是无产阶级举行政治革命,推翻资产阶级政权,建立无产阶级专政,摆脱政治上受压迫的地位;二是经济解放,指的是无产阶级实行社会革命,剥夺资产阶级的生产资料,建立社会主义的生产关系,摆脱经济上受剥削的地位;三是社会解放,指的是消灭阶级和阶级差别,建成完全的社会主义社会,实现人的自由全面发展。

现在,我们再回过头来分析《宣言》中关于一国革命与世界革命关系的思想。

首先,工人阶级的政治解放是一国范围内的任务。具体地说,无产阶级举行政治革命,推翻资产阶级的统治,建立无产阶级的政权,应该也只能是在本国范围内完成。1870 年,恩格斯在《德国农民战争》第二版序言中指出:资产阶级在

---

① 《马克思恩格斯选集》第 1 卷,人民出版社 2012 年版,第 412 页。
② 《马克思恩格斯全集》第 21 卷,人民出版社 2003 年版,第 16 页。
③ 《马克思恩格斯全集》第 33 卷,人民出版社 1973 年版,第 417 页。
④ 《马克思恩格斯全集》第 42 卷,人民出版社 1979 年版,第 379 页。
⑤ 《马克思恩格斯选集》第 1 卷,人民出版社 2012 年版,第 421 页。

它的发展进程中有一个转折点，经过这个转折点之后，它就逐渐丧失进行独占政治统治的能力。而到了一定时刻，无产阶级将从资产阶级手中夺取统治权，但是，“这种时刻不一定在各地同时到来，也不一定在同一发展阶段上到来”。“在德国，资产阶级的这个转折点在1848年就已来到了。”①早在《共产党宣言》的二稿——《共产主义原理》中，恩格斯就指出：“如果现在英国或法国的工人获得解放，这必然会引起其他一切国家的革命，这种革命迟早会使这些国家的工人也获得解放。”②这就是说，各国社会主义革命的发生有先有后，各国工人阶级的政治解放或早或迟。无产阶级政治革命不会在欧美主要国家“同时胜利”，更不会在世界所有国家“同时胜利”。

其次，工人阶级的经济解放是一国范围内的任务。具体地说，无产阶级实行社会革命，利用国家政权剥夺资产阶级的生产资料，建立社会主义公有制，从而奠定社会主义制度的基础，应该也只能是在本国范围内完成。1890年，恩格斯指出：社会主义社会“同现存制度的具有决定意义的差别当然在于，在实行全部生产资料公有制(先是国家的)基础上组织生产。即便明天就实行这种变革(指逐步地实行)，我根本不认为有任何困难。”③他认为，既然各国无产阶级夺取政权有先有后，那么，变革资本主义生产关系，建立社会主义生产关系，就不能在所有国家同时实行，而只能在单个国家首先实行。“总之，一旦我们(指德国无产阶级——引者注)掌握了政权，只要在群众中有足够的拥护者，大工业以及大庄园式的大农业是可以很快地实现社会化的。其余的也将或快或慢地随之实现。而有了大生产，我们就能左右一切。”④

最后，工人阶级的社会解放是世界范围内的任务。保证无产阶级社会革命的最终胜利，消灭一切阶级和国家，实现人的自由全面发展，只能在世界范围内完成。因为任何一个国家都无法单独完成消灭世界资本主义，建成完全的社会主义社会并进而过渡到共产主义社会的任务。正如《宣言》所指出的：“随着资产阶级的发展，随着贸易自由的实现和世界市场的建立，随着工业生产以及与之相适应的生活条件的趋于一致，各国人民之间的民族分隔和对立日益消失。”“无产阶级的统治将使它们更快地消失。联合的行动，至少是各文明国家的联合的行动，是无产阶级获得解放的首要条件之一。”⑤这里说的“无产阶级获得解放”，即

① 《马克思恩格斯选集》第3卷，人民出版社2012年版，第27页。
② 《马克思恩格斯选集》第1卷，人民出版社2012年版，第299页。
③ 《马克思恩格斯选集》第4卷，人民出版社2012年版，第601页。
④ 《马克思恩格斯选集》第4卷，人民出版社2012年版，第602页。
⑤ 《马克思恩格斯选集》第1卷，人民出版社2012年版，第419页。

无产阶级获得社会解放。正是在社会主义最终胜利的意义上，恩格斯在《共产主义原理》中指出："共产主义革命将不是仅仅一个国家的革命，而是将在一切文明国家里，至少在英国、美国、法国、德国同时发生的革命"。而"在这些国家的每一个国家中，共产主义革命发展得较快或较慢，要看这个国家是否有较发达的工业，较多的财富和比较大量的生产力。因此，在德国实现共产主义革命最慢最困难，在英国最快最容易"①。这就是说，共产主义革命的最终胜利，只能是世界各国至少是各先进国家的"同时胜利"，但是，完成革命的各个阶段的任务，各国却是有快有慢，有先有后的。1892 年，恩格斯在《社会主义从空想到科学的发展》英文版导言中说："欧洲工人阶级的胜利不是仅仅取决于英国。至少需要英法德三国的共同努力，才能保证胜利。在法国和德国，工人运动远远地超过了英国。在德国，工人运动的胜利甚至指日可待了。……400 年前，德国曾是欧洲中等阶级第一次起义的出发点；依目前的形势来判断，德国难道不可能又成为欧洲无产阶级夺取第一次伟大胜利的舞台吗？"②这段话非常明确地表达了马克思、恩格斯关于社会主义革命进程的基本观点，即一国不能保证社会主义的最终胜利，实现无产阶级的彻底解放，但是，一国的无产阶级可以首先夺取政权，实现政治解放，然后开始社会主义经济变革，争取实现经济解放。

应该特别注意的是，马克思、恩格斯所说的"联合的行动"，是"无产阶级的统治"即社会主义国家的联合的行动。也就是说，是已经完成无产阶级政治解放和无产阶级经济解放的各社会主义国家，通过联合行动实现工人阶级的社会解放亦即全人类的解放。对于这一点，列宁的理解是准确的。在被公认为提出社会主义"一国胜利"论的《论欧洲联邦口号》中，列宁指出："在共产主义的彻底胜利使一切国家包括民主国家完全消失以前，世界联邦（而不是欧洲联邦）是同社会主义相联系的、各民族实行联合并共享自由的国家形式。""没有各社会主义共和国对各落后国家的比较长期而顽强的斗争，便不可能有各民族在社会主义下的自由联合。"③当然，各国无产阶级在夺取国家政权和变革经济制度的斗争中也应该相互支持和相互援助，但无须"联合的行动"。

学习《宣言》中关于一国革命与世界革命关系的思想，有着重要的理论意义和实践意义。苏联解体之后，国内外一些人就此提出，一个国家尤其是一个落后国家是搞不成社会主义革命和社会主义建设的，并宣称这是马克思主义的基本观点。其实，这种观点违背了马克思主义。通过以上分析，我们可以看到，马克

① 《马克思恩格斯选集》第 1 卷，人民出版社 2012 年版，第 306 页。

② 《马克思恩格斯选集》第 3 卷，人民出版社 2012 年版，第 773～774 页。

③ 《列宁选集》第 2 卷，人民出版社 2012 年版，第 554 页。

思、恩格斯是主张在一国进行无产阶级政治革命和社会革命的。首先，各国无产阶级应该奋起推翻资产阶级政权，建立无产阶级专政，争得无产阶级的政治解放；其次，无产阶级专政的国家一旦建立，就应该立即开始社会主义经济变革，逐步废除私有制，建立公有制，大力发展生产力，争得无产阶级的经济解放，并为最终消灭阶级和国家、过渡到共产主义准备条件；最后，各社会主义国家应该坚持无产阶级国际主义原则，支持其他国家的社会主义革命和民族民主革命，为人类解放做出自己的贡献。

在中国，由于革命前处于半殖民地半封建社会，所以没有本来意义上的无产阶级政治革命，即在资本主义条件下无产阶级推翻资产阶级的统治，夺取政权的革命。推翻旧的国家政权，建立人民民主专政的任务，是由共产党领导的新民主主义革命完成的。中华人民共和国的成立即人民民主专政的建立，标志着资产阶级民主革命的基本完成和社会主义革命（无产阶级社会革命）的开始。此后，获得了政治解放的中国人民，在党的过渡时期总路线的指引下，顺利完成了对农业、手工业和资本主义工商业的社会主义改造，消灭了剥削制度和剥削阶级，进入社会主义社会（初级阶段）。党的十一届三中全会之后，中国人民又开始了改革开放的伟大进程。在党的十三大制定的"一个中心、两个基本点"的基本路线指引下，中国人民正在为建设富强、民主、文明、和谐的社会主义现代化国家而奋斗。实践产生理论，理论指导实践。在对"什么是社会主义，怎样建设社会主义"这个基本问题认真反思的基础上，邓小平总结世界社会主义的实践经验，根据马克思主义的基本原理，1992 年在视察南方的谈话中明确提出了关于社会主义本质的科学论断："社会主义的本质，是解放生产力，发展生产力，消灭剥削，消除两极分化，最终达到共同富裕。"①邓小平的科学论断，实质上包含了无产阶级和劳动人民实现经济解放的基本内容。目前，我国已发展成为世界第二经济大国，中国人民正在朝着全面建成小康社会并最终达到经济解放（既不受剥削又生活富裕）的伟大目标奋勇前进。与此同时，中国人民对于世界各国人民的解放事业给予了无私的援助，为人类的社会解放做出了应有的贡献。党的十八大报告指出："中国将坚持把中国人民利益同各国人民共同利益结合起来，以更加积极的姿态参与国际事务，发挥负责任大国作用，共同应对全球性挑战。"②这是中国共产党根据马克思主义的战略策略原则所作出的重大战略决策。

---

① 《邓小平文选》第 3 卷，人民出版社 1993 年版，第 373 页。

② 《中国共产党第十八次全国代表大会文件汇编》，人民出版社 2012 年版，第 44 页。

二、关于共产党与其他无产阶级政党的关系问题

在《宣言》中,马克思、恩格斯简明扼要地论述了共产党的性质和奋斗目标以及与其他无产阶级政党的关系。

首先应该强调,如今人们把“共产党”和“无产阶级政党”这两个概念等同起来是不准确的。其实,二者不是同一概念。为了准确理解《宣言》中关于共产党与其他无产阶级政党关系的思想,我们有必要对这两个概念进行辨析。

何谓无产阶级政党?无产阶级政党就是以无产阶级为其阶级基础的政党,是代表无产阶级的利益并为之而斗争的政党。其根本特征是把工人阶级的统治即无产阶级专政作为斗争的最近目的。马克思说:“工人们在英国以宪章派为名、在北美以民族改良派为名分别形成政党,其战斗口号根本不是以共和制代替君主制,而是以工人阶级的统治代替资产阶级的统治。”[①]恩格斯也说:“每个真正的无产阶级政党,从英国宪章派起,总是把阶级政治,把无产阶级组织成为独立政党当做首要条件,把无产阶级专政当做斗争的最近目的。”[②]1840 年 7 月成立的全国宪章派协会,即宪章党,制定了以争取工人阶级的选举权为中心内容的即以争取无产阶级的统治权为目的的纲领,因此,它具备了无产阶级政党的条件。恩格斯明确指出:宪章派是“一个独立的政党”,是“近代第一个工人政党”。[③]

那么,什么是共产党呢?共产党即共产主义政党。共产党是无产阶级政党,但又不同于一般的无产阶级政党。因此,它除了具有无产阶级政党的基本特征之外,还必须具备一些特殊条件。马克思、恩格斯认定,世界上第一个共产党是 1847 年 6 月建立的共产主义者同盟。恩格斯说:“当二月革命爆发的时候,我们所称的德国‘共产党’仅仅是一个人数不多的核心,即作为秘密宣传团体而组成的共产主义者同盟。……但是,这个不大的战斗队,却拥有一个大家都乐于服从的、第一流的领袖马克思,并且赖有他才拥有一个至今还完全适用的原则性的和策略的纲领——《共产党宣言》。”[④]在这里,恩格斯阐明了两层意思:第一,共产主义者同盟是共产党;第二,使共产主义者同盟成为共产党的因素,一是马克思做它的领袖,二是《宣言》做它的纲领。可见,具有由马克思主义者组成的领袖集

---

① 《马克思恩格斯全集》第 4 卷,人民出版社 1958 年版,第 336～337 页。

② 《马克思恩格斯选集》第 3 卷,人民出版社 2012 年版,第 250 页。

③ 《马克思恩格斯选集》第 3 卷,人民出版社 2012 年版,第 768 页。

④ 《马克思恩格斯选集》第 4 卷,人民出版社 2012 年版,第 1 页。

团，具有在科学社会主义理论指导下制定的以实现共产主义社会制度为最终目的的革命纲领，是共产党较之一般无产阶级政党的特殊之处。

在《宣言》中，马克思、恩格斯论述了共产党与无产阶级政党的联系和区别。他们说：共产党不是同其他无产阶级政党相对立的特殊政党。共产党同其他无产阶级政党不同的地方只是：一方面，在无产者不同的民族的斗争中，共产党人强调和坚持整个无产阶级共同的不分民族的利益；另一方面，在无产阶级和资产阶级的斗争所经历的各个发展阶段上，共产党人始终代表整个运动的利益。因此，在实践方面，共产党是各国无产阶级政党中最坚决的、始终起推动作用的党派；在理论方面，共产党胜过其他无产阶级政党的地方在于他们了解无产阶级运动的条件、进程和一般结果，即了解科学社会主义。共产党的最近目的是和其他一切无产阶级政党的最近目的一样的：使无产阶级形成为阶级，推翻资产阶级的统治，由无产阶级夺取政权。但是，共产党的最终目的是消灭一切阶级和阶级差别，实现以自由人联合体为社会组织的共产主义制度。[①] 在这里，马克思、恩格斯指明，共产党不是同其他无产阶级政党相对立的政党，而是各国无产阶级政党中最坚决的、最先进的党派；它代表整个无产阶级的共同利益和根本利益，以科学社会主义理论为指导，为最终实现共产主义社会制度而奋斗。这就是共产党的最根本的特征，也是共产党区别于其他无产阶级政党的最显著的标志。

关于共产党与其他无产阶级政党的关系，《宣言》及其初稿都作了论述。马克思、恩格斯指出，其他无产阶级政党和共产党在反对占统治地位的资产阶级的斗争中，在许多方面有共同的利益。因此，共产党人在行动的时候，尽可能和其他无产阶级政党采取共同的政策。例如，在英国，共产主义者应该支持由工人组成的比民主主义小资产者或所谓激进派在极大程度上更接近共产主义者的全国宪章派；“在实行民主宪法的美国，共产主义者必须支持愿意用这个宪法去反对资产阶级、并利用它来为无产阶级谋利益的政党，即全国土地改革派”[②]。当然，共同行动并不排除讨论存在于他们和共产主义者之间的意见分歧。因为他们不是把夺取政权和实施经济变革措施当作走向共产主义的过渡办法，而是当作足以消除贫困和现今社会的弊病的措施。而“共产党人为工人阶级的最近目的和利益而斗争，但是他们在当前的运动中同时代表运动的未来”[③]。在任何时候，共产党人都不应该忘记实现共产主义的最终奋斗目标。

1889 年 12 月，恩格斯在《致格·特里尔》的信中，重申了《宣言》中阐明的这

---

① 参见《马克思恩格斯选集》第 1 卷，人民出版社 2012 年版，第 413 页。

② 《马克思恩格斯选集》第 1 卷，人民出版社 2012 年版，第 311 页。

③ 《马克思恩格斯选集》第 1 卷，人民出版社 2012 年版，第 434 页。

一重要思想。他说:“无产阶级要在决定关头强大到足以取得胜利,就必须(马克思和我从1847年以来就坚持这种立场)组成一个不同于其他所有政党并与它们对立的特殊政党,一个自觉的阶级政党。可是,这并不是说,这一政党不能暂时利用其他政党来达到自己的目的。同样也不是说,它不能暂时支持其他政党去实施或是直接有利于无产阶级的、或是朝着经济发展或政治自由方向前进一步的措施。”“我决不会无条件地反对同他们一起采取任何暂时的共同行动,来达到特定的目的。……而所有这一切又必须以党的无产阶级性质不致因此发生问题为前提。对我来说,这是绝对的界限。您在1847年的《共产党宣言》中就可以看到对这种政策的阐明,我们在1848年,在国际中,到处都遵循了这种政策。”①这就告诉我们,共产党为了达到特定的目的,可以而且应该与其他政党采取共同行动,但在与它们采取共同行动时,绝对不能丧失独立性和丢掉领导权。

《宣言》中关于共产党与其他无产阶级政党关系的思想,对于各国共产党制定政策和策略具有重要的指导意义。中国共产党在处理同各民主党派的关系问题上,就遵循了马克思主义的这个战略策略原则。民主党派是对民主革命时期诞生的具有民主运动历史的一些党派的统称。各民主党派原来的社会基础是民族资产阶级、城市小资产阶级、同这些阶级相联系的知识分子以及其他爱国民主分子。他们在反帝救国、反独裁争民主等方面,与中共有共同的要求,所以中共在抗日反蒋的斗争中,同各民主党派风雨同舟,患难与共。各民主党派在民主革命中也做出了重要贡献。新中国建立后,各民主党派又参加了社会主义改造和社会主义建设的伟大实践,并在实践中不断前进。中共则制定了与各民主党派“长期共存,互相监督”的“八字方针”。进入改革开放和社会主义现代化建设的新时期之后,各民主党派又紧跟中共,与时俱进。“现在它们都已经成为各自所联系的一部分社会主义劳动者和一部分拥护社会主义的爱国者的政治联盟,都是在中国共产党领导下为社会主义服务的政治力量”②。在新形势下,中共又提出了处理与各民主党派关系的“十六字方针”。中共中央明确指出,中国共产党是社会主义事业的领导核心,是执政党;各民主党派是接受中国共产党领导,同中共通力合作,共同致力于社会主义事业的亲密友党,是参政党。中共十八大报告进一步指出:“坚持长期共存、互相监督、肝胆相照、荣辱与共的方针,加强同民主党派和无党派人士团结合作,促进思想上同心同德、目标上同心同向、行动上同心同行,加强党外代表人士队伍建设,选拔和推荐更多优秀党外人士担任各级

---

① 《马克思恩格斯选集》第4卷,人民出版社2012年版,第593页。

② 《邓小平文选》第2卷,人民出版社1994年版,第186页。

国家机关领导职务。”[①]这对于加强中国共产党和各民主党派之间的合作与协商，对于调动各民主党派投身社会主义事业的积极性，有着十分重要的意义。

综上所述，《共产党宣言》中关于一国革命与世界革命关系的思想和共产党与其他无产阶级政党关系的思想，为各国社会主义革命和社会主义建设提供了正确的战略策略原则。我们应该认真学习和勇于实践马克思主义的这些基本原则，团结一切进步力量，奋力推进中国特色社会主义事业，为人类解放做出自己应有的贡献。

（原载《东岳论丛》2013 年第 12 期，原文署名林元旦、李心华）

① 《中国共产党第十八次全国代表大会文件汇编》，人民出版社 2012 年版，第 27 页。

科学社会主义若干基本概念辨析

搞清概念是研究理论问题的首要前提。正如著名经济学家孙冶方先生所说:“概念不清,能搞好学问吗?”[①]而在我国理论界研究社会主义问题的人中,目前却存在一个比较普遍的现象,就是忽视所使用的概念的确切含义,因而得出的结论往往是不正确的。鉴于此,本文拟结合理论界存在的一些实际问题,对科学社会主义的两对基本概念进行辨析,以求教于学界同仁。

一、关于无产阶级和工人阶级

在资本主义社会中,“工人阶级”和“无产阶级”是同一概念;而在社会主义社会中,“工人阶级”却不是“无产阶级”。但是,长期以来,人们往往不注意区分这两个概念,因而导致一些认识上和提法上的混乱。

资本主义社会的工人阶级,也就是本来意义上的工人阶级,即无产阶级。恩格斯在1888年英文版《共产党宣言》的注释中,曾对资产阶级和无产阶级下过定义:“资产阶级是指占有社会生产资料并使用雇佣劳动的现代资本家阶级。无产阶级是指没有自己的生产资料、因而不得不靠出卖劳动力来维持生活的现代雇佣工人阶级。”[②]从恩格斯的定义中,我们可以看出,“无产阶级”是作为一个与“资产阶级”相对应的概念提出来的。它的内涵包括:(1)它是现代雇佣工人阶级;(2)它没有自己的生产资料;(3)它靠出卖劳动力来维持生活;(4)它与资本主义雇佣劳动制度即资本主义生产关系相联系。

工人阶级夺取政权以后,随着社会主义改造的基本完成,资产阶级的生产资料被剥夺了,资本主义的生产关系被消灭了,资产阶级作为一个阶级也就随之被消灭了。与此同时,工人阶级不仅成为国家政权的主人,而且随着社会主义生产

---

① 《孙冶方全集》第5卷,山西经济出版社1998年版,第34页。

② 《马克思恩格斯选集》第1卷,人民出版社1995年版,第272页。

关系的建立成为生产资料的主人。这时，与资本主义生产关系相联系的，作为资产阶级对立面的无产阶级也就不存在了。但是，工人阶级却不能立即消灭。列宁在十月革命以后明确指出："显然，为了完全消灭阶级，不仅要推翻剥削者即地主和资本家，不仅要废除他们的所有制，而且要废除任何生产资料私有制，要消灭城乡之间、体力劳动者和脑力劳动者之间的差别。这是很长时期才能实现的事业。"①这就是说，工人阶级作为一个劳动阶级，将长期存在于社会主义社会中。但是，它已经不是本来意义上的工人阶级了，此时的"工人阶级"与"无产阶级"也不是同一个概念了。

社会主义社会的工人阶级，较之资本主义社会的工人阶级，具有新的阶级特征：

第一，社会主义社会的工人阶级是社会主义政治上层建筑的代表，是社会主义国家的领导力量。社会主义国家是以工人阶级为阶级基础的共产党领导的国家，党的工人阶级先锋队的性质决定了工人阶级在国家中的领导地位。毛泽东指出："人民民主专政需要工人阶级的领导。因为只有工人阶级最有远见，大公无私，最富于革命的彻底性。整个革命历史证明，没有工人阶级的领导，革命就要失败，有了工人阶级的领导，革命就胜利了。"②因此，与资本主义条件下的工人阶级不同，社会主义条件下的工人阶级在社会政治领域里的根本任务和根本目标，不再是进行推翻资产阶级的政治革命和夺取政权，而是建设高度的社会主义民主，巩固无产阶级专政。

第二，社会主义社会的工人阶级不仅是先进的社会化生产力的代表，而且还是先进的社会主义生产关系的代表。这一根本特征，不仅从性质上区分了社会主义社会的工人阶级和资本主义社会的工人阶级，而且还决定了两者具有完全不同的根本任务。资本主义社会的工人阶级的根本任务是进行社会主义革命(包括以无产阶级专政代替资产阶级专政的政治革命和以社会主义生产关系代替资本主义生产关系的社会革命)，最终消灭资本主义私有制，建立社会主义公有制，从而实现由资本主义到社会主义的社会形态的转变。社会主义社会的工人阶级的根本任务却不是消灭现存的所有制关系，而是进行经济建设，维护和改革社会主义生产关系，促进生产力的发展，推动社会的进步。正如邓小平所指出的："工人阶级最重要的特点之一就是同社会化的大生产相联系，因此它的觉悟最高，纪律性最强，能在现时代的经济进步和社会政治进步中起领导作用。"③

① 《列宁选集》第 4 卷，人民出版社 1995 年版，第 11 页。

② 《毛泽东选集》第 4 卷，人民出版社 1991 年版，第 1479 页。

③ 《邓小平文选》第 2 卷，人民出版社 1994 年版，第 136 页。

第三，社会主义社会的工人阶级是社会主义精神文明的代表，是社会主义先进文化的代表。而资本主义条件下的工人阶级不可能是资本主义社会精神文明的代表。由于意识形态具有相对独立性，具有历史继承性，因此社会主义精神文明是资本主义条件下工人阶级的意识形态和人类的一切优秀文化遗产在社会主义社会中的继承和发展。社会主义社会的工人阶级在意识形态领域里，也面临着与资本主义社会的工人阶级相似的任务，那就是抵制剥削阶级思想的侵蚀，发展本阶级的社会意识；同时，它又面临着一项特殊任务，那就是建设高度的社会主义精神文明，发展社会主义先进文化。

第四，社会主义社会的工人阶级在阶级结构和阶级素质方面，也不同于资本主义条件下的工人阶级。这在我国表现得尤为明显和突出：一是队伍迅速扩大；二是内部结构发生重大变化；三是素质不断提高。进城就业的农民已经成为产业工人的重要组成部分，正在成为工业化、城镇化、现代化的重要推动力量；职工所依存的经济组织的所有制形式日益多样化，在各类非公有制经济组织中就业的职工已占全部职工的一半以上；知识分子从总体上已经成为社会主义工人阶级的一部分，加上社会主义工人阶级自身知识化的进程，这就大大提高了科技文化素质。而在资本主义条件下，一般说来，工人的文化程度较低；知识分子作为一个大的阶层也呈现较为复杂的情况，不仅有工人阶级的知识分子，而且有资产阶级的知识分子和小资产阶级的知识分子。这里应该强调指出的是，我国工人阶级队伍发生的变化，并没有改变它的历史地位。工人阶级仍然是社会主义现代化的主要建设者、社会财富的主要创造者、先进生产力的代表者，仍然是人民民主专政国家的领导阶级。

第五，社会主义社会的工人阶级担负着消灭一切阶级，实现共产主义的伟大历史使命。列宁说："无产阶级的目的是建成社会主义，消灭社会的阶级划分，使社会全体成员成为劳动者，消灭一切人剥削人现象的基础。"[①]社会主义制度的建立，意味着剥削阶级的消灭，但是，由于存在着生产资料占有上的差别和劳动成果分配上的差别，所以社会上仍然存在着不同的劳动阶级，存在着工农之间的差别。而消灭阶级，不仅要消灭剥削阶级，而且还要消灭劳动阶级，消灭工农之间的差别。这就需要工人阶级在用现代化生产力装备工业的同时改造农业和其他部门，在用社会主义思想武装自身的同时教育农民和其他劳动群众。当工农差别、城乡差别、脑力劳动与体力劳动之间的差别消失之后，社会就将进入共产主义阶段；工人阶级在完成解放人类的伟大历史使命之后，作为社会上最后一个

① 《列宁选集》第3卷，人民出版社1995年版，第835页。

阶级也将自行消亡。

总之,社会主义社会的工人阶级与资本主义社会的工人阶级(无产阶级)有着很大的不同。因此,我们在使用"工人阶级"的概念时,应该加以明确区分。笔者认为,在词语表述上,不应再用"无产阶级"一词来表述社会主义社会的工人阶级,也不宜再用"工人阶级"一词来表述社会主义社会的工人阶级;可用"新工人阶级"的名称代替二者,以区别于资本主义社会的"工人阶级"和"无产阶级"。至于"无产阶级专政",则以"工人阶级专政"代之为宜;尽管二者在本质上是一致的,但后者更能准确地反映历史事实。

二、关于农民阶层和农民阶级

在旧社会,农民不是一个阶级,而是一个包括富农、中农、贫农、雇农等各阶级在内的大的阶层;他们只是由于所从事的工作——农业生产的性质相同,才被统称为"农民"。正像在旧社会知识分子不是一个阶级,而是一个包括地主阶级知识分子、资产阶级知识分子、小资产阶级知识分子、无产阶级知识分子等各阶级知识分子在内的大的阶层一样。但是,长期以来,理论界对此却未予足够的重视,在"农民"这一概念的使用上多有混乱之处,因而不免造成一些错误。比如,有的教材说:"新民主主义革命的动力是工人阶级、农民阶级、城市小资产阶级和民族资产阶级,而根本的动力是工人和农民。"①在这里,农民被作为一个"阶级"来看待;而富农作为农民的一个组成部分,则成为中国民主革命的"根本的动力"。又如,有的文章一方面说,"富农是中国农民中人数不多的一个阶层,富农经济也不是农村的主体经济";另一方面又说,"富农是农村的资产阶级,富农经济是农村的资本主义"。② 在这里,富农既是一个"阶层",又是一个"阶级"。

当然,从领袖著作和党的文献中,"农民阶级"的提法是不难找到出处的。但是,根据马克思主义关于划分阶级的标准,称旧社会的农民为"农民阶级",则是不科学、不准确的。

列宁指出:"所谓阶级,就是这样一些大的集团,这些集团在历史上一定的社会生产体系中所处的地位不同,同生产资料的关系……不同,在社会劳动组织中所起的作用不同,因而取得归自己支配的那份社会财富的方式和多寡也不同。所谓阶级,就是这样一些集团,由于它们在一定社会经济结构中所处的地位不

---

① 本书编写组:《毛泽东思想和中国特色社会主义理论体系概论》,高等教育出版社 2008 年版,第 63～64 页。

② 参见江红英:《新民主主义理论框架内外的富农与富农经济》,载《中共党史研究》2005 年第 5 期。

同,其中一个集团能够占有另一个集团的劳动。”[①]按照这一标准来衡量,旧社会的农民,显然不属于一个阶级。

马克思主义的经典作家们曾明确指出,在资本主义国家中,“农民”包括不同的阶级;他们从未把农民作为一个阶级来看待。

1870 年 2 月,恩格斯在谈到德国农村阶级时指出:“大农属于资产阶级”;“农业无产阶级,即农业短工”。[②] 而处在两者之间的小农,也有不同的类型:有的是封建的农民,他们必须为自己的主人服劳役;有的是佃农,他们深受高额地租之苦;有的是在自己的小块土地上进行经营的农民,他们在大多数情况下都是靠抵押借款来维持生存。1920 年 6 月,列宁在为共产国际“二大”草拟的《土地问题提纲初稿》中,对资本主义国家的农村各阶级进行了详细分析。他指出:在一切资本主义国家内,农村被剥削劳动群众有以下几个阶级:第一,农业无产阶级即雇佣工人,他们靠受雇于资本主义农业企业来获得生活资料。第二,半无产者或小块土地农民,他们一方面依靠在资本主义农业企业或工业企业中出卖劳动力,另一方面依靠在仅能给他们家庭生产一部分食物的小块私有的或租来的土地上耕作,来获得生活资料。第三,小农,他们拥有自己的或租来的一块不大的土地,可以应付他们全家以及经营上的需要,并不另外雇用劳动力。上述三类农村居民的总和,构成一切资本主义国家农村人口的多数。此外,农村还有其他几个阶级:“中农”从经济上来说是小农,他们也拥有一小块自己的或租来的土地,但是,他们的收入通常自给有余,并往往另外雇用劳动力。大农是农业中的资本主义企业主,他们通常都雇有几个雇佣工人,他们之所以能归入“农民”之类,只是由于亲自参加自己农场中的体力劳动。[③] 在作了上述分析之后,列宁指出,资产阶级极力掩盖农村被剥削各阶级同剥削者即地主、资本家之间,以及半无产者和小农同大农之间的巨大区别,而无产阶级在革命中则必须区别对待农村中的各个阶级。

列宁在谈论“工农联盟”问题时,总是强调农民分为不同的阶级,必须在农民中划清阶级界限。1914 年 2 月,列宁指出:“资产阶级……的利益要求把农民无产阶级和农民资产阶级混为一谈。”“无产阶级的利益要求反对这种混为一谈的做法,要求处处(包括在农民中)划清阶级界限。谈论‘农民’决不能自欺欺人:我们自己就应当知道,并且应当告诉农民,即使在农民中,无产阶级和资产阶级之

---

① 《列宁选集》第 4 卷,人民出版社 1995 年版,第 11 页。

② 《马克思恩格斯选集》第 2 卷,人民出版社 1995 年版,第 629～630 页。

③ 参见《列宁选集》第 4 卷,人民出版社 1995 年版,第 224～228 页。

间的鸿沟也正在日益加深。”[1]同年3月，列宁又指出：“无论是农民无产者，还是农民资产者，都有反对地主这一共同的利益。这一点是不用争辩的。这是任何一个工人马克思主义者都知道的。但是用所谓‘劳动’农民的空谈来模糊无产阶级同资产阶级之间的阶级对立的意识，那就是站到资产阶级一边去了，站到社会主义的敌人一边去了。”[2]这就告诉我们，工人阶级和农民中的不同阶级的联盟，在时间上和程度上都是不同的。

由上可见，旧社会的农民不是一个阶级，而是一个由多个阶级组成的大阶层。农民作为一个阶级出现，则是在土地改革之后，尤其是在农业集体化之后。这时，无论是个体农民还是集体农民，他们在社会经济结构中的地位都是相同的，同生产资料的关系都是相同的，取得归自己支配的那份社会财富的方式也是相同的。“一个集团能够占有另一个集团的劳动”的现象已被消灭。地主阶级在被剥夺了赖以剥削他人劳动的生产资料之后，随着本身成为自食其力的劳动者，他们也成为农民阶级的组成部分。新农民阶级与新工人阶级一起，构成了社会主义社会的两大劳动阶级。

总之，不能用“农民阶级”来表述旧社会的农民大阶层。在需要表述全体农民的时候，应该使用“农民各阶级”一词。比如：“新民主主义革命的动力是工人阶级、农民各阶级、城市小资产阶级和民族资产阶级，而根本的动力是工人和贫苦农民（即无产阶级和半无产阶级）。”“农民阶级”的概念，只适用于社会主义社会的农民。

（原载《教学与研究》2012年第7期，原文署名王金磊、李心华）

① 《列宁全集》第24卷，人民出版社1990年版，第355～356页。

② 《列宁全集》第24卷，人民出版社1990年版，第379页。

科学社会主义两对基本概念辨析

搞清概念是研究理论问题的首要前提。正如著名经济学家孙冶方先生所说："概念不清，能搞好学问吗？没有'从概念到概念'，哪能有逻辑推理？……对于政治经济学这样一门科学，也像对于哲学一样，抠概念特别重要。"[①]借用孙先生的话，也可以这样说，对于科学社会主义这样一门科学，也像对于哲学和政治经济学一样，抠概念特别重要。而在我国理论界研究社会主义问题的人中，目前却存在一个比较普遍的现象，就是忽视所使用的概念的确切含义，因而得出的结论往往是不正确的。本文结合理论界存在的一些实际问题，对科学社会主义的两对基本概念进行辨析，以求教于学术界同仁。

一、关于无产阶级政治革命和无产阶级社会革命

人们在谈论社会主义革命的问题时，往往忽略了"社会主义革命"的概念中，包括"无产阶级政治革命"和"无产阶级社会革命"两个概念，忽略了社会主义革命分为无产阶级政治革命和无产阶级社会革命两个阶段。有人说：社会主义革命的基本内容是消灭资本主义私有制、建立社会主义公有制，所以俄国十月革命不是社会主义革命。因为它没有消灭资本主义私有制、建立社会主义公有制。[②]在这里，作者就是因为混淆了无产阶级政治革命和无产阶级社会革命这两个不同的概念，所以得出了错误的结论。

无产阶级政治革命是指推翻资产阶级政权，建立无产阶级政权的革命；无产阶级社会革命是指消灭资本主义生产关系，建立社会主义生产关系的革命。而社会主义革命具有政治革命和社会革命两个方面的任务，正如列宁所说，社会主义革命包括以"无产阶级专政代替资产阶级专政的政治革命"[③]和"以社会主义

① 《孙冶方全集》第5卷，山西经济出版社1998年版，第34页。

② 参见俞良早：《东方视域中的列宁学说》，中共中央党校出版社2001年版，第272、285页。

③ 《列宁选集》第1卷，人民出版社1995年版，第333页。

生产关系代替资本主义生产关系"的"社会革命"[①]两个阶段。但是，无产阶级政治革命和无产阶级社会革命既可以统称为社会主义革命，又可以分称为社会主义革命。比如，列宁在《论欧洲联邦口号》一文中说："政治革命在社会主义革命的过程中是必不可免的，不能把社会主义革命看作是一次行动，而要把它看作是一个充满剧烈的政治和经济动荡、最尖锐的阶级斗争、国内战争、革命和反革命的时代。"[②]在这里，列宁把政治革命看作是社会主义革命的一部分。而在俄国十月革命胜利后，列宁就立即指出："这次革命是社会主义革命。消灭土地所有制、实行工人监督和银行国有化，这一切都是导向社会主义的措施。这还不是社会主义，但这是引导我们大踏步地走向社会主义的措施。"[③]在这里，列宁将十月革命这个无产阶级政治革命，称为社会主义革命。而中国1956年基本完成的生产资料所有制的社会主义改造是无产阶级社会革命，我们也单独称它为社会主义革命。

搞清政治革命和社会革命这两个不同的概念，对于理解马克思主义的社会主义革命理论至关重要。而弄清政治革命与社会革命的关系，对于正确分析社会主义革命的理论和实践问题尤为关键。有人之所以否定十月革命的社会主义性质，就是因为他不懂得"无论从革命这一概念的严格科学意义来讲，或是从实际政治意义来讲，国家政权从一个阶级手里转到另一个阶级手里，都是革命的首要的基本的标志"[④]。十月革命使俄国的国家政权从资产阶级手里转到无产阶级手里，所以它毫无疑问是社会主义革命。有人因为十月革命没有消灭资本主义私有制、建立社会主义公有制而否定它的社会主义性质，是没有道理的。首先，十月革命已经开始了废除资本主义私有制、建立社会主义公有制的工作。其次，不能因为十月革命没有"消灭"资本主义私有制而否定它的社会主义性质。1918年6月，列宁指出："必须记住工人们常常忘记的一条社会主义革命的基本原理：要进行社会主义革命，要举行社会主义革命，使人民摆脱压迫，并不需要马上消灭阶级；应该由最有觉悟和最有组织的工人掌握政权。"[⑤]可见，"十月革命不是社会主义革命"的断言，是忘记了社会主义革命的一条基本原理。

马克思、恩格斯和列宁把政治革命和社会革命视为两个不同的革命阶段，并论证了它们之间的辩证关系。首先，政治革命是社会革命的必要政治前提。在

---

① 《列宁全集》第29卷，人民出版社1985年版，第483页。
② 《列宁选集》第2卷，人民出版社1995年版，第551～552页。
③ 《列宁全集》第33卷，人民出版社1985年版，第95页。
④ 《列宁选集》第3卷，人民出版社1995年版，第25页。
⑤ 《列宁全集》第34卷，人民出版社1985年版，第424页。

社会主义革命过程中，争取变革资本主义经济制度的斗争，必然要集中地表现为夺取资产阶级国家政权的政治革命。因为只有建立无产阶级的政治统治，才能剥夺资产阶级的生产资料，变革资本主义的经济制度，建立社会主义的经济制度，从而实现社会形态的转变。因此，列宁明确指出："无产阶级专政是社会革命的必要政治条件。"[①]

无产阶级专政的建立，标志着政治革命的基本结束，也标志着社会革命的开始。当然，无产阶级专政建立以后，还要继续完成政治革命的遗留任务。它要担负镇压被推翻的剥削者反抗的任务，即从事列宁所说的社会主义国家的"国内战争"；它要担负抵御资本主义国家侵略的任务，即从事恩格斯所说的社会主义国家的"自卫战争"。但是，无产阶级专政的主要任务，则是完成社会革命，即剥夺剥夺者，废除私有制，建立以公有制为基础的社会主义经济制度，从而建立社会主义社会。

其次，只有完成社会革命，才能最终消化和巩固政治革命的成就。列宁在十月革命胜利之后曾反复强调，在深刻的政治变革以后，必须长时间地了解、消化这种变革，以达到更高的文化经济水平，才能最终完成极其伟大的政治变革。1921 年 12 月，他指出："现在历史赋予我们的任务是：在很长的时期内进行缓慢的、艰巨的、困难的经济工作，以便最终完成极其伟大的政治变革。历史上伟大的政治变革总是需要经过漫长的道路才能被消化。……在这方面应该清醒，并且认识到，这个成就虽已取得，但还没有同日常经济生活以及群众生活条件融为一体。这件工作要做几十年，需要花费极大的气力。这件工作不能用我们进行军事工作的那种速度和在那种条件下来进行。"[②]

苏联解体之后，有人从中得出比较落后国家搞不成社会主义的结论，并进而否定十月革命的必要性和合理性；把十月革命称为"倒过来的革命"，因为俄国的资本主义"没有获得充分发展"。[③] 这是没有道理的。马克思、恩格斯的确认为，无产阶级的社会革命，即社会主义的经济变革，是与生产力的高度发展紧密相连的。但是，无产阶级的政治革命，即以无产阶级取得政权为标志的革命，虽然也需要一定的资本主义发展程度，却不需要资本主义获得充分发展（而且谁也说不清楚到底什么程度才算资本主义的充分发展）。政治革命完成之后，要通过一个发展生产力和民主政治的过渡时期，才能最终完成社会革命，建立社会主义社会。

---

① 《列宁全集》第 6 卷，人民出版社 1986 年版，第 413 页。

② 《列宁全集》第 42 卷，人民出版社 1987 年版，第 351 页。

③ 参见张光明：《略论"倒过来的革命"》，《社会主义研究》2009 年第 5 期。

巴黎公社革命爆发后，马克思在《法兰西内战》初稿中指出："工人阶级知道，他们必须经历阶级斗争的几个不同阶段。他们知道，以自由的联合的劳动条件去代替劳动受奴役的经济条件，只能随着时间的推进而逐步完成（这是经济改造）……但是，工人阶级同时也知道，通过公社的政治组织形式，可以立即向前大步迈进，他们知道，为了他们自己和为了人类开始这一运动的时刻已经到来了。"①在马克思看来，社会主义经济变革的完成和社会主义社会的建立，必须经历阶级斗争的几个不同阶段和漫长的历史发展过程；但是，无产阶级掌握政权，开始这一变革的时机已经成熟。而在当时，法国才刚刚大体完成工业革命，还主要是一个农民占多数的小资产阶级国家，不能说资本主义已经得到充分发展，更不能说资本主义生产关系已经走到尽头；它的资本主义发展程度，甚至比十月革命时的俄国（当时已经进入帝国主义阶段）还要低。但是马克思却认为，法国社会主义革命的客观条件已经成熟；他把巴黎公社失败的原因，仅仅归于公社领袖们的"过分诚实"和"仁慈"。可见，"根据马克思主义的基本原理"而把十月革命称为"倒过来的革命"，是误解了马克思主义的基本原理。

二、关于社会主义国家和社会主义社会

把社会主义国家混同于社会主义社会，这在理论界已司空见惯，甚至党的文件中也时有发生。有人在批评"列宁晚年思想的局限"时说：列宁晚年对社会主义问题的论述，"出现了一些明显的混乱"；"列宁一方面反复强调在经济文化相当落后的俄国必须通过'迂回方法'才能过渡到社会主义，另一方面又宣布苏俄已经是一个社会主义共和国，已经实行了社会主义，这显然是自相矛盾的"②。在这里，作者就是将"社会主义国家"和"社会主义社会"这两个不同的概念混为一谈。

什么是社会主义国家？社会主义国家即无产阶级专政的国家，正像资本主义国家即资产阶级专政的国家一样。列宁说："资产阶级国家的形式虽然多种多样，但本质是一样的：所有这些国家，不管怎样，归根到底一定都是资产阶级专政。从资本主义向共产主义过渡，当然不能不产生非常丰富和多样的政治形式，但本质必然是一样的：都是无产阶级专政。"③什么是社会主义社会？社会主义社会是指建立了以公有制为基础的社会主义生产关系的社会。可见，社会主义

① 《马克思恩格斯选集》第3卷，人民出版社1995年版，第98～99页。

② 刘文汇：《试论列宁晚年思想的局限》，《南京师大学报》（社会科学版）2002年第2期。

③ 《列宁选集》第3卷，人民出版社1995年版，第140页。

国家的性质是由上层建筑的无产阶级专政决定的；而社会主义社会的性质，则是由经济基础的社会主义经济制度决定的。

1875年，马克思在《哥达纲领批判》中，提出了关于过渡时期的著名论断："在资本主义社会和共产主义社会之间，有一个从前者变为后者的革命转变时期。同这个时期相适应的也有一个政治上的过渡时期，这个时期的国家只能是无产阶级的革命专政。"[①]如果我们对这个著名论断做稍微认真一点的分析的话，就不难看到，马克思在这里已经谈到了社会主义国家和社会主义社会的联系与区别。

马克思所说的过渡时期，显然是由资本主义社会到社会主义社会的过渡，因为他在提出这个论断的同时，全面阐述了共产主义社会两个阶段的学说。他把共产主义社会分为"第一阶段"和"高级阶段"，并对两个阶段的基本特征尤其是分配原则作了详细论述。因此，马克思所说的共产主义社会，包括共产主义社会第一阶段即后人所称的"社会主义社会"。这就是说，在社会主义社会建立之前，过渡时期的国家"只能是无产阶级的革命专政"，即社会主义国家。

马克思主义的经典作家明确地将过渡时期的国家称为社会主义国家。1918年1月，列宁指出："我并不抱幻想，我知道我们才开始进入向社会主义过渡的时期，我们还没有达到社会主义。但如果你们说我们的国家是社会主义的苏维埃共和国，那你们是正确的。""我们甚至远没有结束从资本主义到社会主义的过渡时期。我们从来没有幻想过，不靠国际无产阶级的帮助就能结束这个过渡时期。我们从来没有在这方面产生过错觉，我们知道，从资本主义到社会主义的这条道路，是多么艰难，但是我们必须说，我们的苏维埃共和国是社会主义的共和国，因为我们已经走上了这条道路，而这些话决不是空话。"[②]1918年5月，列宁又指出："看来，还没有一个专心研究俄国经济问题的人否认过这种经济的过渡性质。看来，也没有一个共产主义者否认过社会主义苏维埃共和国这个名称是表明苏维埃政权有决心实现向社会主义的过渡，而决不是表明新的经济制度就是社会主义制度。"[③]列宁之所以称十月革命胜利后建立的苏维埃共和国是社会主义国家，就是因为苏维埃共和国是无产阶级专政的国家形式。无产阶级夺取政权后，可以而且应当立即建立社会主义国家，但不能立即建立社会主义社会；即使是在先进的资本主义国家，无产阶级夺取政权后也必须经过"长久阵痛"的过渡时期才能进入社会主义社会，更何况经济文化比较落后的国家。这就是说，在社会主

① 《马克思恩格斯选集》第3卷，人民出版社1995年版，第314页。
② 《列宁选集》第3卷，人民出版社1995年版，第409页。
③ 《列宁选集》第3卷，人民出版社1995年版，第521页。

义革命的发展进程中，要经过一个有社会主义国家而没有社会主义社会的阶段。这个阶段即过渡时期。在这个时期中，社会主义国家的历史任务就是：剥夺剥削阶级的生产资料并镇压他们的反抗，抵御外来敌人的侵袭；组织经济、政治和文化等各个方面的建设，逐步实行社会主义经济变革和社会其他方面的社会主义改造，最终建立社会主义社会。按照马克思主义创始人的观点，进入社会主义社会后，社会主义国家就消亡了，即社会发展进入一个有社会主义社会而没有社会主义国家的阶段。马克思说："阶级统治一旦消失，目前政治意义上的国家也就不存在了……"[①]恩格斯也说："所有的社会主义者都认为，政治国家以及政治权威将由于未来的社会革命而消失。"[②]当然，马克思主义创始人的这个论断，是以社会主义的"同时胜利"为前提的。后来，列宁根据时代的变化和社会主义的实践经验，对关于国家消亡的问题作了更加具体的论述。他认为，苏维埃政权是实现向社会主义社会过渡的无产阶级专政的国家形式，而且"这种形式是社会主义社会初期所不可避免的。"[③]在社会主义社会中，"国家正在消亡"，"但是还没有完全消亡……要使国家完全消亡，必须有完全的共产主义"[④]。列宁在这里所说的到共产主义才完全消亡的国家是"非政治国家"，即非无产阶级专政的"国家"。而无产阶级专政的社会主义国家，在社会主义社会发展到一定阶段时就已经消亡了。但是，在社会主义发展的历史进程中，必定有一个社会主义国家与社会主义社会并存的时期。这也就是一些人将社会主义国家和社会主义社会混为一谈的重要原因。

那么，如何认识我国过渡时期的国家性质呢？金冲及在《新民主主义社会和社会主义初级阶段》一文中说：从1949年新中国成立到1956年的七年时间里，中国还不能说是社会主义国家，而是新民主主义国家；1956年，社会主义制度在中国基本上建立起来，从这时起中国成为社会主义国家，进入社会主义初级阶段。"事情本来很清楚"，可是大家还是没有搞清楚。[⑤] 实际上，金文自己把问题搞乱了：一是它混淆了社会主义国家和社会主义社会这两个不同的概念，把社会主义社会的初级阶段误为社会主义国家的初级阶段；二是它把新民主主义国家和社会主义国家当作两个截然不同的概念，没有搞清1956年以后中国的国家性质与1949年新中国成立后七年间的国家性质没有任何改变。判定国家的性质，

---

① 《马克思恩格斯选集》第3卷，人民出版社1995年版，第289页。

② 《马克思恩格斯选集》第3卷，人民出版社1995年版，第227页。

③ 《列宁全集》第29卷，人民出版社1985年版，第354页。

④ 《列宁选集》第3卷，人民出版社1995年版，第196页。

⑤ 参见金冲及：《新民主主义社会和社会主义初级阶段》，《党的文献》2008年第5期。

要看国家政权的性质，即看哪个阶级在国家中居于统治地位，掌握国家政权。1949年，中国建立了工人阶级领导的以工农联盟为基础的人民民主专政的国家政权，即无产阶级专政的国家政权，所以，这时称为新民主主义国家的中国，也可以而且应该称为社会主义国家。

承认过渡时期的国家是社会主义国家这一点非常重要。它可以坚定我们沿着社会主义道路前进的信心，也可以避免我们犯急躁冒进的错误。苏俄由战时共产主义政策转向新经济政策之后，列宁指出：新经济政策"就是在很大程度上转而恢复资本主义"[①]。但是，"新经济政策没有从根本上改变苏维埃俄国社会制度方面的任何东西，只要政权还掌握在工人手里，就不可能引起任何改变。而对于苏维埃政权的巩固，看来目前已经谁也不会怀疑了"[②]。现在看来，当初我国在无产阶级政权得到巩固、国有经济控制国家经济命脉的情况下，担心走上资本主义道路而急于完成社会主义改造，是有些过虑了。

科学社会主义这门科学中，尚有一些概念需要认真鉴别，诸如：无产阶级政党和共产党，无产阶级和工人阶级，农民阶层和农民阶级，社会主义市场经济和社会主义经济，社会主义政治文明和社会主义政治，社会主义精神文明和社会主义文化等等，笔者拟于另文进行辨析。而搞清这些基本概念，对于研究科学社会主义基本原理和中国特色社会主义理论，有着至关重要的意义。

（原载《科学社会主义》2010年第5期，原文署名王冠华、李心华）

① 《列宁选集》第4卷，人民出版社1995年版，第576页。

② 《列宁文稿》第4卷，人民出版社1978年版，第403页。

准确理解列宁“社会主义”和“共产主义”的多重含义

——为纪念十月革命一百周年而作

值十月社会主义革命胜利一百周年之际，回顾学界在关于十月革命的性质问题上，由于对列宁所使用的概念存有歧见而引起的争论，我认为有必要对列宁“社会主义”和“共产主义”的多重含义，作一番认真的分析。

列宁区分了“社会主义”和“共产主义”，将马克思所说的共产主义第一阶段称为“社会主义”，共产主义高级阶段称为“共产主义”。

1916 年 7 月，列宁在《关于自决问题的争论总结》中，对“社会主义”和“共产主义”就已经作了区分。他在引用了马克思《哥达纲领批判》中提出的关于过渡时期的著名论断之后说：“直到现在，这个真理对社会主义者说来，还是无可争辩的，而这个真理就包含着对国家的承认——直到胜利了的社会主义转变为完全的共产主义为止。”①

如果说，这里的区分还不是十分清晰的话，那么，1917 年 4 月，列宁在《无产阶级在我国革命中的任务》一文中，对“社会主义”和“共产主义”的区分则是非常明确的。他说：“人类从资本主义只能直接过渡到社会主义，即过渡到生产资料公有和按每个人的劳动量分配产品。我们党看得更远些：社会主义必然会成长为共产主义，而在共产主义的旗帜上写的是：‘各尽所能，按需分配’。”②

在列宁看来，社会主义是直接从资本主义生长出来的，是新社会的初级形式和发展阶段；它的根本特征是：生产资料公有制和产品按劳分配原则。共产主义则是在社会主义的基础上发展起来的，是新社会的高级形式和发展阶段；它的根本特征是：生产资料公有制和产品按需分配原则。

应该指出的是，列宁虽然对“社会主义”和“共产主义”作了明确区分，但并不总是在固定意义上使用这两个概念。这就要求我们在阅读列宁著作时认真加以

---

① 《列宁全集》第 28 卷，人民出版社 1990 年版，第 19 页。

② 《列宁选集》第 3 卷，人民出版社 2012 年版，第 64 页。

鉴别,搞清他在不同场合使用二者所赋予的不同含义,以免造成误解。

一、“社会主义”的多重含义

(一)“社会主义”指科学社会主义学说

1918 年 1 月,列宁指出:“社会主义的伟大奠基人马克思和恩格斯,在几十年中考察了工人运动的发展和世界社会主义革命的成长,清楚地看到:从资本主义过渡到社会主义,需要经过长久的阵痛,经过长时期的无产阶级专政。”①

1918 年 6 月,列宁又指出:“科学社会主义的创始人马克思和恩格斯常常谈到从资本主义向社会主义的过渡必然会有的长久阵痛。”②在这两段话中,“社会主义的伟大奠基人”的“社会主义”和“科学社会主义的创始人”的“科学社会主义”,指的都是科学社会主义学说;而“从资本主义过渡到社会主义”和“从资本主义向社会主义的过渡”的“社会主义”,指的则是社会主义社会。

(二)“社会主义”指社会主义社会

1920 年 4 月,列宁指出:“要使社会主义取得胜利,只打倒资本家是不够的,还必须消灭无产阶级与农民之间的差别。……只要还存在着工人和农民,社会主义就还没有实现。”③

1921 年 3 月,列宁在会场上看见这样一条标语:“工农王国万世长存。”他批评说:“如果工农王国真的万世长存,那么也就永远不会有社会主义了,因为社会主义就是消灭阶级,而既然存在着工人和农民,也就存在着不同的阶级,因而也就不能有完全的社会主义。”④

这两段话中的“社会主义”,均指社会主义社会,而且从中可以看出,列宁所说的社会主义社会,是无阶级、无国家的社会。

(三)“社会主义”指社会主义运动

1918 年 1 月,列宁指出:“苏维埃共和国这个榜样将长期地摆在他们面前。我们的社会主义苏维埃共和国将作为国际社会主义的火炬,作为各国劳动群众的范例而稳固地屹立着。”⑤

在这里,“社会主义苏维埃共和国”的“社会主义”,指的是社会主义性质;而

① 《列宁选集》第 3 卷,人民出版社 2012 年版,第 416 页。
② 《列宁选集》第 3 卷,人民出版社 2012 年版,第 555 页。
③ 《列宁全集》第 38 卷,人民出版社 1986 年版,第 332 页。
④ 《列宁全集》第 41 卷,人民出版社 1986 年版,第 121 页。
⑤ 《列宁选集》第 3 卷,人民出版社 2012 年版,第 416 页。

“国际社会主义”，指的则是国际社会主义运动。

1920年7月，列宁指出：“有琼果主义和沙文主义情绪的英、美工人贵族是社会主义最危险的敌人，是第二国际最有力的支柱。”[①]这里的“社会主义”，也是指社会主义运动。

（四）“社会主义”指社会主义革命

1915年8月，列宁在《论欧洲联邦口号》中指出：“经济和政治发展的不平衡是资本主义的绝对规律。由此就应得出结论：社会主义可能首先在少数甚至在单独一个资本主义国家内获得胜利。”[②]

1916年8月，列宁在《无产阶级革命的军事纲领》中指出：“在一国取得胜利的社会主义决不能一下子根本排除一切战争。”[③]

这两段话中的“社会主义”指的都是社会主义革命，而且仅仅指无产阶级政治革命，即无产阶级推翻资产阶级、夺取政权的革命。因为在列宁看来，在社会主义社会里是不会有战争的，所以，“在一国取得胜利的社会主义决不能一下子根本排除一切战争”的“社会主义”，指的不是社会主义社会，而是社会主义革命。

1916年9月，列宁指出：“没有民主，就不可能有社会主义，这包括两个意思：(1)无产阶级如果不通过争取民主的斗争为社会主义革命作好准备，它就不能实现这个革命；(2)胜利了的社会主义如果不实行充分的民主，就不能保持它所取得的胜利，并且引导人类走向国家的消亡。”[④]

在这里，第一个“社会主义”指社会主义社会，第二个“社会主义”指社会主义革命。意思是说：胜利了的社会主义革命如果不实行充分的民主，就不能保持它所取得的胜利，并且引导人类走向社会主义社会。“国家的消亡”即社会主义社会的实现。

（五）“社会主义”指社会主义社会的前提

1918年3月，列宁指出：“乐于吸取外国的好东西：苏维埃政权＋普鲁士的铁路秩序＋美国的技术和托拉斯组织＋美国的国民教育等等等等＋＋＝总和＝社会主义。”[⑤]

这里的“社会主义”指的是社会主义社会的前提，包括政治前提——无产阶级专政，物质技术前提——高度发达的社会生产力和高度发达的科学技术。并

① 《列宁选集》第4卷，人民出版社2012年版，第279页。

② 《列宁选集》第2卷，人民出版社2012年版，第554页。

③ 《列宁选集》第2卷，人民出版社2012年版，第722页。

④ 《马克思恩格斯全集》第1卷，人民出版社1956年版，第782页。

⑤ 《列宁全集》第34卷，人民出版社1985年版，第520页。

不是说在社会主义社会里还有苏维埃政权和托拉斯组织等等。

1923 年 1 月，列宁在《论合作社》中，列举了无产阶级掌握着国家政权、国家支配着一切大的生产资料等等条件之后，认为这就是通过“合作社来建成完全的社会主义社会所必需的一切”；同时，他又明确指出：“这还不是建成社会主义社会。”[①]因此，列宁所说的“这已是建成社会主义社会所必需而且足够的一切”，只是建成社会主义社会的政治前提。他在两个月后写成的《宁肯少些，但要好些》一文中明确指出：“我们的文明程度也还够不上直接向社会主义过渡，虽然我们已经具有这样做的政治前提。”[②]

(六)“社会主义”指社会主义建设

1918 年 3 月，列宁指出：“为了表明苏维埃政权要向社会主义过渡必须利用资产阶级知识分子的服务，我冒昧地说一句骤然听来似乎是奇谈怪论的话：学习社会主义，在很大程度上要向托拉斯的领导者学习，学习社会主义，要向资本主义最大的组织者学习。……当社会主义的组织工作提到日程上时，为了解决社会主义的实际任务，我们就必须吸收大批的资产阶级知识分子。”[③]

在这里，除了“向社会主义过渡”的“社会主义”指的是社会主义社会之外，其余几处的“社会主义”都是指社会主义建设。“学习社会主义”，是指“学习社会主义建设”。

1922 年 11 月，列宁说：“社会主义现在已经不是一个遥远将来，或者什么抽象图景，或者什么圣像的问题了。……我们把社会主义拖进了日常生活，我们应当弄清这一点。这就是我们当前的任务，这就是我们当今时代的任务。……不管这个任务是多么困难，……只要我们大家共同努力，不是在明天，而是在几年之中，无论如何会解决这个任务，这样，新经济政策的俄国将变成社会主义的俄国。”[④]

这里的“社会主义”也是指社会主义建设。列宁说过，新经济政策是从社会主义建设退到国家资本主义。[⑤] 他预计几年之后，实行国家资本主义的俄国将变成进行社会主义建设的俄国。并不是说在几年之中，俄国就建立了社会主义社会。

(七)“社会主义”指社会主义具体制度

1918 年 4 月，列宁在《苏维埃政权的当前任务》中指出：“一个社会主义政党

---

① 《列宁选集》第 4 卷，人民出版社 2012 年版，第 768 页。
② 《列宁全集》第 34 卷，人民出版社 1985 年版，第 796 页。
③ 《列宁全集》第 34 卷，人民出版社 1985 年版，第 128 页。
④ 《列宁选集》第 4 卷，人民出版社 2012 年版，第 737～738 页。
⑤ 《列宁选集》第 4 卷，人民出版社 2012 年版，第 609 页。

能够做到大体上完成夺取政权和镇压剥削者的事业，能够做到直接着手管理任务，这在世界历史上是第一次。……这是一项最困难的任务，因为这是要用新的方式去建立千百万人生活的最深刻的经济的基础。这也是一项最能收效的任务，因为只有解决(大体上和基本上解决)这项任务以后，才可以说，俄国不仅成了苏维埃共和国，而且成了社会主义共和国。"①

在这里，"社会主义共和国"指的是大体上和基本上建立起社会主义经济基础的共和国，即"用新的方式"建立起"千百万人生活的最深刻的经济的基础"的共和国。这样的共和国与只是建立了无产阶级专政的共和国——苏维埃共和国当然是有区别的，但是，不能把这里的"社会主义"理解为"社会主义社会"，而应理解为"社会主义经济制度"。因为在列宁看来，社会主义社会的建立，意味着国家的消亡，所以，只要还存在着"共和国"，就没有完全的社会主义社会。

列宁在《论合作社》中说："在生产资料公有制的条件下，在无产阶级对资产阶级取得了阶级胜利的条件下，文明的合作社工作者的制度就是社会主义的制度。"②

列宁在这里说的合作社仍然是"做买卖"的消费合作社。他将这种制度称为"社会主义的制度"，并不是说已是社会主义社会。就在此文中，列宁说："目前我们应该特别加以支持的一种社会制度就是合作社制度，这一点我们现在必须认识到而且必须付诸行动。"③可见，他所说的"一种社会制度"——合作社制度只是具体制度，因为当时俄国并没有进入社会主义社会，甚至还没有全面开始社会主义改造。

(八)"社会主义"指具有社会主义性质或方向的国家、政权、成分、因素、步骤等等

1918 年 1 月，列宁在《人民委员会工作报告》中说："我并不抱幻想，我知道我们才开始进入向社会主义过渡的时期，我们还没有达到社会主义。但如果你们说我们的国家是社会主义的苏维埃共和国，那你们是正确的。""我们甚至远没有结束从资本主义到社会主义的过渡时期。我们从来没有幻想过，不靠国际无产阶级的帮助就能结束这个过渡时期。我们从来没有在这方面产生过错觉，我们知道，从资本主义到社会主义的这条道路，是多么艰难，但是我们必须说，我们的苏维埃共和国是社会主义的共和国，因为我们已经走上了这条道路，而这些话

① 《列宁选集》第 3 卷，人民出版社 2012 年版，第 477 页。

② 《列宁选集》第 4 卷，人民出版社 2012 年版，第 771 页。

③ 《列宁选集》第 4 卷，人民出版社 2012 年版，第 769 页。

决不是空话。”[①]在这里，“向社会主义过渡”和“还没有达到社会主义”的“社会主义”，指的是社会主义社会。而“社会主义的苏维埃共和国”和“社会主义的共和国”，指的则是走上社会主义道路的共和国，即从资本主义到社会主义的过渡时期中无产阶级专政的国家，亦即我们通常所说的社会主义国家。这是从性质和方向上而言的。列宁在一些场合说的“社会主义政党”“社会主义政权”和“社会主义军队”中的“社会主义”，也是从性质和方向上而言的。

1918 年 5 月，列宁在《论“左派”幼稚性和小资产阶级性》中指出：“国家资本主义较之我们苏维埃共和国目前的情况，将是一个进步。如果国家资本主义在半年左右能在我国建立起来，那将是一个很大的胜利，那将极其可靠地保证社会主义一年以后在我国最终地巩固起来而立于不败之地。”[②]

这里的“社会主义”，显然不是指社会主义社会或社会主义制度，而是指社会主义政权即苏维埃政权。1918 年的“一年以后”就能在俄国最终地巩固起来而立于不败之地的“社会主义”，只能是社会主义性质的政权，而不会是社会主义经济制度，更不会是社会主义社会。

就在这篇文章中，列宁列举了当时俄国社会经济结构中的五种成分：(1)农民自然经济；(2)小商品生产；(3)私人资本主义；(4)国家资本主义；(5)社会主义。[③] 这里的“社会主义”，指的是社会经济结构中的社会主义成分，即公有制经济。

1921 年 10 月，列宁指出：“不经过一个实行社会主义的计算和监督的时期，即使要走到共产主义的低级阶段也是不可能的。”[④]

这就是说，在进入社会主义社会之前，必须有一个实行社会主义的计算和监督的时期。这里的“社会主义”，显然不是指社会主义社会，而是指具有社会主义因素。

1917 年 9 月，列宁在《大难临头，出路何在?》中说：“社会主义无非是从国家资本主义垄断再向前跨进一步。换句话说，社会主义无非是变得有利于全体人民的国家资本主义垄断，就这一点来说，国家资本主义垄断也就不再是资本主义垄断了。”[⑤]

这里说的“社会主义”，指的是走向社会主义的步骤。就在这段话的前面，列

① 《列宁选集》第 3 卷，人民出版社 2012 年版，第 409 页。
② 《列宁选集》第 3 卷，人民出版社 2012 年版，第 521 页。
③ 《列宁选集》第 3 卷，人民出版社 2012 年版，第 522 页。
④ 《列宁选集》第 4 卷，人民出版社 2012 年版，第 574 页。
⑤ 《列宁选集》第 3 卷，人民出版社 2012 年版，第 265 页。

宁说:“真正革命民主国家中的国家垄断资本主义,必然会是走向社会主义的一个或一些步骤!”

二、理论界对列宁“社会主义”含义的诸多误解

理论界在阐述列宁社会主义思想时,对列宁著作中“社会主义”的含义存在着诸多误解。这种误解,发端于斯大林。列宁逝世以后,联共(布)党内发生了一场关于一国社会主义问题的争论。在这场争论中,斯大林提出了“一国建成社会主义”论并进而提出了“一国建成共产主义”论。为了论证自己的观点,斯大林多次引用列宁的话以为佐证。1926 年 1 月,他在《论列宁主义的几个问题》中说:列宁在 1915 年 8 月《论欧洲联邦口号》中说的这句话——“‘在本国组织了社会主义生产’是什么意思呢?这就是说,获得了胜利的那个国家的无产阶级,在夺得政权以后,能够而且应当在本国组织社会主义生产。‘组织社会主义生产’又是什么意思呢?这就是建成社会主义社会。”①

此前,1924 年 5 月,斯大林在《论列宁主义基础》(第 1 版)中,就将“组织社会主义生产”理解为“建成社会主义社会”,并将其与“获得社会主义的最终胜利”等同看待,认为“为了组织社会主义生产”,“就必须有几个先进国家中无产者的共同努力”。为了建成社会主义社会,就必须有几个先进国家中无产者的共同努力,这是符合列宁思想的;但是“组织社会主义生产”就是“建成社会主义社会”,却违背了列宁的本意。列宁认为,一国可以组织社会主义生产,但是一国不能取得社会主义的最终胜利。他说:“我们只有最后彻底地粉碎凭借技术和纪律的巨大力量支持的国际帝国主义,才能取得最终的胜利。而且我们只有同世界各国的工人一道才能取得胜利。”②那么,什么是“获得最终胜利”呢?“获得最终胜利,即完全组织起社会主义社会”。③ 实际上,列宁在《论欧洲联邦口号》中所说的在一个国家内获得胜利的无产阶级“剥夺了资本家并在本国组织了社会主义生产”,是指无产阶级利用国家政权的力量,夺取资本家的生产资料,建立国营企业,在生产资料公有制的基础上组织生产。这种生产的性质当然不是资本主义的,而是社会主义的;但这只是向社会主义社会的过渡,而不是社会主义社会的建成。斯大林将列宁所说的在过渡时期组织具有社会主义性质的生产,解释为建成完全的社会主义社会,从而误解了列宁的“一国社会主义革命胜利”论。

① 《斯大林选集》上卷,人民出版社 1979 年版,第 441 页。

② 《列宁全集》第 34 卷,人民出版社 1985 年版,第 219 页。

③ 《列宁选集》第 3 卷,人民出版社 2012 年版,第 793~794 页。

斯大林在批判反对派和论证自己的“一国建成”论时，引用了列宁在《论合作社》一文中所说的俄国具有“建成完全的社会主义社会所必需的一切”。然后，他说：列宁的话，“换句话说，我们能够而且应当建成完全的社会主义社会，因为我们拥有为建成这个社会所必需而且足够的一切”[①]。在这里，斯大林同样误解了列宁的思想。上文已述，列宁所说的俄国具有“建成完全的社会主义社会所必需的一切”，只是建成社会主义社会的政治前提。的确，俄国国内战争结束以后，列宁认为可以利用国际局势中出现的敌我双方都既没有取得胜利也没有遭到失败的“均势”，抓住“喘息”时机，积极发展生产，为社会主义奠定物质基础，争取建立社会主义的基本经济制度。但是，列宁并不认为俄国当时已经具备了建成社会主义社会的一切条件，俄国一国能够建成完全的社会主义社会。他认为，社会主义的真正的唯一的物质基础，就是同时也能改造农业的大机器工业，是社会化大生产。而这对于俄国来说，并不是短期内所能达到的。1921 年 3 月，列宁指出：大生产是不可能在旧的基础上恢复起来的，这至少需要几十年，在我们这种遭受破坏的情况下，可能还要更长一些的时间。[②] 另外，列宁认为社会主义革命的最终胜利即完全组织起社会主义社会，至少需要几个先进国家无产者的共同努力。因此，列宁最终也未提出俄国一国能够建成社会主义社会的结论。

实际上，列宁在这里使用的“社会主义国家”和“社会主义社会”是两个不同的概念。“社会主义国家”即无产阶级专政的国家。显然，十月革命胜利后建立的苏维埃共和国就是社会主义国家。而“社会主义社会”则是指建立了社会主义生产关系的社会制度。显然，当时的俄国社会还不是社会主义社会，而且离实现社会主义社会还远得很。我们如果读懂了列宁的有关著作，能够区分这两个不同的概念，就不会感到列宁“奇怪”了，更不会认为列宁思想“混乱”了。

三、“共产主义”的多重含义

(一)“共产主义”指共产主义学说即马克思主义学说

1920 年 10 月，列宁在《青年团的任务》一文中指出：“青年团和所有想走向共产主义的青年都应该学习共产主义。”[③]在这里，“走向共产主义”的“共产主义”，指的是共产主义社会；而“学习共产主义”的“共产主义”，指的则是共产主义学说即马克思主义学说。就在此文中，列宁指出：“主要由马克思创立的共产主

---

① 《斯大林选集》上卷，人民出版社 1979 年版，第 442 页。

② 参见《列宁全集》第 41 卷，人民出版社 1986 年版，第 22 页。

③ 《列宁选集》第 4 卷，人民出版社 2012 年版，第 282 页。

义理论，共产主义科学，即马克思主义学说，已经……成为全世界千百万无产者的学说；他们已经运用这个学说在同资本主义作斗争。”①

1921年1月，列宁指出：“共产主义认为：无产阶级先锋队——共产党，领导非党的工人群众，启发、训练、教育、培养这些群众（共产主义的‘学校’），先是工人，然后是农民，以便使他们能够做到并且确实做到把全部国民经济的管理集中在自己手中。”②这里的“共产主义”，也是指共产主义学说和共产主义理论。

（二）“共产主义”指共产主义运动

1919年11月，列宁《在全俄东部各民族共产党组织第二次代表大会上的报告》中说：“你们面临着全世界共产党人所没有遇到过的一个任务，就是你们必须以共产主义的一般理论和实践为依据，适应欧洲各国所没有的特殊条件，善于把这种理论和实践运用于主要群众是农民、需要解决的斗争任务不是反对资本而是反对中世纪残余这样的条件。”③这里的“共产主义”，指的就是共产主义运动；落后国家共产党所依据的，必须是共产主义运动的一般理论和实践。

1921年3月，列宁说：在共产国际的影响和帮助下，各国都有了独立的、先进的政党，所以现在“共产主义已经成了工人运动的中心问题”④。这里的“共产主义”，指的也是共产主义运动；共产主义运动已成为国际工人运动的中心。

（三）“共产主义”指整个共产主义社会（包括社会主义社会）

1917年8月，列宁在《国家与革命》中指出：“从向着共产主义发展的资本主义社会过渡到共产主义社会，非经过一个‘政治上的过渡时期’不可，而这个时期的国家只能是无产阶级的革命专政。”⑤这里的“共产主义”，就是指包括社会主义社会在内的整个共产主义社会。因为从资本主义社会只能直接向共产主义社会的第一阶段即社会主义社会过渡，而不能直接过渡到共产主义社会的高级阶段。按照马克思主义的观点，无产阶级专政的“过渡时期”，只存在于资本主义社会和社会主义社会之间；社会主义社会的完全建成，意味着无产阶级专政的消亡。

1919年10月，列宁指出：“在资本主义和共产主义之间有一个过渡时期，这在理论上是毫无疑义的。这个时期不能不兼有这两种社会经济机构的特点或特性。这个过渡时期不能不是衰亡着的资本主义与生长着的共产主义彼此斗争的

① 《列宁选集》第4卷，人民出版社2012年版，第284页。
② 《列宁全集》第40卷，人民出版社1986年版，第239页。
③ 《列宁选集》第4卷，人民出版社2012年版，第79页。
④ 《列宁全集》第41卷，人民出版社1986年版，第14页。
⑤ 《列宁选集》第3卷，人民出版社2012年版，第188页。

时期，换句话说，就是已被打败但还未被消灭的资本主义和已经诞生但还非常幼弱的共产主义彼此斗争的时期。”①这里的“共产主义”，也是指整个共产主义社会；“生长着的共产主义”和“还非常幼弱的共产主义”，指的都是新生的社会主义因素。

1920 年 11 月，列宁指出：“什么是共产主义？整个共产主义宣传归根到底要落实到实际指导国家建设。应该使工人群众把共产主义理解为自己的事业。……共产主义现在不再只是我们的纲领、理论和课题了，它已经是我们今天的实际建设事业了。”②这里的“共产主义”显然指包括社会主义社会在内的整个共产主义社会。否则，“共产主义”就不会成为当时俄国的“实际建设事业”。

(四)“共产主义”即共产主义的高级阶段

1918 年 11 月，列宁指出：“在到达完全的共产主义以前，任何形式都不是最终的。我们不敢说我们准确地知道道路怎样走。但是我们必然会确定不移地走向共产主义。”③在这里，“完全的共产主义”和“共产主义”，指的都是共产主义的高级阶段。

1919 年 12 月，列宁指出：“所谓共产主义，是指这样一种制度，在这种制度下，人们习惯于履行社会义务而不需要特殊的强制机构，不拿报酬地为公共利益工作成为普遍现象。”④这里的“共产主义”，显然指共产主义的高级阶段。

1921 年 10 月，列宁指出：“为了作好向共产主义过渡的准备(通过多年的工作来准备)，需要经过国家资本主义和社会主义这些过渡阶段。……在这个小农国家里先建立起牢固的桥梁，通过国家资本主义走向社会主义；否则你们就不能到达共产主义，否则你们就不能把千百万人引导到共产主义。”⑤

这里的“共产主义”也是指共产主义的高级阶段。从中可以看出，列宁将无产阶级夺取政权后的社会发展分为三个阶段，即过渡时期、社会主义、共产主义。

(五)“共产主义”指共产主义的第一阶段即社会主义

1919 年 3 月，列宁指出：“如果认为我们只用清白的共产党人的双手，不要资产阶级专家帮助，就能建成共产主义，那是一种幼稚的想法。”“我们现在需要实际地进行建设，而且不得不用敌人的手来建立共产主义社会。……我们应当把他们当作技术和文化人才来安排工作，以便保存他们，并使一个没有文化的野

① 《列宁选集》第 4 卷，人民出版社 2012 年版，第 59 页。
② 《列宁选集》第 4 卷，人民出版社 2012 年版，第 309 页。
③ 《列宁全集》第 35 卷，人民出版社 1985 年版，第 217 页。
④ 《列宁选集》第 4 卷，人民出版社 2012 年版，第 91 页。
⑤ 《列宁选集》第 4 卷，人民出版社 2012 年版，第 570 页。

蛮的资本主义国家变为一个有文化的共产主义国家。”①

这里所说的“共产主义”和“共产主义社会”，指的都是社会主义社会；“共产主义国家”，指的则是社会主义国家。建成作为共产主义高级阶段的“共产主义社会”，是不能也无须依靠资产阶级专家的。

1921 年 3 月，列宁指出：“毫无疑问，从资本主义向社会主义过渡可以有各种不同的形式，这要取决于国内是大资本主义关系占优势，还是小经济占优势。……如果一个国家大工业占优势，或者即使不占优势，但是十分发达，而且农业中的大生产也很发达，那么直接向共产主义过渡是可能的。没有这种条件，向共产主义过渡在经济上是不可能的。”②

在这里，“共产主义”和“社会主义”是同一所指，即共产主义的第一阶段。因为从资本主义社会只能直接向社会主义社会过渡，而不能直接向共产主义社会过渡，即使这个国家的大工业和大农业都很发达。

1922 年 11 月，列宁指出：“这是可能的，因为向共产主义的过渡也可以通过国家资本主义，只要国家政权掌握在工人阶级手中。这正是‘我们现在的情况’。”③

这里的“共产主义”也是指社会主义。因为通过国家资本主义只能过渡到社会主义而不能直接过渡到共产主义，即使国家政权掌握在工人阶级手中也是如此。

(六)“共产主义”指社会主义的具体制度

1920 年 6 月，日本记者布施胜治问列宁：“您说过，从封建主义过渡到资本主义曾用了很多年，因而从资本主义过渡到社会主义也要用很多年。请问，这大约需要多长时间?”列宁答道：“确定期限是困难的；推翻旧制度要不了多少时间，但是，建立新制度，短时间内是不可能的。我们已着手实施工业和农业的电气化计划，没有电气化，共产主义制度是不可能实现的；而我们的电气化计划预定 10 年完成，如果情况非常顺利的话。这就是我们建立新制度的最短期限。”④

这里说的“建立新制度”，是指建立社会主义的基本经济制度，即以公有制为基础的经济制度，而不是社会主义社会制度，更不是共产主义社会制度。列宁并不指望 1920 年以后的 10 年间，俄国就能建立共产主义制度。

1921 年 10 月，列宁指出：“你们要跟他们(指资本家)学会做经济工作。只

---

① 《列宁全集》第 36 卷，人民出版社 1985 年版，第 128～129 页。

② 《列宁选集》第 4 卷，人民出版社 2012 年版，第 464 页。

③ 《列宁选集》第 4 卷，人民出版社 2012 年版，第 709 页。

④ 《列宁全集》第 39 卷，人民出版社 1986 年版，第 124～125 页。

有这样,你们才能够建成共产主义共和国。”①

这里的“共产主义共和国”与上文提到的列宁在《苏维埃政权的当前任务》中所说的“社会主义共和国”是同一含义。它是指建立起社会主义经济基础的共和国,但没有建成社会主义社会,更没有建成共产主义社会。因为在列宁看来,社会主义社会的完全建成意味着国家的消亡;共产主义社会是不会存在“共和国”的。

(七)“共产主义”指社会主义社会的前提

1920年12月,列宁指出:“共产主义就是苏维埃政权加全国电气化。……只有当国家实现了电气化,为工业、农业和运输业打下了现代大工业的技术基础的时候,我们才能得到最后的胜利。”②

这里的“共产主义”,既不是共产主义社会,也不是社会主义社会,而是社会主义社会的前提。

此前,1920年11月,列宁就指出:“共产主义是以苏维埃政权这一能使被压迫群众完成各项事业的政治机构为前提的,否则共产主义便是不可想象的。……这是政治方面的保证,但是经济方面,只有当建立在现代技术基础上的大工业机器的一切脉络真正布满无产阶级的俄国时,才算有了保证,而这就意味着电气化。”③

这里的“共产主义”是指社会主义;列宁在这里讲的实际上是社会主义社会的政治前提和经济前提——无产阶级政权和机器大工业。

1922年3月,列宁在俄共(布)十一大的政治报告中指出:旧书本里“写的是资本主义制度下的国家资本主义,而没有一本书写到过共产主义制度下的国家资本主义。连马克思也没有想到要就这个问题写下片言只语,他没有留下任何明确的可供引用的文字和无可反驳的指示就去世了。因此现在我们必须自己来找出路。”④

列宁在这里说的“共产主义制度下的国家资本主义”,既不是共产主义社会的国家资本主义,也不是社会主义社会的国家资本主义,而是社会主义社会的政治前提——无产阶级专政下的国家资本主义。就在这段话的下面,列宁指出:“照所有经济著作解释,国家资本主义就是资本主义制度下由国家政权直接控制这些或那些资本主义企业的一种资本主义。但是我国是一个无产阶级国家,……而我们的社会虽已脱离资本主义轨道,但还没有走上新轨道,不过领导这个

---

① 《列宁选集》第4卷,人民出版社2012年版,第584页。
② 《列宁选集》第4卷,人民出版社2012年版,第364页。
③ 《列宁全集》第40卷,人民出版社1986年版,第31页。
④ 《列宁选集》第4卷,人民出版社2012年版,第670页。

国家的已不是资产阶级，而是无产阶级。……国家资本主义，就是我们能够加以限制、能够规定其范围的资本主义。"可见，列宁所说的"这种国家资本主义"，就是"无产阶级国家"的"国家资本主义"，即过渡时期的国家资本主义。列宁明确指出，俄国社会还没有走上社会主义轨道。学界有人据此认为列宁主张在社会主义社会发展国家资本主义，是一种严重的误解。

四、列宁对"共产主义社会"的认识与斯大林的误解

列宁使用的"共产主义"一词，其含义是灵活多变的。但是，列宁对于共产主义社会的认识，却始终坚持了马克思的基本观点。马克思在《哥达纲领批判》中，将共产主义社会分为"第一阶段"和"高级阶段"。"在共产主义社会高级阶段，在迫使个人奴隶般地服从分工的情形已经消失，从而脑力劳动和体力劳动的对立也随之消失之后；在劳动已经不仅仅是谋生的手段，而且本身成了生活的第一需要之后；在随着个人的全面发展，他们的生产力也增长起来，而集体财富的一切源泉都充分涌流之后，——只有在那个时候，才能完全超出资产阶级权利的狭隘眼界，社会才能在自己的旗帜上写上：各尽所能，按需分配！"[①]在这里，马克思明确指出，在社会主义社会个人的全面发展得到一定程度的实现以后，社会才能进入共产主义阶段。而"个人的全面发展，只有到了外部世界对个人才能的实际发展所起的推动作用为个人本身所驾驭的时候，才不再是理想、职责等等"[②]。可见，共产主义社会，只有在社会主义社会充分发展的基础上才能得以实现。列宁十分清楚这一点。1920年4月，他在《共产主义运动中的"左派"幼稚病》中指出：实现人的全面发展，是共产主义的目标，不过，要达到这个目标"需要经过许多岁月。如果目前就企图提前实现将来共产主义充分发展、完全巩固和形成、完全展开和成熟的时候才能实现的东西，这无异于叫四岁的小孩去学高等数学。"[③]对于俄国当时的国情，列宁认为："我们在剥夺了地主和资本家以后，只获得了建立社会主义那些最初级形式的可能，但是这里还丝毫没有共产主义的东西。……这里社会主义的幼芽还很嫩弱。"[④]共产主义则是非常遥远的事情。因此，列宁非常谨慎地谈论共产主义的问题。1918年3月，在俄共(布)第七次(紧急)代表大会上，列宁《就布哈林对关于党纲的决议的修正所作的发言》中说："他

① 《马克思恩格斯选集》第3卷，人民出版社2012年版，第364～365页。

② 《马克思恩格斯全集》第3卷，人民出版社1960年版，第330页。

③ 《列宁选集》第4卷，人民出版社2012年版，第159页。

④ 《列宁选集》第4卷，人民出版社2012年版，第92页。

希望论述一下充分发展了的社会主义社会,即共产主义。这里他有一些不确切的地方。我们目前是绝对主张要有国家的,至于说要论述国家不复存在的、充分发展了的社会主义,那只能谈谈那时将实现各尽所能、按需分配的原则,别的就什么也想不出来了。……要论述一下社会主义,我们办不到;达到完备形式的社会主义会是个什么样子,——这我们不知道,也无法说。……要我们现在就知道完全建成的社会主义将是个什么样子,这我们不知道。……建设社会主义的砖头现在还没有烧好。"①列宁认为:消灭阶级是社会主义的最终目的。但是,"为了完全消灭阶级,不仅要推翻剥削者即地主和资本家,不仅要废除他们的所有制,而且要废除任何生产资料私有制,要消灭城乡之间、体力劳动者和脑力劳动者之间的差别。这是很长时期才能实现的事业。"②

总之,在列宁看来,要实现无阶级无国家,个人获得全面发展,物质财富和精神财富都充分涌流,实行各尽所能、按需分配原则的共产主义社会,是世界性的事业,要经过长期的多级的发展过程。列宁在《共产主义运动中的"左派"幼稚病》中指出:"从共产主义的观点来看,否定政党就意味着从资本主义崩溃的前夜(在德国)跳到共产主义的最高阶段而不是进到它的低级阶段和中级阶段。我们在俄国(推翻资产阶级后的第三年)还刚处在从资本主义向社会主义即向共产主义低级阶段过渡的最初阶段。"③在这里,他认为,在共产主义低级阶段和高级阶段之间,还有一个共产主义的中级阶段。可见,在列宁那里,社会主义是一个漫长的历史时期,而共产主义则需要社会主义的充分发展才能建立。因此,他最终也未提出共产主义的实际建设任务。但是,斯大林及其继承人却背离了列宁的思想,提出了"苏联一国共产主义"的理论。

1936 年,斯大林在苏联刚刚基本完成生产资料所有制的社会主义改造之后,就在《关于苏联宪法草案》的报告中宣布:"我们苏联社会已经做到在基本上实现了社会主义,建立了社会主义制度,即实现了马克思主义者又称为共产主义第一阶段或低级阶段的制度。这就是说,我们已经基本上实现了共产主义第一阶段,即社会主义。"④他号召苏联工人阶级、农民阶级和知识分子,"去进行新的斗争,争取共产主义的新胜利"⑤。他把社会主义社会的起点当作社会主义社会的终点,提出了向共产主义社会过渡的任务。这就违背了列宁思想。1920 年,

---

① 《列宁全集》第 34 卷,人民出版社 1985 年版,第 60～61 页。
② 《列宁选集》第 4 卷,人民出版社 2012 年版,第 11 页。
③ 《列宁选集》第 4 卷,人民出版社 2012 年版,第 154 页。
④ 《斯大林选集》下卷,人民出版社 1979 年版,第 399 页。
⑤ 《斯大林选集》下卷,人民出版社 1979 年版,第 419～420 页。

列宁说：“怎样设想一个发达的社会主义社会，这也不困难。这也已经解决了。但是，怎样实际地从旧的、习惯了的、大家都熟悉的资本主义向新的、还没有产生的、没有牢固基础的社会主义过渡，却是一个最困难的任务。这一过渡搞得好也需要许多年。”[①]这就是说，列宁认为俄国完成社会主义改造，无论如何也是一个长期的过程。而苏联在生产力水平相对低下和民主制度尚不健全的情况下，违背列宁意愿，过早废除新经济政策，通过强制集体化和超速工业化的道路，基本完成了生产资料所有制的社会主义改造，这本来就犯了急躁冒进的错误。再加上斯大林并未认识到，这只是完成了建立社会主义的一小部分任务，而且是比较容易完成的任务。而社会主义的主要任务是消灭阶级包括工人阶级和农民阶级，实现人的全面发展。这个主要任务的完成，对于苏联来说，还是遥遥无期的事情。在这种情况下，提出建设共产主义社会的任务，显然是错误的。

1939 年，斯大林在联共(布)十八大上说：“我国现在是一个全新的社会主义国家，是历史上从未有过的国家……但是，发展过程不能就此停止。我们还要前进，向共产主义前进。那么我们的国家是不是在共产主义时期也要保存下来呢？是的，要保存下来，假如那时资本主义的包围尚未消灭，假如那时外来的武装侵犯危险尚未消除的话。”[②]在这里，斯大林提出了在资本主义的包围中苏联一国建成共产主义的问题，将马克思列宁主义关于社会主义胜利的理论推向了极端。“二战”结束以后，斯大林又提出，苏联一国的共产主义是完全可能的。1946 年，他在《答亚历山大·沃斯先生问》中认为，“新战争”的实际危险并不存在，英、美等国已不能对苏联造成“资本主义包围”。他“无条件地相信”苏联和西方民主国家能够建立长期友好的合作，开展两种制度间的“友好竞赛”。他说：当苏联继续向共产主义迈进时，它同外部世界和平合作的可能性不仅不会减少，甚至能够增加。“‘一个国家内的共产主义’，特别是在苏联这样的国家内，是完全可能的。”[③]1952 年，斯大林主持召开的苏共十九大又提出，“建成共产主义社会已成为苏联各族人民的实际任务了”。

斯大林的“一国共产主义”论，给国际共产主义运动造成了相当消极的影响。由于它否定马克思列宁主义关于共产主义的胜利只能是世界性的胜利的正确结论，陷入乌托邦式的空想，所以导致苏联和其他社会主义国家出现一系列“左”倾冒进的错误。这些错误带来了严重后果，不仅未能加速共产主义的到来，反而阻碍甚至破坏了社会的进步。这是一个极其沉痛的历史教训。

---

① 《列宁全集》第 38 卷，人民出版社 1986 年版，第 113 页。

② 《斯大林选集》下卷，人民出版社 1979 年版，第 471 页。

③ 《斯大林文集》，人民出版社 1985 年版，第 510 页。

五、结语

列宁使用的"社会主义"一词，其含义是灵活多变的。但是，列宁关于社会主义的基本原则却是始终不变的。对于社会主义社会，他认为，社会主义社会就是实现全部生产资料社会所有制，实行按劳分配的产品分配原则，无阶级、无国家的社会。对于社会主义的前提，他认为，社会主义的政治前提是建立在民主制度基础上的无产阶级专政，社会主义的物质技术前提是同时也能改造农业的大机器工业和高度发达的科学技术。对于社会主义的进程，他认为，无产阶级政治革命可以在一国首先取得胜利，建立无产阶级专政，并在此基础上开始社会革命，进行社会主义改造，开展社会主义建设，建立社会主义的基本经济制度和基本政治制度，但是，一国不能建成完全的社会主义社会；要取得社会主义的最终胜利即完全组织起社会主义社会，则至少需要几个先进国家无产者的共同努力。对于社会主义道路，他认为，一切民族都将走向社会主义，这是不可避免的，但是一切民族的走法却不会完全一样；世界上不存在同一的、固定的社会主义模式。对于社会主义的前途，他认为，随着社会主义民主的充分发展，随着社会物质财富的极大丰富和人们精神觉悟的极大提高，社会主义社会终将进入"各尽所能、按需分配"的共产主义社会，这是历史发展的客观规律，是任何人都抗拒不了的。

列宁使用的"共产主义"一词，其含义是灵活多变的。我们应该准确理解列宁"共产主义"的多重含义，明确共产主义社会是人类最高级、最美好的社会制度，是我们的最高理想。同时，我们还要清醒地认识到，共产主义是在社会主义充分发展的基础上建立起来的，它的实现是一个漫长的艰难的历史过程，需要整个人类为之共同奋斗。我们要牢记我国还处在社会主义初级阶段，还是一个"最初级形式"的、"没有牢固基础"的社会主义，离建成社会主义社会还相差甚远，再不可重犯"跑步进入共产主义"的错误；我们要冷静看待改革开放取得的成就和存在的问题，克服浮躁冒进情绪，扎扎实实地搞好中国特色社会主义建设事业。1992 年，邓小平在南方谈话中说："我们搞社会主义才几十年，还处在初级阶段。巩固和发展社会主义制度，还需要一个很长的历史阶段，需要我们几代人、十几代人，甚至几十代人坚持不懈地努力奋斗，决不能掉以轻心。"[①]他认为，巩固和发展社会主义制度，需要我们数百年时间的努力奋斗。今天，重温邓小平的讲话，对于我们保持清醒头脑、认清历史使命，仍然具有十分重要的意义。

---

① 《邓小平文选》第 3 卷，人民出版社 1993 年版，第 379～380 页。

对社会主义基本特征的再认识

中国共产党成立79周年前夕，江泽民同志在中央思想政治工作会议上提出了四个需要全党同志共同深入研究，从思想上政治上进一步取得科学认识和作出正确回答的大问题。其中第一个问题，就是如何认识社会主义发展的历史进程。我们认为，要正确认识社会主义发展的历史进程，必须首先弄清社会主义的本质和基本特征，这也是我们进行改革开放和现代化建设的必要前提。对于社会主义的本质，邓小平同志的本质论已作出了准确回答；而对于社会主义的基本特征，还需要我们重新认识。

一、关于社会主义经济基础的特征

在过去的一个长时期内，我们把公有制、按劳分配和计划经济看作社会主义经济制度的三大特征。的确，马克思、恩格斯在论及社会主义的经济特征时，经常谈到这三个方面。但是须知，他们对未来新社会的科学设想，提供的只是基本原则，而不是具体方案。早在1843年，马克思就指出："新思潮的优点就恰恰在于我们不想教条式地预料未来，而只是希望在批判旧世界中发现新世界。"[①] 1886年，恩格斯也指出："……无论如何应当声明，我所在的党没有提出任何一劳永逸的现成方案。我们对未来非资本主义社会区别于现代社会的特征的看法，是从历史事实和发展过程中得出的确切结论；脱离这些事实和过程，就没有任何理论价值和实际价值。"[②]可见，马克思主义的社会主义，是作为资本主义的对立物和创新物，是为了克服资本主义的弊端而创立的。比如，公有制是针对于私有制提出来的，按劳分配是针对于按资分配提出来的，有计划地组织社会生产是针对于生产的无政府状态提出来的。同时，他们认为，社会主义社会也不是固

① 《马克思恩格斯全集》第1卷，人民出版社1956年版，第416页。

② 《马克思恩格斯全集》第36卷，人民出版社1975年版，第419～420页。

定僵化的社会，也将不断地变化和发展。1890年，恩格斯指出：社会主义社会不是一成不变的东西，而是经常变化和改革的社会。① 未来社会主义社会的生产资料公有制和产品按劳分配的具体形式，将随着社会和实践的不断发展而不断变化；而落后国家要达到社会主义，必然要经过一些特殊的社会和政治的发展阶段。对于马克思、恩格斯的这些思想，过去我们并没有予以足够的重视。因此，对社会主义经济制度的特征，我们的认识往往是模糊的。

关于公有制。恩格斯指出：社会主义制度同资本主义制度的"具有决定意义的差别当然在于，在实行全部生产资料公有制（先是单个国家实行）的基础上组织生产"②。过去，人们通常把我们所实行的国家所有制与马克思、恩格斯所说的公有制等同起来，这是不对的。的确，马克思、恩格斯在《共产党宣言》中曾阐述过国家所有制。③ 但是，国家所有制在马克思的学说里只存在于过渡时期。至于社会主义时期，他们认为生产资料应归全社会所有。恩格斯说："当我们把生产资料转交到整个社会的手里时，我们就会心满意足了。"④应该特别注意的是，马克思、恩格斯没有离开生产力去空谈所有制。相反，他们总是把所有制作为生产力发展的基本形式。他们始终认为，社会主义的公有制必须建立在高度发达的生产力基础之上。在《共产主义原理》中，恩格斯在回答"能不能一下子就把私有制废除"的问题时说："不，不能，正像不能一下子就把现有的生产力扩大到为建立公有经济所必要的程度一样。因此，征象显著即将来临的无产阶级革命，只能逐步改造现社会，并且只有在废除私有制所必需的大量生产资料创造出来之后才能废除私有制。"⑤而我们以往的悲剧恰恰在于：忽视生产力去抽象地谈论所有制，不顾生产力的低下水平和不同层次去一味地追求所有制的"一大二公三纯"；我们只注重导师们已经得出的个别结论，却不去探讨他们得出这些结论所采取的方法以及个别结论赖以建立的历史事实和一般原理，因而也不能运用这些科学方法和基本原理去开拓新的理论并用以推动实践。党的十一届三中全会以来，随着我国改革开放实践和中国特色社会主义理论的不断发展，我们对这个问题的认识有了根本性的转变。江泽民同志在党的十五大报告中指出："公有制为主体、多种所有制经济共同发展，是我国社会主义初级阶段的一项基本经济制度。""公有制实现形式可以而且应当多样化。""非公有制经济是我国社会主

① 参见《马克思恩格斯全集》第37卷，人民出版社1971年版，第443页。
② 《马克思恩格斯全集》第37卷，人民出版社1971年版，第443页。
③ 参见《马克思恩格斯全集》第4卷，人民出版社1958年版，第489页。
④ 《马克思恩格斯全集》第22卷，人民出版社1965年版，第629页。
⑤ 《马克思恩格斯全集》第4卷，人民出版社1958年版，第366～367页。

义市场经济的重要组成部分。”这是从我国的具体国情出发，联系我国生产力的实际水平来考察所有制形式问题而得出的正确结论。

关于按劳分配。对于社会主义的分配原则和分配形式，马克思在《资本论》和《哥达纲领批判》中都曾作过比较详细的阐述。马克思设想通过表示劳动量的劳动券进行分配，含空想成分。但撇开分配形式的空想成分，马克思关于按等量劳动领取等量产品的分配原则在现实中如何切实地科学地实行，尚有待于进一步解决。过去，我们在这个问题上至少存在两个失误。第一，我们在采用某种分配方式时没有考虑它对生产和交换可能造成的影响。在一个时期内，我们搞过平均主义，当时据说它可以体现社会主义制度的优越性；还有分配当中存在的劳酬不符的情况，势必影响社会生产和整个社会的发展。恩格斯指出：“……分配并不仅仅是生产和交换的消极的产物；它反过来又同样地影响生产和交换。”[①]这个道理是很明显的。第二，我们在采用某种分配方式时没有考虑生产力的实际水平。长期以来，我们没有弄清分配方式是由生产力水平决定的，不能离开生产而仅仅在分配上做文章。恩格斯说过：“分配方式本质上毕竟要取决于可分配的产品的数量，而这个数量当然随着生产和社会组织的进步而改变，从而分配方式也应当改变。”[②]因此，不解决发展社会主义生产力的问题，是不能最终解决按劳分配问题的。当然，在目前条件下，我们应该积极寻求既能基本符合按劳分配原则，又能体现社会主义制度优越性的分配形式，以调动人民群众的积极性，促进现代化建设事业的发展。江泽民同志在党的十五大报告中指出：“坚持按劳分配为主体、多种分配方式并存的制度。把按劳分配和按生产要素分配结合起来，坚持效率优先、兼顾公平，有利于优化资源配置，促进经济发展，保持社会稳定。”我党的这一政策，体现了我国国民经济各部门中多层次的生产力水平和以公有制为主体多种所有制成分并存的实际情况，无疑是正确的。

关于计划经济。过去，我们把计划经济看作社会主义的一大特征；现在看来，这已经不准确了。毋庸置疑，在马克思、恩格斯眼里，计划经济是社会主义的一个重要特征。他们提出未来社会将有计划地组织生产，作为对生产无政府状态的克服，这无疑预言了人类的进步。但是，人们在谈论计划经济时，往往忽视了马克思、恩格斯关于实行计划经济的前提条件的论述。首先，马克思、恩格斯认为，只有实现了全部生产资料的社会所有制，才能实行计划经济。马克思在论述资本主义商品经济的发展时，曾经指出到了一定阶段，资产阶级也会利用各种

① 《马克思恩格斯全集》第20卷，人民出版社1971年版，第162页。

② 《马克思恩格斯全集》第37卷，人民出版社1971年版，第432页。

技术手段力求自觉地控制社会经济的发展，但是只有建立公有制，才能真正实行计划经济。[①] 恩格斯也说："一旦社会占有了生产资料，商品生产就将被消除，而产品对生产者的统治也将随之消除。社会生产内部的无政府状态将为有计划的自觉的组织所代替。""从此按照预定计划进行的社会生产就成为可能的了。"[②] 可见，社会化生产资料的全社会所有制，是实行计划经济的生产关系方面的前提。多年来，我们在这方面也产生过误解，认为只要建立了生产资料的国家所有制和集体所有制，就可以实行完全的计划经济。其实，这违背了马克思、恩格斯的本来思想。在目前我国国有经济、集体经济、个体经济、私营经济、外资经济等多种经济成分并存的情况下，是不可能实行完全的计划经济的。其次，马克思、恩格斯指出，只有在高度发达的生产力技术条件下，才能实行计划经济。他们认为，经济形式是由生产力技术水平决定的。手工工具的生产力技术条件决定了自然经济形式，大机器的生产力技术条件决定了商品经济形式，而实行完全计划经济的技术前提，则是自动控制系统与信息科学的高度发展。用马克思的话说：这时，"工人不再是生产过程的主要当事者，而是站在生产过程的旁边"[③]。因此，在目前我国工业中主要是机器生产，但还存在手工劳动，农业中虽有机器生产，但主要是手工劳动，自动化和信息科学均不发达的情况下，是不可能实行完全的计划经济的。总之，实行计划经济的两个前提条件，我国目前都不具备，因此也就不可能有完全的计划经济。正像 1921 年列宁针对俄国的情况所说的："完整的、完善的、真正的计划，目前对我们来说＝'官僚主义的空想'。"[④]顺便说一句，资本主义再发达，也不会有完全的计划经济；因为在私有制下，是不会完全具备实行计划经济的条件的。

过去，我们把计划经济与市场经济看作社会主义与资本主义的本质区别，这是不对的。经过十几年改革开放和现代化建设的实践，我们对这一问题才有了比较清醒的认识。1992 年初，邓小平同志在南方谈话中指出："计划多一点还是市场多一点，不是社会主义与资本主义的本质区别。计划经济不等于社会主义，资本主义也有计划；市场经济不等于资本主义，社会主义也有市场。计划和市场都是经济手段。"[⑤]邓小平的这一思想，既继承了马克思主义，又发展了马克思主义。如前所述，马克思曾指出过资本主义发展到一定阶段，也会利用计划控制经

① 参见《马克思恩格斯全集》第 46 卷(上)，人民出版社 1979 年版，第 107 页。
② 《马克思恩格斯全集》第 19 卷，人民出版社 1963 年版，第 245、247 页。
③ 《马克思恩格斯全集》第 46 卷(下)，人民出版社 1980 年版，第 217～218 页。
④ 《列宁全集》第 50 卷，人民出版社 1988 年版，第 130 页。
⑤ 《邓小平文选》第 3 卷，人民出版社 1993 年版，第 373 页。

济发展。列宁也有这种观点。1902年,他在《对普列汉诺夫的第二个纲领草案的意见》中说:“本节末尾说‘有计划地组织社会生产过程来满足整个社会及社会各个成员的需要’,也不恰当。这不够。托拉斯大概也能这样组织。”①当代经济生活表明,计划并不是社会主义所特有的;资本主义几乎都是有计划地组织生产的。因此,邓小平同志关于计划和市场都是经济手段,不是社会主义与资本主义的本质区别的论断,准确地反映了客观实际情况。

总之,社会主义经济基础的特征,可以归结为公有制和按劳分配。这种观点完全符合马克思主义。列宁说过:“人类从资本主义只能直接过渡到社会主义,即过渡到生产资料公有和按每个人的劳动量分配产品。”②他把社会主义经济基础的特征仅仅归结为这两点。江泽民同志在党的十四大报告中指出:我国经济体制改革的目标,是在坚持公有制和按劳分配为主体、多种经济成分和分配方式并存的基础上,建立和完善社会主义市场经济体制。他也是紧紧抓住了能够保持社会主义经济性质的这两点。

二、关于社会主义政治上层建筑的特征

在马克思、恩格斯看来,社会主义政治上层建筑的首要特征,就是无产阶级专政即国家的消亡。他们认为,无产阶级专政只是与过渡时期相联系;社会主义在西方主要资本主义国家“同时胜利”后,无产阶级专政就开始消亡了。但是,我们如果不是教条式地照搬马克思主义的个别结论,而是采取科学的态度和方法来对待马克思主义的一般原理,就不难得出这样的结论:现实社会主义还必须坚持无产阶级专政,这是完全符合马克思主义的。

马克思在谈到无产阶级掌握政权以后必须坚持无产阶级专政时说:“只要其他阶级特别是资本家阶级还存在,只要无产阶级还在同它们进行斗争……无产阶级就必须采用暴力措施,也就是政府的措施;如果无产阶级本身还是一个阶级,如果作为阶级斗争和阶级存在的基础的经济条件还没有消失,那末就必须用暴力来消灭或改造这种经济条件,并且必须用暴力来加速这一改造的过程。”③他认为,在阶级斗争存在的情况下,无产阶级专政当然要存在;而在阶级斗争和阶级赖以存在的经济条件尚未消失之前,无产阶级专政仍然必须保存。根据马克思的这一思想,联系我国和其他社会主义国家的实际情况,就不难认识现实社

① 《列宁全集》第6卷,人民出版社1986年版,第218页。
② 《列宁全集》第29卷,人民出版社1985年版,第178页。
③ 《马克思恩格斯全集》第18卷,人民出版社1964年版,第694页。

会主义坚持无产阶级专政的必要性。

第一，社会主义改造基本完成，社会主义制度基本确立之后，虽然作为阶级的剥削阶级已被消灭，但是剥削阶级的残余和遗毒还存在，社会上敌视和破坏社会主义事业的反动分子还存在，因此，阶级斗争在一定范围内还将长期存在，无产阶级专政是不能立即消亡的。第二，目前与社会主义国家对峙的，是强大的资本主义世界，它无时不在企图颠覆社会主义制度，因此，国际上的阶级斗争还相当激烈，社会主义国家绝对不能放弃无产阶级专政。第三，无产阶级专政担负着组织社会主义建设的重大任务，它的目的是创造使阶级既不能存在又不能再产生的经济条件，这不是短期内所能达到的，因此，无产阶级专政还必须长期保存下去。那么，在保留无产阶级专政的社会主义社会，它的政治上层建筑应该具有哪些特征呢？

马克思、恩格斯是从以下两个方面来论述无产阶级专政国家的。

从政治性质上看，它是无产阶级的政治统治。国家即"组织成为统治阶级的无产阶级"①。这里需要搞清楚的是，无产阶级专政的实质究竟是什么？过去我们把无产阶级专政的实质仅仅归结为暴力，把无产阶级专政等同于暴力镇压，这是不对的。当然，对剥削阶级使用暴力，是无产阶级专政的一个基本标志；但是，对人民群众实行民主，也是无产阶级专政的一个基本标志。列宁说："无产阶级专政把对付资产阶级即少数居民的暴力同充分发扬民主结合起来，而民主就是全体居民群众真正平等地、真正普遍地参与一切国家事务，参与解决有关消灭资本主义的一切复杂问题。"②这就是说，无产阶级专政是新型专政的国家，又是新型民主的国家。对极少数剥削阶级实行专政，而在人民内部实行广泛的民主，这就是作为国体的无产阶级专政的政治实质。

另外，过去我们把无产阶级专政的实质还在于组织社会主义建设这一点忽略了，也是不对的。列宁指出：无产阶级专政除了镇压剥削者的反抗这个任务以外，"同样不可避免地要提出——而且愈向前发展就愈要提出——一个更重要的任务，即从积极方面来说建设共产主义，创造新的经济关系，建立新社会。""无产阶级专政不只是对剥削者使用的暴力，甚至主要的不是暴力。这种革命暴力的经济基础，它的生命力和成功的保证，就在于无产阶级代表着并实现着比资本主义更高类型的社会劳动组织。实质就在这里。"③可见，在无产阶级掌握政权之后，无产阶级专政的实质主要的是组织社会主义建设，创造新的经济关系和新的

① 《马克思恩格斯全集》第 4 卷，人民出版社 1958 年版，第 489 页。

② 《列宁全集》第 28 卷，人民出版社 1990 年版，第 111 页。

③ 《列宁全集》第 37 卷，人民出版社 1986 年版，第 11 页。

社会制度，而不是暴力。十一届三中全会以后，我党总结历史经验，提出坚持四项基本原则(包括坚持无产阶级专政)，为社会主义经济建设这个中心任务提供政治保证，在改革开放和现代化建设中取得巨大成就。这是我党20年来最大的一次"拔乱反正"。

从政治形式上看，它是民主共和政体。恩格斯晚年曾多次提出过这个问题。他说："民主共和国甚至是无产阶级专政的特殊形式。"[①]"对无产阶级来说，共和国和君主国不同的地方仅仅在于：共和国是无产阶级将来进行统治的现成的政治形式。"[②]怎样理解"现成的政治形式"呢？我们知道，决定事物性质的是内容，而形式却可以是共同的。如同语言这种思想形式各个阶级都可以运用它.商品经济这种经济形式社会主义和资本主义都可以利用它一样，民主共和政体这种政治形式也不为哪个阶级所特有。恰恰相反，它是人类智慧的共同创造，并经实践检验而被保存下来，因而是人类进步和发展的必要阶梯和必经阶段。它与一定的社会经济条件相适应，同样是不能超越的。从古希腊和古罗马的民主共和国或贵族共和国，经中世纪的城市共和国，到近代资产阶级的议会制共和国或总统制共和国，民主共和政体与一定的商品经济相适应而不断得到发展，至今仍具有强盛的生命力。当然，由于各国的历史条件、民族习惯和阶级力量对比等等不同，在各个社会主义国家，也将采取不同的政权组织形式，比如苏联的苏维埃制度和我国的人民代表大会制度。

对于社会主义政治制度的两个方面的特征，我们过去往往只重视前一个方面即政治性质，而忽视后一个方面即政治形式。其实，前一个方面，在无产阶级夺取政权后就基本上实现了；而后一个方面，则需要在相当长时间内认真加以解决。建立和完善无产阶级专政的政治形式，以体现无产阶级专政的政治性质，是一项十分重要而艰巨的历史任务。我们过去为什么会忽视它呢？难道政治形式不重要吗？既然我们在阐述社会主义经济制度的特征时，都是阐述经济形式，比如公有制、按劳分配、市场经济等等；因为这些形式是社会主义条件下生产力获得解放和发展，劳动者在经济上获得解放和提高的社会保障形式。那么，我们在阐述社会主义政治制度的特征时，又有什么理由不阐述政治形式呢？须知代表制、选举制、任期制、监督制、罢免制、法制等等，这些都是人民当家作主的社会主义政治的本质内容得以实现的社会保障形式。有了这些形式的完善和发展，人民民主才能通过有效的途径和正常的方式表现出来；有了这些形式的完善和发

---

① 《马克思恩格斯全集》第22卷，人民出版社1965年版，第274页。

② 《马克思恩格斯全集》第39卷，人民出版社1974年版，第209页。

展，我们才能避免某些偶然事件的发生，社会的长治久安才有制度上的保证。可见，社会主义政治形式的发展程度，标志着人民当家作主的实现程度。因此，我们既要研究推动人类社会进步的共同政治形式，又要研究社会主义民主政治发展的独特形式。

我国社会主义事业的根本政治保证，是坚持四项基本原则；这是我们的立国之本。而在坚持四项基本原则的前提下，建设社会主义的民主政治制度，则是我国政治战线的主要任务。列宁说过："没有民主，就不可能有社会主义，这包括两个意思：(1)无产阶级如果不通过争取民主的斗争为社会主义革命作好准备，它就不能实现这个革命；(2)胜利了的社会主义如果不实行充分的民主，就不能保持它所取得的胜利，并且引导人类走向国家的消亡。"①这也正像邓小平同志所说的："没有民主就没有社会主义，就没有社会主义的现代化。"②民主政治制度是社会主义制度的一个不可分割的组成部分；没有民主政治制度，社会主义制度就是不完备的，甚至不能保持其社会主义性质。正因为如此，我党提出了我国社会主义民主政治建设的目标和任务。这就是：适应经济体制改革和经济建设的需要，按照民主化和法制化紧密结合的要求，积极推进政治体制改革。其目标是建设有中国特色的社会主义民主政治，以保证人民当家作主的政治权利；依法治国，建设社会主义法治国家。其主要内容是完善人民代表大会制度，完善共产党领导的多党合作和政治协商制度。同时，我党根据国情明确指出，在我国，发展社会主义民主政治，绝不能搞西方的议会制和多党制。

总之，社会主义政治上层建筑的特征是，从政治性质上看，它是无产阶级专政；从政治形式上看，它是民主共和政体。因此，在坚持无产阶级专政的前提下，建设社会主义的民主政治制度，是我国政治体制改革的主要任务。

三、关于社会主义意识形态的特征

任何一个社会都是一个完整的统一体。马克思在《〈政治经济学批判〉序言》中指出："人们在自己生活的社会生产中发生一定的、必然的、不以他们的意志为转移的关系，即同他们的物质生产力的一定发展阶段相适合的生产关系。这些生产关系的总和构成社会的经济结构，即有法律的和政治的上层建筑竖立其上并有一定的社会意识形式与之相适应的现实基础。物质生活的生产方式制约着

① 《列宁全集》第28卷，人民出版社1990年版，第168页。
② 《邓小平文选》第2卷，人民出版社1994年版，第168页。

整个社会生活、政治生活和精神生活的过程。不是人们的意识决定人们的存在，相反，是人们的社会存在决定人们的意识。”①马克思在阐述这个历史唯物主义的基本原理中，在讲到一个社会的时候，首先讲到的是与一定生产力发展水平相适应的社会的经济结构，同时讲到在这个经济结构上竖立起来的政治上层建筑，也讲到与这些经济、政治相适应的社会意识形态。这就是说，任何一个社会形态，都是一定的经济制度、政治制度和意识形态的统一体。这个统一体的三个方面是相辅相成、互相作用的；经济是基础，政治是经济的集中表现和根本保证，而意识形态则是经济和政治的反映，反过来又给予经济和政治以巨大的影响。社会主义社会作为共产主义社会的初级形态，当然也必须具备这三个基本方面。如果只讲社会主义的经济制度和政治制度，而不讲社会主义的意识形态，就不能全面地完整地理解社会主义社会。那么，社会主义意识形态的基本特征究竟有哪些呢？

第一，社会主义的意识形态是以马克思主义为指导，以社会主义、共产主义思想为核心的。社会主义的意识形态，即上升为统治阶级的无产阶级的思想。马克思、恩格斯指出：“任何一个时代的统治思想都不过是统治阶级的思想。”②而作为无产阶级思想体系的马克思主义，当然也就成为社会主义意识形态的指导思想。毛泽东曾说“以马克思列宁主义为指导的社会主义意识形态”③，对于我国的社会主义改造和社会主义建设起了积极的推动作用。马克思主义不仅是社会主义意识形态的指导思想，而且是社会主义意识形态的主要内容。列宁说：“马克思主义已经绝对地战胜了工人运动中的其他一切思想体系。”④可见，列宁是把马克思主义当作工人阶级的、社会主义的意识形态的。

第二，社会主义的意识形态是以生产资料公有制为基础的社会主义经济制度和以无产阶级专政为基础的社会主义政治制度的反映，它服务于社会主义的经济基础和政治上层建筑，同时对于社会主义的经济基础和政治上层建筑具有巨大影响。恩格斯指出：“政治、法律、哲学、宗教、文学、艺术等的发展是以经济发展为基础的。但是，它们又都互相影响并对经济基础发生影响。”⑤毛泽东则说：“一定的文化（当作观念形态的文化）是一定社会的政治和经济的反映，又给

① 《马克思恩格斯全集》第 13 卷，人民出版社 1962 年版，第 8 页。

② 《马克思恩格斯全集》第 4 卷，人民出版社 1958 年版，第 488 页。

③ 《毛泽东选集》第 5 卷，人民出版社 1977 年版，第 374 页。

④ 《列宁全集》第 17 卷，人民出版社 1988 年版，第 12 页。

⑤ 《马克思恩格斯全集》第 39 卷，人民出版社 1974 年版，第 199 页。

予伟大影响和作用于一定社会的政治和经济。"[①]因此，要巩固社会主义的经济制度和政治制度，必须搞好社会主义意识形态的建设。

第三，社会主义的意识形态不能在工人阶级中自发产生，只能从外面灌输进去，只能靠思想政治教育。列宁说："我们应当积极地对工人阶级进行政治教育，发展工人阶级的政治意识。""既然谈不到由工人群众在其运动进程中自己创立的独立的思想体系，那么问题只能是这样：或者是资产阶级的思想体系，或者是社会主义的思想体系。这里中间的东西是没有的……因此，对社会主义思想体系的任何轻视和任何脱离，都意味着资产阶级思想体系的加强。"[②]这也正是我党提出"精神文明重在建设"方针的真正原因。

第四，社会主义的意识形态同非社会主义的意识形态之间的斗争是长期的、复杂的。即使在社会主义社会里，也仍然会在长时期内存在非社会主义的意识形态。因此，社会主义的意识形态只有在同非社会主义的意识形态的斗争中才能建立和发展起来。

第五，社会主义意识形态的建设与发展，必须坚持正确的方法，必须批判地继承人类优秀的思想文化传统。列宁说："马克思主义这一革命无产阶级的思想体系赢得了世界历史性的意义，是因为它并没有抛弃资产阶级时代最宝贵的成就，相反却吸收和改造了两千多年来人类思想和文化发展中一切有价值的东西。只有在这个基础上，按照这个方向，在无产阶级专政……的实际经验的鼓舞下继续进行工作，才能认为是发展真正的无产阶级文化。"[③]这就是说，社会主义的意识形态在自身的发展过程中，一方面要坚决反对和抵制剥削阶级的一切腐朽意识形态，另一方面又要积极吸收和改造历史上人类思想文化的一切优秀成果，才能确立自己在社会主义社会的统治地位。

第六，社会主义意识形态的领导权，只有掌握在真正的马克思主义者手里，才能保持它本身的无产阶级的和社会主义的性质，才能保持社会主义经济制度和政治制度的性质。由于社会意识对社会存在的反作用，所以各个阶级都要抓意识形态。当代民主社会主义者就是通过宣扬意识形态"多元化"，否定马克思主义在社会主义意识形态中的指导地位，否定无产阶级在社会主义意识形态中的领导地位，最终搞垮苏联东欧的社会主义制度的。因此，为了巩固无产阶级专政，维护社会主义制度，防止和平演变，无产阶级必须牢牢掌握社会主义意识形态的领导权。

---

① 《毛泽东选集》第2卷，人民出版社1991年版，第663～664页。

② 《列宁全集》第6卷，人民出版社1986年版，第54、38页。

③ 《列宁全集》第39卷，人民出版社1986年版，第332页。

认清社会主义意识形态的基本特征，对于社会主义精神文明建设有着至关重要的意义。社会主义精神文明是社会主义社会的重要特征，我们应在抓紧物质文明建设的同时，加强精神文明建设。而我们认为，我国的精神文明建设，应该以维护和发展社会主义的意识形态为最主要的任务。当然，科学文化建设也是社会主义精神文明建设的主要任务之一；因为科学昌明、文化发达既是物质文明建设的重要条件，又是提高人民群众思想道德水平的重要条件。所以，我们应该下大力气搞好这项工作。但是，相对于思想道德建设来说，科学文化建设毕竟是处于第二位的。因为意识形态反映社会制度的性质，而科学文化却不反映社会制度的性质。正像社会主义要求高度发达的生产力，但生产力水平的高低不能作为衡量社会主义与资本主义的标准一样，社会主义要求高度发达的科学文化，但科学文化水平的高低不能作为衡量社会主义与资本主义的标准。

（原载《莱阳农学院学报》2005 年第 3 期，原文署名孙巧丽、李心华）

关于巴黎公社革命的客观条件和失败原因

——对一种传统观点的异议

长期以来，我国流传着一种观点，即巴黎公社革命的客观条件不成熟，失败是不可避免的。《马克思恩格斯理论的历史发展》(以下简称《发展》)一书关于巴黎公社客观条件和失败原因的论述，集中代表了这种观点。笔者认为，这一观点似可探讨。现就《发展》的有关论述，提出不同意见。

一

《发展》中说："马克思恩格斯虽然肯定了公社的伟大创举，但是，从根本上他们却认为，当时的革命条件还未成熟。早在 1870 年 9 月 9 日，当'国防政府'刚刚成立，巴黎工人阶级的革命情绪正在愈益高涨的时候，马克思就在总委员会的《宣言》里指出：'法国工人阶级正处于极困难的境地。在目前的危机中，当敌人几乎已经在敲巴黎城门的时候，一切推翻新政府的企图都将是绝望的蠢举。……唯愿他们镇静而且坚决地利用共和国的自由所提供的机会，去加强他们自己阶级的组织。'这就是说，在马克思看来，巴黎无产阶级革命的时机仍未成熟。"[①]这里说的革命条件未成熟，指的是革命时机即革命具有时间性的客观条件未成熟。

现在，我们就来分析一下马克思的这段话。马克思在这里说明了三层意思：第一，法国工人阶级面临民族压迫和阶级压迫，处境极其困难。它既不能制止波拿巴发动侵略德国的战争，也不能阻止俾斯麦将防御战争变为反对法国人民的战争；同时，巴黎工人阶级虽然通过 9 月 4 日革命，完成了推翻君主制、建立共和国的历史使命，但由于领导力量薄弱，政权仍然落在资产阶级手里。这就证明当时法国工人阶级的力量还不够强大。第二，"国防政府"不是作为一种社会的成

---

① 丁云本：《马克思恩格斯理论的历史发展》，求实出版社 1984 年版，第 108～109 页。

果,而是作为一种民族的防御措施宣告成立的。它虽然是由劣迹昭著的资产阶级头面人物组成的,但建立刚刚五天,又宣布继续抗战,并向人民作了许多承诺,此时还不能断定它是个卖国殃民的政府。因此,在普鲁士军队逼近首都的严重的民族危机中,法国工人阶级如果举行推翻新政府的起义,那将是“绝望的蠢举”。第三,既然法国工人阶级力量还不够强大,推翻新政府又不合时宜,他们就应该充分利用共和国的自由所提供的机会,去加强自己阶级的组织,以准备为法国的复兴和劳动的解放而斗争。总之,马克思认为,在空前严重的民族危机中,如果“国防政府”坚持抗战,并为工人阶级提供自由,那么,准备尚不充分的工人阶级,就不应该贸然举行推翻新政府的起义。

马克思主义的最本质的东西,它的活的灵魂,就是具体情况具体分析。马克思在“九九宣言”中的论断,是符合当时法国的政治形势和工人阶级的实际情况的。但是,巴黎公社革命发生在这个宣言发表半年之后,马克思的论断到此时已经变得不合时宜了。

首先,法国工人阶级的处境有了很大改变。在政治上,他们认清了资产阶级政府的真面目。在“国防政府”成立之初,甚至连革命情绪比较激烈的布朗基主义者也对它寄予希望。9 月 7 日,布朗基及其战友们在报上发表宣言,声称支持“国防政府”,取消反对派立场。这反映当时法国工人阶级对“国防政府”的阶级本质还缺乏认识。但是,“国防政府”的行为很快就擦亮了革命者的眼睛。9 月 19 日,布朗基在报上尖锐地抨击“国防政府”,指出“政府只不过是帝国的赝制品”,“它害怕革命甚于害怕普鲁士人,它不是想办法对付威廉,而是设法对付巴黎”。就连政治态度不像布朗基主义者那样敏感的蒲鲁东主义者,也在他们的传单中对政府的投降行为进行了批评,要求“拒绝一切停战和实施可耻的和平,反对以法兰西共和国的名义去向欧洲各君主国作任何哀求”。这证明法国工人阶级的政治觉悟大大提高,对“国防政府”的资产阶级本质和卖国殃民行为有了明确认识。随后,巴黎的工人群众纷纷行动起来,积极投入推翻“国防政府”、建立公社的革命斗争。在军事上,他们建立和掌握了巴黎的武装力量。9 月 15 日,巴黎工人的政治组织——二十区中央委员会宣告成立并正式开始工作。它公布了自己的纲领,宣布了改造“国防政府”的措施和抗击普鲁士侵略的计划。它不顾官方的阻挠,排除种种困难,抓住一切机会把巴黎工人武装起来。自 9 月 5 日至 9 月底,巴黎就建立了以工人为主体的国民自卫军 194 个新营,是原有的 60 个营队的三倍多。1871 年 3 月 15 日,工人阶级又正式成立了自己的政治组织和军事组织——国民自卫军中央委员会,统一领导巴黎人民的武装力量和革命斗争。至此,巴黎工人阶级已经形成威慑资产阶级政府的强大力量。后来,马克思在《法兰西内战》二稿中指出："由于被围，巴黎摆脱了军队，而代之以主要由巴黎工人组成的国民自卫军。只是由于这一情况，3 月 18 日的起义才成为可能。"[①]这与"九九宣言"中的提法显然是不同的。

其次，"国防政府在民族义务和阶级利益二者发生矛盾的时候，没有片刻的犹豫便把自己变成了卖国政府"[②]。9 月 12 日，"国防政府"即派反动政客梯也尔到欧洲各国朝廷游说，以废共和立国王为条件，乞求他们出面调解，与普鲁士议和。9 月 19 日，"国防政府"又派外交部长法夫尔到菲利埃尔跟俾斯麦进行投降谈判，只是由于工人阶级的强大政治压力才未能得逞。10 月 27 日，在"国防政府"的默许下，巴赞元帅及其所率领的 17 万法军在麦茨向普鲁士投降。1871 年 1 月 17 日，"国防政府"举行内阁会议，进一步讨论投降问题，政府首脑特罗胥在会上无耻地宣称："敌人的勇猛一定会使投降成为不可避免。"1 月 23 日，"国防政府"再次派法夫尔到凡尔赛跟俾斯麦进行投降谈判。1 月 28 日，"国防政府"与德意志帝国签订了停战协定，达到了投降的目的。至此，"国防政府"彻底暴露了先前还极力伪装的卖国政府的真面目。后来，马克思在《法兰西内战》及其《初稿》中认为："国防政府"在 1 月 28 日的投降，是特罗胥和法夫尔等窃国大盗们在窃取政权的当天就开始了的一连串通敌卖国阴谋勾当的总结束，又是他们在普鲁士协助下对共和国和巴黎发动内战的开端；而巴黎无产阶级反对资产阶级政府的起义，虽然是在 3 月 18 日争得了它的首次胜利，但是这一起义却是从 1 月 28 日，即投降的那一天开始的。[③]

再次，资产阶级政府不但没有为工人阶级提供自由，而且集中全力对工人阶级实行镇压。早在"国防政府"投降之前，它就镇压了巴黎人民于 1870 年 10 月 31 日和 1871 年 1 月 22 日举行的旨在继续抗战和建立公社的两次起义。在 2 月 12 日的国民议会会议上，法夫尔代表"国防政府"宣布卸任时说："我和我的同僚认为我们最主要的任务只有一个，就是打击无政府状态，阻止首都的可耻暴乱。"他毫不掩饰地道出了这个卖国政府的唯一宗旨就是镇压人民群众。2 月 17 日梯也尔政府上台后，秉承了它的前任的遗旨。梯也尔说："当我被授予政权时，我最先关心的是两项任务：缔结和约和制服巴黎。"2 月 26 日，梯也尔政府与德国签订了丧权辱国的和约先决条款；3 月 1 日，国民议会予以批准。此后，梯也尔政府和国民议会全力投入发动内战的准备，调集了大量反动军队进驻巴黎，采取了一系列镇压工人阶级的反动措施。资产阶级为了巩固自己的反动统治和出卖

① 《马克思恩格斯选集》第 2 卷，人民出版社 1972 年版，第 437 页。
② 《马克思恩格斯选集》第 2 卷，人民出版社 1972 年版，第 354 页。
③ 参见《马克思恩格斯选集》第 2 卷，人民出版社 1972 年，第 361、407 页。

民族利益，千方百计地要解除工人的武装，工人阶级为了争取自身解放和民族解放，决心捍卫自己的武装。这就是当时阶级斗争的焦点。3 月 18 日，当梯也尔政府用偷袭蒙马特尔高地，企图解除工人武装的方式发动内战时，工人阶级为了反抗资产阶级的镇压，就必然地走上了武装起义的道路。

《发展》用"九九宣言"中的一段话来证明马克思认为巴黎公社革命的时机未成熟；在他看来，马克思直到 3 月 18 日起义爆发后，仍然认为法国工人起义是"蠢举"。这是不对的。恰恰相反，马克思在 4 月 6 日致威廉·李卜克内西的信中，指责中央委员会"愚蠢地不愿意开始内战，好象梯也尔力图用暴力解除巴黎武装并不是开始内战似的；好象只是为解决对普鲁士人的和战问题而召集起来的国民议会不曾立即对共和国宣战似的"![①] 他认为，在证明"国防政府"和梯也尔政府是卖国投降政府之后，在资产阶级剥夺无产阶级的自由并实行武力镇压之时，无产阶级如果还不用掌握在手中的武器进行反抗，并将斗争继续下去，那就等于坐以待毙，那才是"愚蠢"的！

马克思主义认为，革命是不能制造的，因此不能按订单来预订革命。俄国十月革命之后，列宁说过："……只有傻瓜才会问西欧革命什么时候到来。革命是无法推算的，革命是无法预报的，它是自然而然地发生的。它在逐渐成熟，而且一定会爆发。难道在二月革命前一个星期，有人知道它就要爆发吗？难道在发疯的神父把人民引到冬宫去的时候，有人想到过 1905 年那场革命就要爆发吗？"[②]可见，如果指责马克思在半年之前没有预言巴黎公社革命，那未免太苛刻了；而《发展》因为马克思在半年之前未曾预言，所以就认为巴黎公社革命不该发生，则是背离发展观点而得出的错误结论。

总之，"九九宣言"发表后的半年时间里，法国政局和工人阶级状况发生了重大变化，到 3 月 18 日巴黎工人起义时，革命的时机已经成熟。因此，马克思关于法国无产阶级的斗争策略也发生了重大转变：由认为工人举行起义是愚蠢的，到认为工人不举行起义是愚蠢的。这正体现了马克思主义革命原则的坚定性和革命策略的灵活性，体现了马克思善于运用辩证唯物主义观点来考察和指导无产阶级的革命运动。

---

① 《马克思恩格斯全集》第 33 卷，人民出版社 1973 年版，第 202 页。

② 《列宁全集》第 35 卷，人民出版社 1985 年版，第 70 页。

二

《发展》中说:“公社成立后,马克思虽然热情歌颂了巴黎无产阶级的冲天精神,认为公社把无产阶级反对资产阶级的斗争推向了一个新的阶段,但是他依然认为这是一次在条件未成熟的情况下爆发的革命,失败是不可避免的。”[①]

证据是什么呢?书中援引了马克思在4月12日给库格曼的信中的一句话:“即使巴黎的这次起义会被旧社会的豺狼、瘟猪和下贱的走狗们镇压下去,它还是我们党从巴黎六月起义以来最光荣的业绩。”[②]用这句话来论证巴黎公社必定失败,是十分牵强的。这是一个表达假设关系的句子。“即使”所表示的条件,可以是尚未实现的事情,也可以是与既成事实相反的事情。这就是说,马克思所假设的公社革命的结局,不是必定要出现的。而且,这个句子的后一部分才是全句的正意所在。马克思在这里不是论述巴黎这次起义的成败问题,而是论述它的伟大意义,强调它是“最光荣的业绩”,成功了自不必说,失败了也是如此。《发展》在此处的失误,就是错将假设的条件,当作真实的结论。实际上,甚至到凡尔赛的反革命武装对巴黎的进攻已经开始、巴黎巷战在即的5月间,马克思在《法兰西内战》二稿中还只是认为“巴黎公社可能倒下”[③],而不是认为公社必定倒下。

与其说马克思认为巴黎公社革命的客观条件不成熟,失败是不可避免的,毋宁说相反。还在1870年7月23日,马克思就在国际总委员会关于普法战争的第一篇宣言中预言:“同那个经济贫困和政治昏聩的旧社会相对立,正在诞生一个新社会,而这个新社会的国际原则将是和平,因为每一个民族都将有同一个统治者——劳动!”[④]马克思所说的正在诞生一个新社会的国家,显然包括法国。这就是说,在巴黎公社革命爆发之前,马克思就认为法国无产阶级革命的客观条件已经具备。甚至在更早以前的1858年,马克思就在给恩格斯的一封信中认为:“大陆上革命已经迫于眉睫,并将立即具有社会主义的性质。”[⑤]而在当时的欧洲大陆上,法国是最先进的资本主义国家。

在马克思看来,法国无产阶级夺取政权的客观条件已经成熟,法国资本主义

① 丁云本:《马克思恩格斯理论的历史发展》,求实出版社1984年版,第109页。
② 丁云本:《马克思恩格斯理论的历史发展》,求实出版社1984年版,第109页。
③ 《马克思恩格斯全集》第17卷,人民出版社1963年版,第650页。
④ 《马克思恩格斯选集》第2卷,人民出版社1972年版,第341页。
⑤ 《马克思恩格斯全集》第29卷,人民出版社1972年版,第348页。

经济的发展已经达到逐步过渡到社会主义的程度。在《法兰西内战》初稿中，马克思指出：工人阶级知道，他们必须经历阶级斗争的几个不同阶段。他们知道，以自由的联合的劳动条件去代替劳动受奴役的经济条件，需要相当一段时间才能逐步完成。但是，工人阶级同时也知道，通过公社的政治组织形式，可以立即向前大步迈进，他们知道，为了他们自己和为了人类开始这一运动的时刻已经到来了。① 他认为，社会主义的经济变革需要经过不同的历史阶段和漫长的发展过程才能完成，但是，无产阶级掌握政权，开始这一变革的时机已经成熟。在《法兰西内战》中，马克思驳斥了那些当工人断然当家作主时，替资本主义社会辩护的人。马克思说：在他们看来，"仿佛资本主义社会还处在童贞和白璧无瑕的状态！"②

不管现在人们对巴黎公社成功的可能性如何看待，当时马克思的确认为公社是可以取得胜利的。列宁曾经说过：马克思、恩格斯在希望革命获得胜利这一点上犯过错误。他们1871年也犯了错误。他们认为，如果在三四两月间可以多筹集一些钱，也许就能把整个法国南部发动起来，把巴黎公社挽救过来。③ 可见，至少在公社存在期间，马克思认为公社是可以取胜的，并不是非失败不可。1872年9月，马克思又指出："巴黎公社之所以失败，就是因为在一切主要中心，如柏林、马德里以及其他地方，没有同时爆发同巴黎无产阶级斗争的高水平相适应的伟大的革命运动。"④在他看来，巴黎公社革命如果得到德国、西班牙以及其他国家无产阶级革命运动的支持，就可以取得胜利；而这些地方不是"不能"，而是"没有"爆发伟大的革命运动。

当然，马克思对于巴黎公社的成败问题采取了十分谨慎的态度。这是因为"他懂得，谁想事先绝对确切地估计胜利的机会，谁就是有意欺骗，或是迂腐到不可救药"⑤。但是，马克思对公社的胜利委实抱有很大希望。库格曼在写给马克思的信中，认为公社出于偶然性，没有成功希望，因此必须采取现实主义态度而不要采取浪漫主义态度。马克思于1871年4月17日致信库格曼，反驳了他的观点。马克思说："如果斗争只是在有极顺利的成功机会的条件下才着手进行，那么创造世界历史未免太容易了。另一方面，如果'偶然性'不起任何作用的话，那么世界历史就会带有非常神秘的性质。这些偶然性本身自然纳入总的发展过

① 参见《马克思恩格斯选集》第2卷，人民出版社1972年版，第416～417页。

② 参见《马克思恩格斯选集》第2卷，人民出版社1972年版，第378页。

③ 参见《列宁选集》第1卷，人民出版社1972年版，第709页。

④ 《马克思恩格斯全集》第18卷，人民出版社1964年版，第180页。

⑤ 《列宁选集》第1卷，人民出版社1972年版，第690页。

程中去,并且为其他偶然性所补偿。但是,发展的加速和延缓在很大程度上是取决于这些'偶然性'的,其中也包括一开始就站在运动最前面的那些人物的性格这样一种'偶然情况'。"①

然而,巴黎公社失败了。失败的原因是什么?马克思说:"如果他们将来战败了,那只能归咎于他们的'仁慈'。"②在梯也尔企图解除巴黎工人武装挑起内战时,他们不愿意开始起义;而如果变消极防御为积极进攻,就会使工人阶级处于更加有利的地位。在梯也尔政府和反动军队逃出巴黎时,他们没有立刻向凡尔赛进军;而当时拥有30万人的巴黎工人武装完全能够将只有15000人的凡尔赛反动军队置于死地。最令人难解的,自然是公社对法兰西银行所表示的那种不敢触犯的敬畏心情;而夺取法兰西银行,控制国家经济命脉,就可以使凡尔赛政府遭到破产。1871年5月13日,马克思又在给公社委员弗兰克尔和瓦尔兰的信中说:"公社浪费在琐屑事务和私人争执上的时间太多了。……如果你们来得及弥补已失去的时间,那么这一切就不会造成什么损害。"③在马克思看来,如果公社不犯错误,或者及时纠正错误,那么,它是可以取得胜利的。

《发展》中说:"公社过去了十年,1881年2月22日,马克思在给纽文胡斯的信中,再次复述了他的这一看法。信中写道:'有一点您可以深信不疑,这就是如果在一个国家还没有发展到能让社会主义政府首先采取必要的措施把广大资产者威吓住,从而赢得首要的条件,即持续行动的时间,那么社会主义政府就不能在那个国家取得政权。''也许您会向我指出巴黎公社;但是,且不说这不过是在特殊条件下的一个城市的起义,而且公社中的大多数人根本不是社会主义者,也不可能是社会主义者。'这就是说,无产阶级革命必须在具备了一定的社会条件下进行,才能取得胜利,而当时的巴黎并不具备这样的社会条件。所以,只能把公社称之为在特殊历史条件下发生的一个城市起义。不仅如此,无产阶级革命还必须在自觉的社会主义者组织领导下才能获胜,而当时公社的绝大多数成员并不是社会主义者,在他们进行革命的时候,并没有把科学社会主义作为自己的指导思想。"④

《发展》对马克思这封信的理解也失之偏颇。马克思在信中回答了纽文胡斯提出的两个问题:一是假使社会党人取得政权,为了保证社会主义的胜利,他们在政治和经济方面的首要的立法措施应当是什么;二是关于建立一个新的国际

① 《马克思恩格斯选集》第4卷,人民出版社1972年版,第393页。
② 《马克思恩格斯选集》第4卷,人民出版社1972年版,第392～393页。
③ 《马克思恩格斯全集》第33卷,人民出版社1973年版,第226页。
④ 《马克思恩格斯理论的历史发展》,求实出版社1984年版,第109～110页。

工人协会的问题。马克思总的意思是：由于当时的主观条件还不成熟，无产阶级还不具备取得政权的能力，所以不能"对未来的革命的行动纲领作纯学理的、必然是幻想的预测"；同时，由于各国社会党的形成时期还没有结束，所以"建立一个新的国际工人协会的决定性的时刻还没有到来"。[①]《发展》引用的马克思信中的两段话，说的是只有在社会主义者准备成熟、力量强大的情况下，才能"把广大资产者威吓住"，才能取得国家政权；而巴黎公社由于工人阶级还不具备这种觉悟和力量，所以使革命只能局限于"一个城市的起义"，而没有发展到在全国取得胜利。就在这段话中，马克思指出："然而，只要懂得一点常理，公社就可能同凡尔赛达成一种对全体人民群众有利的妥协——这是当时唯一能做到的事情。只要夺取法兰西银行，就能使凡尔赛分子的吹牛马上破产，如此等等。"马克思在这里仅仅指出了公社的失误，并没有认为当时革命的客观条件不具备。就在这封信中，马克思指出："对于占统治地位的社会秩序所必然发生而且经常在我们眼前发生着的解体过程的科学理解，被旧时代幽灵的化身——各国政府日甚一日地折磨得狂怒起来的群众，同时生产资料大踏步向前的积极发展，——所有这些就足以保证：真正的无产阶级革命一旦爆发，革命的直接的下一步的行动方式的种种条件（虽然绝不会是田园诗式的）也就具备了。"[②]在这里，马克思明确指出，由于生产力的积极发展，资本主义生产关系必然发生而且正在发生解体，加之在资产阶级政府残酷压迫下狂怒起来的群众，证明当时无产阶级革命的客观条件已经具备。《发展》认为马克思把公社失败的原因归结为客观条件不成熟。然而，马克思本人却说：这一次对公社的前途和命运"起决定作用的不利的'偶然情况'，决不应该到法国社会的一般条件中去寻找"[③]。可见，《发展》对马克思思想的概括违背了马克思的本意。

《发展》一书指出，马克思认为公社革命的客观条件不成熟，失败是不可避免的，但他仍然热情歌颂了巴黎无产阶级的冲天精神。这里沿袭了一种传统观点。这种观点就是，马克思明明知道巴黎公社革命是"不合时宜"的，是注定要失败的，但是，既然群众运动已经起来了，马克思还是极力支持它。因此，马克思主义者都应该像马克思本人一样，支持一切群众运动，而马克思主义者只能支持革命的行动，由此推导出一切群众运动都是革命的结论。这是对马克思本人的误会，也是对马克思主义的曲解。实际上，马克思并不是对任何群众运动都是支持的，对像泛斯拉夫主义之类的错误的、反动的群众运动，马克思自始至终是坚决反对

① 参见《马克思恩格斯选集》第4卷，人民出版社1972年版，第422页。

② 《马克思恩格斯选集》第4卷，人民出版社1972年版，第422页。

③ 《马克思恩格斯选集》第4卷，人民出版社1972年版，第394页。

的。因此，不加分析地支持一切群众运动，决不是马克思主义的原则。通过以上分析，我们可以看到，马克思之所以支持巴黎公社革命，是因为它是合乎时宜的，是可能取胜的。从马克思对公社的态度中，决不能得出马克思主义者应该支持不合时宜的群众运动的结论。

三

《发展》中说："公社并不是法国资本主义社会基本矛盾发展与激化的产物，而是法国特殊历史条件的产物。在当时的条件下，法国的资本主义生产关系还未走到尽头，还有发展的余地。公社是在资产阶级卖国而激化了法国的社会矛盾的条件下产生的。因此，法国巴黎无产阶级的胜利，只能是暂时的胜利。"[①]如果说，在本文前面摘引的《发展》的几段话中，著者意在借助马克思的论述来说明公社革命的客观条件不成熟，失败是不可避免的话，那么，在这里，著者则通过自己的手笔概括出了公社必定失败的客观原因。

《发展》认为，巴黎公社不是法国"社会基本矛盾"激化的产物，而是法国"社会矛盾"激化的产物。我觉得，将"社会矛盾"和"社会基本矛盾"完全割裂开来，作为两个互不相关的问题，是不恰当的。"社会矛盾"指的是什么？《发展》中说："两大阶级的对立是不可调和的，资产阶级为了压制工人阶级而不惜卖国，无产阶级为了实现自己的利益就必然要举行武装起义，打碎资产阶级的国家机器，建立人民当家作主的政权。"[②]从这里可以看出，"社会矛盾"指的是这两大阶级的矛盾。那么，这两大阶级的矛盾激化的原因又是什么呢？

法国在第二帝国时期基本上完成了工业革命，成为仅次于英国的世界第二工业强国。资本主义经济的巨大发展，一方面是资本越来越集中到少数大银行家和工业巨头手中，另一方面是工人阶级日益贫困，农民和小资产阶级纷纷破产。1857 年和 1866 年的经济危机，使工人生活状况更加恶化。波拿巴政府在政治上又实行一系列反动政策，对内实行军事独裁，对外实行侵略扩张。工人阶级在残酷的经济剥削和政治压迫下，反抗情绪日益强烈，工人运动不断高涨。农民和城市小资产阶级，甚至一部分工商业资产阶级对政府的不满情绪也迅速增长。这一切表明，波拿巴政府已陷入严重危机之中。波拿巴为转移人民的视线，扼杀国内革命，维持摇摇欲坠的统治，同时为阻止德意志的统一，称霸欧洲，于

① 丁云本：《马克思恩格斯理论的历史发展》，求实出版社 1984 年版，第 103 页。

② 丁云本：《马克思恩格斯理论的历史发展》，求实出版社 1984 年版，第 103 页。

1870 年 7 月 19 日发动了对普鲁士的战争。战争一爆发，第二帝国的腐朽性就暴露无遗。在不到一个月的时间里，法军即全线崩溃。9 月 2 日，波拿巴皇帝、麦克马洪元帅率 10 万法军在色当向普军投降。9 月 4 日，第二帝国在巴黎工人起义中覆亡。打着“国防”旗号的资产阶级政府上台后，置工人阶级和人民群众的抗战要求于不顾，与德意志帝国签订停战协定，宣布卖国投降。继任的梯也尔政府与德国签订和约先决条款，割地赔款，丧权辱国，并加紧镇压工人阶级，从而激化了两大阶级的矛盾，导致了 3 月 18 日的巴黎起义。

资产阶级的卖国行为是在普法战争中出现的，这场战争是波拿巴为摆脱政府危机和缓和工人阶级由贫困引起的反抗情绪发动的，而资本主义的危机和工人阶级的贫困，恰恰是资本主义社会的基本矛盾，即生产的社会化与生产资料的私人占有之间的矛盾激化的主要表现，是将近 80 年的法国资本主义制度发展的必然结果。因此可以说，法国资本主义社会基本矛盾的激化，是巴黎公社革命的深刻的社会根源，而资产阶级的卖国加剧了社会矛盾，则是公社革命爆发的直接原因。在资本主义社会中，随着社会基本矛盾的发展，无产阶级革命一定要爆发，这是必然性；革命在什么时间爆发，它的导火线是什么，这是偶然性。必然性是偶然性的支配力量，偶然性中总是隐藏着必然性，必然性只有通过偶然性才能表现出来。把二者看成是毫不相干的两回事，是不符合唯物辩证法的。

《发展》认为，公社革命是在法国特殊的历史条件下，即在普法战争中资产阶级卖国而激化了社会矛盾的情况下爆发的，而当时法国的资本主义生产关系还未走到尽头，还有发展的余地。因此公社的失败是不可避免的。十月社会主义革命也是在俄国特殊的历史条件下，即在资产阶级投身帝国主义世界大战并对工人阶级实行镇压，从而激化了社会矛盾的情况下爆发的。正像摆脱了军队的巴黎，国民自卫军取得了 3 月 18 日起义的胜利一样，彼得格勒的工人和士兵利用资产阶级后方空虚，发动起义，夺取了政权；而这次革命与推翻封建王朝的二月资产阶级革命相距只有八个月，俄国的资本主义生产关系更未走到尽头，更有发展的余地。但是，十月革命居然胜利了，而且苏维埃政权居然生存下来。这又作何解释呢？正像斯大林所说的，无产阶级本身如果在全国人口中不占多数，就不能而且不应当夺取政权是一点证据也没有一样，资本主义生产关系如果还未走到尽头，还有发展的余地，无产阶级革命就不能胜利，也是一点证据也没有。第二次世界大战以来，国际共运提供的落后资本主义国家甚至非资本主义国家无产阶级取得政权的历史经验，更加证明《发展》的这一提法是站不住脚的。

《发展》认为，只有在资本主义经济高度发展的基础上，无产阶级才能进行胜利的革命斗争。为了论证自己的观点，它援引了列宁在《纪念公社》一文中关于

“胜利的社会革命”必需“生产力高度发展”的说法。列宁认为法国在1871年这个条件还不具备:“法国的资本主义发展还很不够,法国当时主要是一个小资产阶级(手工业者、农民、小店主等)的国家。”[①]该书虽然指出了列宁的这篇文章写于1911年,但是它却忽视了这一时间的重要意义。当时,列宁关于无产阶级革命的新理论还正在酝酿之中。几年之后,即在第一次世界大战期间,列宁明确提出了社会主义革命可能在资本主义比较不发达的国家首先胜利的理论。1918年8月,列宁又说:俄国革命之所以成功,“是由于俄国特别落后”[②]。十月革命胜利以后,苏汉诺夫等人以“俄国生产力还没有发展到足以实现社会主义的水平”为由,反对在俄国建设社会主义。列宁驳斥道:“你们说,为了建设社会主义就需要文明。好极了。那么,我们为什么不能首先在我国创造这种文明的前提如驱逐地主,驱逐俄国资本家,然后开始走向社会主义呢?你们究竟在哪些书上看到,说通常的历史顺序是不容有或不可能有这类变化的呢?”[③]可见,列宁后来改变了自己的观点。而且实践证明,列宁关于巴黎公社革命不具备客观条件的说法是不确切的。俄国的资本主义发展程度也不很高,也主要是一个小资产阶级的国家,社会主义革命却取得了胜利。

当然,从马克思、恩格斯的著作中,不难找出关于无产阶级革命与资本主义发展相联系的论述。但是,他们向来没有认为,无产阶级革命的发展程度与资本主义的发展程度成正比。早在1846年写成的《德意志意识形态》中,他们就指出:“对于某一个国家内冲突的发生来说,完全没有必要等这种矛盾在这个国家本身中发展到极端的地步。由于同工业比较发达的国家进行广泛的国际交往所引起的竞争,就足以使工业比较不发达的国家内产生类似的矛盾。”[④]他们认为,在生产力发展水平不如英、法的德国,资本主义生产方式所固有的内在矛盾同样存在。这种矛盾的激化,就为无产阶级革命准备了客观条件。后来,他们在《〈共产党宣言〉1882年俄文版序言》中甚至认为在资本主义比较落后的俄国,农民公社这一原始土地公共占有制形式,不须经历西方的历史发展所经历的那个瓦解过程,可以直接过渡到高级的共产主义的公共占有制形式。[⑤] 当然,这一过渡的前提条件,是无产阶级的政权。但是,这恰恰说明:在他们看来,比较落后的资本主义国家也可能取得无产阶级革命的胜利。

---

① 丁云本:《马克思恩格斯理论的历史发展》,求实出版社1984年版,第110页。

② 《列宁选集》第3卷,人民出版社1972年版,第598页。

③ 《列宁选集》第4卷,人民出版社1972年版,第692页。

④ 《马克思恩格斯选集》第1卷,人民出版社1972年版,第81页。

⑤ 参见《马克思恩格斯选集》第1卷,人民出版社1972年版,第231页。

究竟怎样才算具备了无产阶级革命的客观条件呢？列宁在《第二国际的破产》一文中，列举了革命形势即革命客观条件成熟的主要特征，概括起来就是：反动阶级不能照旧统治下去，被压迫阶级不愿照旧生活下去，在全国范围内形成了政治经济危机。[①] 没有革命形势，即不具备革命的客观条件，无产阶级革命就不可能发生。马克思说："只有在现代生产力和资产阶级生产方式这两个要素互相矛盾的时候，这种革命才有可能。"[②]这就是说，革命形势，必定是社会基本矛盾及其所引起的种种社会矛盾激化的产物。但是，革命的客观条件，不能单纯归结为经济因素。马克思主义认为，经济因素是历史过程的决定性因素，但不是唯一的决定性因素。历史的前进和革命的发生是由多种因素的合力推动的。正如恩格斯 1890 年 9 月在给布洛赫的信中所告诫的："如果有人在这里加以歪曲，说经济因素是唯一决定性的因素，那么他就是把这个命题变成毫无内容的、抽象的、荒诞无稽的空话。经济状况是基础，但是对历史斗争的进程发生影响并且在许多情况下主要是决定着这一斗争的形式的，还有上层建筑的各种因素……这里表现出这一切因素间的交互作用。"[③]革命形势的出现，就是包括经济、政治以及思想文化等各种因素交互作用的结果。通过以上分析，我们可以看出，巴黎公社革命是在出现了革命形势的情况下爆发的。资产阶级政府的政治危机，给被压迫阶级的愤怒和不满造成一个爆破的缺口；工人阶级和人民群众的贫困和灾难超乎寻常的加剧，革命积极性大大提高；资产阶级的卖国行为和对工人阶级的镇压迫使他们举行起义。诚然，法国的生产力还未达到高度发展，资本主义生产关系还未走到尽头，但是，巴黎公社革命的客观条件已经成熟。

笔者认为，产生无产阶级革命的胜利必需资本主义的高度发展，而巴黎公社革命却不具备这个条件的观点的重要根源，在于混淆了无产阶级政治革命和无产阶级社会革命两个不同的概念。无产阶级政治革命，即以无产阶级取得政权为标志的革命，当然是需要一定的资本主义发展程度的。因为只有随着资本主义的发展，资本主义社会的基本矛盾才能发展，也只有社会基本矛盾及其所引起的种种社会矛盾的发展和激化，才能导致无产阶级革命的爆发；因为只有随着资本主义的发展，无产阶级才能发展并形成为一个独立的阶级，也只有无产阶级作为一个自为的阶级来行动，才能推翻资产阶级，夺取政权。但是，无产阶级政治革命，不需要资本主义生产力高度发展，资本主义生产关系走到尽头，再也没有发展的余地；也不需要无产阶级在人口中占多数，甚至不需要无产阶级在人民中

① 参见《列宁选集》第 2 卷，人民出版社 1972 年版，第 620～621 页。

② 《马克思恩格斯选集》第 1 卷，人民出版社 1972 年版，第 488 页。

③ 《马克思恩格斯选集》第 4 卷，人民出版社 1972 年版，第 477 页。

占多数。只要全国性的政治经济危机为无产阶级造成革命形势，无产阶级革命就可能爆发；只要无产阶级成为革命的领导阶级，并在其政党的领导下团结农民和其他劳动群众，形成广泛的革命统一战线，就能够在力量对比上压倒资产阶级和其他剥削阶级，即使在主要是一个小资产阶级的国家里，也能够取得无产阶级政治革命的胜利。

无产阶级社会革命，即包括社会主义经济变革在内的革命，则是与较高的生产力发展水平紧密相联的。如果按照列宁"社会主义就是消灭阶级"和斯大林"社会主义的实现意味着国家的消亡"的标准，那么，实现社会主义，确实需要极高的生产力发展水平。即使建成在生产社会化基础上的生产资料公有制的社会主义，为了不至于阻碍和破坏生产力的发展，也需要较高的生产力发展水平。那么，怎样才能获取这个条件呢？对于社会主义的生产关系不能在资本主义制度内部建立起来的观点，现在恐怕很少有人公开反对了；但是，至今还有些人主张，社会主义的生产力，即无产阶级社会革命的条件，必须在资本主义制度下创造出来。这是不符合马克思主义的革命理论的，也是不符合世界无产阶级革命的实际情况的。既然无产阶级夺取了国家政权，打碎了资本主义生产关系的束缚，那么，生产力就能够以较快的速度向前发展，为实现无产阶级社会革命创造必要的条件。认识不到这一点，就有陷入机会主义的危险。孟什维克的"万里长城"论和陈独秀的"二次革命"论的错误，就在于将无产阶级政治革命和无产阶级社会革命混为一谈，否定无产阶级专政下创造社会主义所需要的生产力的可能性，从而否定在资本主义不大发达的国家，无产阶级掌握政权的必要性。

综上所述，巴黎公社革命的客观条件已经成熟，它的失败只能归咎于主观条件还不具备。这正是马克思满腔热情地支持公社和千方百计地挽救公社的真正原因。由公社失败所得出的"无产阶级夺取政权必须生产力高度发展，必须资本主义生产关系走到尽头"的结论，忽视无产阶级主观革命性的重大作用，否认推动历史前进的是包括政治因素在内的多种因素的合力这一历史唯物主义观点，实际上仍然没有摆脱第二国际理论家的自然主义倾向和庸俗经济决定论的窠臼。

（原载《世界历史》1992 年第 4 期；《新华文摘》1992 年第 12 期摘编转载）

重评巴黎公社防范干部蜕变的两项措施

1871年的巴黎公社，是人类历史上的第一个无产阶级政权。公社实行的一系列政治、经济和文化方面的变革，打碎了旧的资产阶级国家机器，创立了新的无产阶级政权机构。公社为了防止国家机关的公职人员由社会公仆变为社会主人，采取了两项重要措施：第一，取消资产阶级官僚等级制，对公职人员实行普选制、监督制和撤换制；第二，废除旧官僚的高薪制和经济特权，对公职人员实行普通工人工资制。

领导3月18日巴黎工人起义的国民自卫军中央委员会本身，就是由国民自卫军大多数战斗营民主选举的20位代表组成的。马克思说："从来还没有过在选拔上进行得这样认真仔细的选举，也从来没有过这样充分地代表着选举他们的群众的代表"[①]。起义胜利后，3月21日，中央委员会发布了关于公社选举的公告，规定了普选制。公告指出："只有从你们中间选出来的、与你们同甘共苦的人，才能最好地为你们服务。""要提防野心家和向上爬的人"，"也要提防言而不行的空谈家"；"总之，要挑选真心实意的人，出身平民，坚定，积极，有正义感，公认为正派的人"。公告还指出：通过普选，巴黎人民"终将能创立真正代表人民的机构，能找到永远不以主子自居的代表。"[②]按照公告的精神和要求，3月26日，巴黎人民满腔热情地参加了公社的直接选举。由人民群众按应选举的代表数，以无记名投票方式选出来的公社委员，大都是工人或公认的工人阶级代表。公社用同样的方法，选举了其他公职人员，包括工厂、军队的一些领导人。4月19日，公社又发布公告，规定了监督制和罢免制，要求被选举人必须对选民负责，并接受选民的监督；对不称职的或犯有严重错误的各级干部和公职人员，人民有权撤换他们。[③]

鉴于法兰西第二帝国和资产阶级政府的官吏攫取高额薪金，并通过兼职兼薪残酷剥削人民，巴黎公社成立后的第三天，公社委员会就认真地讨论了公职人

---

① 《马克思恩格斯选集》第3卷，人民出版社1995年版，第90页。

② 罗新璋编译：《巴黎公社公告集》，上海人民出版社1978年版，第53～54页。

③ 参见罗新璋编译：《巴黎公社公告集》，上海人民出版社1978年版，第236页。

员的薪金待遇问题。他们认为,公社是工人的政府,公社委员和其他公职人员不应该谋私利,而应该为工人阶级谋幸福。因此,公社的公职人员的待遇必须不同于旧政府的官吏,必须取消高薪。4 月 1 日,公社通过了废除国家机关公职人员高薪的法令。法令指出:“鉴于到目前为止,各国家机关的高级职务由于支给高薪,是被当作肥缺来钻营和授予的;鉴于在真正的民主共和国里,既不应有干俸,也不应有高薪,为此决定:各公社机关的职员,最高薪金规定为每年六千法郎。”①这个数额,只相当于熟练工人的工资。5 月 19 日,公社又通过了关于禁止兼职兼薪的法令。法令指出:“鉴于在公社制度下,每种职务都有一定的报酬,其数额足以维持供职者的生活和操守。……公社决定:禁止一切兼职兼薪;公社公职人员除从事本身工作外,应当协助其他方面的工作,但无权另得任何报酬。”②这就堵塞了干部利用兼任职务多取薪水的渠道。

巴黎公社防范干部蜕化变质的两项措施,废除了资产阶级官僚特权制度,阻塞了公职人员钻营禄位和升官发财的途径,实现了真正的无产阶级民主,体现了公社是真正的工人阶级政府。这两项措施,为未来无产阶级如何掌握国家政权,建立新的国家制度特别是干部制度,提供了方向性的经验。

实行普选制是社会主义民主的重要标志,是保持无产阶级政权和发展社会主义事业的根本措施。社会主义制度较之一切剥削制度的优越性,就表现在人民成为社会的主人,参与国家的管理。列宁指出:社会主义“民主意味着在形式上承认公民一律平等,承认大家都有决定国家制度和管理国家的平等权利。”③江泽民指出:“在中国共产党领导下,工人、农民、知识分子和全体人民作为主人管理自己的国家,享受广泛的民主权利,这是我国社会主义民主的核心,也是同资本主义民主的本质区别。”④当然,我们不是空想家,我们知道,并不是任何一个粗工和任何一个厨妇都马上能够管理国家的。但是,社会主义国家的任何一个粗工和任何一个厨妇都应当具有选择自己的代表参与国家管理的权利。普选权就是赋予人民这种权利。人民只有充分享有选举权,才能焕发关心国家大事的热情,履行国家主人的责任;才能做到把人民信赖的德才兼备的优秀人物选拔到各级领导岗位上去,保证国家政权始终是代表人民利益的权力机构;才能有效地防止干部的终身制,消除干部能上不能下、能官不能民的错误思想。1933 年,毛泽东就指出:“要用选举的方法,把大批最觉悟最先进最积极的分子选进苏维

---

① 罗新璋编译:《巴黎公社公告集》,上海人民出版社 1978 年版,第 87～88 页。

② [苏]莫洛克编:《巴黎公社会议记录》第 2 卷,何清新译,商务印书馆 1963 年版,第 484 页。

③ 《列宁选集》第 3 卷,人民出版社 1995 年版,第 201 页。

④ 江泽民:《在庆祝中国共产党成立七十周年大会上的讲话》,人民出版社 1991 年版,第 18 页。

埃去，而把旧人员中那些不中用的分子淘汰出来，这是最重要的一件事。”[①]只有办好这件最重要的事，才能解决我们长期面临的两大难题：一是年轻优秀的人才难以脱颖而出，二是用人问题上的不正之风难以避免。

为了保证人民真正享有选举权，就必须赋予人民对干部的监督权和罢免权。监督权和罢免权，二者互相依存，互为条件；前者是后者的必要前提，后者是前者的根本保证。人民只有充分享有监督权，才能使国家干部处于人民群众的批评和监督之下，时刻想到自己手中的权力是人民给的，必须用来好好地为人民服务；才能使干部认真发扬社会主义民主，贯彻民主集中制和群众路线，防止和克服官僚主义；才能防止由于权力过分集中在个别人手中而造成的个人崇拜和个人专断，实现政治制度中民主生活的正常化。人民只有充分享有罢免权，才能防止野心家、阴谋家和蜕化变质分子窃取国家权力，防止玩忽职守和缺乏能力的干部长期赖在领导岗位上；才能使国家权力永远掌握在马克思主义者手中，使国家机关永远代表人民的意志。列宁指出：“任何由选举产生的机关或代表会议，只有承认和实行选举人对代表的罢免权，才能被认为是真正民主的和确实代表人民意志的机关。”[②]罢免权是真正民主制的基本原则，实行罢免权的实质是使人民的代表真正服从人民。因此，人民只有享有罢免权，才有真正的监督权，也才有真正的选举权。

实行普通工人工资制是社会主义民主的重要保证，是防止等级制和特权思想产生的有效措施。“高官”没有“厚禄”，当干部捞不到“油水”，这就可以防范那些为升官发财而钻营禄位的人，使真心实意为人民服务而不谋私利的公仆走上领导岗位。同时，实行工人工资制能够密切干部与群众的关系，群众会因为干部与自己同甘共苦而拥戴他们，这有利于提高干部的威信，有利于发挥群众的积极性和创造性。在这方面，巴黎公社提供了有益的经验。它降低了高级干部的薪金，却提高了普通工人的工资。比如，公社各机关职员的最高年薪，只是第二帝国皇帝路易·波拿巴和资产阶级政府首脑梯也尔的年薪的五百分之一。又如，公社规定电报局长的年薪由原来的15000法郎，降为5000法郎，而查对员的年薪却由1000法郎提到1600法郎。公社还鉴于教师的工资待遇过低，决定着重提高教师的工资，男教员的工资平均提高1～1.5倍，女教员的工资平均提高2～2.5倍。公社关于废除高薪、调整工资的措施，体现了公社是真正的工人政府，激发了广大人民群众支持公社的热情和保卫公社的斗志。正如公社第94号

① 毛泽东：《今年的选举》，转引自《人民日报》1979年7月13日。

② 《列宁全集》第33卷，人民出版社1985年版，第102页。

公告指出的:“我们正是因为代表道德反对邪恶,代表克已奉公反对滥用职权,代表廉洁清正反对腐化堕落,所以才获得胜利的。”[①]我国在进行干部制度改革时,也应该顾及工资制度的改革,进一步缩小干部与工人之间的工资差距,提高知识分子和教师的工资待遇。这样,有利于保持我们党和国家艰苦奋斗的优良传统,有利于调动广大人民群众的社会主义积极性。

实行两项措施,对于消灭官僚制,确立民主制,具有重要意义。资本主义民主同社会主义民主的根本区别,就在于是否把民主同官僚制结合在一起。社会主义是要消灭官僚制的。列宁说过:在考茨基看来,在社会主义下还会有官僚和官吏,这一点恰恰是不对的。“马克思正是以公社为例指出,在社会主义下,公职人员将不再是‘官僚’或‘官吏’,其所以能如此,那是因为除了选举产生,还可以随时撤换,并且还把薪金减到工人平均工资的水平,并且还以‘工作的即兼管行政和立法的’机构去代替议会式的机构。”[②]这就是说,只有实行选举制、撤换制和普通工人工资制,只有人民群众不仅掌握立法机关而且掌握行政机关,才能真正掌握国家的全部权力,才能避免公职人员成为官僚和官吏,消灭脱离群众、享有特权的官僚制。只有普遍吸收人民群众来管理国家,使所有的人暂时都变成“官僚”,才能使任何人都不能成为官僚,从而确立民主制。我国的根本政治制度是人民代表大会制度;人民通过人民代表大会行使国家权力,保障自己当家作主的地位。我国政治体制改革的主要任务,就是通过改进和完善选举制度,确保人民代表的权力,密切各级人民代表同人民群众的联系等等途径,健全和完善人民代表大会制度,达到建立社会主义民主政治的根本目的。

实行两项措施,对于扭转混乱的社会风气、开创稳定的政治局面、具有重要意义。社会主义国家产生社会不正之风和违法犯罪现象,除了阶级斗争的影响和资产阶级思想的腐蚀之外,一个重要的社会根源,就是人民群众的民主权利和物质利益受到侵犯。一些不法干部滥用职权压制群众,剥夺他们正当的民主权利,诱发一些犯罪。少数人不堪忍受以致铤而走险;一些干部享有比群众优裕得多的物质待遇,还要损害群众利益,少数人便由对干部不满发展到对社会不满,有的最后走上犯罪道路。如果实行两项措施,切实保障人民群众的民主权利和物质利益,取消干部的各种非法特权,使他们在政治地位和经济地位上都不能高居于群众之上,同时再加上广泛的精神文明建设和得力的法制教育,那么,社会主义国家内部的“捣乱”行为将会大量减少,社会风气将会明显好转。因此,实行两项措施,将

① 《巴黎公社公告集》,上海人民出版社 1978 年版,第 137 页。

② 《列宁选集》第 3 卷,人民出版社 1995 年版,第 216 页。

有助于发展安定团结、生动活泼的政治局面，保证人民当家作主和国家长治久安。

有人说，普选制和工人工资制是已经过时的“原始的民主制度”。这是不对的。列宁曾严厉驳斥过第二国际机会主义者伯恩施坦和考茨基之流的这种论调。列宁说：他们完全不懂得：第一，如果不在某种程度上“返回”到“原始的”民主制度，从资本主义过渡到社会主义是不可能的，不这样做，就不能过渡到由大多数居民以至全体居民行使国家职能；第二，以资本主义和资本主义文化为基础的“原始民主制度”同原始时代或资本主义以前时代的原始民主制度是不一样的。[①] 这是否定之否定规律在人类社会发展中的表现。这不是在原来基础上的循环，而是在更高程度上的发展。

有人说，普选制和工人工资制是超越目前历史阶段的“空想的民主制度”。这是不对的。列宁说：实行两项措施，这是无产阶级的任务，“无产阶级革命实现时就可以而且应该从这里开始做起”[②]。因此，两项措施不是空想的民主制度，而是现实的民主制度。社会主义制度确立以后，贯彻社会主义民主，是空想而不是现实，岂不令人费解？

有人说，工人工资制否定按劳分配原则。这是不对的。当然，工人工资制不能代替按劳分配作为社会主义的分配原则。应该在一些必要条件具备的情况下，对它进行彻底改革。但是，既然在一定时期内还不能取消固定工资制度，那么，为了减少主观意志的影响，比较好地贯彻按劳分配原则，实行普通工人工资制就有着重要的意义。

有人说，工人工资制是绝对平均主义。这是不对的。首先，巴黎公社实行普通工人工资制，并没有搞平均主义。它承认工资差距，保留工资差距。公社委员和国民自卫军总司令可以拿最高薪金，但其他各级行政人员和各级军官的薪金都低于最高薪金并互有差距。公社的少尉军官的年薪为1800法郎，还略低于罗浮军械厂普通工人的年薪。因此，实行工人工资制，不能被认为是搞平均主义，而只能被认为在按劳分配原则面前，干部和群众是平等的。

总之，防范干部蜕化变质的两项措施，是巴黎公社的伟大创举之一，是公社对国际共产主义运动特别是无产阶级政权建设的重要贡献。在社会主义国家的干部制度改革中，这两项措施仍然可资借鉴。

（原载《鲁东大学学报》2006年第4期，原文署名江淑丽、李心华）

---

① 参见《列宁选集》第3卷，人民出版社1995年版，第148页。

② 《列宁选集》第3卷，人民出版社1995年版，第154页。

马克思、恩格斯关于不大发达国家首先开始革命的思想

传统观点认为，在马克思、恩格斯看来，只有在资本主义高度发达的国家，才能开始社会主义革命。我认为，这同用“各国同时胜利”论不能准确概括马克思、恩格斯关于社会主义革命胜利的思想一样，也是没有如实反映他们关于社会主义革命发生的思想。

一

马克思、恩格斯认为，社会主义革命发生的根源，在于资本主义社会的基本矛盾，即生产的社会性和生产资料的资本主义私人占有形式之间的矛盾。马克思指出：“只有在现代生产力和资产阶级生产方式这两个要素互相矛盾的时候，这种革命才有可能。”[①]他们通过对资本主义社会的透彻分析得出结论：随着资本主义的发展，生产力将强大到生产资料私有制的生产关系所不能适应的程度，也就是说，资本主义生产关系将容纳不下它本身所创造的巨大生产力而成为生产力继续发展的障碍和桎梏；这时，社会主义革命就要发生了。他们认为，在通常情况下，资本主义社会基本矛盾的激化，是由于生产力的巨大发展造成的；但是，这并不排除另外一种情况，即生产力发展水平不高，却与资本主义生产关系发生矛盾并可能导致矛盾激化。这就是说，资本主义社会生产力与生产关系矛盾的激烈程度，并不与生产力的发展水平成正比。他们在《德意志意识形态》中指出：一切历史冲突都根源于生产力和生产关系之间的矛盾。但是，对于某一国家内冲突的发生来说，完全没有必要等这种矛盾在这个国家本身中发展到极端的地步。由于同工业比较发达的国家进行广泛的国际交往所引起的竞争，就足

① 《马克思恩格斯选集》第1卷，人民出版社1972年版，第488页。

以使工业比较不发达的国家内产生类似的矛盾。[①] 他们认为，在生产力发展水平不如英法的德国，资本主义生产方式所固有的内在矛盾同样存在。而且，在资本主义发展程度较低的专制制度下的德国，比在资本主义发展程度较高的民主制度下的英国，这种矛盾更容易激化，这就为社会主义革命准备了客观条件。

具体地说，社会主义革命能否发生，取决于资本主义社会基本矛盾的阶级表现，即资产阶级和无产阶级之间的阶级斗争的激烈程度。而这种阶级斗争激化的原因，却不一定是生产力的高度发展。1848 年欧洲革命爆发以前，马克思、恩格斯曾经预测英国将首先发生社会主义革命。马克思指出：英国是现代资产阶级社会的矛盾，即资产阶级和无产阶级之间的阶级斗争充分发展和极端尖锐的国家。"先于其他任何国家解决问题和消灭矛盾是英国的使命。"[②]大家知道，虽然英国是当时世界上最先进的资本主义国家，但其生产力也不是很发达，根本不能与当今世界上的先进资本主义国家(比如美国、日本)相比。

更为重要的是，1848 年欧洲革命失败以后，马克思、恩格斯认为英国在一个时期内将不会发生革命了。相反，1858 年，马克思却指出：欧洲大陆上即将发生社会主义性质的革命。[③] 而当时欧洲大陆各国，都没有完成工业革命，都还是小资产阶级主要是农民占优势的国家，生产力不能说是发达的。但是，起初在法国，后来在德国，无产阶级反对资产阶级的斗争却十分激烈。马克思、恩格斯在不同场合，曾分别预言过这些国家社会主义革命的胜利。

特别应该指出的是，人们在谈论马克思、恩格斯对社会主义革命客观条件的认识时，往往忽视了他们的一个十分重要的思想，即关于阶级斗争在大工业的发展时期比较剧烈、而在向大工业的过渡大体完成以后却平稳下来的思想。1892 年，恩格斯指出："阶级斗争在英国这里也是在大工业的发展时期比较剧烈，而恰好是在英国工业无可争辩地在世界上占统治地位的时候沉寂下去的。在德国也是随着 1850 年开始的大工业的发展出现了社会主义运动的高涨，美国的情况大概也不会有什么两样。"[④]还在 1884 年，恩格斯就对德国和英法两国的资本主义发展情况和阶级斗争形势作了对比分析。他指出：英国和法国向大工业的过渡大体已经完成。无产阶级所处的境况现在已经稳定；农业区和工业区，大工业和家庭工业已经分离，并且按现代工业一般容许的程度固定下来了。甚至每隔十年一次的周期性危机引起的波动，也已成为习以为常的生存条件。工业变革时

① 参见《马克思恩格斯选集》第 1 卷，人民出版社 1972 年版，第 81 页。

② 《马克思恩格斯全集》第 6 卷，人民出版社 1961 年版，第 89～90 页。

③ 参见《马克思恩格斯全集》第 29 卷，人民出版社 1972 年版，第 348 页。

④ 《马克思恩格斯选集》第 4 卷，人民出版社 1972 年版，第 497 页。

期出现的政治运动或直接社会主义运动遭到了失败，遗留下来的与其说是鼓舞，不如说是沮丧；资本主义的发展显得比革命的反抗更有力量。相反，德国大工业的发展在 1848 年才开始。工业变革仍然在继续，而且是在极其不利的条件下继续着。家庭工业仍然在同机器大工业竞争。以家庭工业为辅助的小农经济的存在，使得资本家可以把全部正常的剩余价值赠送给外国买主，以保持住在世界市场上的竞争能力，他自己的全部利润则通过降低正常工资来榨取。无产阶级的处境更加悲惨。同时，由于整个德国都卷入社会革命，大工业突飞猛进的发展，使小农被拉入工业，最守旧的地区也被卷进这个运动，因而整个德国的革命化比英国或法国彻底得多。恩格斯通过细致分析得出结论："你看看多有趣。正是德国的工业落后，特别促进我们事业的胜利。"①他认为，正是因为德国的大工业还处在发展时期，德国的工业落后，所以阶级斗争异常剧烈，特别促进革命的胜利。当然，他并不认为英法两国再不会有革命了，但是，再要反对资本主义生产，就需要新的更强大的推动力。1887 年，恩格斯还指出：德国的家庭工业转化为工厂生产，农民经济转化为大农业和小地产转化为大农场的变革，不一定会在旧的社会条件下完成。因为在旧的社会条件下实现这个变革，势必引起得到千百万被断绝生计的农民"英勇援助"的无产阶级革命。"如果那时其他任何一国的工人阶级都还没有首先发动，那末德国一定会开始攻击。"②

可见，只有在资本主义充分发展，生产力高度发达的条件下才能出现革命形势，才能进行社会主义革命，不是马克思、恩格斯的本来思想，至少不是他们在无产阶级革命条件问题上的唯一的和一贯的思想。

另外，马克思、恩格斯认为，社会主义革命能否发生，无产阶级能否夺取政权，除了看是否具有革命形势之外，还要看无产阶级的准备程度。他们把无产阶级的准备成熟看作社会主义革命的一个必要的先决条件。而无产阶级准备成熟的主要标志，一是先进思想的武装，二是先进政党的领导。但是，由于社会意识的相对独立性，生产力发展水平不高，经济不大发达的国家，有可能比生产力发展水平较高，经济比较发达的国家更早地产生先进思想和先进政党。19 世纪 40 年代，在经济比英法都落后的德国，却产生了无产阶级最先进的思想武器——马克思主义；继而，在 60 年代末，德国诞生了世界上第一个在一个民族国家范围内组织起来的、马克思主义理论指导之下的无产阶级政党——德国社会民主工党。马克思、恩格斯后来之所以认为德国工人运动处于欧洲工人运动的前列，德国可

① 《马克思恩格斯全集》第 36 卷，人民出版社 1975 年版，第 230 页。

② 《马克思恩格斯选集》第 2 卷，人民出版社 1972 年版，第 468 页。

能成为欧洲无产阶级第一次伟大胜利的舞台，就是因为德国工人阶级比英法工人阶级更懂得科学社会主义，德国无产阶级政党有着英国人和法国人从来没有过的革命纲领。

总之，经济不大发达国家的无产阶级，在具有革命形势和本身准备成熟的情况下，应该积极发动社会主义革命，争取夺得国家政权，这是马克思主义的一个基本观点。

二

无产阶级夺取政权的必要性，是由建设社会主义的可能性决定的。马克思、恩格斯正是从不大发达国家走向社会主义的可能性出发，来论述这些国家无产阶级夺取政权的必要性的。

马克思、恩格斯认为，社会主义的物质基础是机器大工业，是社会化大生产；创造巨大的生产力，是建成社会主义社会的前提条件。他们指出：生产力的这种发展之所以是绝对必需的实际前提，是“因为如果没有这种发展，那就只会有贫穷的普遍化；而在极端贫困的情况下，就必须重新开始争取必需品的斗争，也就是说，全部陈腐的东西又要死灰复燃。”[①]在这种情况下，就不会有真正的社会主义。那么，如何获取社会主义社会的这个物质条件呢？的确，马克思、恩格斯曾经设想过，生产力在资本主义制度下发展到了很高的水平，在这种条件下，无产阶级夺得了国家政权，也许在经过一个短暂的、有些艰苦的过渡时期以后，就可能实现新的社会制度。但是，他们并不认为，建立社会主义生产关系所需要的生产力，一定要在资本主义制度下创造出来；否则，就不应该进行社会主义革命。马克思说过，社会主义的物质条件“已经存在”的时候，当然应该进行社会主义革命；但是，社会主义的物质条件“在形成过程中的时候”，也可以进行社会主义革命。只要在随着资本主义生产的发展，工业无产阶级在人民群众中“占有重要地位的地方”，社会主义革命就有可能发生并取得胜利。恩格斯则说：“我们无须等到资本主义生产发展的后果到处都以极端形式表现出来的时候，等到最后一个小手工业者和最后一个小农都变成资本主义大生产的牺牲品的时候，才来实现这个变革。”[②]甚至可以这样说，社会主义所必需的巨大生产力，不可能在资本主义制度下全部创造出来；无产阶级在掌握政权以后，需要完成一个发展和扩大生产力的艰巨任务，才能实现社会主义。因为世界上任何地方都没有也不可能有

① 《马克思恩格斯选集》第1卷，人民出版社1972年版，第39页。

② 《马克思恩格斯选集》第4卷，人民出版社1972年版，第312页。

向纯粹社会主义过渡的纯粹资本主义。正像恩格斯所指出的，资本主义不可能创造立即消灭阶级和私有制所需要的一切物质条件，共产主义者将通过由历史发展进程造成的中间站和妥协，才能达到消灭阶级和私有制的社会制度。

那么，不大发达国家在无产阶级掌握政权以后，能不能建设社会主义呢？通过什么途径建设社会主义呢？马克思、恩格斯的回答是，不大发达国家能够过渡到社会主义，但是，这个过渡不能是全面的和直接的。恩格斯在《共产主义原理》中指出："现在废除私有制不仅可能，而且完全必要。"但是，又不能一下子就把私有制废除，"正像不能一下子就把现有的生产力扩大到为建立公有经济所必要的程度一样。因此，征象显著即将来临的无产阶级革命，只能逐步改造现社会，并且只有在废除私有制所必需的大量生产资料创造出来之后才能废除私有制"[①]。不大发达国家在无产阶级夺取政权以后，实现生产资料公有制的变革，决不是一蹴而就的，必须有步骤地去进行。对于大土地占有者和工厂主，无产阶级在掌握了国家权力以后，就应该"干脆地"马上实行剥夺，变资本主义农场为公有农场，变资本主义工厂为国营企业。但是，对待农民却不能采用暴力去剥夺，1875 年，马克思指出：在西欧大陆各国，农民还占居多数，革命胜利后，无产阶级将以政府的身分采取措施，直接改善农民的状况，从而把他们吸引到革命方面来；这些措施，一开始就应当促进土地私有制向集体所有制的过渡，让农民自己通过经济的道路来实现这种过渡；但是不能采取得罪农民的措施，例如宣布废除继承权或废除农民所有权。[②] 1894 年，恩格斯更加明确地指出："当我们掌握了国家权力的时候……我们对于小农的任务，首先是把他们的私人生产和私人占有变为合作社的生产和占有，但不是采用暴力，而是通过示范和为此提供社会帮助"，"逐渐把农民合作社转变为更高级的形式，使整个合作社及其各别社员的权利和义务跟整个社会其他部分的权利和义务处于平等的地位"[③]，从而使小农经济同社会主义的大工业结合起来，并进一步使小农经济过渡到使用机器的社会主义大农业，实现农业的社会主义变革，最终使整个社会过渡到社会主义制度。

总之，马克思、恩格斯认为，不大发达国家过渡到社会主义，是一个漫长的、艰难的历史过程，但是，无产阶级夺取政权以后，立即剥夺剥夺者，建立国营经济，掌握国家经济命脉，然后通过长期的、耐心的工作，引导小农走合作化的道路，建立巩固的工农联盟，迅速发展社会生产力，就一定能够达到最终目的。巴黎公社革命发生后，马克思在《法兰西内战》初稿中指出，社会主义经济变革的完

---

① 《马克思恩格斯选集》第 1 卷，人民出版社 1972 年版，第 219 页。

② 参见《马克思恩格斯选集》第 2 卷，人民出版社 1972 年版，第 634～635 页。

③ 《马克思恩格斯选集》第 4 卷，人民出版社 1972 年版，第 310 页。

成和共产主义社会的实现，需要经过一个漫长的发展过程和几个不同的斗争阶段，但是，无产阶级夺取政权之后，利用无产阶级专政的政治组织形式，就可以立即开始社会主义的变革，朝着实现共产主义的最终目标大步迈进。

三

有人认为，马克思、恩格斯是坚持生产力标准的，生产力水平不是很高，经济不大发达的国家，无产阶级能够夺取政权并进而过渡到社会主义，违背了生产力标准，因而不是马克思、恩格斯的思想。这是不对的。这种观点坚持的不是生产力标准，而是庸俗经济决定论。它的错误在于：把社会历史发展的动力仅仅归结为经济因素；把社会历史发展看作是一个纯粹自发的过程。这种观点与马克思、恩格斯的思想是风马牛不相及的。

马克思、恩格斯的确认为，生产力是一切社会发展的最终决定力量。生产力发展到一定程度，必将引起生产关系的变革。生产关系一定要适合生产力状况的规律，是人类社会发展的一条根本规律。但是，他们在强调生产力对社会历史发展的最终决定作用的同时，承认其他因素的作用。社会主义革命的客观条件，不能单纯归结为生产力水平，归结为经济因素。经济因素是历史过程的决定性因素，但不是唯一的决定性因素。革命的发生和社会的变革是由多种因素的合力推动的。正如恩格斯 1890 年 9 月在给布洛赫的一封信中所告诫的："如果有人在这里加以歪曲，说经济因素是唯一决定性的因素，那末他就是把这个命题变成毫无内容的、抽象的、荒诞无稽的空话。经济状况是基础，但是对历史斗争的进程发生影响并且在许多情况下主要是决定着这一斗争的形式的，还有上层建筑的各种因素……这里表现出这一切因素间的交互作用。"[①]社会的变革，就是包括经济、政治以及思想文化等各种因素交互作用的结果。因此，把革命的发生仅仅归结为生产力的发展水平，是对马克思、恩格斯思想的一种误解。

另外，马克思、恩格斯认为，生产关系的根本变革，不是通过生产力的单纯发展就能够自发实现的，而是通过人的自觉的革命活动实现的。即使到了必须改变旧的生产关系才能适应生产力发展水平的时候，代表这种生产关系的反动统治阶级，也会竭力利用自己手中所掌握的物质的和精神的力量来维护这种腐朽的生产关系。在这种情况下，如果没有代表生产力发展要求的先进阶级和人民群众的自觉革命活动，就不可能使新的生产关系代替旧的生产关系。以一种剥

① 《马克思恩格斯选集》第 4 卷，人民出版社 1972 年版，第 477 页。

削制度代替另一种剥削制度尚且如此,何况创立旨在消灭剥削和消灭阶级的社会主义制度呢?恩格斯说过:即使资本主义社会实际上已经过期,已经达到灭亡的境地,但是如果风平气稳,没有革命冲击,这样一个腐朽陈旧的建筑物也还可以支撑数十年。[①] 马克思、恩格斯之所以要求无产阶级必须组织以科学社会主义为指导思想的独立的革命政党,就是因为只有在这样的政党的领导下,无产阶级经过英勇斗争,才能取得社会主义革命的胜利。

综上所述,马克思、恩格斯具有不大发达国家首先开始革命的思想。马克思、恩格斯认为只有在生产力高度发达的条件下才能进行社会主义革命的传统观点,混淆了无产阶级政治革命(即以无产阶级专政代替资产阶级专政的革命)和无产阶级社会革命(即以社会主义生产关系代替资本主义生产关系的革命)这两个不同的概念,把实现社会主义经济变革的客观条件,误为无产阶级夺取政权的客观条件,因而曲解了马克思、恩格斯关于社会主义革命的前提和条件的思想,否定了资本主义不大发达国家无产阶级革命的历史合理性。这是需要我们认真加以澄清的。

(原载《烟台师范学院学报》1998 年第 3 期,原文署名李心华、姜建英;人大复印报刊资料 D1 · 双月刊《世界社会主义运动》1998 年第 10 期全文转载)

① 参见《马克思恩格斯全集》第 38 卷,人民出版社 1972 年版,第 186 页。

列宁关于比较落后国家首先走向社会主义的思想

列宁关于比较落后国家首先走向社会主义的思想，被人们比较普遍地认为是对马克思主义的一大理论贡献。同时对列宁这一思想的理解，历来存在不同的意见。本文拟就这一问题谈一点粗浅的看法，以求教于学术界同仁。

二月革命胜利后，列宁产生了比较落后的俄国在特定的历史条件下，首先开始社会主义革命，建立无产阶级政权的思想，但他同时认为，没有西方先进国家革命的支持，俄国是不能全部完成社会主义革命的。

第一次世界大战以前，列宁一直持有高度发展的生产力是社会主义革命的物质条件的观点。1911 年，他在《纪念公社》一文中指出："胜利的社会革命至少要具备两个条件：生产力高度发展和无产阶级的充分准备。但是在 1871 年，这两个条件都不具备。法国的资本主义还不够发达，法国当时主要是一个小资产阶级（手工业者、农民、小店主等）的国家。"[①]这就是说，在资本主义不够发达的国家，社会主义革命是不能取得胜利的。从这种认识出发，列宁同马克思、恩格斯一样，也认为社会主义革命将在西方先进资本主义国家首先发生。但是后来，列宁的思想开始发生变化。一是在革命的客观条件上，他更注重的是"政治危机"而不是"经济因素"；二是在革命的主观条件上，他更注重的是无产阶级的"革命行动"而不是它的"数量"和"比例"。1915 年，列宁指出：没有革命形势，就不可能发生革命。那么，革命形势的特征是什么呢？(1)统治阶级已经不可能照旧不变地维持自己的统治；"上层"的政治危机，给被压迫阶级的不满和愤慨的迸发造成突破口。(2)被压迫阶级的贫困和苦难超乎寻常地加剧。(3)群众积极性大大提高，"上层"的政治危机，促使他们投身于独立的历史性行动。但是，并不是任何革命形势都会产生革命，只有在上述客观变化再加上主观变化的形势下才会产生革命，即必须再加上革命阶级能够发动足以摧毁或打垮旧政府的强大的

---

① 《列宁全集》第 20 卷，人民出版社 1989 年版，第 222 页。

革命群众行动。[1] 在这里,列宁在谈到革命的客观条件时只强调了“政治危机”,虽然“政治危机”与“经济危机”有一定的联系,但是“政治危机”毕竟不是“经济危机”;他认为,“上层”出现政治危机,革命就有可能发生。列宁在谈到革命的主观条件时只强调了“革命群众行动”,虽然革命阶级的“行动”与无产阶级的“数量”有一定的联系,但是革命“行动”的强弱与无产阶级“数量”的大小并不成正比;他认为,革命阶级能够发动足以打倒旧政府的强大的革命群众行动,革命就能取得胜利。列宁从“一战”爆发后开始发生的这一思想转变,到俄国二月革命胜利后趋于完成。这一转变具有十分重要的意义。它意味着列宁改变了以往关于世界社会主义革命进程的观点,产生了比较落后国家在特定的历史条件下首先开始社会主义革命的思想。

二月革命胜利以后,资产阶级在俄国掌握了政权,社会主义革命提上了俄国的日程。列宁号召布尔什维克积极利用革命形势,及时地将资产阶级民主革命转变为社会主义革命。但是,在布尔什维克的四月代表会议上,李可夫却说,社会主义应当从其他工业比较发达的国家产生。列宁反驳说:这是不对的。人们常常根据这个前提作出以下的结论:俄国是一个落后的、农民的、小资产阶级的国家,因此根本谈不上社会革命。但是他们忘记了,战争使俄国处于特殊的境地。[2] 列宁认为,正是由于俄国是一个最落后的帝国主义国家,所以战争带给它的困难就特别大,统治阶级的政治危机就特别严重,革命阶级反抗旧政府的革命群众行动就特别强烈,使得俄国首先开始了革命。

当然,列宁认为,比较落后国家首先开始社会主义革命,是需要具备一定的经济条件的。如今人们在谈论列宁关于落后国家过渡到社会主义的理论时,往往忽略了他的这一重要思想。俄国是一个落后国家,但是须知,它是帝国主义阵营中的落后国家,不是世界范围内的落后国家。列宁在《大难临头,出路何在?》以及其他许多著作中,都对俄国社会主义革命的经济前提进行了深刻的分析。他指出,国家垄断资本主义在俄国达到了较高的发展水平,形成了社会调整生产和分配的机构。这就为俄国向社会主义革命的过渡和转变,提供了基本的客观的物质前提。他说:“如果社会主义在经济上尚未成熟,任何起义也创造不出社会主义来。”[3]在列宁看来,社会主义革命是从具有一定程度资本主义的比较落后的国家首先开始的,这些国家既不是世界上拥有发达资本主义的最先进的国家,也不是世界上还没有资本主义的最落后的国家。

---

① 参见《列宁全集》第 26 卷,人民出版社 1988 年版,第 230 页。

② 参见《列宁全集》第 29 卷,人民出版社 1985 年版,第 361、436 页。

③ 《列宁全集》第 32 卷,人民出版社 1985 年版,第 218 页。

同时，列宁认为，比较落后国家首先开始社会主义革命，是需要具备一定的历史条件的。二月革命胜利以后，列宁指出："如果没有战争，俄国也许会过上几年甚至几十年而不发生反对资本家的革命，但在有战争的情况下，这在客观上就不可能了。这时，要么是灭亡，要么是进行反对资本家的革命。问题就是这样摆着的。实际生活就是这样提出问题的。"①俄国就是在具备了社会主义革命的经济前提的情况下，以列宁为首的布尔什维克党，利用帝国主义战争给资产阶级政府造成的巨大困难和危机，抓住资产阶级军队忙于前线作战而后方力量空虚的有利时机，领导工人阶级和贫苦农民，联合反战的士兵，一举推翻了资产阶级的统治，取得了十月社会主义革命的伟大胜利的。

十月革命胜利以后，列宁又对俄国和西方先进国家社会主义革命的条件作了比较分析。他指出：在俄国这样一个国家里，"开始革命是很容易的，是轻而易举的事情。"相反，"世界社会主义革命在各先进国家不可能像在俄国这个尼古拉和拉斯普廷统治的国家那么容易开始"②。但是，列宁所说的俄国开始社会主义革命比较容易，只是说俄国夺取无产阶级政治革命，即以无产阶级专政代替资产阶级专政的革命的胜利比较容易，并不是说俄国一国可以夺取无产阶级社会革命，即以社会主义生产关系代替资本主义生产关系的革命的胜利。他反复强调，俄国在1917年那种历史上非常独特的具体形势下，开始社会主义革命是比较容易的，但是要将革命继续下去，将革命进行到底，直至实现社会主义，却比西欧任何先进国家都困难。因此，列宁向来没有奢望俄国一国能够全部完成社会主义革命。1919年4月，列宁指出："要在世界范围内取得彻底的最终的胜利，单靠俄国一国是不行的，这至少需要一切先进国家或者哪怕几个先进大国的无产阶级取得胜利。"③1920年10月，他又指出："布尔什维克在开始革命时说过：我们可以而且应当开始革命。可是我们同时并没有忘记：不能只限于在俄国一国革命，只有联合其他许多国家战胜国际资本，才能顺利地把革命进行到底，取得绝对的胜利。"④

总之，俄国二月革命胜利以后，列宁形成了如下的思想：在比较落后的资本主义国家，无产阶级和资产阶级之间的阶级斗争比在先进资本主义国家更加尖锐，更加容易造成革命形势；在具备了革命形势的情况下，如果无产阶级准备成熟，革命阶级能够发动足以打倒资产阶级政府的强大的革命群众行动，那么，社

① 《列宁全集》第30卷，人民出版社1985年版，第27～28页。

② 《列宁全集》第34卷，人民出版社1985年版，第12～13页。

③ 《列宁全集》第36卷，人民出版社1985年版，第36页。

④ 《列宁全集》第39卷，人民出版社1986年版，第347～348页。

会主义革命就能够首先开始并比较容易地取得无产阶级夺取政权的胜利。但是，在一个国家是不能把革命进行到底的；社会主义变革的全面完成，社会主义的最终胜利，还有待于其他国家至少几个先进国家社会主义革命的胜利。

国内战争结束后，列宁产生了俄国在得到巩固的无产阶级政权下，首先实行社会主义的经济变革，建立社会主义社会的基础的思想，但他仍然认为，要取得社会主义的最终胜利，即建成完全的社会主义社会，需要至少几个先进国家的工人的共同努力。

列宁认为，在俄国爆发的社会主义革命，仅仅是世界社会主义革命的开始。他最初指望，俄国革命胜利后，西方先进国家的革命将相继发生，至少是几个主要国家的革命胜利后，俄国才能“认真地”进行社会主义建设；如果没有西方先进国家社会主义革命的支持，俄国的无产阶级政权就难以长期生存下去，社会主义建设事业的胜利就更是无从设想。但是，列宁曾多次说过的俄国革命的胜利有赖于欧洲革命胜利的话，只是从归根结底的意义上说的，只是从社会主义最终胜利的意义上说的，决不能从中引申出列宁在十月革命胜利以后，认为俄国不能保持无产阶级政权，不能进行社会主义建设的结论。实际上，列宁并没有把全部希望寄托在欧洲革命的胜利上，更没有放弃巩固苏维埃政权的斗争和社会主义建设的事业，去消极地等待欧洲革命的到来。

十月革命的胜利，为俄国走向社会主义开辟了道路。列宁指出：“这次革命是社会主义革命。消灭土地私有制、实行工人监督和银行国有化，这一切都是导向社会主义的措施。”[①]列宁领导布尔什维克党和苏俄人民，在极端困难和复杂的条件下，努力巩固苏维埃政权，积极开展社会主义建设，以迎接西方革命的到来。

1920年年底，国内战争结束，苏维埃俄国战胜了国内外敌人的联合进攻，取得了反武装干涉的伟大胜利。此后，虽然西方各国的革命相继失败，但是苏维埃俄国却同帝国主义国家之间形成了某种“均势”，使俄国获得了长期进行社会主义建设的和平环境。在这种条件下，列宁领导全党和全国人民，制定了宏伟的社会主义建设计划，开展了大规模的社会主义建设。在此基础上，列宁不断总结经验，并展望了世界无产阶级革命和俄国社会主义建设的可能的前途，形成了俄国一国率先实行社会主义的经济变革，建立社会主义社会的基础的新思想。

列宁认为，社会主义是以无产阶级的政权这一能使被压迫群众完成各项事业的政治机构为前提的，否则社会主义便是不可想象的；这是政治方面的保证。

---

① 《列宁全集》第33卷，人民出版社1985年版，第95页。

同时，社会主义真正的和唯一的物质基础，就是同时也能改造农业的大机器工业；这是经济方面的保证。国内战争结束后，俄国巩固了无产阶级的政权。在这个前提下，如果俄国建立起在现代技术基础上的大机器工业，俄国就能够建立社会主义社会的基础。列宁关于“共产主义就是苏维埃政权加全国电气化”的著名论断，准确地反映了他的这一基本思想。他指出：“在苏维埃制度基础上实行电气化，会使共产主义的原则，没有剥削者、没有资本家、没有地主、没有商人的文明生活的原则在我国获得最终的胜利。”①

国内战争结束以后，列宁发现，在一个小农占优势的落后国家里，实现向社会主义的过渡，不能采用直接冲击的方法，必须通过间接迂回的途径。因此，他领导苏俄实行了由战时共产主义政策向新经济政策的转变。实行新经济政策的目的，就是利用国家资本主义来迅速发展生产力，为社会主义创造物质前提。列宁高度评价了新经济政策的意义。他说：新经济政策保证我们有可能建立社会主义经济的基础。“新经济政策的俄国将变成社会主义的俄国。”②

列宁在强调加速实现国家的工业化和电气化，为社会主义奠定物质基础的同时，十分重视社会制度的变革。他提出了改造旧时代遗留下来的国家机关，创造社会主义政治上层建筑的任务；他提出了通过工业的国有化和农业的合作化，实现社会主义经济变革，建立社会主义经济基础的任务。列宁指出，俄国面临两个划时代的主要任务：第一个任务就是改造原封不动地从旧时代接受下来的国家机关；第二个任务就是为完全实行合作化而在农民中间进行文化工作。列宁认为，有了完全合作化的条件，俄国也就在社会主义基地上站稳了。他针对敌人关于“在一个文化不够发达的国家里推行社会主义是冒失行为”的攻击，尖锐地指出：“我们没有从理论……所规定的那一端开始，我们的政治和社会变革成了我们目前正面临的文化变革，文化革命的先导。”③在列宁看来，无须等到社会主义社会所需要的物质条件全部创造出来之后，才来实行社会主义的经济变革；无须等到具备了完全合作化的条件即实现了文化革命之后，才来实行合作化。社会主义改造是一个历史进程，不是一次行动；向社会主义过渡是逐步完成的，不是一蹴而就的，列宁关于在俄国首先建立社会主义社会的基础，然后再过渡到完全的社会主义社会的思想，就是在这种思想基础上产生的。

列宁所说的“建立社会主义的基础”，就是建立社会主义的基本制度。列宁认为，俄国一国建立社会主义社会的基础是完全可能的。他在 1921 年说：只要

① 《列宁全集》第 38 卷，人民出版社 1986 年版，第 161 页。
② 《列宁全集》第 43 卷，人民出版社 1987 年版，第 302 页。
③ 《列宁全集》第 43 卷，人民出版社 1987 年版，第 368 页。

在10～20年内和农民保持正常的关系，甚至在日益发展的各国无产阶级革命推迟爆发的情况下，俄国也能保证建立社会主义的基础，取得具有世界意义的胜利。[①]

列宁认为，建立社会主义社会的基础，还不是建成完全的社会主义社会；俄国一国能够建立社会主义社会的基础，但不能建成完全的社会主义社会；要建成完全的社会主义社会，即取得社会主义的最终胜利，则有待于世界革命至少是各先进国家革命的胜利。1921年3月，列宁指出："在俄国这样的国家里，社会主义革命只有具备两个条件才能获得彻底的胜利。第一个条件是及时得到一个或几个先进国家社会主义革命的支援。"[②]

总之，俄国国内战争结束以后，列宁产生了俄国一国建立社会主义社会的基础的思想。这样，列宁事实上把社会主义建设的胜利（即建立社会主义社会的基础）和社会主义的最终胜利（即建成完全的社会主义社会）区分开来，从而向前推进和发展了马克思主义关于社会主义胜利的理论，并为比较落后国家如何建设社会主义指明了方向。

列宁认为，比较落后国家可以改变通常的历史顺序，首先创造社会主义的政治前提，然后创造社会主义的文明前提，但是，比较落后国家建设社会主义，是一个十分困难和艰巨的历史任务，需要经过一个漫长的发展过程。

马克思曾经指出，高度发展的社会化生产力，是实现解放劳动的"第一个条件"，是实现社会主义的经济前提；而无产阶级夺取政权，剥夺剥夺者，则是解放劳动的"第二个条件"，是实现社会主义的政治前提。

毋庸置疑，列宁是坚持马克思主义关于社会主义前提的观点的。他在"一战"期间提出"一国胜利"论时，就曾设想首先取得社会主义革命胜利的，将是西方比较发达的一个或几个资本主义国家；而落后的俄国所面临的任务，不过是完成资产阶级民主革命。但是，二月革命胜利以后，世界革命形势发生了重大变化，俄国的社会主义革命已经迫在眉睫。此后，列宁在从事革命斗争和批判机会主义的实践中，提出了比较落后国家首先开始社会主义革命的新设想。当时，第二国际和俄国的机会主义者认为，俄国还没有成长到实现社会主义的地步，还没有实现社会主义的客观的经济前提，因此不应该实行社会主义革命。列宁反驳说，既然俄国在第一次帝国主义大战中造成了革命形势，那么，人民在毫无出路的处境下，就应该挺身起来斗争，为进一步发展文明争得并不寻常的条件；既然

① 参见《列宁全集》第41卷，人民出版社1986年版，第378页。

② 《列宁全集》第41卷，人民出版社1986年版，第51页。

世界帝国主义战争使俄国的发展纳入一种可以实现工人革命同“农民战争”联合的环境中，那么，在毫无出路的处境中十倍地增强了力量的工农，就应该奋起夺取国家政权，用与西欧其他一切国家不同的方法来创造发展文明的根本条件。这就是俄国革命的特殊性。因为俄国是一个介于西方文明国家和东方落后国家之间的国家，所以俄国可能表现出而且势必表现出某些特殊性，这些特殊性固然并不越出世界发展的一般规律，但是使俄国革命显得有别于以前西欧各国的革命，而且在转向东方国家时这些特殊性又会带有某些局部的新东西。“世界历史发展的一般规律，不仅丝毫不排斥个别发展阶段在发展的形式或顺序上表现出特殊性，反而是以此为前提的”①。

列宁认为，俄国革命的特殊性的重要表现，在于俄国可以改变通常的历史顺序，即在马克思所说的“第一个条件”尚不具备的情况下，首先创造“第二个条件”，然后再去发展“第一个条件”。针对苏汉诺夫等人把“俄国生产力还没有发展到足以实现社会主义的水平”的论点当作口头禅，反对俄国实行社会主义革命，列宁指出：“既然建设社会主义需要有一定的文化水平（虽然谁也说不出这个一定的‘文化水平’究竟是什么样的，因为这在各个西欧国家都是不同的），我们为什么不能首先用革命手段取得达到这个一定水平的前提，然后在工农政权和苏维埃制度的基础上赶上别国人民呢？”“你们说，为了建立社会主义就需要文明。好极了。那么，我们为什么不能首先在我国为这种文明创造前提，如驱逐地主，驱逐俄国资本家，然后开始走向社会主义呢？你们在哪些书本上读到过，通常的历史顺序是不容许或不可能有这类改变的呢？”②

列宁批判了那种认为俄国经济力量和政治制度不相适应，因而本来就不应当夺取政权的观点。他指出，经济力量和政治力量的完全“适应”是永远不会有的，无论在自然界发展中或在社会发展中，这样的适应都是不可能产生的，只有经过多次的尝试，才能克服某些片面的和不相适应的毛病，才能从世界各国无产者的革命合作中建立起完整的社会主义。他认为，既然特殊的历史环境创造了俄国无产阶级掌握政权的条件，那么，布尔什维克就应该努力争取夺得政权。“任何政党，特别是先进阶级的政党，如果在可能取得政权的时候拒绝夺取政权，那它就没有权利存在下去，就不配称为政党，就任何意义上来说都是渺小的无用之辈”③。

但是，列宁关于可以变更社会主义经济前提和政治前提的创造顺序的思想，

① 《列宁全集》第43卷，人民出版社1987年版，第370页。

② 《列宁全集》第43卷，人民出版社1987年版，第371～372页。

③ 《列宁全集》第32卷，人民出版社1985年版，第283页。

丝毫不包含否定社会主义经济前提的意思。他始终认为,社会主义唯一的物质基础,就是机器大工业,是社会化大生产;而在小生产的基础上是不能建立起社会主义制度的。比较落后国家在无产阶级夺取政权之后,在大体上和基本上镇压了剥削者的反抗之后,应该把经济文化建设放在首要地位,大力发展生产力,为社会主义奠定物质基础。

同时,列宁认为,由于比较落后国家的生产力水平低下,经济和文化落后,所以建立社会主义社会的基础,对于这些国家来说,是一个相当困难和长期的任务。他在领导苏俄社会主义建设的过程中,反复强调了这一观点。

首先,在俄国实现工业化和电气化,奠定社会主义的物质技术基础,是一个相当长期的任务。列宁指出:"大生产是不可能在旧的基础上恢复起来的,这需要很多年,至少要几十年,在我们这种遭受破坏的情况下,可能还要更长一些的时间。"①而电气化对于俄国这样一个大国来说,当时还只是一个微不足道的开端。

其次,在俄国实现合作化,引导小农走上社会主义道路,是一个艰巨的长期的任务。列宁指出:要改造和影响千百万小农经济,只能采取谨慎的逐步的办法,只能靠成功的实际例子;要想用某种快速的办法,下个命令从外面、从旁边去强迫它改造,那是完全荒谬的。"为了通过新经济政策使全体居民人人参加合作社,这就需要整整一个历史时代。在最好的情况下,我们度过这个时代也要一二十年。"②

再次,在俄国实现文化革命.为社会主义的物质文明和精神文明创造条件,是一项长期而困难的任务。列宁认为:"文化任务的完成不可能像政治任务和军事任务那样迅速。……从问题的性质看,这需要一个较长的时期。"③他在指出俄国只要实现了文化革命就能成为完全社会主义的国家时又说,但是这个文化革命,对于我们说来,是异常困难的。

最后,在俄国改善无产阶级政权机关,建设社会主义民主政治,是一项长期的斗争任务。列宁指出:要改善苏维埃国家机关,必须同官僚主义作斗争。但是,"在一个农民的、又是大伤了元气的国家中,同官僚主义作斗争需要很长的时间,要坚持不懈地进行斗争。"④列宁切齿痛恨官僚主义,同时认为又不能一下子消灭官僚主义。因为这需要全体人民都学会利用苏维埃的法律去同官僚主义作

① 《列宁全集》第 41 卷,人民出版社 1986 年版,第 22 页。
② 《列宁全集》第 43 卷,人民出版社 1987 年版,第 364 页。
③ 《列宁全集》第 42 卷,人民出版社 1987 年版,第 200 页。
④ 《列宁全集》第 50 卷,人民出版社 1988 年版,第 333 页。

斗争，需要每个人都有文化，每个人都能够参加国家的管理。显然，这些任务不是短期内所能完成的，需要经过俄国党和人民的长期努力和顽强斗争。

总之，列宁认为，俄国社会主义建设的道路是一条漫长的道路，俄国建立社会主义基础的任务是一个须经顽强持久的斗争才能完成的任务。1919 年 12 月，列宁指出："我们知道现在我们还不能实行社会主义制度，希望我们的儿辈或者孙辈能把这种制度建成就好了。"①他的这一观点，最终也没有改变。

（原载《烟台师范学院学报》1999 年第 3 期，原文署名李心华、王基舟；人大复印报刊资料 A1 · 月刊《马克思列宁主义研究》1999 年第 11 期全文转载）

① 《列宁全集》第 37 卷，人民出版社 1986 年版，第 367 页。

也谈马克思的“跨越卡夫丁峡谷”设想

——兼评“非制度间跨越”说

马克思晚年明确提出了“跨越卡夫丁峡谷”的设想，即在一定的历史条件下，俄国可以在农村公社的基础上跨越资本主义制度而进入社会主义。自20世纪80年代以来，我国学术界对马克思的这一设想进行了认真的研究和热烈的讨论。大家在“跨越”设想的提出动因、历史地位等问题上见仁见智，但是在“不通过资本主义制度的卡夫丁峡谷”就是“跨越资本主义制度”这一点上，认识基本一致。然而，近些年来，有人提出了一种“新观点”，认为学术界把马克思的“跨越卡夫丁峡谷”设想解读为“跨越资本主义”，“完全是一种误识”。首先，《马克思主义研究》2007年第11期发表的刘新宜的《制度间跨越还是制度内跳跃——对马克思“卡夫丁峡谷”设想本义及其思想价值的探析》一文（以下简称“刘文”），对学术界的“误读”所造成的“严重的思想理论混乱”做了“澄清”，指出马克思的设想“只是制度内跳跃而非制度间跨越”，即跳过资本主义的原始积累阶段而直接进入资本主义的高度发展阶段。后来，《科学社会主义》2012年第5期发表的张赛群、汤兆云的《是社会制度的逾越，抑或是生产关系的逾越——马克思“卡夫丁峡谷设想”新解》一文（以下简称“张文”），不仅承袭了刘文的观点，否定学术界关于马克思“不通过资本主义制度的卡夫丁峡谷”的设想是对资本主义社会制度的跨越的“一般观点”，而且对此作了进一步的“新解”，认为马克思的设想不是对资本主义社会制度（包括资本主义原始积累阶段）的逾越，仅仅是对资本主义生产关系的逾越。作者指出：“从这一思路出发，本文不仅可以对马克思卡夫丁峡谷设想有全新的理论认识，而且还可以对自列宁以后的国际共运史的实践有正确的价值判断。”对此，笔者不敢苟同，现提出自己对马克思设想的认识，兼评上述“新观点”。

一、“跨越卡夫丁峡谷”就是跨越资本主义社会制度

马克思关于俄国可以跨越资本主义社会制度的设想，并不是在给查苏利奇

的复信《初稿》中最先提出的。他在1877年10～11月《给〈祖国纪事〉杂志编辑部的信》中，就已经提出了这一设想。他指出：“俄国的伟大学者和批评家”车尔尼雪夫斯基“研究了这样一个问题：俄国是应当像它的自由派经济学家们所希望的那样，首先摧毁农村公社以过渡到资本主义制度呢，还是与此相反，俄国可以在发展它特有的历史条件的同时取得资本主义制度的全部成果，而又可以不接受资本主义制度的苦难。他表示赞成后一种解决办法。”而马克思则明确表示同意车尔尼雪夫斯基关于这个问题的观点。他说：“我不喜欢留下‘一些东西让人去揣测’，我准备直截了当地说。”经过许多年的研究，“我得出了这样一个结论：如果俄国继续走它在1861年所开始走的道路，那它将会失去当时历史所能提供给一个民族的最好的机会，而遭受资本主义制度所带来的一切灾难性的波折。”[①]这里清楚地表达了马克思的如下思想：俄国可以在发展它所特有的历史条件（农村公社）的同时取得资本主义制度的优秀成果，而又可以不接受资本主义制度的苦难，直接开始向社会主义社会的过渡；如果俄国继续走它在1861年所开始走的资本主义道路，那它将遭受资本主义制度所带来的一切灾难性的波折，而失去一个由村社制度转变为社会主义的极好机会。

甚至在更早的1874～1875年间，恩格斯就在《论俄国的社会问题》中指出：俄国的公社所有制这一社会形式有可能转变为高级形式，而俄国农民无须经过资产阶级的小块土地所有制的中间阶段。“然而这只有在下述情况下才会发生，即西欧在这种公社所有制彻底解体以前就胜利地完成无产阶级革命并给俄国农民提供实现这种过渡的必要条件，特别是提供在整个农业制度中实行必然与此相联系的变革所必需的物质条件。……如果有什么东西还能挽救俄国的公社所有制，使它有可能变成确实富有生命力的新形式，那么这正是西欧的无产阶级革命。”[②]恩格斯认为，俄国在西方胜利的无产阶级革命的支持和帮助下，无须经过资本主义制度的中间阶段，而由农民的公社所有制直接过渡到社会主义制度。

1881年2～3月间，马克思在给查苏利奇的复信《初稿》中，明确提出了“跨越卡夫丁峡谷”的设想。他指出：“如果说土地公有制是俄国‘农村公社’的集体占有制的基础，那么，它的历史环境，即它和资本主义生产同时存在，则为它提供了大规模地进行共同劳动的现成的物质条件。因此，它能够不通过资本主义制度的卡夫丁峡谷，而占有资本主义制度所创造的一切积极的成果。它能够以应用机器的大农业来逐步代替小地块耕作，而俄国土地的天然地势又非常适于这

① 《马克思恩格斯选集》第3卷，人民出版社2012年版，第728页。

② 《马克思恩格斯选集》第3卷，人民出版社2012年版，第333页。

种大农业。因此，它能够成为现代社会所趋向的那种经济制度的直接出发点，不必自杀就可以获得新的生命。”[①]但是，“要挽救俄国公社，就必须有俄国革命”[②]。这里说得非常清楚：俄国在农村公社集体占有制和共同劳动的基础上，通过占有资本主义制度所创造的一切积极的成果，就能够跨越资本主义制度，而直接开始向它所趋向的社会主义经济制度过渡。当然，实现这一过渡，必须具有两个前提条件：一是西方社会主义革命的胜利，二是俄国革命的成功。而在马克思、恩格斯看来，西方社会主义革命的胜利是必然的，而“俄国无疑是处在革命的前夜”[③]。

1882 年 1 月，马克思、恩格斯在《〈共产党宣言〉俄文版序言》中，再次重申了上述观点。他们指出：“俄国公社，这一固然已经大遭破坏的原始土地公共占有形式，是能够直接过渡到高级的共产主义的公共占有形式呢？或者相反，它还必须先经历西方的历史发展所经历的那个瓦解过程呢？”“对于这个问题，目前唯一可能的答复是：假如俄国革命将成为西方无产阶级革命的信号而双方互相补充的话，那么现今的俄国土地公有制便能成为共产主义发展的起点。”[④]他们认为，即将来临的俄国资产阶级民主革命将唤起西方的无产阶级革命；在西方胜利的无产阶级革命的支持下，俄国的民主革命将立即转变为社会主义革命；在无产阶级专政的条件下，利用资本主义制度所创造的一切优秀成果，俄国的原始土地公有制便能直接过渡到社会主义的公有制。

1894 年 1 月，恩格斯在《〈论俄国的社会问题〉跋》中进一步指出：一般说来，每一种特定的经济形态都应当解决它自己的、从它本身产生的问题。“然而，不仅可能而且毋庸置疑的是，当西欧各国人民的无产阶级取得胜利和生产资料转归公有之后，那些刚刚进入资本主义生产而仍然保全了氏族制度或氏族制度残余的国家，可以利用公有制的残余和与之相适应的人民风尚作为强大的手段，来大大缩短自己向社会主义社会发展的过程，并避免我们在西欧开辟道路时所不得不经历的大部分苦难和斗争。但这方面的必不可少的条件是：目前还是资本主义的西方作出榜样和积极支持。……这不仅适用于俄国，而且适用于处在资本主义以前的阶段的一切国家。但比较起来，这在俄国将最容易做到，因为这个国家的一部分本地居民已经汲取了资本主义发展的精神成果，因而在革命时期这个国家可以几乎与西方同时完成社会的改造。”[⑤]在西方社会主义国家的支持

① 《列宁全集》第 50 卷，人民出版社 1988 年版，第 830 页。
② 《列宁全集》第 50 卷，人民出版社 1988 年版，第 829 页。
③ 《列宁全集》第 50 卷，人民出版社 1988 年版，第 335 页。
④ 《马克思恩格斯选集》第 1 卷，人民出版社 2012 年版，第 379 页。
⑤ 《马克思恩格斯选集》第 4 卷，人民出版社 2012 年版，第 313 页。

下，俄国由于吸取了资本主义发展的精神成果，因而可以与西方“同时完成社会的改造”，这就更加说明了恩格斯认为俄国可以不通过西方那样漫长的资本主义发展道路而进入社会主义。

总之，马克思“跨越卡夫丁峡谷”设想的含义是：在特定的历史条件下，即在西方社会主义革命取得胜利和本国革命获得成功的情况下，像俄国这样保留土地公有的村社制度的国家，可以通过占有资本主义制度所创造的一切积极的成果，跨越资本主义制度，直接走向社会主义。

二、“非制度间跨越”之说难以成立

刘文说：学术界“把‘不通过资本主义制度的卡夫丁峡谷’理解为‘不通过资本主义制度’，即通常所说的‘跨越资本主义’，从语义和逻辑上说，明显犯了偷换概念的错误。”它认为，马克思所说的“可以不通过资本主义制度的卡夫丁峡谷”的确切含义，就是“可以不通过资本主义制度的奇耻大辱”。这与马克思在复信《初稿》中所表述的思想——“能够不经受资本主义生产的可怕的波折”是同一含义，而与“可以不通过资本主义制度”却不是一个概念。在该文作者看来，马克思主张只跨越资本主义制度的“奇耻大辱”和“可怕的波折”，而不主张跨越资本主义制度的“非奇耻大辱”和“不可怕的波折”。也就是说，马克思的“跨越”设想，只是指不通过资本主义原始积累阶段，不是指不通过资本主义高度发展阶段，更不是指“跨越资本主义”。按照这个逻辑，我们提出“要发挥社会主义制度的优越性”，就意味着社会主义制度一定存在“不优越性”。其实，马克思并没有把资本主义的历史分成“奇耻大辱”史和“非奇耻大辱”史。就在复信《二稿》中，马克思说：“资本主义生产一方面神奇地发展了社会的生产力，但是另一方面，也表现出它同自己所产生的社会生产力本身是不相容的。它的历史今后只是对抗、危机、冲突和灾难的历史。结果，资本主义生产向一切人（除了因利益而瞎了眼的人）表明了它的纯粹的暂时性。欧洲和美洲的一些资本主义生产最发达的民族，正力求打碎它的枷锁，以合作生产来代替资本主义生产，以古代类型的所有制最高形式即共产主义所有制来代替资本主义所有制。”①19 世纪 80 年代的欧洲和北美，普遍完成了工业革命，资本主义早已度过它的原始积累阶段而得到了长足的进步。在这种情况下，马克思却说它的历史今后只是“灾难史”，号召各国人民打碎资本主义所有制的枷锁，以共产主义所有制取而代之。可见，刘文的观点与马

① 《马克思恩格斯全集》第 25 卷，人民出版社 2001 年版，第 471～472 页。

克思的观点相去甚远。更不应该忽视的是，在《初稿》中，马克思有多次“不通过资本主义制度”的明确表述。他说：俄国农业公社“可以不必屈从于资本主义的活动方式而占有它的各种成果”。“它能够不经历资本主义制度……而占有资本主义生产使人类丰富起来的那些成果。”[①]在这些地方，马克思明确无误地提出俄国可以不经历资本主义制度而直接走向资本主义社会所趋向的那种经济制度即社会主义制度。在《初稿》的最后，马克思写道：“如果革命在适当的时刻发生，如果它能把自己的一切力量集中起来以保证农村公社的自由发展，那么，农村公社就会很快地变为俄国社会新生的因素，变为优于其他还处在资本主义制度奴役下的国家的因素。”[②]他认为，如果俄国革命保证了农村公社的自由发展，农村公社就会使俄国社会获得新生，就会使俄国变为摆脱资本主义制度奴役的国家。可见，刘文关于马克思的“跨越卡夫丁峡谷”设想，只是制度内跳跃而不是制度间跨越的说法，背离了马克思的本意。

刘文认为，如果不把马克思的“跨越”设想解释为制度内跳跃，而是制度间跨越，那么，马克思、恩格斯的“同时发生论”或曰“同时胜利论”的立论根据就“荡然无存”了。这实在令人费解。马克思、恩格斯明确指出俄国跨越资本主义制度需要西方胜利的无产阶级革命的支持，这怎么就否定了“同时胜利论”呢？它与西方各国社会主义革命“同时胜利”和“不同时胜利”有什么关系？按照刘文的观点，在西方社会主义国家的支持下，俄国将跳过资本主义的原始积累阶段，而直接进入资本主义的高度发展阶段。西方“同时胜利”的社会主义国家一起支持俄国资本主义跳跃发展？真是匪夷所思。

张文的观点则比刘文更进了一步。它认为：“马克思‘不通过资本主义制度的卡夫丁峡谷’的设想不是对资本主义社会制度（包括资本主义原始积累阶段）的逾越，仅仅是对资本主义生产关系的逾越。”“即东方后发国家取得革命胜利以后的社会发展道路，有可能不通过资本主义时期的生产关系（即生产资料的资本主义私人占有形式阶段）直接过渡到社会主义时期的生产关系（即生产资料的社会主义公有制形式阶段）。”

这是一个混乱的命题。逾越了资本主义的生产关系，却不能逾越资本主义的社会制度。什么是生产关系？什么是社会制度？张文声称自己坚持了马克思的唯物史观或马克思主义历史唯物论的一贯思想，才得出了上述结论。现在，我们就来看看在二者之间的关系问题上，唯物史观究竟是如何看待的。马克思指

① 《马克思恩格斯选集》第3卷，人民出版社2012年版，第826页。

② 《马克思恩格斯选集》第3卷，人民出版社2012年版，第832页。

出:“人们在自己生活的社会生产中发生一定的、必然的、不以他们的意志为转移的关系,即同他们的物质生产力的一定发展阶段相适合的生产关系。这些生产关系的总和构成社会的经济结构,即有法律的和政治的上层建筑竖立其上并有一定的社会意识形式与之相适应的现实基础。”①唯物史观表述得非常清楚,生产关系的总和构成社会的经济基础,赖有这个现实基础,才能建立与之相适应的政治上层建筑和社会意识形态。换句话说,生产关系决定了整个社会制度。马克思甚至认为生产关系就是社会。他说:“生产关系总合起来就构成所谓社会关系,构成所谓社会,并且是构成一个处于一定历史发展阶段上的社会,具有独特的特征的社会。古典古代社会、封建社会和资产阶级社会都是这样的生产关系的总和,而其中每一个生产关系的总和同时又标志着人类历史发展中的一个特殊阶段。”②可见,张文关于逾越了资本主义的生产关系,却不能逾越资本主义的社会制度的说法,违背了马克思主义的唯物史观。它从这一思路出发,对马克思“跨越卡夫丁峡谷”设想所产生的“全新的理论认识”,也必然是错误的认识。

现在,我们再来看一下张文从这一思路出发,对自列宁以后的国际共运史的实践做了怎样的“正确的价值判断”。

张文说:“从自列宁以来的国际共运史的实践可以看出,资本主义生产关系的卡夫丁峡谷可以逾越,而资本主义社会(主要是指生产力)的卡夫丁峡谷则不可以逾越。1917年十月武装革命取得成功以后,俄国社会很快就从前资本主义过渡到社会主义社会,即从原始的土地公有制过渡到生产资料社会主义公有制阶段,从而实现了马克思所说的东方后发国家可以逾越资本主义生产资料资本主义私人占有制阶段。但是,苏联社会主义运动史已经证明,整个资本主义制度是无法逾越的,特别是资本主义社会生产力这道鸿沟。”“中国社会主义实践也再一次证明,资本主义生产关系可以逾越,但资本主义生产力却无法逾越。”而“无法逾越资本主义社会的生产力,即无法逾越资本主义社会”。张文认为十月革命胜利后俄国社会很快就从前资本主义过渡到社会主义社会,但是无法逾越资本主义社会。在这里,且不说俄国从前资本主义过渡到社会主义社会之说昧于历史常识,单就过渡到社会主义社会却没有逾越资本主义社会这一点来看,足见张文由于概念不清而引起的逻辑混乱达到了何等程度。在张文看来,苏联似乎并不存在“剧变”的问题,因为本来它就是资本主义社会。而中国,虽然建立了社会主义生产关系,由半殖民地半封建社会过渡到社会主义社会,但仍然无法逾越资

① 《马克思恩格斯选集》第2卷,人民出版社2012年版,第2页。

② 《马克思恩格斯选集》第1卷,人民出版社2012年版,第340页。

本主义社会的生产力，即无法逾越资本主义社会。这就是说，当今中国并没有真正进入社会主义社会，而是仍然处在（或正在进入）资本主义社会！按照生产关系决定社会制度的马克思主义观点，不知他如何解释中国的社会主义生产关系决定了资本主义的社会制度，或者中国的资本主义社会制度是如何建立在社会主义生产关系的基础之上的？

张文说："社会制度包括生产力和生产关系两个方面。"它指出，马克思的"跨越"设想是指不通过资本主义生产资料私人占有制这一阶段，即跨越整个资本主义的生产关系，但是，资本主义的生产力是不能逾越的。它一方面认为"学术界将马克思关于'不通过资本主义制度的卡夫丁峡谷'理解为或指不通过资本主义的原始资本积累阶段、或指不通过资本主义的充分发展阶段、或指不通过资本主义发展的整个阶段的观点，并不符合马克思主义的观点，这也与马克思主义历史唯物论是相悖的"，另一方面却认为能够跨越整个资本主义生产关系而不能跨越资本主义社会。不知这一观点符合历史唯物论的哪个基本原理？

当然，生产关系和生产力密切相联。马克思曾说："手推磨产生的是封建主的社会，蒸汽磨产生的是工业资本家的社会。"[①]但是，直接决定社会性质的是生产关系而不是生产力。不同的社会制度可能建立在同一水平的生产力基础之上，比如17世纪下半期到18世纪上半期的英国和中国。张文反复强调资本主义的生产力不能逾越，但什么是资本主义的生产力，它却始终未说清楚，实际上它也根本说不清楚。正像列宁所说的建立社会主义需要有一定的文化水平，但这个一定的"文化水平"谁也说不清楚——因为这在各个西欧国家都是不同的[②]一样，资本主义的生产力到底是一种什么水平，谁能说得清楚？16世纪欧洲发生尼德兰革命，建立了荷兰共和国，马克思在《资本论》中称其为"17世纪标准的资本主义国家"[③]。但是，当时荷兰的农业和手工业都不是很发达，"蒸汽磨"则根本没有，生产力水平甚至无法与仍处于封建社会的中国相比，那么它的生产力是不是资本主义的？17世纪英国资产阶级革命完成后，建立了资本主义社会制度，但是直到18世纪上半期，它还是一个农业国，五分之四的人口从事农业。工业方面虽然有了较大发展，但仍然处在手工工场阶段，直到60年代起发生了工业革命，才开始向工厂阶段过渡，而这一过渡一直延续到19世纪40年代才基本完成。它在发生资产阶级革命之后的100多年间，生产力水平都没有超过中国，而它是资本主义制度，中国却是封建制度。不知张文的作者对于这一历史事实

① 《马克思恩格斯选集》第1卷，人民出版社2012年版，第222页。

② 《列宁选集》第4卷，人民出版社2012年版，第777页。

③ 《马克思恩格斯全集》第44卷，人民出版社2001年版，第861页。

作何解释？如果说当初荷兰、英国建立资本主义制度时具备了资本主义的生产力，那么，当时中国也达到甚至超过了资本主义的生产力，为什么没有“决定”资本主义制度？张文认为，苏联、中国都建立了社会主义的生产关系，但都不具备社会主义的生产力。至于什么是社会主义的生产力，它却避而不答，实际上它也根本无法区分社会主义的生产力和资本主义的生产力。马克思、恩格斯和列宁都认为机器大工业既是资本主义社会的生产力水平，也是社会主义社会的物质基础。把生产力与社会形态的性质直接联系起来，认为生产力直接决定社会制度的性质，将其贴上姓“资”姓“社”的标签，这不是唯物史观，而是庸俗经济决定论。用它可以去看“动物世界”，但不能研究人类社会。

三、“跨越”设想的历史地位和当代价值

马克思的“跨越”设想是马克思主义关于社会主义革命理论的重要组成部分，它发展了历史唯物主义和科学社会主义，在马克思主义发展史上占有重要地位。

“跨越”设想是马克思不大发达国家可以开始社会主义革命的一贯思想的延伸。不大发达国家可以开始社会主义革命，走向社会主义社会，是马克思的一个重要观点。他认为，西欧资本主义的发展道路并不具有世界意义；即使在西欧，也不是只有高度发达的资本主义才能走向社会主义。1854 年，马克思指出：“英国工人阶级既然创造了现代工业的无穷无尽的生产力，也就实现了劳动解放的第一个条件。现在它应当实现劳动解放的另一个条件。它应当把这些生产财富的力量从垄断组织的无耻的枷锁下解放出来，使它们受生产者共同监督。”[①]当时的英国，才刚刚完成工业革命，生产力的发展水平不是很高，而马克思却认为它已经具备了社会主义的经济前提，号召英国工人阶级去夺取政权，为社会主义创造政治前提，以便实现社会主义的经济变革。1858 年，马克思又指出：“大陆上革命已经迫于眉睫，并将立即具有社会主义的性质。”[②]而当时欧洲大陆各国，都没有完成工业革命，都还是小资产阶级主要是农民占优势的国家，谈不上资本主义的充分发展和生产力的高度发达。1871 年巴黎公社革命爆发后，马克思在《〈法兰西内战〉初稿》中指出：“工人阶级知道，他们必须经历阶级斗争的几个不同阶段。他们知道，以自由的联合的劳动条件去代替劳动受奴役的经济条件，只

① 《马克思恩格斯全集》第 13 卷，人民出版社 1998 年版，第 134 页。
② 《马克思恩格斯全集》第 29 卷，人民出版社 1972 年版，第 348 页。

能随着时间的推进而逐步完成……但是，工人阶级同时也知道，通过公社的政治组织形式，可以立即向前大步迈进，他们知道，为了他们自己和为了人类开始这一运动的时刻已经到来了。”[①]这就是说，社会主义社会的建立，只能在长时期内逐步完成；但是，无产阶级掌握政权，开始社会主义变革的时机已经成熟。而此时的法国，虽然大体上完成了工业革命，但仍然是一个农民占优势的小资产阶级国家；直到半个多世纪之后的20世纪20年代中期，法国的工业人口才超过农业人口。因此，只有生产力在资本主义条件下达到高度发达的水平才能搞社会主义革命，不是马克思的思想，至少不是马克思的唯一思想。而不大发达国家可以走向社会主义社会，则是马克思早已有之的一贯思想。

“跨越”设想为落后国家探索走向社会主义的道路提供了理论依据。1882年1月，马克思、恩格斯在《〈共产党宣言〉俄文版序言》中，就设想了在俄国革命和西方革命互补的情况下，俄国可以在土地公有制的基础上开始走向社会主义。同年9月12日，恩格斯在致考茨基的信中又说：“只要欧洲和北美一实行改造，就会产生巨大的力量和做出极好的榜样，使各个半文明国家完全自动地跟着走，单是经济上的需要就会促成这一点。至于这些国家要经过哪些社会和政治发展阶段才能同样达到社会主义的组织，我认为我们今天只能作一些相当空泛的假设。”[②]他认为，“半文明国家”即比较落后国家过渡到社会主义社会，必然要经过一些不同于先进国家的特殊的社会和政治发展阶段。这就为比较落后国家探索各自的革命和建设道路提供了依据，打开了思路。

正像马克思在给查苏利奇的复信中所说的“在《资本论》中所作的分析，既没有提供肯定俄国农村公社有生命力的论据，也没有提供否定农村公社有生命力的论据”[③]一样，马克思的“跨越”设想，既没有提供肯定俄国、中国等比较落后国家在没有西方社会主义国家支持下可以跨越资本主义制度的论据，也没有提供否定比较落后国家在没有西方社会主义国家支持下可以跨越资本主义制度的论据。马克思、恩格斯预想的西方社会主义革命没有发生，而东方的俄国、中国等国却先后取得革命胜利并走上社会主义道路。但是，不能以此否定“跨越”设想的理论意义和实际价值。实际上，马克思提出的基本原则，即在无产阶级专政下，吸收资本主义的一切积极成果，利用资本主义建设社会主义，缩短走向社会主义的发展过程，对于落后国家的社会主义建设具有重要的指导意义。

不照搬马克思的个别字句，而践行马克思主义的基本原则，列宁为我们树立

① 《马克思恩格斯选集》第3卷，人民出版社2012年版，第143～144页。

② 《马克思恩格斯选集》第4卷，人民出版社2012年版，第548页。

③ 《马克思恩格斯选集》第3卷，人民出版社2012年版，第840页。

了光辉典范。他在对待“国家资本主义”的问题上，就体现了这种科学精神。他说：旧书本里写的是资本主义制度下的国家资本主义，而没有一本书写过无产阶级专政下的国家资本主义。“连马克思也没有想到要就这个问题写下片言只语，他没有留下任何明确的可供引用的文字和无可反驳的指示就去世了。因此现在我们必须自己来找出路”①。列宁正是根据马克思关于利用资本主义建设社会主义的原则，提出无产阶级专政下国家资本主义的理论的。

列宁认为，没有无产阶级的政权，社会主义就无从设想；没有建筑在现代科学最新成就基础上的大资本主义技术，社会主义也无从设想。苏维埃俄国建立之初，列宁就指出：苏维埃共和国无论如何都要采用资本主义一切有价值的科学技术成果。“社会主义能否实现，就取决于我们把苏维埃政权和苏维埃管理组织同资本主义最新的进步的东西结合得好坏。”②不能设想除了以庞大的资本主义文化所获得的一切经验为基础的社会主义以外，还有别的什么社会主义。因此，他把吸收欧美科学中一切真正有价值的东西，看作苏维埃共和国第一等的首要任务。国内战争结束以后，在列宁领导下，苏维埃俄国转行新经济政策，通过国家资本主义学习资本主义，利用资本主义建设社会主义，经济建设取得巨大成就。列宁之后，苏联在前进中虽然出现过一些波折，但是生产力水平还是有了很大提高，经济建设事业还是有了长足进步。

最后，有一点需要强调的是，利用资本主义建设社会主义是完全可能的。第一，资本主义国家不能在军事上消灭我们，就只好同我们建立经济联系。正像列宁所说：“现在他们因为无法把我们打死，于是就准备同我们做生意了。”③第二，“有一种力量胜过任何一个跟我们敌对的政府或阶级的愿望、意志和决定，这种力量就是世界共同的经济关系。正是这种关系迫使它们走上同我们往来的道路”④。在经济全球化的当今世界，各国之间尤其是大国之间的相互依存更加显著。因此，我们大可不必惧怕资本主义国家的封堵，完全可以从容不迫地应对外来的一切挑战。

（原载《科学社会主义》2013 年第 6 期，原文署名赵东苹、李心华）

① 《列宁选集》第 4 卷，人民出版社 2012 年版，第 670 页。

② 《列宁选集》第 3 卷，人民出版社 2012 年版，第 492 页。

③ 《列宁选集》第 4 卷，人民出版社 2012 年版，第 454 页。

④ 《列宁专题文选 · 论社会主义》，人民出版社 2009 年版，第 387 页。

如何理解马克思的“重新建立个人所有制”?

我国提出在社会主义初级阶段建立公有制为主体、多种所有制经济共同发展的基本经济制度之后，一些人便试图从马克思主义经典作家那里寻找理论根据。诸如，有人对《共产党宣言》中所说的“共产党人可以把自己的理论概括为一句话：消灭私有制”作出“新的解释”。他认为：“未来社会的所有制，不是单一的公有制或私有制，而应当是私有制和公有制合理因素的辩证综合，体现出二者的‘杂交’优势。这可能更接近《资本论》的设想：在生产资料共同占有的基础上，重新建立个人所有制。这种新型所有制，在当代世界的股份制经济中已经初露端倪，而它的成熟和扩展则将是一个漫长的过程。”①

究竟如何理解马克思所说的“重新建立个人所有制”？在《资本论》中，马克思是这样说的：“从资本主义生产方式产生的资本主义占有方式，从而资本主义的私有制，是对个人的、以自己劳动为基础的私有制的第一个否定。但资本主义生产由于自然过程的必然性，造成了对自身的否定。这是否定的否定。这种否定不是重新建立私有制，而是在资本主义时代的成就的基础上，也就是说，在协作和对土地及靠劳动本身生产的生产资料的共同占有的基础上，重新建立个人所有制。”②马克思在这里明确指出，“重新建立个人所有制”，“不是重新建立私有制”。怎能从中得出“重新建立个人所有制”就是建立私有制和公有制“杂交”的“新型所有制”的结论呢？

1883 年 10 月 3 日，恩格斯在致劳拉·拉法格的信中指出：“把马克思的话同上下文割裂开来，就必然会造成误解或把很多东西弄得不大清楚。”遵照恩格斯的教导，现在，我们就从上下文来分析马克思的话。这段话的上一段话是：“资本的垄断成了与这种垄断一起并在这种垄断之下繁盛起来的生产方式的桎梏。生产资料的集中和劳动的社会化，达到了同它们的资本主义外壳不能相容的地

---

① 董德刚：《〈共产党宣言〉三个论断之辨析》，《科学社会主义》2011 年第 4 期。

② 《马克思恩格斯选集》第 2 卷，人民出版社 2012 年版，第 299～300 页。

步。这个外壳就要炸毁了。资本主义私有制的丧钟就要响了。剥夺者就要被剥夺了。”[①]这就是说，资本主义生产关系已经成为生产资料集中和劳动社会化的桎梏。剥夺剥夺者，消灭资本主义私有制，建立公有制的时刻就要到来了。

这段话的下一段话是：“以个人自己劳动为基础的分散的私有制转化为资本主义私有制，同事实上已经以社会的生产经营为基础的资本主义所有制转化为社会所有制比较起来，自然是一个长久得多、艰苦得多、困难得多的过程。前者是少数掠夺者剥夺人民群众，后者是人民群众剥夺少数掠夺者。”[②]这就是说，将资本主义私有制转化为社会所有制，就是人民群众剥夺少数掠夺者建立公有制的过程。可见，将马克思所说的“重新建立个人所有制”，解释为“重新建立私有制”，是一种严重的误解。

那么，“重新建立个人所有制”究竟指的是什么？现在，我们来看恩格斯的解释。《资本论》第 1 卷于 1867 年 9 月出版之后，遭到自命为社会主义信徒的杜林的猛烈攻击。他认为：马克思不依靠黑格尔的否定的否定，就无法证明社会革命的必然性，证明建立土地公有制和劳动所创造的生产资料的公有制的必然性；马克思在根据从宗教中抄袭来的这种荒唐类比创造自己的社会主义理论时，得出这样的结论：在未来的社会里，一种既是个人的又是社会的所有制，即黑格尔的被扬弃的矛盾的更高的统一，将占统治地位。“马克思先生安心于他那既是个人的又是社会的所有制的混沌世界，却让他的信徒们自己去解这个深奥的辩证法之谜。”[③]

在《反杜林论》中，恩格斯批驳了杜林的无端攻击。他说：“靠剥夺剥夺者而建立起来的状态，被称为重新建立个人所有制，然而是在土地和靠劳动本身生产的生产资料的社会所有制的基础上重新建立。对任何一个懂德语的人来说，这就是说，社会所有制涉及土地和其他生产资料，个人所有制涉及消费品。”[④]《反杜林论》在付印之前，恩格斯曾把全部原稿念给马克思听，而且政治经济学编的第十章就是马克思写的。因此，恩格斯的解释毫无疑义符合马克思的本意。在《资本论》中，马克思“为了使甚至六岁的儿童也能明白这一点”，设想了一个自由人联合体，他们用公共的生产资料进行劳动，并且自觉地把他们许多个人劳动力当作一个社会劳动力来使用，也就是设想了一个按社会主义原则组织起来的联合体。“这个联合体的总产品是一个社会产品。这个产品的一部分重新用做生

① 《马克思恩格斯全集》第 36 卷，人民出版社 1974 年版，第 67 页。
② 《马克思恩格斯全集》第 36 卷，人民出版社 1974 年版，第 67 页。
③ 《马克思恩格斯选集》第 3 卷，人民出版社 2012 年版，第 508 页。
④ 《马克思恩格斯选集》第 3 卷，人民出版社 2012 年版，第 509 页。

产资料。这一部分依旧是社会的。而另一部分则作为生活资料由联合体成员消费。因此,这一部分要在他们之间进行分配。"①马克思还假定,每个生产者在生活资料中得到的份额是由他的劳动时间决定的,即实行按劳分配的原则。可见,马克思在《资本论》中所说的"重新建立个人所有制",确凿无疑是指"重新建立生活消费品的个人所有制"。

马克思的这一思想,还见于他的其他著作。在《法兰西内战》中,马克思指出:"公社是想要消灭那种将多数人的劳动变为少数人的财富的阶级所有制。它是想要剥夺剥夺者。它是想要把现在主要用做奴役和剥削劳动的手段的生产资料,即土地和资本完全变成自由的和联合的劳动的工具,从而使个人所有制成为现实。"②马克思在这里说的巴黎公社要实现的"个人所有制",显然也是指在生产资料公有制的基础上建立的生活资料个人所有制。

这里顺便说一下,将股份制看作马克思所说的"重新建立个人所有制",也是没有道理的。股份制是一种企业财产组织形式,是资本运作形式,而不是生产资料所有制形式。恩格斯说:"生产资料的占有只能有两种形式:或者是个人占有,这一形式无论何时何地对于生产者来说都从来没有作为普遍形式存在过,而且一天天地越来越被工业的进步所排除;或者是公共占有,这一形式的物质的和精神的前提都已经由资本主义社会的发展本身造成了;所以,必须以无产阶级所拥有的一切手段来为生产资料转归公共占有而斗争。"③"社会主义的任务,不如说仅仅在于把生产资料转交给生产者公共占有。"④

还有人对马克思的这段话作了这样的"解读":马克思在这里说得很清楚,通过否定资本主义私有制重新建立的个人所有制,"不是重新建立私有制",而是"在协作和对土地及靠劳动本身产生的生产资料共同占有的基础上",重新建立的个人所有制,即每个社会成员都平等占有生产资料的所有制,简单地说,就是未来社会的生产资料公有制。我国理论界有些人,对马克思所说的"重新建立个人所有制",作了过度的解读,把本来十分清楚明白的问题弄得晦涩难懂。⑤ 其实,这个"解读",甚至把人搞得更糊涂了。重新建立个人所有制,就是建立生产资料公有制。如此说来,马克思这段话的意思就变成了:"在生产资料公有制的基础上,重新建立生产资料公有制。"这在逻辑上显然是自相矛盾的。

---

① 《马克思恩格斯选集》第 2 卷,人民出版社 2012 年版,第 126 页。

② 《马克思恩格斯选集》第 3 卷,人民出版社 2012 年版,第 102～103 页。

③ 《马克思恩格斯选集》第 4 卷,人民出版社 2012 年版,第 361～362 页。

④ 《马克思恩格斯选集》第 4 卷,人民出版社 2012 年版,第 363 页。

⑤ 参见赵家祥:《马克思恩格斯对未来社会基本特征的设想》,《马克思主义与现实》2014 年第 6 期。

总之，马克思主义创始人始终坚持社会主义社会的全部生产资料应归社会所有。马克思发现了唯物史观和剩余价值学说，彻底弄清了资本与劳动的关系，揭示了资本主义的生产方式使得生产者与生产资料相分离，资本家通过占有生产资料而无偿占有工人创造的剩余价值的秘密。这是资本主义得以生存的根本原因，也是无产阶级受剥削受奴役的根源。要消灭剥削，实现工人阶级的解放，就必须废除私有制，建立公有制。正如恩格斯所说：“马克思认为，现代的阶级对抗和工人阶级的处境恶化，起因于工人阶级被剥夺一切生产资料，其中当然也包括土地。”因此，“以马克思为代表的现代社会主义者要求土地应该共同占有，为共同的利益而共同耕种，对其他一切社会生产资料——矿山、铁路、工厂等等也是这样。”[①]唯其如此，马克思、恩格斯在《共产党宣言》中把共产党人的理论概括为一句话：消灭私有制。对于马克思、恩格斯的这句名言，继上文所述有人对其“重新解读”之后，近来又有人出来“澄清误解”。他说：“传统理论对此解读有一定误差，导致实践探索也走入误区。事实上，马克思、恩格斯主张消灭私有制，并非是从一般意义上笼统地谈论消灭私有制，而是指消灭资本主义条件下的私有制，消灭被少数人垄断的私有制。实践证明，社会主义在漫长的发展过程中，不可能是纯粹的国有制和集体所有制为代表的公有制‘一统天下’，发展非公有制经济绝不是不得已的权宜之计。”[②]这种“澄清”，真是叫人大开眼界：原来马克思、恩格斯只主张消灭资本主义条件下的私有制，消灭被少数人垄断的私有制，而不主张消灭“一般”的私有制。这才是对马克思、恩格斯思想的真正的误解。在《共产党宣言》中，马克思、恩格斯明确指出：“共产主义革命就是同传统的所有制关系实行最彻底的决裂。”无产阶级夺取政权之后，“将利用自己的政治统治，一步一步地夺取资产阶级的全部资本，把一切生产工具集中在国家即组织成为统治阶级的无产阶级手里，并且尽可能快地增加生产力的总量。”[③]“把一切生产工具集中在国家手里”是什么意思呢？这就是消灭一切私有制，实行全部生产资料公有制。在《共产党宣言》发表的同时，即 1848 年 2 月，马克思在《论波兰问题》的演说中指出：“共产主义否认阶级存在的必要性；它要消灭任何阶级，消除任何阶级的差别。”[④]消灭任何阶级和阶级差别，就意味着消灭任何生产资料私有制，包括“一般的”私有制，这是显而易见的道理。正如列宁所说：“消灭阶级不

① 《马克思恩格斯选集》第 4 卷，人民出版社 2012 年版，第 274 页。

② 王金柱：《重温列宁对社会主义发展非公有制经济的探索》，《中共中央党校学报》2014 年第 5 期。

③ 《马克思恩格斯选集》第 1 卷，人民出版社 2012 年版，第 421 页。

④ 《马克思恩格斯选集》第 1 卷，人民出版社 1972 年版，第 292 页。

仅意味着要驱逐地主和资本家……而且意味着要消灭小商品生产者。”[①]可见，所谓马克思、恩格斯主张只消灭资产阶级的私有制，而保护“一般的私有制”的说法，是没有根据的；在社会主义条件下重新建立生产资料个人所有制，也是不可想象的。

最后，需要强调指出的是，我们不能用现实去剪裁马克思主义。公有制为主体、多种所有制经济共同发展，是我国社会主义初级阶段的一项基本经济制度。中共十五大报告在阐述这一制度确立的根据时，明确指出这是由我国的社会主义性质和初级阶段国情决定的：社会主义经济制度必须以公有制为基础；社会主义初级阶段需要发展多种所有制经济来提高生产力。中共十八届三中全会通过的《中共中央关于全面深化改革若干重大问题的决定》进一步指出，公有制为主体、多种所有制经济共同发展的基本经济制度，是中国特色社会主义制度的重要支柱，也是社会主义市场经济体制的根基。公有制经济和非公有制经济都是社会主义市场经济的重要组成部分，都是我国经济社会发展的重要基础。但是须知，非公有制经济不是社会主义经济的组成部分，更不是社会主义社会的经济基础。改革开放以来，我们依据马克思主义的基本原则，从我国社会主义初级阶段的具体国情出发，提出了一系列正确的路线、方针、政策，形成了中国特色社会主义的理论体系，取得了社会主义建设事业的辉煌成就，为马克思主义理论，为国际共产主义运动，做出了重大贡献。但是，我们要像列宁对待无产阶级专政下的国家资本主义问题一样（列宁明确指出马克思没有说过无产阶级国家的国家资本主义，现在我们必须自己来找出路），没有必要用现实去剪裁历史，剪裁马克思主义，将新形势下产生的新理论，都溯源于马克思主义创始人的具体论述，对其作出牵强附会的“解读”。把马克思的“重新建立个人所有制”解释成“重新建立私有制”，为我国发展多种所有制经济寻找理论根据，这种做法既有损于马克思，也无益于我们自己，因而是不足取的。

---

① 《列宁选集》第4卷，人民出版社2012年版，第154页。

如何理解列宁的“对社会主义的整个看法根本改变了”?

近些年来,随着我国提出在社会主义初级阶段建立公有制为主体、多种所有制经济共同发展的基本经济制度,学界出现一种“新观点”,认为社会主义社会不是单一的公有制,“非公有制经济也是社会主义经济的一个组成部分”,并且试图从马克思主义经典作家那里寻找理论根据。列宁曾经说过的“我们对社会主义的整个看法根本改变了”,也不幸成为误解的对象。

1923年1月,列宁在《论合作社》一文中说:“现在我们有理由说,对我们来说,合作社的发展也就等于……社会主义的发展,与此同时我们不得不承认我们对社会主义的整个看法根本改变了。”①有人据此认为,实行新经济政策之后,列宁对社会主义社会所有制的看法根本改变了。“列宁对社会主义社会所有制结构和形式进行了开拓性的探索……一度构建了多种所有制经济共存的格局。”“新经济政策的实施,事实上承认了社会主义条件下还存在多种所有制形式,其中也包括私有制的经济成分。”②

这里涉及两个重要问题:一是列宁“对社会主义的整个看法根本改变了”,是不是对社会主义社会所有制的看法根本改变了;二是新经济政策的实施,是否意味着列宁承认社会主义社会存在多种所有制形式。

先看第一个问题。列宁曾明确指出,合作社也是国家资本主义的一种形式,所以它只能是小生产和社会主义之间的中间环节。但是,合作社便于把千百万居民以至全体居民联合起来,组织起来,而这种情况,从国家资本主义进一步过渡到社会主义的观点来看,是有好处的。列宁认为,自罗伯特·欧文以来所有的旧日合作社工作者都计划在不推翻剥削者阶级统治的情况下通过合作化来改造现代社会,这是彻头彻尾的幻想。而在无产阶级掌握着国家政权,国家支配着一

① 《列宁选集》第4卷,人民出版社2012年版,第773页。

② 参见王金柱:《重温列宁对社会主义发展非公有制经济的探索》,《中共中央党校学报》2014年第5期。

切大的生产资料的情况下，合作社的发展和社会主义的发展在方向上却是一致的。正是在这个意义上，列宁才说“合作社的发展也就等于社会主义的发展”。但是，列宁并不认为合作社本身就是社会主义的。这种认识，完全符合马克思主义。1886 年 1 月，恩格斯在致奥·倍倍尔的信中指出：“至于我提的关于在国有土地上建立生产合作社的建议……这件事无论同舒尔采-德里奇还是同拉萨尔都毫无共同之处。他们两个人提出建立小合作社，一个是靠国家帮助，另一个是不靠国家帮助；但他们两个人都认为，这些合作社不应占有现存的生产资料，而只是同现存的资本主义生产并列地建立新的合作生产。……至于在向完全的共产主义经济过渡时，我们必须大规模地采用合作生产作为中间环节，这一点马克思和我从来没有怀疑过。但事情必须这样来处理，使社会（即首先是国家）保持对生产资料的所有权，这样合作社的特殊利益就不可能压过全社会的整个利益。”[①]在这里，恩格斯也认为在生产资料公有制的基础上采用合作生产，是向社会主义经济过渡的“中间环节”。可见，列宁对合作社重要意义的强调并未改变他对社会主义社会所有制的看法。

那么，列宁所说的“对社会主义的整个看法根本改变了”，究竟是指什么呢？现在，我们根据上下文来分析列宁的话。在《论合作社》一文中我们所引的那段话的前面，列宁是这样说的：“毫无疑问，从当代的基本任务看来，我们是正确的，因为不进行争取国家政权的阶级斗争，社会主义就不能实现。但是你们看，现在国家政权既已掌握在工人阶级手里，剥削者的政权既已推翻，全部生产资料……既已掌握在工人阶级手里，情况就大不一样了。”而在我们所引的那段话的后面，列宁紧接着说：“这种根本的改变表现在：从前我们是把重心放在而且也应该放在政治斗争、革命、夺取政权等等方面，而现在重心改变了，转到和平的‘文化’组织工作上去了。如果不是因为国际关系，不是因为必须为我们在国际范围内的阵地进行斗争，我真想说，我们的重心转移到文化主义上去了。如果把国际关系撇开不谈，只就国内经济关系来说，那么我们现在的工作重心的确在于文化主义。”列宁讲得很明确，“我们对社会主义的整个看法根本改变了”，这里的“社会主义”不是指社会主义社会，而是指社会主义革命的重心。也就是说，列宁说的是“我们对社会主义革命重心的整个看法根本改变了”。过去重心是政治斗争、夺取政权，而今在工人阶级掌握国家政权和全部生产资料的情况下，重心变为经济建设和文化建设，即由政治革命转为社会革命，亦即由夺取资产阶级政权，建立无产阶级专政，转为变革资本主义经济制度，建立社会主义生产关系。这可谓

① 《马克思恩格斯选集》第 4 卷，人民出版社 2012 年版，第 580～581 页。

一个根本性的转变，但不是对社会主义所有制看法的改变。

这里顺便说一下，列宁所使用的“社会主义”概念，具有多重含义，其中当然包括“社会主义社会”。诸如，1920 年 4 月，列宁指出：“要使社会主义取得胜利，只打倒资本家是不够的，还必须消灭无产阶级与农民之间的差别。……只要还存在着工人和农民，社会主义就还没有实现。”[①]但是，列宁的“社会主义”，并不总是指“社会主义社会”。诸如，列宁在《论欧洲联邦口号》和《无产阶级革命的军事纲领》中所说的“一国首先胜利”的“社会主义”，指的就是“社会主义革命”。他说：“在一国取得胜利的社会主义决不能一下子根本排除一切战争。”[②]这里的“社会主义”指的就是社会主义革命，而且仅仅指无产阶级政治革命。因为在列宁看来，在社会主义社会里是不会有战争的。

再看第二个问题。苏俄由“战时共产主义”转向新经济政策，只是向社会主义过渡方式的转变，而不是列宁对社会主义的认识“发生重大转折”。“新经济政策”同“战时共产主义政策”一样，是过渡时期的政策，而不是社会主义社会的政策。1922 年 1 月，即实行“新经济政策”的第二年，列宁还说：“我们现在还只是在采取最初步骤从资本主义向社会主义过渡。”[③]国内战争结束以后，苏俄由战时共产主义政策转为新经济政策。其目的在于利用国家资本主义来发展社会生产力，提高劳动生产率，为社会主义奠定物质基础，并探索建设社会主义经济的真正途径。1921 年 12 月，列宁指出：“目前共产党和苏维埃政权在从资本主义向社会主义过渡的整个政策上实行特殊的过渡办法，在许多方面采取和以前不同的方式，用所谓‘新的迂回方法’来夺取一些阵地，实行退却，以便更有准备地再转入对资本主义的进攻。”[④]1922 年 3 月，列宁又指出：“我们还没有找到建设社会主义经济、建立社会主义经济基础的真正途径，但我们有找到这种途径的唯一办法，这就是实行新经济政策。”[⑤]列宁认为，实行新经济政策，就是利用国家资本主义来完成“提高生产力和恢复作为社会主义社会唯一基础的大工业的任务”，并探索建立社会主义经济基础的途径。列宁对于社会主义所有制的认识，并未随着新经济政策的提出而改变。他认为，经济上存在资本主义的和社会主义的成分、部分和因素，只是“我们有权利和有根据自称为苏维埃社会主义共和国的、从资本主义到社会主义的过渡时期”内才有的现象。1921 年 4 月，他在论

① 《列宁全集》第 38 卷，人民出版社 1986 年版，第 332 页。
② 《列宁选集》第 2 卷，人民出版社 2012 年版，第 722 页。
③ 《列宁选集》第 4 卷，人民出版社 2012 年版，第 621 页。
④ 《列宁选集》第 4 卷，人民出版社 2012 年版，第 619～620 页。
⑤ 《列宁选集》第 4 卷，人民出版社 2012 年版，第 660 页。

述新经济政策的意义及其条件的《论粮食税》一文中重申："看来，还没有一个专心研究俄国经济问题的人否认过这种经济的过渡性质。看来，也没有一个共产主义者否认过'社会主义苏维埃共和国'这个名称是表明苏维埃政权有决心实现向社会主义的过渡，而决不是表明现在的经济制度就是社会主义制度。"[①]"新经济政策"的实施，并未改变苏俄社会的经济结构。1918年，列宁曾指出过渡时期俄国社会经济结构中存在五种成分：(1)农民自然经济；(2)小商品生产；(3)私人资本主义；(4)国家资本主义；(5)社会主义。而在阐述"新经济政策"的《论粮食税》一文中，列宁明确指出："我国经济的基本成分仍然和从前一样。"[②]即列宁在1918年所列举的五种经济成分。列宁始终认为，社会主义经济制度是实现全部生产资料公有制的制度。而且，即使在实行新经济政策的过渡时期，列宁也坚持大生产资料的公有制。他指出，"新经济政策"根本改变了社会主义建设的方法和形式，但是，它并不改变土地及大生产资料的公有制和国家控制经济命脉的事实。他说："新经济政策没有从根本上改变苏维埃俄国社会制度方面的任何东西，只要政权还掌握在工人手里，就不可能有任何改变。"[③]余粮收集制改行粮食税后，并未改变合作社"占用的土地和使用的生产资料是属于国家即属于工人阶级的。"[④]而"租让是一种特殊的租借合同。根据合同，资本家在一定期限内是一部分国家财产的租借者，但不是所有者。所有权仍然属于国家"[⑤]。

总之，列宁一贯坚持社会主义经济就是公有制经济。早在1905年，列宁就指出："农民所希望的'土地平分'还远远不是社会主义。社会主义要求消灭货币的权力、资本的权力，消灭一切生产资料私有制，消灭商品经济。社会主义要求把土地和工厂交给按照总计划组织大生产（而不是分散的小生产）的全体劳动者。"[⑥]在这里，列宁明确表示，社会主义要求消灭一切生产资料私有制，实现全体劳动者公有制。1917年4月，列宁又指出："人类从资本主义只能直接过渡到社会主义，即过渡到生产资料公有和按每个人的劳动量分配产品。"[⑦]他把生产资料公有制和产品按劳分配看作社会主义的根本特征。确切些说，列宁将社会主义社会仅仅归结为公有制和按劳分配。他的这一观点，最终也没有改变。列宁认为，"社会主义就是消灭阶级"。"显然，为了完全消灭阶级，不仅要推翻剥削

① 《列宁选集》第4卷，人民出版社2012年版，第489～490页。
② 《列宁选集》第4卷，人民出版社2012年版，第500页。
③ 《列宁全集》第43卷，人民出版社1987年版，第290页。
④ 《列宁选集》第4卷，人民出版社2012年版，第772页。
⑤ 《列宁全集》第41卷，人民出版社1986年版，第238～239页。
⑥ 《列宁全集》第12卷，人民出版社1987年版，第75页。
⑦ 《列宁选集》第3卷，人民出版社2012年版，第64页。

者即地主和资本家，不仅要废除他们的所有制，而且要废除任何生产资料私有制，要消灭城乡之间、体力劳动者和脑力劳动者之间的差别”①。1921 年 3 月 27 日，即在俄共（布）第十次代表大会决定由战时共产主义政策转行新经济政策后，列宁还针对全俄运输工人代表大会的会场上出现的“工农王国万世长存”的标语批评道：“如果工农王国真的万世长存，那么也就永远不会有社会主义了，因为社会主义就是消灭阶级，而既然存在着工人和农民，也就存在着不同的阶级，因而也就不能有完全的社会主义。”②直到 1923 年 3 月，列宁在他的最后的论文《宁肯少些，但要好些》中还说：“我们的文明程度也还够不上直接向社会主义过渡，虽然我们已经具有这样做的政治前提。”③因此，根本不存在实行新经济政策之后，列宁对社会主义社会所有制的看法根本改变了的问题。所谓“列宁对社会主义社会非公有制经济的认识和探索经历了一个重大转变过程”，只是一个伪命题。

① 《列宁选集》第 4 卷，人民出版社 2012 年版，第 11 页。

② 《列宁全集》第 41 卷，人民出版社 1986 年版，第 121 页。

③ 《列宁选集》第 4 卷，人民出版社 2012 年版，第 796 页。

列宁并未改变马克思、恩格斯的社会主义革命观

传统观点认为，列宁在社会主义革命问题上改变了马克思、恩格斯的观点。这主要表现在两个方面：一是在社会主义革命的前提条件上，马克思、恩格斯主张只有发达国家才能发生革命，而列宁认为落后国家能够首先发生革命；二是在社会主义革命的历史进程上，马克思、恩格斯主张“同时胜利”论，而列宁则提出“一国胜利”论。笔者认为，这种观点疏于笼统概括而缺乏具体分析，因而不能准确反映马克思、恩格斯和列宁的社会主义革命观。

一、传统观点的由来

列宁改变了马克思、恩格斯的社会主义革命观的说法，来源于斯大林和联共(布)。1924年4月，斯大林在《论列宁主义基础》的讲演中提出了这种观点。关于第一方面，他说：“革命将在哪里开始呢？资本战线首先会在哪里，会在哪个国家内被突破呢？从前，通常都这样回答：在工业比较发达的地方，在无产阶级占多数的地方，在文化水平较高的地方，在民主成分较多的地方。列宁主义的革命论反驳说：不，不一定在工业比较发达等等的地方。资本战线将在帝国主义链条最薄弱的地方被突破，因为无产阶级革命是世界帝国主义战线的链条在其最薄弱的地方破裂的结果；而且开始革命的国家，突破资本战线的国家，也许是资本主义不大发达的国家，而其他资本主义比较发达的国家却仍然留在资本主义范围内。”[①]关于第二方面，他说：“从前认为革命在一个国家内胜利是不可能的，以为要战胜资产阶级就必须要有一切先进国家内或至少要有多数先进国家内无产者的共同发动。现在，这个观点已经不合乎实际情形了。现在必须从这种胜利是可能的出发，因为各种不同的资本主义国家在帝国主义环境内发展的不平衡性和跳跃性，帝国主义内部那些必然引起战争的灾难性矛盾的发展，世界各国革

① 《斯大林选集》上卷，人民出版社1979年版，第205～206页。

命运动的增长——所有这一切都使无产阶级在个别国家内的胜利不仅是可能的,而且是必然的。”①

1938 年出版的《联共(布)党史简明教程》则直接挑明了列宁与马克思、恩格斯的“对立”:“恩格斯和马克思在研究帝国主义以前的资本主义时得出结论说,社会主义革命不可能在单独一个国家内获得胜利,它只有在一切或大多数文明国家同时举行进攻的条件下才能获得胜利。这是在 19 世纪中叶说的。这个结论后来成了所有马克思主义者奉行的准则。但是,到 20 世纪初,帝国主义以前的资本主义已经转变成帝国主义阶段的资本主义,上升的资本主义已经变成垂死的资本主义。列宁从马克思主义理论出发,根据他对帝国主义阶段的资本主义的研究,得出结论说,恩格斯和马克思的旧公式已经不适合于新的历史形势,社会主义革命完全可能在单独一个国家内获得胜利。”②

新中国建立后,我国学界沿袭了斯大林和联共(布)的这一观点。20 世纪 80 年代出版的《科学社会主义原理》中如是说:“马克思、恩格斯曾认为,无产阶级社会主义革命不可能单独在一个国家内取得胜利,而只能在一切发达的资本主义国家,或至少在欧美几个主要资本主义国家同时进行,才能取得胜利。……马克思和恩格斯的结论在当时是正确的。但是,到了帝国主义阶段,随着资本主义国家经济政治发展不平衡的加剧,在这样的条件下,马克思和恩格斯的旧公式就不正确了,而必然要由一个新的公式来代替。列宁……公开地、明确地提出了社会主义将在一国或几国首先胜利的理论,从而创造性地发展了马克思主义。”③

时至今日,我国学界对这一问题的认识虽有所变化,但无根本改变。2009 年出版的《马克思主义基本原理概论》中说:“马克思、恩格斯曾经从自由竞争的资本主义时代条件出发,认为无产阶级革命至少将在几个主要的资本主义国家内同时发生。”他们“始终认为欧洲各国的经济政治发展联系紧密,相互之间影响很大,这样的革命决不是孤立进行的,虽然有先有后,但是基本上同处于一个历史阶段。”而“在列宁看来,帝国主义时代的无产阶级社会主义革命,将是由一国或数国首先胜利,然后波浪式地发展为全世界的胜利。列宁所提出的这个新论断,是以资本主义进入到帝国主义阶段经济政治发展不平衡规律为依据的,也是符合当时的实际情况的。”“这是列宁对马克思主义关于无产阶级革命学说的重

① 《斯大林选集》上卷,人民出版社 1979 年版,第 212～213 页。

② 联共(布)中央特设委员会编:《联共(布)党史简明教程》,人民出版社 1975 年版,第 392～393 页。

③ 中国人民大学科学社会主义系科学社会主义教研室编:《科学社会主义原理》,中国人民大学出版社 1983 年版,第 174 页。

大贡献。”[①]

概言之，传统观点认为，马克思、恩格斯处在自由资本主义时代，没有发现也不可能发现资本主义发展不平衡的规律，因此，他们主张社会主义革命将在发达资本主义国家“同时胜利”，这在当时是正确的；进入帝国主义时代之后，列宁发现了资本主义发展不平衡的规律，修正了马克思、恩格斯的过时的旧结论，提出了社会主义革命将在落后国家“一国胜利”的新理论，从而向前推进和发展了马克思主义。现在，我们就来分析这种观点是否符合历史的真情。

二、关于社会主义革命的前提条件

马克思、恩格斯是如何看待社会主义革命的前提条件的？要搞清这一问题，首先必须搞清两个基本概念：一是无产阶级政治革命，二是无产阶级社会革命。所谓无产阶级政治革命，即以无产阶级专政代替资产阶级专政的革命；所谓无产阶级社会革命，即以社会主义生产关系代替资本主义生产关系的革命。而社会主义革命包括政治革命和社会革命两个阶段。因此，研究社会主义革命的前提条件问题，首先必须确定研究对象是政治革命还是社会革命。需要指出的是，自马克思、恩格斯以来，“社会革命”在许多场合专指社会主义革命（包括政治革命和社会革命）。马克思在《法兰西内战》初稿中说：巴黎公社“是 19 世纪社会革命的开端”[②]。恩格斯在《法兰西阶级斗争》导言中说：我们“1848 年 2 月在巴黎所宣布的‘社会’革命即无产阶级革命”[③]。因此，他们所说的“开始社会革命”，即开始社会主义革命，亦即开始社会主义革命的第一阶段——政治革命。

1875 年初，马克思指出：“彻底的社会革命是同经济发展的一定历史条件联系着的；这些条件是社会革命的前提。因此，只有在工业无产阶级随着资本主义生产的发展，在人民群众中至少占有重要地位的地方，社会革命才有可能。”[④]马克思在这里讲的社会主义革命的前提，包括两个方面：一是经济条件——资本主义发展的一定程度，二是政治条件——无产阶级在人民群众中占有重要地位。社会主义革命之所以需要一定程度的资本主义，是因为社会主义革命发生的最深刻的根源，在于资本主义社会的基本矛盾，即生产的社会性和生产资料的资本主义占有形式之间的矛盾。而这种矛盾的激烈程度，却并不与生产力的发展水

① 本书编写组：《马克思主义基本原理概论》，高等教育出版社 2009 年版，第 215～217 页。

② 《马克思恩格斯选集》第 3 卷，人民出版社 1995 年版，第 94 页。

③ 《马克思恩格斯选集》第 4 卷，人民出版社 1995 年版，第 509 页。

④ 《马克思恩格斯选集》第 3 卷，人民出版社 1995 年版，第 287 页。

平成正比。1845年,马克思、恩格斯就指出:“按照我们的观点,一切历史冲突都根源于生产力和交往形式之间的矛盾。此外,不一定非要等到这种矛盾在某一国家发展到极端尖锐的地步,才导致这个国家内发生冲突。由广泛的国际交往所引起的同工业比较发达的国家的竞争,就足以使工业比较不发达的国家内产生类似的矛盾(例如,英国工业的竞争使德国潜在的无产阶级显露出来了)。”[①]他们认为,在生产力发展水平不如英法的德国,资本主义生产方式所固有的内在矛盾同样存在。这种矛盾的激化,就为社会主义革命准备了客观条件。

1848年欧洲革命时期,马克思曾预测英国将首先发生社会主义革命。大家知道,虽然英国是当时世界上最先进的资本主义国家,但它刚刚大体完成工业革命,生产力发展水平也不是很高。更为重要的是,1848年欧洲革命失败以后,马克思认为英国在一个时期内不会发生革命了。1850年,他在《法兰西阶级斗争》一文中,对英国和欧洲大陆国家在资本主义经济和无产阶级革命中的地位作了对比分析,得出结论说:“在大陆上,不论危机时期还是繁荣时期都比英国来得晚。最初的过程总是发生在英国;英国是资产阶级世界的缔造者。资产阶级社会经常反复经历的周期的各个阶段,在大陆上是以第二次和第三次的形式出现的。……因此,如果危机首先在大陆上造成革命,那么革命的原因仍然始终出在英国。在资产阶级机体中,四肢自然要比心脏更早地发生震荡,因为心脏得到补救的可能性要大些。”[②]他认为,法国、德国这些资本主义机体中的“四肢”国家,比英国这个资本主义机体中的“心脏”国家,会更早地发生无产阶级革命。1858年,马克思明确指出:欧洲大陆上即将发生社会主义性质的革命。[③] 而当时欧洲大陆各国,都没有完成工业革命,都还是小资产阶级占优势的国家,资本主义不能说是获得了充分发展,生产力不能说是高度发达的。

具体地说,社会主义革命能否发生,取决于资本主义社会基本矛盾的阶级表现,即资产阶级和无产阶级之间的阶级斗争的激烈程度。而这种阶级斗争激化的原因,却未必是生产力的高度发展。在这个问题上,恩格斯关于阶级斗争在大工业的发展时期比较剧烈,而在向大工业的过渡大体完成以后却平稳下来的思想,很值得我们深思却长期被人忽视。1892年,恩格斯指出:“阶级斗争在英国这里也是在大工业的发展时期比较剧烈,而恰好是在英国工业无可争辩地在世界上占据统治地位的时候沉寂下去的。在德国,1850年以来的大工业的发展也

① 《马克思恩格斯选集》第1卷,人民出版社1995年版,第115~116页。

② 《马克思恩格斯选集》第1卷,人民出版社1995年版,第470页。

③ 参见《马克思恩格斯全集》第29卷,人民出版社1972年版,第348页。

是和社会主义运动的高涨同时出现的，美国的情况大概也不会有什么两样。”[①]还在1884年，恩格斯就对德国和英法两国的资本主义发展情况和阶级斗争形势作了对比分析。他指出：英国和法国向大工业的过渡大体已经完成。相反，德国大工业的发展在1848年才开始。“你看看多有趣。正是德国的工业落后，给我们事业的进展帮了大忙。”[②]他认为，正是因为德国的大工业还处在发展时期，德国的工业落后，所以阶级斗争异常剧烈，特别促进革命事业的胜利。当然，他并不认为英法两国再不会有革命了，但是，再要反对资本主义生产，就需要新的更强大的推动力。

此外，马克思、恩格斯认为，社会主义革命能否发生，无产阶级能否夺取政权，除了看是否具有革命形势之外，还要看无产阶级的准备程度。他们把无产阶级的准备成熟看做社会主义革命的一个必要的先决条件。1870年，马克思指出：“英国人拥有进行社会革命的一切必要的物质前提。他们所缺乏的是总结的精神和革命的热情。”[③]所以，英国没有发生社会主义革命。而无产阶级准备成熟的主要标志，一是先进思想的武装，二是先进政党的领导。但是，由于社会意识的相对独立性，生产力发展水平不高，经济不大发达的国家，有可能比生产力发展水平较高，经济比较发达的国家更早地产生先进思想和先进政党。19世纪40年代，在经济比英法落后的德国，却产生了无产阶级最先进的思想体系——马克思主义；继而，在60年代，德国诞生了世界上第一个在一个民族国家范围内组织起来的无产阶级政党——德国社会民主工党。马克思、恩格斯后来之所以认为德国工人运动处于欧洲工人运动的前列，德国可能成为欧洲无产阶级第一次伟大胜利的舞台，就是因为德国工人阶级比英法工人阶级更懂得科学社会主义，德国无产阶级政党拥有英国人和法国人从来没有过的革命纲领。

总之，马克思、恩格斯认为，无产阶级政治革命，当然是需要一定的资本主义发展程度的，但无须资本主义的高度发展。巴黎公社革命爆发后，马克思在《法兰西内战》初稿中指出：“工人阶级知道，他们必须经历阶级斗争的几个不同阶段。他们知道，以自由的联合的劳动条件去代替劳动受奴役的经济条件，只能随着时间的推进而逐步完成（这是经济改造）……但是，工人阶级同时也知道，通过公社的政治组织形式，可以立即向前大步迈进，他们知道，为了他们自己和为了人类开始这一运动的时刻已经到来了。”[④]这就是说，社会主义经济变革的完成

① 《马克思恩格斯选集》第4卷，人民出版社1995年版，第716～717页。
② 《马克思恩格斯选集》第4卷，人民出版社1995年版，第668页。
③ 《马克思恩格斯全集》第16卷，人民出版社1964年版，第472页。
④ 《马克思恩格斯选集》第3卷，人民出版社1995年版，第98～99页。

和社会主义社会的建立,必须经历阶级斗争的几个不同阶段和漫长的历史发展过程;但是,无产阶级掌握政权,开始这一变革的时机已经成熟。而在当时,法国才刚刚大体完成工业革命,还主要是一个农民占多数的小资产阶级国家,不能说生产力达到高度发展,更不能说资本主义生产关系已经走到尽头;它的资本主义发展程度,甚至比十月革命时的俄国(当时已经进入帝国主义阶段)还要低。但是,马克思却认为,法国社会主义革命的客观条件已经成熟;他把巴黎公社失败的原因,仅仅归于公社领袖们的"过分诚实"和"仁慈"。

毋庸置疑,在马克思、恩格斯看来,无产阶级社会革命是与高度发展的生产力紧密相连的。如果按照"社会主义的实现意味着阶级的消灭和国家的消亡"的标准,那么,完成无产阶级社会革命,建立社会主义社会,确实需要极高的生产力发展水平。那么,怎样才能获取社会革命的这个前提条件呢?的确,马克思、恩格斯曾经设想过,生产力在资本主义制度下发展到了很高的水平;在这种条件下,无产阶级夺取政权之后,建立社会主义制度,也许会容易些。但是,他们并不认为,建立社会主义生产关系所需要的生产力,一定要在资本主义制度下创造出来;否则,就不应该进行社会主义革命。马克思之所以设想无产阶级政治革命完成后即无产阶级专政建立后,需要经过一个"长久阵痛"的过渡时期,才能进入社会主义社会,就是因为无产阶级在掌握政权以后,需要完成发展生产力和发展民主的艰巨任务,才能逐步实现无产阶级社会革命,建立社会主义制度。

现在,我们再来看一下,列宁是如何看待社会主义革命的前提条件的。

某些人认为列宁改变了马克思、恩格斯的社会主义革命观的主要理由,是二月革命胜利以后,列宁提出了落后的俄国由民主革命转变为社会主义革命的方针。自苏联解体以来,我国学界的一些人,从苏联社会主义的失败中得出了俄国当初就不该搞社会主义革命的结论。其实,在当时,第二国际的一些理论家,包括考茨基、普列汉诺夫等人,甚至布尔什维克党的一些领导人,如李可夫、加米涅夫等人,都认为列宁违背了马克思的社会主义革命观,提前搞了社会主义革命。笔者认为,这种观点是难以立足的。

二月革命胜利以后,资产阶级在俄国掌握了政权,标志着资产阶级民主革命已经完成,社会主义革命提上了俄国的日程。列宁号召布尔什维克积极利用革命形势,及时地将民主革命转变为社会主义革命。但是,在布尔什维克的四月代表会议上,李可夫却说,社会主义革命应当从其他工业比较发达的国家产生。列宁反驳说:这是不对的。人们常常根据这个前提作出以下的结论:俄国是一个落后的、农民的、小资产阶级的国家,因此根本谈不上社会革命。但是他们忘记了,战争使俄国处于特殊的境地。[①] 列宁认为，正是由于俄国是一个落后国家，所以战争带给它的困难就特别大，统治阶级的政治危机就特别严重，革命阶级反抗旧政府的革命群众行动就特别强烈，使得俄国首先开始了革命。

但是，列宁认为，比较落后国家首先开始社会主义革命，是需要具备一定的经济条件的。如今人们在谈论列宁的社会主义革命观时，往往忽略了他的这一重要思想。俄国是一个落后国家，但是须知，它是帝国主义阵营中的落后国家，不是世界范围内的落后国家。列宁在《大难临头，出路何在》以及其他许多著作中，都对俄国社会主义革命的经济前提进行了深刻分析。他指出，国家垄断资本主义在俄国达到了较高的发展水平，形成了社会调整生产和分配的机构。这就为俄国向社会主义革命的过渡，提供了基本的客观的物质前提。他说："帝国主义战争是社会主义革命的前夜。这不仅因为战争带来的灾难促成了无产阶级的起义（如果社会主义在经济上尚未成熟，任何起义也创造不出社会主义来），而且因为国家垄断资本主义是社会主义的最充分的物质准备，是社会主义的前阶，是历史阶梯上的一级，在这一级和叫作社会主义的那一级之间，没有任何中间级。"[②]在列宁看来，社会主义革命是从具有一定程度资本主义的比较落后的国家首先开始的；这些国家既不是世界上拥有发达资本主义的最先进的国家，也不是世界上还没有资本主义的最落后的国家。

1920 年 5 月，列宁《在尼·布哈林〈过渡时期经济学〉一书上作的批注和评论》中，针对布哈林"爆发革命的速度同资本主义关系的成熟和革命类型的程度成反比"的说法，指出世界社会主义革命的发展程度与资本主义的发展程度"不是成正比的"。他对布哈林关于"在一场巨大冲突中最稳定的体系，应当是具备帝国主义战争所需要的最发达的技术的体系"的论述，给予肯定。同时，对布哈林关于"世界资本主义体系的崩溃，是从最薄弱的、国家资本主义组织最不发达的国民经济体系开始的"以及"世界革命过程是从世界经济体系中那些发展水平最低的部分开始的，那里无产阶级比较容易取得胜利"的说法，做了纠正。他指出：革命不是从"最高的"，也不是从"最弱的"，而是从"比较薄弱的"体系开始的。"没有一定程度的资本主义，我们是什么也办不成的。"[③]在列宁看来，社会主义革命不会在经得住帝国主义战争打击的最发达的资本主义国家首先发生，而将从世界上"比较薄弱的"具有一定程度资本主义的国民经济体系首先开始并取得胜利。列宁的这一观点，与马克思关于在资本主义机体中，"四肢"国家会比"心

① 参见《列宁全集》第 29 卷，人民出版社 1985 年版，第 361、436 页。

② 《列宁选集》第 3 卷，人民出版社 1995 年版，第 266 页。

③ 《列宁全集》第 60 卷，人民出版社 1990 年版，第 316～317 页。

脏"国家更早地发生革命的观点,是完全一致的。

列宁的确说过:"如果没有战争,俄国也许会过上几年甚至几十年而不发生反对资本家的革命,但在有战争的情况下,这在客观上就不可能了。这时,要么是灭亡,要么是进行反对资本家的革命。问题就是这样摆着的。实际生活就是这样提出问题的。"[①]有人用列宁的这段话来证明十月革命是帝国主义战争的产物,而不是资本主义社会发展的结果。这是没有道理的。前文已述,俄国是在具备了社会主义革命的经济前提的情况下,以列宁为首的布尔什维克党,利用帝国主义大战给资产阶级政府造成的巨大困难和危机,领导工人阶级,联合贫苦农民和反战士兵,一举推翻资产阶级的统治,取得十月社会主义革命的伟大胜利的。这一伟大胜利,不是违背而是完全符合马克思主义的社会主义革命论。具体地说,列宁实践了马克思、恩格斯关于战争引起革命的思想。

众所周知,1870～1871 年的普法战争引起了巴黎公社革命。当时,就有人认为,法国不具备社会主义革命的前提条件,公社出于偶然性,没有成功希望。针对这种议论,马克思指出,偶然性本身自然纳入必然性之中,并且为其他偶然性所补偿。但是,历史发展的加速和延缓,在很大程度上是取决于这些"偶然性"的。他在 1871 年 4 月 6 日致威廉·李卜克内西的信中,批评国民自卫军中央委员会"愚蠢地不愿意开始内战,好像梯也尔力图用暴力解除巴黎武装并不是开始内战似的;好像只是为解决对普鲁士人的和战问题而召集起来的国民议会不曾立即对共和国宣战似的"[②]。他认为,无产阶级在可能取得政权的情况下而不举行起义,那是"愚蠢"的!

1891 年 10 月,恩格斯指出:如果没有战争,"旧的资产阶级社会还可以继续存在一段时间,直到外来的冲击使这座腐朽的大厦倒塌为止。这样一个腐朽陈旧的建筑物,当它实际上已经过期之后,如果风平气稳,也还可以支撑数十年"[③]。这段话与列宁说的如果没有战争,俄国也许会过上几十年而不发生社会主义革命何等相似!1918 年 6 月,列宁在《预言》一文中,引用了恩格斯 1887 年在《波克罕〈纪念德意志极端爱国主义者〉一书引言》中说的两段话,然后指出:"恩格斯清楚地认识到这个事实,特别慎重地说到在世界战争中灭亡的资本主义社会产生社会主义的问题。他说:'只有一个结果〈世界战争的〉是绝对没有疑问的,那就是普遍的衰竭和为工人阶级的最终胜利造成条件。'这种思想在我们所分析的这篇引言的末尾说得更加清楚:'……在悲剧结束时你们〈资本家和地主,

① 《列宁全集》第 30 卷,人民出版社 1985 年版,第 27～28 页。

② 《马克思恩格斯全集》第 33 卷,人民出版社 1973 年版,第 202 页。

③ 《马克思恩格斯全集》第 38 卷,人民出版社 1972 年版,第 186 页。

国王和资产阶级国家要人〉必将垮台,而无产阶级的胜利不是已经争得,就是终于不可避免。’”[①]他认为,恩格斯关于战争引起革命的预言,已经在俄国和其他一些国家得到了证实。可见,在这个问题上,列宁与马克思、恩格斯的观点也是完全一致的。

三、关于社会主义革命的历史进程

在社会主义革命的历史进程问题上,马克思、恩格斯主张“同时胜利”论,列宁主张“一个胜利”论,这在我国学界似乎已成定案。但是,笔者认为,这个结论也未能准确反映马克思、恩格斯和列宁的本来思想。

马克思、恩格斯主张社会主义革命“同时胜利”论,人们经常引以为据的,是下面的两段话。

1846 年,马克思、恩格斯在《德意志意识形态》中指出:“共产主义只有作为占统治地位的各民族‘一下子’同时发生的行动,在经验上才是可能的,而这是以生产力的普遍发展和与此相联系的世界交往为前提的。”[②]

1847 年,恩格斯在《共产主义原理》中回答第 19 个问题即“这种革命能不能单独在一个国家发生”的问题时说:“不能。……共产主义革命将不是仅仅一个国家的革命,而是将在一切文明国家里,至少在英国、美国、法国、德国同时发生的革命。”[③]

要准确理解马克思、恩格斯关于各国革命“同时发生”的观点,首先需要搞清楚的是,他们所说的“共产主义”或“共产主义革命”的含义。1848 年 2 月,马克思指出:“共产主义否认阶级存在的必要性;它要消灭任何阶级,消除任何阶级的差别。”[④]恩格斯在《共产主义原理》中,在回答第十八个问题即“这个革命的发展过程将是怎样的”问题时,从建立无产阶级的政治统治一直谈到消灭私有制。可见,他们所说的共产主义革命,不仅包括无产阶级夺取政权的政治革命,而且包括社会主义经济变革的社会革命;而他们认为完成了社会革命,就实现了无阶级无国家的社会主义社会。显然,这样的革命是不可能在一个国家内取得胜利的。因为任何一个国家都无法单独完成消灭私有制,消灭阶级和国家的共产主义变革;共产主义变革只有在至少是各主要国家的无产阶级都掌握政权以后才能得

① 《列宁选集》第 3 卷,人民出版社 1995 年版,第 555～556 页。
② 《马克思恩格斯选集》第 1 卷,人民出版社 1995 年版,第 86 页。
③ 《马克思恩格斯选集》第 1 卷,人民出版社 1995 年版,第 241 页。
④ 《马克思恩格斯全集》第 4 卷,人民出版社 1958 年版,第 535 页。

以实现，只有在至少是各主要国家的变革都实现以后才能得到保证。因此马克思、恩格斯关于共产主义革命"同时发生"的观点，不是各国无产阶级政治革命"同时胜利"的意思，而是各国无产阶级社会革命"同时胜利"的意思。当然，这个"同时"，不是"同一时间"，而是"同一时期"。

马克思、恩格斯认为，从社会主义最终胜利的意义上说，无产阶级革命必然是在各国"同时胜利"的。但是，这丝毫不意味他们主张无产阶级政治革命也必须在各国"同时胜利"，各国无产阶级必须同时夺取政权。恰恰相反，1848 年《共产党宣言》发表，特别是欧洲革命爆发以后，虽然他们也强调过社会主义的事业是国际的事业，强调过各国无产阶级团结战斗的重要性，但是，他们再也没有无产阶级革命将在各国"同时发生"之类的提法；他们更加重视的是各国无产阶级反对本国资产阶级的斗争，重视的是各国争取建立无产阶级政权的革命。这就是说，他们主张无产阶级社会革命的"同时胜利"，却并不否认无产阶级政治革命的"一国胜利"。

即使在 1848 年以前，马克思、恩格斯提出共产主义革命将在各国"同时发生"的观点时，也并未否认一国无产阶级能够首先夺取政权。就在《共产主义原理》中，恩格斯在说共产主义革命将是至少在英、美、法、德同时发生的革命这句话之后，紧接着说："在这些国家的每一个国家中，共产主义革命发展得较快或较慢，要看这个国家是否有较发达的工业，较多的财富和比较大量的生产力。因此，在德国实现共产主义革命最慢最困难，在英国最快最容易。"此前，他还说："如果现在英国或法国的工人获得解放，这必然会引起其他一切国家的革命，这种革命迟早会使这些国家的工人也获得解放。"①他认为，各国共产主义革命的发展和实现有快有慢，各国工人阶级的解放或早或迟；英国将先于德国和其他欧美国家取得革命的胜利，英法等国的工人阶级将先于世界其他国家的工人阶级获得解放。无产阶级夺取政权，开始共产主义变革的革命，不是在欧美各主要国家，更不是在全世界所有国家"同时胜利"的。

后来，马克思、恩格斯把这一思想表达得更加明确。在《共产党宣言》中，他们一方面说，"联合的行动，至少是各文明国家的联合的行动，是无产阶级获得解放的首要条件之一"②；另一方面又说，"每一个国家的无产阶级当然首先应该打倒本国的资产阶级。"③这就清楚地说明，马克思、恩格斯强调无产阶级解放斗争的国际性和共产主义革命胜利的世界性，决不是否定一国无产阶级首先打倒本

① 《马克思恩格斯选集》第 1 卷，人民出版社 1995 年版，第 234 页。

② 《马克思恩格斯选集》第 1 卷，人民出版社 1995 年版，第 291 页。

③ 《马克思恩格斯选集》第 1 卷，人民出版社 1995 年版，第 283～284 页。

国资产阶级的必要性，决不是否定一国无产阶级首先夺取政权的可能性。确切些说，马克思、恩格斯具有无产阶级政治革命“一国胜利”思想。

总之，马克思、恩格斯认为，要取得社会主义的最终胜利，需要全世界一切国家至少是各先进国家的共同努力；但是，一国可以首先取得无产阶级政治革命的胜利。1892 年，恩格斯在《〈社会主义从空想到科学的发展〉英文版导言》中，说了“欧洲工人阶级的胜利，不是仅仅取决于英国。至少需要英法德三国的共同努力，才能保证胜利”的话之后，紧接着说：“在德国，工人运动的胜利甚至指日可待了。……400 年前，德国曾是欧洲中间阶级第一次起义的出发点；依目前的形势来判断，德国难道不可能又成为欧洲无产阶级夺取第一次伟大胜利的舞台吗？”①由前后两部分组成的这一整段话，准确无误地表达了马克思、恩格斯在社会主义革命进程问题上的基本观点，即一国不能保证社会主义的最终胜利，但一国的无产阶级可以首先夺取政权，开始社会主义变革。

现在，让我们来看一下，在这个问题上列宁是否改变了马克思、恩格斯的观点。

1915 年 8 月，列宁在《论欧洲联邦口号》中指出：“经济和政治发展的不平衡是资本主义的绝对规律。由此就应得出结论：社会主义可能首先在少数甚至在单独一个资本主义国家内获得胜利。”②

1916 年 8 月，列宁在《无产阶级革命的军事纲领》中指出：“资本主义的发展在各个国家是极不平衡的。而且在商品生产下也只能是这样。由此得出一个必然的结论：社会主义不能在所有国家内同时获得胜利。它将首先在一个或者几个国家内获得胜利。”③

传统观点认为，这两段话，就是列宁在新的历史条件下，提出“一国胜利”论来代替已经过时的马克思、恩格斯的“同时胜利”论的证据。但是，人们往往忽略了一个十分重要的问题，即列宁在使用“社会主义”或“社会主义革命”的概念时，是否赋予它与马克思、恩格斯所使用的“共产主义”或“共产主义革命”同样的含义。笔者认为，一切误解概出于此。

那么，列宁在这两处所说的“一国首先胜利”的“社会主义”，含义是什么呢？它是指无产阶级政治革命，不是指无产阶级社会革命。这个以无产阶级夺取政权为标志的革命的胜利，并不包括完成社会主义经济变革的社会革命的胜利。

在《论欧洲联邦口号》中，列宁指出，政治革命只是社会主义革命过程中的

① 《马克思恩格斯选集》第 3 卷，人民出版社 1995 年版，第 718 页。
② 《列宁选集》第 2 卷，人民出版社 1995 年版，第 554 页。
③ 《列宁选集》第 2 卷，人民出版社 1995 年版，第 722 页。

“必不可免”的“一次行动”，而社会主义革命则是包括阶级斗争、国内战争和政治经济变革等等一系列内容的“一个时代”。在一国或几国首先获得胜利的无产阶级，必须利用无产阶级专政的民主共和国这种社会的政治形式，同非社会主义国家作斗争；只有通过比较长期而顽强的斗争，才能最终消灭阶级，实现社会主义在全世界各民族中的完全胜利。在《无产阶级革命的军事纲领》中，列宁指出，社会主义在一国或几国首先获得胜利之后，其余的国家在一段时间内将仍然是资产阶级的或资产阶级以前的国家。这就必然引起其他各国资产阶级力图打垮社会主义国家中胜利的无产阶级的直接行动。因此，社会主义国家必须进行反对其他各国资产阶级进攻的自卫战争，为争取社会主义，争取全人类的解放而继续斗争。“恩格斯在 1882 年 9 月 12 日给考茨基的信中直接承认已经胜利了的社会主义有进行‘自卫战争’的可能性，他说得完全正确。他指的正是胜利了的无产阶级进行自卫以反对其他各国的资产阶级。”①显然，这里说的“一国胜利”，只是政治革命的胜利。而且列宁认为，自己的观点与恩格斯的观点是一致的。

十月革命胜利以后，列宁仍然坚持这样的观点，即推翻资产阶级、夺取政权意义上的社会主义革命，在几国同时发生是“罕有的例外”，在一国单独发生才是“典型的情况”。他认为，十月革命的胜利，就是在一国内获得的推翻资产阶级意义上的社会主义革命的胜利。1917 年 12 月，列宁明确指出：俄国的被剥削劳动阶级，“10 月 25 日开始进行推翻资产阶级的社会主义革命”②。“工人、农民和士兵所完成的十月革命，毫无疑问，是社会主义革命。”③但是，他同时又认为，在一国内不能全部完成社会主义革命，不能取得消灭国际资本意义上的社会主义的最终胜利。1918 年 4～5 月间，列宁指出：“我们只有最后彻底地粉碎凭借技术和纪律的巨大力量支持的国际帝国主义，才能取得最终的胜利。而且我们只有同世界各国的工人一道才能取得胜利。”④“我们单靠自己的力量是不能在一个国家内全部完成社会主义革命的。”⑤

列宁认为，在俄国爆发的社会主义革命，仅仅是世界社会主义革命的开始。他最初预想，俄国革命发生后，西方先进国家的革命也将在一个不太长的时间内相继发生；如果没有西方先进国家革命的支持，俄国的无产阶级政权将难以长期存在下去，社会主义建设事业的胜利更是无从设想。但是，列宁曾多次说过的俄

① 《列宁选集》第 2 卷，人民出版社 1995 年版，第 722 页。
② 《列宁选集》第 3 卷，人民出版社 1995 年版，第 366 页。
③ 《列宁全集》第 33 卷，人民出版社 1985 年版，第 168 页。
④ 《列宁全集》第 34 卷，人民出版社 1985 年版，第 219 页。
⑤ 《列宁全集》第 34 卷，人民出版社 1985 年版，第 357 页。

国革命的胜利有赖于西方革命支援的话，只是从归根结底的意义上说，从社会主义最终胜利的意义上说，俄国革命必须同西方革命联系起来，决不能从中引申出列宁在十月革命胜利以后认为苏俄不能保持无产阶级政权，不能进行社会主义改造和社会主义建设的结论。1919 年 10 月，列宁指出："从无产阶级专政的基本经济问题来看，共产主义战胜资本主义在我国是有保证的。全世界资产阶级之所以疯狂地拼命地反对布尔什维主义，组织军事进攻，策划阴谋活动等等来反对布尔什维克，正是因为他们十分清楚，若不用武力把我们压倒，我们就必然会在改造社会经济方面获得胜利。但资产阶级要想这样把我们压倒是办不到的。"①他认为，苏俄在军事上不会被敌人压倒，在社会主义改造和社会主义建设上也必然取得胜利。列宁的这一思想，与恩格斯关于社会主义变革只能"逐步地实行"，只能"先是单个国家""在实行全部生产资料公有制的基础上组织生产"②的思想，是完全一致的。

但是，列宁并未提出俄国一国能够建成完全的社会主义社会的结论。他认为，"完全组织起社会主义社会"，即"获得最终胜利"③；而俄国一国是不能取得社会主义的最终胜利的。1918 年 5 月，列宁指出："我知道，当然有一些自以为很明智、甚至自称为社会主义者的聪明人，他们硬说在一切国家爆发革命以前不应夺取政权。他们没有料到他们这样说就是脱离革命而转到资产阶级方面去了。要等待劳动者阶级完成国际范围的革命，那就是要大家在等待中停滞不前。这是荒谬的。革命的困难是大家都知道的。革命在一个国家虽以辉煌的成就开始，但以后可能要经历痛苦的时期，因为只有在全世界范围内，只有靠各国工人的共同努力，才能够最终取得胜利。"④这段话，准确无误地表达了列宁在社会主义革命进程问题上的基本观点，即一国可以取得夺取政权意义上的社会主义革命的胜利，可以开始社会主义的经济变革，但不能建成完全的社会主义社会，不能取得社会主义的最终胜利；要取得社会主义的最终胜利，只有在全世界的范围内，只有靠各国工人阶级和劳动群众的共同努力。这一观点，与上文提到的恩格斯在 1892 年《〈社会主义从空想到科学的发展〉英文版导言》中所阐述的观点，并无二致。

总之，如果从社会主义最终胜利的意义上讲，那么马克思、恩格斯和列宁都是"同时胜利"论者；如果从无产阶级政治革命的意义上讲，那么马克思、恩格斯

① 《列宁选集》第 4 卷，人民出版社 1995 年版，第 62 页。

② 《马克思恩格斯选集》第 4 卷，人民出版社 1995 年版，第 693 页。

③ 《列宁全集》第 36 卷，人民出版社 1985 年版，第 294 页。

④ 《列宁全集》第 34 卷，人民出版社 1985 年版，第 313 页。

和列宁又都是“一国胜利”论者。列宁的“一国胜利”论与马克思、恩格斯的“同时胜利”论不是对立的，而是一致的。因此，事实上并不存在列宁在帝国主义条件下用“一国胜利”的新理论代替马克思、恩格斯“同时胜利”的旧观点的问题。而列宁本人，向来也未认为自己用新结论代替了过时的旧结论；他认为马克思、恩格斯说得“完全正确”，无须修正。

四、列宁的新贡献

我们说列宁没有改变马克思、恩格斯的社会主义革命观，并不意味列宁在社会主义革命问题上没有新贡献；恰恰相反，列宁在新的条件下，根据马克思主义的基本观点，总结社会主义革命的历史经验，明确提出了一些新思想，向前推进了马克思主义。

列宁的新贡献，主要表现在以下两个方面：

第一，在社会主义革命的前提问题上，列宁明确提出可以改变通常的历史顺序，在比较落后国家首先开始社会主义革命的新思想。

1854 年，马克思指出：“英国工人阶级既然创造了现代工业的无穷无尽的生产力，也就实现了解放劳动的第一个条件。现在它应当实现解放劳动的第二个条件。它应当把这些生产财富的力量从垄断组织的无耻的枷锁下解放出来，使它们受生产者的集体监督。”[①]这里的“第一个条件”，即实现社会主义的经济前提，指的是资本主义时代创造的社会化生产力；这里的“第二个条件”，即实现社会主义的政治前提，指的是无产阶级夺取政权，剥夺剥夺者。列宁坚持了马克思关于社会主义经济前提的观点，并在新的历史条件下提出了新的思想。

在俄国开始的社会主义革命，遭到第二国际和俄国的机会主义者的责难。他们认为，俄国还没有实现社会主义的客观的经济前提，因此不应该实行社会主义革命。列宁反驳说：“世界历史发展的一般规律，不仅丝毫不排斥个别发展阶段在发展的形式或顺序上表现出特殊性，反而是以此为前提的。”[②]而俄国革命的特殊性的重要表现，就在于俄国可以改变通常的历史顺序，即在马克思所说的“第一个条件”尚不具备的情况下，首先创造“第二个条件”，然后再去发展“第一个条件”。针对苏汉诺夫等人把“俄国生产力还没有发展到足以实现社会主义的水平”的论点当作口头禅，反对俄国实行社会主义革命，列宁指出：“你们说，为了

---

① 《马克思恩格斯全集》第 10 卷，人民出版社 1962 年版，第 134 页。

② 《列宁选集》第 4 卷，人民出版社 1995 年版，第 776 页。

建立社会主义就需要文明。好极了。那么,我们为什么不能首先在我国为这种文明创造前提,如驱逐地主,驱逐俄国资本家,然后开始走向社会主义呢?你们在哪些书本上读到过,通常的历史顺序是不容许或不可能有这类改变的呢?”①列宁批判了那种认为俄国经济力量和政治力量不相适应,因而本来就不应当夺取政权的观点。他指出:既然特殊的历史环境创造了俄国无产阶级掌握政权的条件,那么,布尔什维克就应该努力争取夺得政权。“任何政党,特别是先进阶级的政党,如果在可能取得政权的时候拒绝夺取政权,那它就没有权利存在下去,就不配称为政党,就任何意义上来说都是渺小的无用之辈”②。

但是,列宁关于可以变更社会主义经济前提和政治前提的创造顺序的思想,丝毫不包含否定社会主义经济前提的意思。他始终认为,社会主义唯一的物质基础,就是机器大工业,是社会化大生产;而在小生产的基础上是不能建立起社会主义制度的。比较落后国家在无产阶级夺取政权并大体上和基本上镇压了剥削者的反抗之后,应该把经济文化建设放在首要地位,大力发展生产力,为社会主义奠定物质基础。

第二,在社会主义革命的进程问题上,列宁结合资本主义发展不平衡规律,明确提出了社会主义革命“一国胜利”论,并在此基础上提出了一国建成社会主义社会的基础,即建立社会主义基本制度的新思想。

如前所述,列宁在“一战”期间提出“一国胜利”论时,明确指出,社会主义革命将首先在一个或者几个国家内获得胜利,是根据资本主义发展的不平衡规律得出的“必然的结论”。需要指出的是,列宁与斯大林不同,他并不认为马克思、恩格斯没有发现也不可能发现资本主义发展的不平衡,而是认为经济政治发展的不平衡是资本主义的绝对规律,“而且在商品生产下也只能是这样”。因此,由资本主义发展不平衡规律得出的“一国胜利”论,适用于包括自由竞争阶段在内的整个资本主义时代。列宁说得完全正确。马克思、恩格斯虽然没有把资本主义发展的不平衡作为规律提出来,但是,他们在许多场合都谈到了资本主义发展不平衡的事实。恩格斯甚至从资本主义发展的不平衡中看到了各国工人运动发展的不平衡。③

1916年,列宁指出:“当前的问题是各资本主义国家按照新的力量对比重新瓜分世界,这些资本主义国家最近几十年来不但发展异常迅猛,而且特别重要的是——发展极不平衡。在资本主义社会关系的基础上,这种对世界的重新瓜分

① 《列宁选集》第4卷,人民出版社1995年版,第778页。

② 《列宁全集》第32卷,人民出版社1985年版,第283页。

③ 参见《马克思恩格斯全集》第39卷,人民出版社1974年版,第86~87页。

不通过战争和暴力是不行的。客观形势不容许用改良主义的办法来解决已经激化了的矛盾，除了一系列帝国主义战争或无产阶级的社会主义革命，没有任何别的出路，而为社会主义革命的胜利创造了条件的正是这个帝国主义时代。”[①]列宁认为，帝国主义各国发展不平衡，力量对比发生重大变化，新兴的比较强的帝国主义国家要得到老而弱的帝国主义列强享有的特权，必然导致重新瓜分世界的战争，从而为社会主义革命的胜利创造了条件。

“一战”爆发后，列宁批判了社会沙文主义者为支持本国政府进行帝国主义战争而宣扬的“保卫祖国”的口号，针锋相对地提出了“变帝国主义战争为国内战争”和“使自己的政府在帝国主义战争中失败”的口号，号召各国无产阶级利用战争所造成的革命形势来加速资本主义的崩溃。列宁指出，战时的革命就是国内战争；而在资本主义国家所进行的国内战争，就是无产阶级反对资产阶级的社会主义革命。但是，由于各国经济和政治发展的不平衡，包括各国无产阶级革命力量和准备程度发展的不平衡，所以社会主义革命不能在所有资本主义国家内同时获得胜利，而只能在少数甚至在单独一个资本主义国家内首先获得胜利。列宁的这一结论，继承并发展了马克思、恩格斯的“一国胜利”思想。

列宁在革命进程问题上的最大贡献，在于提出了一国建成社会主义社会的基础的新思想，向前推进了“一国胜利”论。

1920年底，俄国国内战争结束，敌我双方都既没有获得胜利，也没有遭到失败。战争证明，即使在全世界社会主义革命延迟爆发的情况下，无产阶级政权和苏维埃共和国也能够存在下去。这就为“认真地”进行社会主义建设提供了政治保障。在这种条件下，如果能够建立起在现代技术基础上的大机器工业，为社会主义提供了经济保障，那么，俄国就能够建成社会主义社会的基础。列宁全面考察了国际国内的新形势，指导苏维埃俄国制定了社会主义建设的长期规划，实行了由战时共产主义政策向新经济政策的转变。在此基础上，列宁不断总结经验，并展望了世界无产阶级革命和俄国社会主义建设的可能的前途，最终形成了俄国一国率先进行并基本完成社会主义经济变革，建成社会主义社会的基础，即建立社会主义的基本经济制度和基本政治制度的新思想。

但是，即使至此，列宁也未提出俄国一国能够建成完全的社会主义社会的结论。1921年，列宁指出：“按事情本质来说，要想在一个国家内彻底战胜资本是不可能的。资本是一种国际力量，要想彻底战胜它，工人在国际范围内也必须共同行动起来。自从1917年我们同俄国资产阶级共和政府作斗争时起，自从

① 《列宁文稿》第2卷，人民出版社1978年版，第277页。

1917 年末我们建立了苏维埃政权时起，我们就经常地、不止一次地向工人指出，我们根本的、主要的任务和取得胜利的基本条件就是至少要把革命扩展到几个最先进的国家中去。”[①]列宁认为，要取得社会主义的最终胜利，至少需要几个先进国家的工人的共同努力，这是“马克思主义的一个起码的真理”。

综上所述，列宁与马克思、恩格斯的社会主义革命观是一致的。在社会主义革命的前提问题上，他们都认为，无须资本主义的高度发展，但必须有一定程度的资本主义，才能开始社会主义革命；在社会主义革命的进程问题上，他们都认为，无产阶级政治革命可以在一国或几国首先取得胜利，但要取得社会主义的最终胜利即完全组织起社会主义社会，则需要全世界无产者至少是各先进国家无产者的共同努力。列宁在社会主义革命问题上的新贡献，一是明确提出可以改变通常的历史顺序，在比较落后国家首先开始社会主义革命的新思想；二是在“一战”期间，结合资本主义发展不平衡规律，明确提出社会主义革命“一国胜利”论，并在俄国国内战争结束后，根据国际国内的新形势，提出俄国一国可以基本完成社会主义的经济变革，建成社会主义社会的基础即社会主义基本制度的新思想，从而向前推进了“一国胜利”论。

（原载《社会主义研究》2011 年第 6 期，原文署名江淑丽、李心怡）

① 《列宁全集》第 40 卷，人民出版社 1986 年版，第 318～319 页。

马克思、恩格斯是如何看待社会主义革命的前提条件的?

马克思、恩格斯是如何看待社会主义革命的前提条件的？对此，学术界长期存在着这样一种观点，即马克思、恩格斯认为只有在资本主义经济高度发展的基础上，无产阶级才能进行胜利的革命斗争；而在“资本主义生产关系还未走到尽头，还有发展的余地”的情况下，无产阶级革命即使取得胜利，也只能是暂时的胜利，巴黎公社革命的失败，就是最好的证明。[①] 这一观点，在苏联东欧发生剧变之后更加盛行起来。有人著文称，“马克思确认社会主义革命为资本主义充分发展之后的‘自然史过程’的结果”，“依据经典马克思主义的理论，在资本主义没有获得充分发展、经济文化落后的国度里是不可能建立起社会主义社会的”；而列宁提出的“先革命，后建设”的思路，则是一种“倒过来的革命”模式，这一道路在苏联自始至终的历程中都证明无法超出低水平的“现实社会主义”，因此失败是不可避免的。[②] 笔者则认为，这种观点疏于笼统概括而缺少具体分析，甚至连基本概念都没有搞清楚，因而不能准确反映马克思、恩格斯的本来思想。

一

我们要讨论社会主义革命的前提条件问题，首先必须搞清两对基本概念：一是“社会主义革命”与“社会主义社会”，二是“无产阶级政治革命”与“无产阶级社会革命”。搞不清这两对基本概念，将社会主义革命的前提条件与社会主义社会的前提条件混为一谈，将无产阶级政治革命的前提条件与无产阶级社会革命的前提条件混为一谈，是不可能搞清社会主义革命的前提条件问题的。前文所引“在资本主义没有获得充分发展、经济文化落后的国度里是不可能建立起社会主

① 参见丁云本：《马克思恩格斯理论的历史发展》，求实出版社 1984 年版，第 98～111 页。

② 参见张光明：《略论“倒过来的革命”》，《社会主义研究》2009 年第 5 期。

义社会的，而第二国际理论家们也正是从这一基本原理中引申出了对布尔什维克革命的所有批评”的说法，即混淆了这两对基本概念，从而混淆了这两个不同的问题。“布尔什维克革命”（十月革命）是社会主义革命，更准确一点讲，是无产阶级政治革命。将在一个国家内不能建成社会主义社会的问题，变成在一个国家内不能进行无产阶级政治革命的问题，怎么能得出正确结论呢？按照这种说法，在一个资本主义获得充分发展、经济文化先进的国度里，就能建立起社会主义社会，这是马克思主义的“基本原理”。实际上，这种说法是根本违背马克思主义的基本原理的。社会主义的最终胜利，即建成完全的社会主义社会，只能是全世界所有国家至少是各主要国家的“同时胜利”，任何单独一国都不能完成这个任务，这才是马克思主义的基本原理。依据这一原理，如果把社会主义革命的胜利看成社会主义社会的完全建成，那么，任何一个国家都不能取得社会主义革命的胜利。因此，讨论这一问题也就变得毫无意义。但是，社会主义社会的“同时建成”，并不意味社会主义革命必须“同时胜利”；相反，社会主义革命只能走一条从一国胜利到多国胜利再到全世界胜利的道路。这样，讨论社会主义革命的前提条件问题，才具有重大的理论价值和实际价值。

现在，我们就来解释这两对基本概念。所谓“社会主义社会”，即马克思所说的“共产主义社会第一阶段”。它的基本特征是：在生产力上，它是以社会化的大生产为物质前提的；在生产关系上，它实现了全部生产资料的全社会所有制，实行了各尽所能、按劳分配的原则；在上层建筑上，它消灭了一切阶级从而导致了国家消亡。但是，马克思所说的这些基本特征，只有在社会主义社会“同时建成”的情况下才能具备。而在现实中，由于世界上只有少数国家走上社会主义道路，这些国家在革命前又大多是比较落后的国家，所以马克思设想的社会主义社会的一些特征，比如国家消亡、全部生产资料全社会所有制等等，不可能立即实现。但是，以生产资料公有制为基础的社会主义基本经济制度，以无产阶级专政为基础的社会主义基本政治制度，却是还没有“同时建成”以前任何一个社会主义社会所不能缺少的；而公有制又必须以高度发展的生产力为前提，无产阶级专政又必须以高度发展的民主为前提。这就意味着社会主义革命（政治革命）胜利以后，必须经过一个相当长的“过渡时期”，为社会主义社会创造必要的经济前提和政治前提，才能完成社会主义的经济变革（社会革命），进入社会主义社会。

那么，什么是社会主义革命呢？社会主义革命（亦称“无产阶级革命”）是无产阶级领导劳动人民推翻资产阶级统治，建立无产阶级专政，消灭资本主义制度，建立社会主义制度的革命。社会主义革命与以往的一切革命根本不同：它在开始发生时，旧社会的内部并不具备新的生产关系。因此，社会主义革命面临两个方面的变革任务:一是推翻资产阶级的统治,建立无产阶级的政权;二是消灭资本主义的生产关系,建立社会主义的生产关系。这就是说,社会主义革命具有政治革命和社会革命两个方面的含义。正如列宁所说,社会主义革命包括以"无产阶级专政代替资产阶级专政的政治革命"[①]和"以社会主义生产关系代替资本主义生产关系"的"社会革命"[②]两个阶段。这就意味着社会主义革命的前提条件问题,包括政治革命的前提条件和社会革命的前提条件这样两个不同的问题。而认为巴黎公社革命和俄国十月革命不具备社会主义革命的前提条件的观点,实际上说的是它们不具备无产阶级政治革命的前提条件。这里需要指出的是,自马克思、恩格斯以来,"社会革命"在许多场合专指社会主义革命(包括政治革命和社会革命)。恩格斯在《法兰西阶级斗争》导言中说:我们"1848 年 2 月在巴黎所宣布的'社会'革命即无产阶级革命"[③]。马克思在《法兰西内战》初稿中也说:巴黎公社"是 19 世纪社会革命的开端"[④]。因此,他们所说的"开始社会革命",即开始社会主义革命,亦即开始社会主义革命的第一阶段——政治革命。

二

厘清概念,言归正传。现在,我们就来讨论马克思、恩格斯究竟是如何看待无产阶级政治革命的前提条件的。

1874 年,马克思指出:"彻底的社会革命是同经济发展的一定历史条件联系着的;这些条件是社会革命的前提。因此,只有在工业无产阶级随着资本主义生产的发展,在人民群众中至少占有重要地位的地方,社会革命才有可能。"[⑤]这就是说,社会主义革命在资本主义发展到一定程度时才可能发生。因为社会主义革命发生的最深刻的根源,在于资本主义社会的基本矛盾,即生产的社会性和生产资料的资本主义占有形式之间的矛盾。正如马克思所说:"只有在现代生产力和资产阶级生产方式这两个要素互相矛盾的时候,这种革命才有可能。"[⑥]马克思、恩格斯通过对资本主义社会的透彻分析得出结论:随着资本主义的发展,生产力将强大到生产资料私有制的生产关系所不能适应的程度;也就是说,资本主

① 《列宁选集》第 1 卷,人民出版社 1995 年版,第 333 页。
② 《列宁全集》第 29 卷,人民出版社 1985 年版,第 483 页。
③ 《马克思恩格斯选集》第 4 卷,人民出版社 1995 年版,第 509 页。
④ 《马克思恩格斯选集》第 3 卷,人民出版社 1995 年版,第 94 页。
⑤ 《马克思恩格斯选集》第 3 卷,人民出版社 1995 年版,第 287 页。
⑥ 《马克思恩格斯选集》第 1 卷,人民出版社 1995 年版,第 470～471 页。

义生产关系将容纳不下它所创造的巨大生产力而成为生产力继续发展的障碍和桎梏。到这个时候，社会主义革命就要发生了。他们认为，在通常情况下，资本主义社会基本矛盾的激化，是由于生产力的巨大发展造成的；但是，这并不排除另外一种情况，即生产力的发展水平不是很高，却与资本主义的生产关系发生矛盾并可能导致矛盾激化。这就是说，资本主义社会生产力与生产关系之间发生矛盾的激烈程度，并不与生产力的发展水平成正比。他们在《德意志意识形态》中指出："按照我们的观点，一切历史冲突都根源于生产力和交往形式之间的矛盾。此外，不一定非要等到这种矛盾在某一国家发展到极端尖锐的地步，才导致这个国家内发生冲突。由广泛的国际交往所引起的同工业比较发达的国家的竞争，就足以使工业比较不发达的国家内产生类似的矛盾（例如，英国工业的竞争使德国潜在的无产阶级显露出来了）。"[①]他们认为，在生产力发展水平不如英法的德国，资本主义生产方式所固有的内在矛盾同样存在。而且，在资本主义发展程度较低的专制制度下的德国，比在资本主义发展程度较高的民主制度下的英国，这种矛盾更容易激化，这就为社会主义革命准备了客观条件。

具体地说，社会主义革命能否发生，取决于资本主义社会基本矛盾的阶级表现，即资产阶级和无产阶级之间的阶级斗争的激烈程度。而这种阶级斗争激化的原因，却不一定是生产力的高度发展。1848年欧洲革命时期，马克思、恩格斯就曾经预测英国将首先发生社会主义革命。马克思指出：英国"是现代资产阶级社会的矛盾，即资产阶级和无产阶级之间的阶级斗争充分发展和极端尖锐的国家。……先于其他任何国家解决问题和消灭矛盾是英国的使命"[②]。大家知道，虽然英国是当时世界上最先进的资本主义国家，但它刚刚大体完成工业革命，生产力发展水平也不是很高，根本不能与当今世界上的先进资本主义国家（比如美国、日本和西欧诸国）相比，甚至不能与当初发生胜利的社会主义革命的一些国家（比如东德、捷克）相比。

更为重要的是，1848年欧洲革命失败以后，马克思、恩格斯认为英国在一个时期内不会发生革命了。相反，1858年，马克思却指出：欧洲大陆上即将发生社会主义性质的革命。[③] 而当时欧洲大陆各国，都没有完成工业革命，都还是小资产阶级主要是农民占优势的国家，资本主义不能说是获得了充分发展，生产力不能说是发达的。但是，起初在法国，后来在德国，无产阶级反对资产阶级的斗争却相当激烈。马克思、恩格斯在不同场合，曾分别预言过这些国家社会主义革命的胜利。

---

① 《马克思恩格斯选集》第1卷，人民出版社1995年版，第115～116页。

② 《马克思恩格斯全集》第6卷，人民出版社1961年版，第89～90页。

③ 参见《马克思恩格斯全集》第29卷，人民出版社1972年版，第348页。

特别应该指出的是，人们在谈论马克思、恩格斯对社会主义革命前提条件的认识时，往往忽略了他们的一个十分重要的思想，即关于阶级斗争在大工业的发展时期比较剧烈，而在向大工业的过渡大体完成以后却平稳下来的思想。1892年，恩格斯指出："阶级斗争在英国这里也是在大工业的发展时期比较剧烈，而恰好是在英国工业无可争辩地在世界上占据统治地位的时候沉寂下去的。在德国，1850年以来的大工业的发展也是和社会主义运动的高涨同时出现的，美国的情况大概也不会有什么两样。"[①]还在1884年，恩格斯就对德国和英法两国的资本主义发展情况和阶级斗争形势作了对比分析。他指出：英国和法国向大工业的过渡大体已经完成。无产阶级所处的境况现在已经稳定。甚至每隔十年一次的周期性危机引起的波动，也已经成了习以为常的生存条件。工业变革时期出现的政治运动或直接社会主义运动遭到了失败；而资本主义的发展却证明自己比革命的反抗更有力量。相反，德国大工业的发展在1848年才开始。工业变革仍在继续，而且是在极其不利的条件下继续着。家庭工业仍然在同机器大工业抗争。以家庭工业为辅助的小农经济的存在，使得资本家可以把全部正常的剩余价值赠送给外国买主，以保持住在世界市场上的竞争能力，他自己的全部利润则通过降低正常工资来榨取。同时，由于大工业突飞猛进的发展，整个德国都卷入社会革命。小农被拉入工业，最守旧的地区也被卷进这个运动，因而整个德国的革命化比英国或法国彻底得多。恩格斯通过细致分析得出结论："你看看多有趣。正是德国的工业落后，给我们事业的进展帮了大忙。"[②]他认为，正是因为德国的大工业还处在发展时期，德国的工业落后，所以阶级斗争异常剧烈，特别促进革命事业的胜利。当然，他并不认为英法两国再不会有革命了，但是，再要反对资本主义生产，就需要新的更强大的推动力。1887年，恩格斯又指出：德国的家庭工业转化为工厂生产，农民经济转化为大农业的变革，不一定会在旧的社会条件下完成。因为在旧的社会条件下实现这个变革，势必引起千百万被断绝生计的农民"英勇助战"的无产阶级革命。"如果那时其他任何一国的工人阶级都还没有首先发难，那么德国一定会发起攻击。"[③]由上可见，只有在资本主义获得充分发展，经济文化高度发达的条件下才能开始社会主义革命，不是马克思主义的"基本原理"。

另外，马克思、恩格斯认为，社会主义革命能否发生，无产阶级能否夺取政权，除了看是否具有革命形势之外，还要看无产阶级的准备程度。他们把无产阶

① 《马克思恩格斯选集》第4卷，人民出版社1995年版，第716～717页。

② 《马克思恩格斯选集》第4卷，人民出版社1995年版，第668页。

③ 《马克思恩格斯选集》第3卷，人民出版社1995年版，第141页。

级的准备成熟看作社会主义革命的一个必要的先决条件。1870年，马克思指出："英国人拥有进行社会革命的一切必要的物质前提。他们所缺乏的是总结的精神和革命的热情。"①所以英国没有发生社会主义革命。而无产阶级准备成熟的主要标志，一是先进思想的武装，二是先进政党的领导。但是，由于社会意识的相对独立性，生产力发展水平不高，经济不大发达的国家，有可能比生产力发展水平较高，经济比较发达的国家更早地产生先进思想和先进政党。19世纪40年代，在经济比英法都落后的德国，却产生了无产阶级最先进的思想体系——马克思主义；继而，在60年代末，德国诞生了世界上第一个在一个民族国家范围内组织起来的、马克思主义理论指导之下的无产阶级政党——德国社会民主工党。马克思、恩格斯后来之所以认为德国工人运动处于欧洲工人运动的前列，德国可能成为欧洲无产阶级第一次伟大胜利的舞台，就是因为德国工人阶级比英法工人阶级更懂得科学社会主义，德国无产阶级政党有着英国人和法国人从来没有过的革命纲领。

总之，马克思、恩格斯认为，无产阶级政治革命，即以无产阶级取得政权为标志的革命，当然是需要一定的资本主义发展程度的。因为只有随着资本主义的发展，资本主义社会的基本矛盾才能发展，也只有社会基本矛盾及其所引起的种种社会矛盾的发展和激化，才能导致无产阶级革命的爆发；因为只有随着资本主义的发展，无产阶级才能发展并形成为一个独立的阶级，也只有无产阶级作为一个自为的阶级来行动，才能推翻资产阶级，夺取政权。但是，无产阶级政治革命，不需要资本主义获得充分发展（而且谁也说不清楚到底什么程度才算资本主义的充分发展），资本主义生产关系走到尽头，再也没有发展的余地；也不需要无产阶级在人口中占多数，甚至不需要无产阶级在人民中占多数。只要全国性的政治经济危机为无产阶级造成革命形势，无产阶级革命就可能爆发；只要无产阶级成为革命的领导阶级，并在其政党的领导下团结农民和其他劳动群众，形成广泛的革命统一战线，就能够在力量对比上压倒资产阶级和其他剥削阶级，即使在主要是一个小资产阶级的国家里，也能够取得无产阶级政治革命的胜利。

三

社会主义革命不仅是资本主义发展到一定程度的产物，而且是一定历史条件的产物。在资本主义社会中，随着资本主义的发展和社会基本矛盾的激化，社

① 《马克思恩格斯全集》第16卷，人民出版社1964年版，第472页。

会主义革命一定要爆发，这是必然性；而革命在什么时间爆发，它的导火线是什么，这是偶然性。必然性是偶然性的支配力量，偶然性中总是隐藏着必然性，必然性只有通过偶然性才能表现出来。因此，把巴黎公社革命和俄国十月革命看作脱离必然性的偶然事件的观点，是不符合唯物辩证法的。

巴黎公社革命爆发后，路·库格曼在写给马克思的信中认为，公社出于偶然性，没有成功希望，因此必须采取现实主义态度而不要采取浪漫主义态度。马克思于1871年4月17日致信库格曼，反驳了他的观点。马克思说："如果斗争只是在有极顺利的成功机会的条件下才着手进行，那么创造世界历史未免就太容易了。另一方面，如果'偶然性'不起任何作用的话，那么世界历史就会带有非常神秘的性质。这些偶然性本身自然纳入总的发展过程中，并且为其他偶然性所补偿。但是，发展的加速和延缓在很大程度上是取决于这些'偶然性'的，其中也包括一开始就站在运动最前面的那些人物的性格这样一种'偶然情况'。"①在马克思、恩格斯看来，19世纪中叶以后的西欧北美各主要资本主义国家，都具备了社会主义革命的经济条件，只是由于缺少"偶然情况"才没有发生革命。

有人说：巴黎"公社并不是法国资本主义社会基本矛盾发展与激化的产物，而是法国特殊历史条件的产物。在当时的条件下，法国的资本主义生产关系还未走到尽头，还有发展的余地。公社是在资产阶级卖国而激化了法国的社会矛盾的条件下产生的。因此，法国巴黎无产阶级的胜利，只能是暂时的胜利"。这就是说，巴黎公社不是法国"社会基本矛盾"激化的产物，而是法国"社会矛盾"激化的产物。笔者认为，将"社会矛盾"和"社会基本矛盾"完全割裂开来，作为两个互不相干的问题，是不恰当的。"社会矛盾"指的是什么？前文所引的著作继续说："两大阶级的对立是不可调和的，资产阶级为了压制工人阶级而不惜卖国，无产阶级为了实现自己的利益就必然要举行武装起义，打碎资产阶级的国家机器，建立人民当家作主的政权。"②从这里可以看出，"社会矛盾"指的是这两大阶级的矛盾。那么，这两大阶级的矛盾激化的原因又是什么呢？

法国在第二帝国时期基本上完成了工业革命，成为仅次于英国的世界第二工业强国。资本主义经济的巨大发展，一方面使资本越来越集中到少数大银行家和工业巨头手中，另一方面使工人阶级日益贫困，农民和小资产阶级纷纷破产。1857年和1866年的经济危机，使工人生活状况更加恶化。波拿巴政府在政治上又实行一系列反动政策，对内实行军事独裁，对外实行侵略扩张。工人阶

① 《马克思恩格斯全集》第33卷，人民出版社1973年版，第210页。

② 丁云本：《马克思恩格斯理论的历史发展》，求实出版社1984年版，第103页。

级在残酷的经济剥削和政治压迫下，反抗情绪日益强烈，工人运动不断高涨。农民和城市小资产阶级，甚至一部分工商业资产阶级对政府的不满情绪也迅速增长。这一切表明，波拿巴政府已陷入严重危机之中。波拿巴为转移人民的视线，扼杀国内革命，维持摇摇欲坠的统治，同时为阻止德意志的统一，称霸欧洲，于1870年7月19日发动了对普鲁士的战争。战争一爆发，第二帝国的腐朽性就暴露无遗。在不到一个月的时间里，法军即全线崩溃。9月2日，波拿巴皇帝、麦克马洪元帅率10万法军在色当向普军投降。9月4日，第二帝国在巴黎工人起义中覆亡。打着“国防”旗号的资产阶级政府上台后，置工人阶级和人民群众的抗战要求于不顾，与德意志帝国签订停战协定，宣布卖国投降。继任的梯也尔政府与德国签订和约先决条款，割地赔款，丧权辱国，并加紧镇压工人阶级，从而激化了两大阶级的矛盾，导致了3月18日的巴黎工人起义。

资产阶级的卖国行为是在普法战争中出现的，这场战争是波拿巴为摆脱政府危机和缓和工人阶级由贫困引起的反抗情绪发动的；而资本主义的危机和工人阶级的贫困，恰恰是资本主义社会的基本矛盾，即生产的社会性与生产资料的资本主义私人占有形式之间的矛盾激化的主要表现，是法国资本主义制度发展的必然结果。因此可以说，法国资本主义社会基本矛盾的激化，是巴黎公社革命的深刻的社会根源，而资产阶级的卖国加剧了社会矛盾，则是公社革命爆发的直接原因。

有人说：“俄国并不具备建设社会主义的物质文化条件”，十月革命“既是布尔什维克大胆行动的结果，同时也是工农大众对‘毫无出路的处境’的激烈反应”。但是，“仅仅靠‘毫无出路的’人民的反抗是不能产生社会主义社会的”。这就是为什么普列汉诺夫、考茨基等人反对十月革命的“正当”理由。[①] 在他看来，十月革命也是一个在不具备社会主义革命的前提条件下发生的革命，是以列宁为首的布尔什维克“制造”出来的革命。

这种观点是不符合历史唯物主义的基本原理的。早在1848年欧洲革命时期，恩格斯就明确指出：研究革命发生的原因，“应该从每个经历了动荡的国家的总的社会状况和生活条件中寻找”，而“不应该从一些领袖的偶然的动机……中寻找”。“把革命的发生归咎于少数煽动者的恶意那种迷信的时代，是早已过去了。现在每个人都知道，任何地方发生革命动荡，其背后必然有某种社会要求，而腐朽的制度阻碍这种要求得到满足。”[②]

---

① 参见张光明：《略论“倒过来的革命”》，《社会主义研究》2009年第5期。

② 《马克思恩格斯选集》第1卷，人民出版社1995年版，第483页。

列宁的确说过："可是他们谁也没有想到问一问自己：面对第一次帝国主义大战所造成的那种革命形势的人民，在毫无出路的处境逼迫下，难道他们就不能奋起斗争，以求至少获得某种机会去为自己争得进一步发展文明的并不十分寻常的条件吗？"[①]列宁也的确说过："如果没有战争，俄国也许会过上几年甚至几十年而不发生反对资本家的革命，但在有战争的情况下，这在客观上就不可能了。这时，要么是灭亡，要么是进行反对资本家的革命。问题就是这样摆着的。实际生活就是这样提出问题的。"[②]有人用列宁的这些话来证明十月革命是战争的产物，而不是资本主义社会发展的结果。这是没有道理的。人们在谈论俄国革命的客观条件时，往往只是笼统地说它是一个落后国家，却忘记了它是一个帝国主义国家。列宁在《大难临头，出路何在》等许多著作中，都对俄国社会主义革命的经济前提进行了深刻分析。他指出，国家垄断资本主义在俄国达到了较高的发展水平，形成了社会调整生产和分配的机构。这就为俄国向社会主义革命的过渡，提供了基本的客观的物质前提。他说："帝国主义战争是社会主义革命的前夜。这不仅因为战争带来的灾难促成了无产阶级的起义（如果社会主义在经济上尚未成熟，任何起义也创造不出社会主义来），而且因为国家垄断资本主义是社会主义的最充分的物质准备，是社会主义的前阶，是历史阶梯上的一级，在这一级和叫做社会主义的那一级之间，没有任何中间级。"[③]俄国就是在具备了社会主义革命的经济前提的情况下，以列宁为首的布尔什维克党，利用帝国主义大战给资产阶级政府造成的巨大困难和危机，抓住资产阶级军队忙于前线作战而后方力量空虚的有利时机，领导工人阶级，联合贫苦农民和反战士兵，一举推翻了资产阶级的统治，取得了十月社会主义革命的伟大胜利的。这一伟大胜利，不是违背了马克思、恩格斯的革命理论，而是实践了马克思、恩格斯关于战争引起革命的思想。

1887年，恩格斯指出：如果已达顶点的军备竞争制度终于导致世界战争，那么"只有一个结果是绝对没有疑问的，那就是普遍的衰竭和为工人阶级的最后胜利造成条件"。战争结束时，"无产阶级的胜利不是已经争得，就是终于不可避免"。[④] 1891年，他又指出：如果没有战争，"旧的资产阶级社会还可以继续存在一段时间，直到外来的冲击使这座腐朽的大厦倒塌为止。这样一个腐朽陈旧的

① 《列宁选集》第4卷，人民出版社1995年版，第777页。

② 《列宁全集》第30卷，人民出版社1985年版，第27～28页。

③ 《列宁选集》第3卷，人民出版社1995年版，第266页。

④ 《马克思恩格斯全集》第21卷，人民出版社1965年版，第401～402页。

建筑物，当它实际上已经过期之后，如果风平气稳，也还可以支撑数十年”①。

1891 年 10 月，恩格斯在致倍倍尔和左尔格的几封信中指出，当德国受到东方和西方的侵犯时，德国无产阶级必须把政权掌握在自己手里，设法采取一切革命的手段来进行战争，把俄国人和法国资产阶级及其同盟者驱逐出去。他在致倍倍尔的信中说：“在和平得以维持的条件下，我们德国社会党人十年内就要取得政权，因此我们必须捍卫我们赢得的这个工人运动先锋队的地位，使之不仅不受内部敌人，而且不受外部敌人的侵犯。如果俄国获胜，我们就要遭到镇压。所以，俄国要是发动战争，那就前进，冲向俄国人及其同盟者，不管他们是谁。那时，我们就要设法用一切革命手段来进行战争，任何拒绝采取这种手段的政府将无法支撑下去，必要时，我们自己应当起而领导。”②他在致左尔格的信中又说：“关于这个问题，我和倍倍尔通过信，我们认为，如果俄国人向我们开战，德国社会党人就要同俄国人及其同盟者进行殊死的斗争，不管这些同盟者是谁。德国如被扼杀，我们也会和它一起同归于尽。若是发生有利的转变，斗争就会异常激烈，那时德国只有采取革命的手段才能站住脚，因而我们很可能不得不掌握政权，演一次 1793 年。……尽管我认为，如果事态的发展终于导致战争，并使我们提前掌握政权，这将是很大的不幸，但对这种情况仍应有所准备。”③他认为，为了占有和使用生产资料，我们需要有技术素养的人才，而且数量很大。如果我们因为战争而在没有做好准备以前执掌政权，技术专家就将对我们采取原则上对立的态度，我们将不得不对他们采取威慑手段。因此，我们应当尽量吸收各方面的专家，以便在党内同志的帮助下把工厂和大地产掌管起来，为民族造福。恩格斯设想的困难仅此而已，他并不像一些苏联、东欧演变之后恍然大悟的理论家那样，认为无产阶级提前掌握政权，最终垮台不可避免。

四

有人从苏联、东欧的演变中得出了比较落后国家搞不成社会主义的结论。笔者认为，得出这样的结论，是昧于历史常识的。实际上，东欧走上社会主义道路的国家，并非都是落后国家；东德、捷克在革命前都是当时世界上最先进的资本主义国家。如果按照这些人的逻辑，从民主德国、捷克的演变中，不是也可以得出发达资本主义国家也搞不成社会主义的结论，甚至还可以得出资本主义是

① 《马克思恩格斯全集》第 38 卷，人民出版社 1972 年版，第 186 页。

② 《马克思恩格斯全集》第 38 卷，人民出版社 1972 年版，第 185～186 页。

③ 《马克思恩格斯全集》第 38 卷，人民出版社 1972 年版，第 181 页。

一种永恒的社会制度、永远不会灭亡的结论吗？在这个问题上，马克思、恩格斯的观点到底是什么呢？

马克思、恩格斯认为，无产阶级的社会革命，即社会主义的经济变革，的确是与生产力的高度发展紧密相连的。如果按照"社会主义的实现意味着阶级的消灭和国家的消亡"的标准，那么，实现社会主义，确实需要极高的生产力发展水平。即使建成在生产社会化基础上的生产资料公有制的社会主义，为了不至于阻碍和破坏生产力的发展，也需要较高的生产力发展水平。那么，怎样才能获取这个条件呢？对于社会主义的生产关系不能在资本主义制度内部建立起来的观点，现在公开反对的人不多；但是，至今还有不少人主张，社会主义的生产力，即无产阶级社会革命的物质条件，必须在资本主义制度下创造出来。这是不符合马克思主义的革命理论的，也是不符合世界无产阶级革命的实际情况的。既然无产阶级夺取了国家政权，打碎了资本主义生产关系的束缚，那么，生产力就能够以较快的速度向前发展，为实现无产阶级社会革命创造必要的条件。认识不到这一点，就有陷入机会主义的危险。孟什维克的"万里长城"论和陈独秀的"二次革命"论的错误，就在于将无产阶级政治革命和无产阶级社会革命混为一谈，否定无产阶级专政下创造社会主义所需要的生产力的可能性，从而否定在资本主义不大发达的国家，无产阶级掌握政权的必要性。

马克思、恩格斯认为，社会主义的物质基础是机器大工业，是社会化大生产；创造巨大的生产力，是建成社会主义社会的前提条件。他们指出："生产力的这种发展……之所以是绝对必需的实际前提，还因为如果没有这种发展，那就只会有贫穷、极端贫困的普遍化；而在极端贫困的情况下，必须重新开始争取必需品的斗争，全部陈腐污浊的东西又要死灰复燃。"[①]在这种情况下，就不会有真正的社会主义。那么，如何获取社会主义社会的这个物质条件呢？的确，马克思、恩格斯曾经设想过，生产力在资本主义制度下发展到了很高的水平；在这种条件下，无产阶级夺取了国家政权，也许在经过一个短暂的、有些艰苦的过渡时期以后，就可能实现新的社会制度。但是，他们并不认为，建立社会主义生产关系所需要的生产力，一定要在资本主义制度下创造出来；否则，就不应该进行社会主义革命。马克思说过，社会主义的物质条件"已经存在"的时候，当然应该进行社会主义革命；但是，社会主义的物质条件"在形成过程中的时候"，也可以进行社会主义革命。只要在随着资本主义生产的发展，工业无产阶级在人民群众中"占有重要地位的地方"，社会主义革命就有可能发生并取得胜利。恩格斯在《共产

① 《马克思恩格斯选集》第1卷，人民出版社1995年版，第86页。

主义原理》中，一方面说现在废除私有制“不仅可能，甚至完全必要”。另一方面又说不能一下子废除私有制，“正像不能一下子就把现有的生产力扩大到为实行财产公有所必要的程度一样。因此，很可能就要来临的无产阶级革命，只能逐步改造现社会，只有创造了所必需的大量生产资料之后，才能废除私有制”①。甚至可以这样说，社会主义所需要的巨大生产力，不可能在资本主义制度下全部创造出来；无产阶级在掌握政权以后，需要完成一个发展和扩大生产力的艰巨任务，才能实现社会主义。因为世界上任何地方都没有也不可能有向纯粹社会主义直接过渡的纯粹资本主义。

巴黎公社革命爆发后，马克思在《法兰西内战》初稿中指出：“工人阶级知道，他们必须经历阶级斗争的几个不同阶段。他们知道，以自由的联合的劳动条件去代替劳动受奴役的经济条件，只能随着时间的推进而逐步完成（这是经济改造）……但是，工人阶级同时也知道，通过公社的政治组织形式，可以立即向前大步迈进，他们知道，为了他们自己和为了人类开始这一运动的时刻已经到来了。”②这就是说，社会主义经济变革的完成和社会主义社会的建立，必须经历阶级斗争的几个不同阶段和漫长的历史发展过程；但是，无产阶级掌握政权，开始这一变革的时机已经成熟。而在当时，法国才刚刚大体完成工业革命，还主要是一个农民占多数的小资产阶级国家，不能说资本主义已经得到充分发展，更不能说资本主义生产关系已经走到尽头；它的资本主义发展程度甚至比十月革命时的俄国（当时已经进入帝国主义阶段）还要低。但是，马克思却认为，法国社会主义革命的客观条件已经成熟；他把巴黎公社失败的原因，仅仅归于公社领袖们的“过分诚实”和“仁慈”。

综上所述，马克思、恩格斯认为，实现无产阶级社会革命，需要高度发展的生产力和高度发展的民主；而进行无产阶级政治革命，虽然需要一定程度的资本主义，但不需要资本主义的“充分发展”，资本主义生产关系“走到尽头”。无产阶级完成政治革命即夺取国家政权后，要经过一个发展生产力和发展民主的“过渡时期”，才能完成社会革命，建立社会主义社会。因此，把巴黎公社失败和苏联、东欧剧变的原因，归结为这些国家不具备社会主义革命的前提条件，是不符合马克思主义的基本原理的。

（原载《社会主义研究》2010 年第 4 期，原文署名王冠华、李心华）

① 《马克思恩格斯选集》第 1 卷，人民出版社 1995 年版，第 239 页。

② 《马克思恩格斯选集》第 3 卷，人民出版社 1995 年版，第 98～99 页。

马、恩、列是如何看待社会主义胜利问题的?

我国《科学社会主义》和《国际共产主义运动史》的诸多教材,在阐述社会主义胜利问题时,基本上沿袭了《联共(布)党史简明教程》中的说法,即马克思、恩格斯主张"同时胜利"论,这一理论在自由资本主义时代是正确的,但到帝国主义时代就过时了,因此列宁修正了马克思、恩格斯的旧结论,提出了"一国胜利"论,向前推进了马克思主义。笔者认为,这是一个历史的误会。实际上,"一国胜利"理论,经历了一个由马克思、恩格斯到列宁的发展过程。

一、马克思、恩格斯的确认为无产阶级社会革命必须"同时胜利",即社会主义变革的完成至少需要几个主要国家工人阶级的共同努力,但同时指出一国可以首先取得无产阶级政治革命的胜利,即一国无产阶级可以首先夺取政权,开始社会主义变革

马克思、恩格斯主张社会主义革命"同时胜利"论,人们经常引以为据的,是下面的几段话。

1846 年,马克思、恩格斯在《德意志意识形态》中指出:"共产主义只有作为占统治地位的各民族'立即'同时发生的行动才可能是经验的,而这是以生产力的普遍发展和与此有关的世界交往的普遍发展为前提的。"[①]1847 年,恩格斯在《共产主义原理》中回答第 19 个问题即"这种革命能不能单独在某个国家内发生"的问题时说:"不能。……共产主义革命将不仅是一个国家的革命,而将在一切文明国家里,即至少在英国、美国、法国、德国同时发生。"[②]

要准确理解马克思、恩格斯关于各国革命"同时发生"的观点,首先需要搞清楚的是,他们所说的"共产主义"或"共产主义革命"的含义。1848 年 2 月,马克

① 《马克思恩格斯全集》第 3 卷,人民出版社 1960 年版,第 39~40 页。

② 《马克思恩格斯全集》第 4 卷,人民出版社 1958 年版,第 368~369 页。

思在《论波兰问题》中说:"共产主义否认阶级存在的必要性;它要消灭任何阶级,消除任何阶级的差别。"[①]恩格斯在《共产主义原理》中回答第 18 个问题即"这个革命的进程将是怎样的"问题时,从建立无产阶级的政治统治一直谈到消灭私有制。可见他们所说的共产主义革命,不仅包括无产阶级夺取政权的政治革命,而且还包括实行社会主义经济变革的社会革命;而他们认为完成了社会革命,就进入了无阶级无国家的社会主义社会。

要准确理解马克思、恩格斯关于各国革命"同时发生"的观点,其次需要搞清楚的是,他们所说的"同时发生"究竟是什么意思。他们认为,随着生产力的普遍发展,人们之间的普遍交往建立起来,资本主义超出了民族的和国家的界限,形成了世界体系,致使每一国家的人民都受着另一国家事变的影响,每一民族同其他民族的变革都有了依存关系;同时,随着资本主义的发展。贸易自由的实现和世界市场的建立,工业生产以及与之相适应的生活条件的趋于一致,各国人民之间的民族隔绝和对立日益消失,资产阶级和无产阶级成为世界性的至少是所有文明国家内的两大对抗阶级。这种资本主义体系的世界性和工人阶级利益的共同性,决定了无产阶级解放事业的国际性。马克思、恩格斯正是在这个意义上,认为各先进国家的共产主义变革将在同一历史时期内"发生"。各国的无产阶级革命虽然发动有早有迟,发展有快有慢,但最终必然是在同一历史时期内"胜利"。因为任何一个国家都无法单独完成消灭私有制,消灭阶级和国家的共产主义变革;共产主义变革只有在至少是各主要资本主义国家的无产阶级都掌握政权以后才能得以实现,只有在至少是各主要国家的变革都实现以后才能得到保证。因此,马克思、恩格斯关于共产主义革命"同时发生"的观点,不是各国无产阶级政治革命"同时发动"或"同时胜利"的意思,而是各国无产阶级社会革命"同时胜利"的意思。当然,这个"同时",不是"同一时间",而是"同一时期"。

马克思、恩格斯是以无产阶级的彻底解放为出发点,来论述社会主义胜利问题的。在他们看来,完成无产阶级社会革命,即完成共产主义变革;实现无产阶级的彻底解放,即实现全人类的解放。从社会主义最终胜利这个意义上说,无产阶级革命必然是在各国"同时胜利"的。但是,这丝毫不意味他们主张无产阶级政治革命也必须在各国"同时胜利",各国无产阶级必须同时夺取政权。恰恰相反,1848 年《共产党宣言》发表,特别是欧洲革命爆发以后,虽然他们也强调过社会主义的事业是国际的事业,强调过各国无产阶级团结战斗的重要性,但是,他们再也没有无产阶级革命将在各国"同时发生"之类的提法;他们更加重视的是

---

① 《马克思恩格斯全集》第 4 卷,人民出版社 1958 年版,第 535 页。

各国无产阶级反对本国资产阶级的斗争，重视的是各国争取建立无产阶级政权的革命。这就是说，他们主张无产阶级社会革命的“同时胜利”，但并不否认无产阶级政治革命的“一国胜利”。

即使在1848年以前，马克思、恩格斯提出共产主义革命将在各国“同时发生”的观点时，也并未否认一国无产阶级能够首先夺取政权。就在《共产主义原理》中，恩格斯在说共产主义革命将在英、美、法、德同时发生这句话之后，紧接着说：共产主义革命在各国发展得较快或较慢，要看这个国家的资本主义发展情况而定。“因此，在德国实现共产主义革命最慢最困难，在英国最快最容易”。他还指出：“如果现在英国或法国的工人在解放自己，这必然会引起其他一切国家的革命，并迟早会使这些国家的工人也获得解放。”[①]这就是说，各国共产主义革命的发展和实现有快有慢，各国工人阶级的解放或早或迟；英国将先于德国和其他欧美国家取得革命的胜利，英、法等国的工人阶级将先于世界其他国家的工人阶级获得解放。无产阶级夺取政权，开始共产主义变革的革命，不是在欧美各主要国家，更不是在全世界所有国家“同时胜利”的。

后来，马克思、恩格斯把这一思想表达得更加明确。在《共产党宣言》中，他们一方面说，无产阶级要获得解放就必须采取“联合的行动”，另一方面又说，“每一个国家的无产阶级当然首先应该打倒本国的资产阶级”。[②] 在《法兰西阶级斗争》中，马克思一方面说，只有在“欧洲的舞台”上，“才能够实现十九世纪的社会革命”，另一方面又说，巴黎六月起义的失败，“造成了所有那些使法国能够担起欧洲革命首倡作用的条件”。[③] 从这些地方，我们可以清楚地看到，马克思、恩格斯强调无产阶级解放斗争的国际性和共产主义革命胜利的世界性，决不是否定一国无产阶级首先打倒本国资产阶级的必要性，决不是否定一国无产阶级首先夺取政权的可能性。

1892年，恩格斯在《社会主义从空想到科学的发展》英文版导言中说：“欧洲工人阶级的胜利，不是只依靠英国一个国家。它至少需要英法德三国的共同努力，才能得到保证。”但是，“在德国，工人运动的胜利甚至指日可待了”；“依目前的形势来判断，德国难道不可能同样成为欧洲无产阶级第一次伟大胜利的舞台吗”？[④] 由前后两部分组成的这一整段话，准确无误地表达了马克思、恩格斯关于社会主义胜利问题的基本观点，即一国不能保证无产阶级社会革命的最终胜

---

① 《马克思恩格斯全集》第4卷，人民出版社1958年版，第362页。

② 参见《马克思恩格斯全集》第4卷，人民出版社1958年版，第478页。

③ 参见《马克思恩格斯全集》第7卷，人民出版社1959年版，第38页。

④ 参见《马克思恩格斯全集》第22卷，人民出版社1965年版，第361页。

利，但一国的无产阶级可以首先夺取政权。确切些说，马克思、恩格斯具有无产阶级政治革命“一国胜利”思想。

首先，马克思、恩格斯关于革命重心转移的论述中，就包含了“一国胜利”思想。

马克思、恩格斯起初认为英国已经具备了建立新社会的物质前提，预言英国即将发生社会主义革命并在世界上最先取得胜利。1847 年，恩格斯指出：“英国的宪章主义者将进行首次具有决定意义的打击，促使民主主义获得胜利，欧洲各国求得解放”①。1848 年，马克思更加明确地指出：英国是现代资产阶级社会的矛盾，即资产阶级同无产阶级之间的阶级斗争充分发展和极端尖锐的国家。“先于其他任何国家解决问题和消灭矛盾是英国的使命”②。

但是，1848 年欧洲革命爆发以后，欧洲革命的重心移到了法国。恩格斯指出：“决定性的斗争已经临近了。它只能在法国爆发；因为在英国没有参加革命战斗而德国仍然四分五裂的时候，法国由于国家的独立、文明和中央集权，是唯一能够给周围各国以有力推动的国家。”③1871 年巴黎公社革命发生后，马克思指出：“巴黎公社就是工人阶级夺取政权——关于这一点不可能有任何异议。”④他认为，法国无产阶级革命的客观条件已经成熟，公社作为“第一个工人政府”和“新社会的光辉先驱”，如果采取正确的斗争策略，就有可能取得胜利；他把公社的失败，归咎于公社领袖们的“过分老实”和“仁慈”。⑤

巴黎公社失败以后，欧洲革命的重心又移到了德国。1874 年，恩格斯指出：“一方面由于德国工人具有这种有利的地位，另一方面由于英国工人运动具有岛国的特点，而法国工人运动又受到暴力的镇压，所以现在德国工人运动是处于无产阶级斗争的前列。”⑥1891 年，他估计：德国无产阶级政党在 1898 年左右就能取得政权。⑦ 1892 年，他又指出：德国取得欧洲无产阶级的第一次伟大胜利，已经指日可待了。⑧

相反，这个期间的恩格斯，对其他主要国家社会主义革命的近期胜利却不抱

① 《马克思恩格斯全集》第 4 卷，人民出版社 1958 年版，第 411 页。

② 《马克思恩格斯全集》第 6 卷，人民出版社 1961 年版，第 89～90 页。

③ 《马克思恩格斯全集》第 8 卷，人民出版社 1961 年版，第 62 页。

④ 《马克思恩格斯全集》第 17 卷，人民出版社 1963 年版，第 468 页。

⑤ 参见李心华：《关于巴黎公社革命的客观条件和失败原因》，《世界历史》1992 年第 4 期。

⑥ 《马克思恩格思全集》第 18 卷，人民出版社 1964 年版，第 566 页。

⑦ 参见《马克思恩格思全集》第 38 卷，人民出版社 1972 年版，第 147～148 页。

⑧ 参见《马克思恩格思全集》第 22 卷，人民出版社 1965 年版，第 361 页。

什么希望。1885 年,他指出:"从欧文主义灭绝以后,英国再也没有过社会主义了。"[①]1892 年,他指出:"在法国,我们的人远没有成熟到夺取政权的程度。"[②]1893 年。他又说:多年来,从英国看到的只是分散孤独的工人阶级,从法国、意大利和美国听到的只是一些无谓的争吵和谩骂;而在处于工人运动重心的德国,工人阶级正怀着必胜信心朝着一致目标前进。[③] 在晚年的恩格斯看来,英、法、意、美等国是不能与德国"同时"取得社会主义革命的胜利的。

其次,马克思、恩格斯的"不断革命"思想中,也包含了"一国胜利"思想。

1850 年,马克思、恩格斯在《中央委员会告共产主义者同盟书》中,明确提出了"不断革命"的思想。他们指出:"民主主义的小资产者至多也不过是希望实行了上述要求便赶快结束革命,而我们的利益和我们的任务却是要不间断地进行革命,直到把一切大大小小的有产阶级的统治都消灭掉,直到无产阶级夺得国家政权,直到无产者的联合不仅在一个国家内而且在世界一切占统治地位的国家内都发展到使这些国家的无产者间的竞争停止,至少是直到那些有决定意义的生产力集中到了无产者手里的时候为止。"[④]

这是什么意思呢?

首先,无产阶级要在资产阶级民主革命中夺得领导权并进行独立的政治斗争,逐个推翻地主阶级、大资产阶级和民主派小资产阶级的统治,即及时地把民主革命转变为社会主义革命,直到夺得国家政权,在一国内不间断地进行革命。

其次,争取使社会主义革命在一国内的胜利发展到在世界一切主要资本主义国家内的胜利,使这一个国家内的无产者间的竞争停止发展到这一些国家内的无产者间的竞争停止,至少是直到实现了大生产资料的社会主义公有制为止,在全世界不间断地进行革命。

从马克思、恩格斯的"不断革命"思想中,我们不难看出,他们在 1848 年欧洲革命时期,就已经设想了一条社会主义革命从一国胜利再到几国胜利直至全世界胜利的基本道路,并不认为社会主义革命必须在各国"同时胜利"。

再次,马克思、恩格斯关于英美等国工人阶级将采用不同于法德等国工人阶级的革命手段夺取政权的设想,恩格斯关于德国革命将通过不同于法国革命的道路取得胜利的设想,是他们否定"同时胜利"论的一个佐证。

1872 年,马克思指出:考虑到各国的制度、风俗和传统,有个别国家,比如美

① 《马克思恩格思全集》第 22 卷,人民出版社 1965 年版,第 380 页。

② 参见《马克思恩格斯全集》第 38 卷,人民出版社 1972 年版,第 562 页。

③ 参见《马克思恩格思全集》第 39 卷,人民出版社 1974 年版,第 122 页。

④ 《马克思恩格思全集》第 7 卷,人民出版社 1959 年版,第 292 页。

国和英国，工人可能用和平手段达到自己的目的。但是，在大陆上的大多数国家中，为了最终建立无产阶级的政治统治，暴力应当是我们革命的杠杆。[①] 1886年，恩格斯也指出："至少在欧洲，英国是唯一可以完全通过和平的和合法的手段来实现不可避免的社会革命的国家。"[②]同时，恩格斯对于无产阶级革命道路的认识又有了新的突破。1887年，他指出：由于德国与英、法两国的资本主义发展形式不同，德国工业发展的水平较低，所以德国革命的具体道路将有别于法国而先夺取中小城市和广大农村，最后攻克首都和其他大城市。[③]

显然，渐进性的和平革命与突发性的暴力革命，不可能同时发生，也不可能同时胜利；先夺取首都和中心城市，后将革命扩展到全国各地的革命，与先夺取中小城市和广大农村，最后攻克首都和中心城市的革命，不可能同时发生，也不可能同时胜利。可见。马克思、恩格斯是否定社会主义革命各国"同时胜利"的。

最后，恩格斯关于社会主义国家有进行自卫战争的可能性的观点，是他否定"同时胜利"论的又一个佐证。

1882年9月，恩格斯在致考茨基的信中说："胜利了的无产阶级不能强迫任何异族人民接受任何替他们造福的办法，否则就会断送自己的胜利。当然，这决不排除各种各样的自卫战争。"[④]在马克思、恩格斯看来，社会主义国家之间是不可能发生战争的。既然恩格斯认为社会主义国家有进行自卫战争的可能性，那就是承认社会主义国家之外还存在"资产阶级的或资产阶级以前的国家"，因而也就否定了社会主义革命在世界的"同时胜利"。

1891年10月，恩格斯在致倍倍尔和左尔格的几封信中指出：当德国受到东方和西方的侵犯时，德国无产阶级必须把政权掌握在自己手里，设法采取一切革命的手段来进行战争，把俄国人和法国资产阶级及其他同盟者驱逐出去。[⑤]

如果说，恩格斯在1882年给考茨基的信中所说的"自卫战争"，指的是"欧洲和北美"的社会主义国家对世界上其他国家可能进行的自卫战争，因而并未否认社会主义革命在各主要资本主义国家"同时胜利"的话，那么，恩格斯在1891年给倍倍尔和左尔格的信中，却认为社会主义的德国有可能单独进行反对俄法新联盟及其同盟者的自卫战争，因而也就否认了社会主义革命在欧洲各主要资本主义国家的"同时胜利"。

---

① 参见《马克思恩格斯全集》第18卷，人民出版社1964年版，第179页

② 《马克思恩格思全集》第23卷，人民出版社1972年版，第37页。

③ 参见《马克思恩格斯全集》第21卷，人民出版社1965年版，第380～381页。

④ 《马克思恩格斯全集》第35卷，人民出版社1971年版，第353页。

⑤ 参见《马克思恩格斯全集》第38卷，人民出版社1972年版，第172页、第180～181、185～186页。

总之，在马克思、恩格斯看来，欧美各主要国家无产阶级革命的客观条件已经具备，各国资本主义经济的发展已经达到向社会主义过渡的程度。这就要求各国无产阶级积极利用革命形势，争取掌握国家政权，由一国胜利到多国胜利，然后在共同胜利的基础上完成社会主义的经济变革和向共产主义社会的过渡。巴黎公社革命发生后，马克思指出：工人阶级知道，他们必须经历阶级斗争的几个不同阶段。他们知道，以自由的联合的劳动条件去代替劳动受奴役的经济条件，需要相当一段时间才能逐步完成。但是。工人阶级同时也知道，通过公社的政治组织形式，可以立即向前大步迈进，他们知道，为了他们自己和为了人类开始这一运动的时刻已经到来了。[①] 这就是说，社会主义经济变革的完成和共产主义社会的实现，需要经过一个漫长的发展过程和几个不同的斗争阶段；但是，无产阶级在一国或几国掌握政权，首先开始这一变革，就可以向着解放自己和解放人类的最终目标大步迈进。马克思、恩格斯的确认为社会主义的最终胜利需要一切国家至少几个主要国家的联合行动才能实现，但绝不是主张各国无产阶级必须同时掌握政权，必须同时开始社会主义变革。马克思、恩格斯的这一思想，反映了无产阶级革命的客观规律，直到帝国主义时代也仍然没有“过时”；这一思想，为后来列宁明确提出“一国胜利”论，奠定了坚实的理论基础。

二、列宁继承并发展了马克思、恩格斯的思想，明确提出了“一国胜利”论，并进而产生了“一国建成”思想，认为一国无产阶级不但能够首先夺取政权，开始社会主义变革，而且能够基本完成社会主义变革，建成社会主义社会的基础，但要取得社会主义的最终胜利，即建成完全的社会主义社会，至少需要几个先进国家工人的共同努力

19 世纪末至 20 世纪初，世界资本主义发展到了帝国主义阶段。由于经济和政治发展的不平衡，各帝国主义国家之间的力量对比发生了重大变化。1914 年 8 月，一场旨在重新瓜分殖民地和势力范围的帝国主义世界大战终于爆发了。大战爆发后，列宁批判了社会沙文主义者为支持本国反动政府进行帝国主义战争而宣扬的“保卫祖国”的口号，针锋相对地提出了“变帝国主义战争为国内战争”和“使自己的政府在帝国主义战争中失败”的口号，号召各国无产阶级利用战争所造成的革命形势来加速资本主义的崩溃。列宁指出，战时的革命就是国内战争；而在先进资本主义国家所进行的国内战争，就是无产阶级反对资产阶级的

① 参见《马克思恩格斯全集》第 17 卷，人民出版社 1963 年版，第 594 页。

社会主义革命。但是,由于各国经济和政治发展的不平衡,包括各国无产阶级革命力量和准备程度的不平衡,所以社会主义革命不能在所有资本主义国家内同时获得胜利,而只能在少数甚至在单独一个资本主义国家内首先获得胜利。列宁就是在这种政治背景下,继承马克思、恩格斯的“一国胜利”思想,明确提出“一国胜利”论的。

1915年8月,列宁在《论欧洲联邦口号》中写道:“经济和政治发展的不平衡是资本主义的绝对规律。由此就应得出结论,社会主义可能首先在少数甚至在单独一个资本主义国家内获得胜利。”①

1916年9月,列宁在《无产阶级革命的军事纲领》中写道:“资本主义的发展在各个国家是极不平衡的。而且在商品生产下也只能是这样。由此得出一个必然的结论:社会主义不能在所有国家内同时获得胜利。它将首先在一个或者几个国家内获得胜利,而其余的国家在一段时间内将仍然是资产阶级的或资产阶级以前的国家。”②

传统观点认为,这两段话,就是列宁在新的历史条件下,提出“一国胜利”论来代替已经过时的马克思、恩格斯的“同时胜利”论的证据。但是,人们往往忽略了列宁和马克思、恩格斯之间,在使用“社会主义革命”的概念时,是否赋予它同样的含义。我认为,一切误解概出于此。

那么,列宁在这两处所说的“一国首先胜利”的“社会主义”,含义是什么呢?它是指以“无产阶级专政代替资产阶级专政的政治革命”③,不是指“以社会主义生产关系代替资本主义生产关系”的“社会革命”。④ 它与马克思、恩格斯所使用的“共产主义”或“共产主义革命”的含义是不同的。这个以无产阶级夺取政权为标志的革命的胜利,并不包括社会革命的胜利(完成社会主义的经济变革)和社会主义的最终胜利(建成完全的社会主义社会)。

在《论欧洲联邦口号》中,列宁指出,政治革命只是社会主义革命过程中的“必不可免”的“一次行动”,而社会主义革命则是包括阶级斗争、国内战争和政治经济变革等等一系列内容的“一个时代”。在一国内或几国内首先获得胜利的无产阶级,必须利用无产阶级专政的民主共和国这种社会的政治形式,同非社会主义国家作斗争;只有通过比较长期而顽强的斗争,才能最终消灭阶级,实现社会主义在全世界各民族中的完全胜利。在《无产阶级革命的军事纲领》中,列宁指

① 《列宁全集》第26卷,人民出版社1988年版,第367页。
② 《列宁全集》第28卷,人民出版社1990年版,第88页。
③ 《列宁全集》第6卷,人民出版社1986年版,第45页。
④ 《列宁全集》第29卷,人民出版社1985年版,第483页。

出,“社会主义”在一国内的首先胜利,只是推翻资产阶级的政治革命的胜利,还不是建成社会主义的社会革命的胜利。它将进行反对其他各国资产阶级进攻的自卫战争,为争取建成社会主义,争取全人类的解放而继续斗争;在全世界的资产阶级未被推翻、彻底战胜并剥夺之前,这种战争就不可避免。因而一国无产阶级政治革命的胜利,还不能保证社会主义的最终胜利。

十月革命胜利以后,列宁仍然坚持这样的观点,即推翻剥削者、夺取政权意义上的社会主义革命,在几国同时发生是“罕有的例外”,在一国单独发生是“典型的情况”。他认为,十月革命的胜利,就是在一国内获得的推翻资产阶级意义上的社会主义革命的胜利。1917 年 12 月,列宁指出:“工人、农民和士兵所完成的十月革命,毫无疑问,是社会主义革命。”①但是,他同时又认为,在一国内不能全部完成社会主义革命,不能取得消灭国际资本意义上的社会主义的最终胜利。1918 年 4~5 月间,列宁指出:“我们单靠自己的力量是不能在一个国家内全部完成社会主义革命的。”②“我们只有最后彻底地粉碎凭借技术和纪律的巨大力量支持的国际帝国主义,才能取得最终的胜利。而且我们只有同世界各国的工人一道才能取得胜利。”③

列宁认为,在俄国爆发的社会主义革命,仅仅是世界社会主义革命的开始。他最初指望,俄国革命发生后,西方先进国家的革命也将在一个不太长的时期内相继发生;如果没有西方先进国家社会主义革命的支持,俄国的无产阶级政权将难以长期存在下去,社会主义建设事业的胜利更是无从设想。但是,列宁曾多次说过的俄国革命的胜利有赖于西方革命胜利的话,只是从归根结底的意义上说,从社会主义最终胜利的意义上说,俄国革命必须同西方革命联系起来,决不能从中引申出列宁在十月革命胜利以后认为苏俄不能保持无产阶级政权,不能进行社会主义改造和社会主义建设的结论。1919 年 8 月,列宁指出:“俄国苏维埃政权的将近两年的经验不仅证明,甚至在一个农民国家里,无产阶级专政也能存在,也能靠建立一支强大的军队……而在难以想象的空前困难条件下坚持下来。”④同时,列宁认为一国也能够开始社会革命。早在《论欧洲联邦口号》中,他所说的在一国获得胜利的无产阶级在本国“剥夺了资本家”并“组织了社会主义生产”的意思,就是一国可以开始社会主义的经济变革。事实上,十月革命胜利以后,苏维埃俄国就已经开始了改造旧经济、建设新经济的伟大工作。这正像

① 《列宁全集》第 33 卷,人民出版社 1985 年版,第 168 页。
② 《列宁全集》第 34 卷,人民出版社 1985 年版,第 357 页。
③ 《列宁全集》第 34 卷,人民出版社 1985 年版,第 219 页。
④ 《列宁全集》第 37 卷,人民出版社 1986 年版,第 158 页。

1918年3月列宁所指出的,“我们建立了为贫苦农民所拥护的无产阶级专政,开始了一系列宏伟的社会主义改造”[①];也正像1918年12月列宁所指出的,“我们在消灭了君主制和中世纪的地主权力以后,现在正着手进行真正的社会主义建设事业。”[②]

列宁明确提出的“一国胜利”论,并不像以往人们所认为的那样,是修正了马克思、恩格斯“同时胜利”的旧观点,而是继承了他们的“一国胜利”思想。列宁本人,向来也未认为自己用新结论代替了他们的旧结论;他认为马克思、恩格斯说的“完全正确”,无须修正。列宁关于一国可以取得夺取政权意义上的社会主义革命的胜利,可以开始社会主义的经济变革,但不能全部完成社会主义革命,不能取得社会主义的最终胜利的观点,并没有超出马克思、恩格斯的“一国胜利”思想。列宁在社会主义胜利问题上的新贡献,在于他在俄国国内战争结束以后,根据国际形势中出现的“均势”和苏维埃政权得以存在下去的事实,得出了俄国一国可以基本完成社会主义的经济变革,建成社会主义社会的基础的结论,向前推进和发展了马克思、恩格斯的“一国胜利”思想。

列宁认为,无产阶级政权和机器大工业,是社会主义的政治保证和经济保证。1920年底,俄国国内战争结束,敌我双方都既没有获得胜利,也没有遭到失败。战争证明,即使在全世界社会主义革命延迟爆发的情况下,无产阶级政权和苏维埃共和国也能够生存下去。这就为“认真地”进行社会主义建设提供了政治保障。在这种条件下,如果能够建立起在现代技术基础上的大机器工业,为社会主义创造了物质条件,那么,俄国就能够建成社会主义社会的基础。列宁关于“共产主义就是苏维埃政权加全国电气化”[③]的著名论断,准确地反映了他的这一基本思想。

国内战争结束以后,列宁发现,在一个小农占优势的国家里,要实现向社会主义的过渡,采用直接冲击的方法是行不通的,必须通过间接迂回的途径。因此,苏俄实行了由战时共产主义政策向新经济政策的转变。列宁指出,实行新经济政策,就是为了探索“怎样在一个小农国家里进一步建设社会主义大厦”[④],探索“建设社会主义经济、建立社会主义经济基础的真正途径”[⑤]。实行新经济政策的目的,就是利用国家资本主义作为提高生产力的手段和途径,为社会主义创

① 《列宁全集》第34卷,人民出版社1985年版,第74页。
② 《列宁全集》第35卷,人民出版社1985年版,第352页。
③ 《列宁全集》第40卷,人民出版社1986年版,第156页。
④ 《列宁全集》第42卷,人民出版社1987年版,第175页。
⑤ 《列宁全集》第43卷,人民出版社1987年版,第73页。

造物质前提。列宁高度评价了新经济政策的意义。他说:“新经济政策在经济上和政治上都充分保证我们有可能建立社会主义经济的基础。”[①]“新经济政策的俄国将变成社会主义的俄国。”[②]

列宁特别重视合作社的发展。他指出:在我国,工人阶级掌握国家政权,而国家政权又控制全部生产资料,我们要解决的任务的确就只剩下实现居民的合作化了。“而在生产资料公有制的条件下,在无产阶级对资产阶级取得了阶级胜利的条件下,文明的合作社工作者的制度就是社会主义的制度”[③]。就完全合作化的条件,即文化革命问题,列宁说,现在,只要实现了文化革命,我们的国家就能成为完全社会主义的国家了。

列宁所说的“建成社会主义的基础”,就是建成社会主义的基本经济制度和基本政治制度。它的主要标志是:在经济领域,奠定了社会主义所必需的高度发达的物质技术基础,建立了以国家所有制和集体所有制为基础的社会主义生产关系,实行了按劳分配原则;在政治领域,在坚持无产阶级专政的条件下,建立了巩固的工农联盟和民主高效的政治制度;在文化思想领域,完成了文化革命的任务,建立了以马克思主义为指导的意识形态。列宁认为,俄国一国建成社会主义社会的基础是完全可能的。1921 年 3 月,他说:只要在 10～20 年内和农民保持正常的关系,甚至在日益发展的各国无产阶级革命推迟爆发的情况下,俄国也能保证建立社会主义的基础,取得具有世界意义的胜利。[④]

但是,列宁始终未提出俄国一国能够建成完全的社会主义社会的结论。他认为,“完全组织起社会主义社会”,即“获得最终胜利”[⑤];而俄国一国是不能取得社会主义的最终胜利的。1921 年 3 月,列宁指出:“在俄国这样的国家里,社会主义革命只有具备两个条件才能获得彻底的胜利。第一个条件是及时得到一个或几个先进国家社会主义革命的支援。”[⑥]1922 年 2 月,列宁又指出:“我们向来笃信并一再重申马克思主义的一个起码的真理,即要取得社会主义的胜利,必须有几个先进国家的工人的共同努力。”[⑦]这里说的“社会主义的胜利”,即“社会主义的最终胜利”。

总之,俄国国内战争结束以后,列宁根据国际国内的新形势,发展了自己在

① 《列宁全集》第 43 卷,人民出版社 1987 年版,第 63 页。
② 《列宁全集》第 43 卷,人民出版社 1987 年版,第 302 页。
③ 《列宁全集》第 43 卷,人民出版社 1987 年版,第 365 页。
④ 参见《列宁全集》第 41 卷,人民出版社 1986 年版,第 378 页。
⑤ 《列宁全集》第 36 卷,人民出版社 1985 年版,第 294 页。
⑥ 《列宁全集》第 41 卷,人民出版社 1986 年版,第 51 页。
⑦ 《列宁全集》第 42 卷,人民出版社 1987 年版,第 450 页。

“一战”期间提出的“一国胜利”论，最终形成了“一国建成”思想，即在国际形势出现“均势”，苏维埃政权得到巩固的条件下，俄国一国建成社会主义社会的基础的思想。这样，列宁事实上把社会主义建设的胜利（即建成社会主义社会的基础）与社会主义的最终胜利（即建成完全的社会主义社会）区分开来，从而向前推进和发展了马克思、恩格斯关于社会主义胜利的思想。

列宁“一国建成”思想的产生，是列宁对“社会革命”和“社会主义”认识的新突破，也是列宁对马克思主义的新贡献。

马克思、恩格斯曾经设想，西方各先进资本主义国家，无产阶级将在一个不太长的时期内相继夺得政权，然后各自经过一定的过渡时期，完成社会主义的经济变革。他们认为，完成了社会主义的经济变革，消灭了私有制，建立了公有制之后，社会即进入社会主义社会。在这个社会里，消灭了剥削制度和剥削现象，消灭了阶级和阶级差别，人们在全部生产资料归全社会所有的条件下，有计划地组织生产，实行按劳分配原则。国家随着阶级的消灭也在逐渐消亡，对人的管理开始变为对物和生产过程的管理，政治国家的位置将被集中管理经济的职能机构所取代。人们自身也将随着一切社会关系的改变而变化。社会将逐渐创造使社会的每个成员以及整个社会得到全面自由发展的条件。

起初，列宁坚持了马克思、恩格斯的设想。十月革命胜利后，他预料西方先进国家将很快爆发革命，苏俄将同西方无产阶级夺取政权的国家一起，进行社会主义建设，完成社会主义的经济变革，进入社会主义社会。但是，事实与列宁的预想不同，俄国革命胜利后，西方各国并没有随即发生革命。在这种情况下，列宁没有消极地等待西方革命，而是积极地领导苏俄人民巩固无产阶级政权，从事社会主义建设。国内战争结束后，西方各国的革命又相继失败，使列宁关于俄国同西方先进国家一起进行社会主义建设和社会主义变革的设想未能变为现实；而此时的俄国，却同帝国主义国家之间形成了某种“均势”，使一国长期进行社会主义建设成为可能。列宁认真考察了俄国的国际国内条件，制定了社会主义建设的宏伟蓝图，领导全国人民为社会主义事业的胜利而英勇斗争。在此基础上，列宁不断总结经验，并展望了世界无产阶级革命和俄国社会主义建设的可能的前途，最终形成了俄国一国率先进行社会主义的经济变革，建成社会主义社会的基础的新思想。

列宁在强调加速实现国家工业化和电气化，为社会主义奠定物质基础的同时，十分重视社会制度的变革。他提出了改造旧时代遗留下来的国家机关，创造社会主义政治上层建筑的任务；他提出了通过工业国有化和农业合作化，实现社会主义经济变革的前景。针对敌人关于“在一个文化不够发达的国家里推行社会主义是冒失行为”的攻击,列宁尖锐地指出:“我们没有从理论……所规定的那一端开始,我们的政治和社会变革成了我们目前面临的文化变革,文化革命的先导。”[①]在他看来,无须等到社会主义社会所需要的物质条件全部创造出来之后,才来实行社会主义的经济变革;无须等到具备了完全合作化的条件即实现了文化革命之后,才来实行合作化。社会主义变革是一个历史过程,不是一次行动;向社会主义的过渡是逐步完成的,不是一蹴而就的。列宁关于在俄国首先建成社会主义社会的基础,然后再逐渐过渡到完全的社会主义社会即无阶级无国家的社会的设想,就是在这种思想基础上产生的。列宁的确认为,社会主义的最终胜利,至少需要几个先进国家无产者的共同努力。但是,无产阶级在掌握了国家政权和大生产资料的情况下,只要同农民达成协议,就能够拯救俄国的社会主义革命。通过实行新经济政策来提高生产力水平,建立工业和农业的联系,建立巩固的工农联盟;通过实行合作制来变革生产关系,实现社会主义的生产资料集体所有制和按劳分配原则,建成社会主义社会的基础。这就是列宁在国内战争结束以后产生的新设想。

总之,列宁认为,在西方先进国家的无产阶级革命没有及时到来,而苏维埃俄国却获取了长期和平稳定局面的情况下,一方面努力提高生产力水平,另一方面逐步实行社会主义的经济变革,就能够在俄国建成社会主义社会的基础。列宁关于“社会革命”和“社会主义”的这一新思想,在马克思主义发展史上具有重大的理论意义。首先,它突破了各先进国家同时完成社会主义经济变革的设想,展望了单独一国实现社会主义经济变革的前景;其次,它突破了只有在生产力高度发达的条件下才能实行社会主义经济变革,而这一变革完成之后即进入完全的社会主义社会的设想,开创了在提高生产力水平的同时,逐步实行社会主义改造,即发展生产力和变革生产关系同时并举的道路。列宁关于“社会革命”和“社会主义”的这一新思想,在国际共产主义运动中具有重大的实践意义。所有社会主义国家的社会主义改造,大体上都是沿着列宁的这一思路进行的。各国在无产阶级掌握政权以后,一方面积极发展生产力,另一方面逐步变革生产关系;各国在基本完成社会主义改造以后,建立了社会主义社会的基础,即建立了社会主义的基本经济制度和基本政治制度,从而为在社会主义道路上继续前进,为进一步过渡到完全的社会主义社会奠定了初步的基础。但是,需要指出的是,各国在实行社会主义改造时,都忽视了列宁关于社会主义必须建立在高度发达的物质技术基础之上的思想,犯了急于求成和急躁冒进的错误;一些国家在基本完成社

---

① 《列宁全集》第43卷,人民出版社1987年版,第368页。

会主义改造以后，又忽视了迅速提高生产力和科学技术水平，使得国民经济长期处于落后状态，最后导致它们在国内外反动势力的联合进攻之下发生蜕变，给国际共产主义运动留下了深刻的历史教训。

（原载《安徽电力职工大学学报》2003年第2期，原文署名王基舟、李心华）

思想上高度解放，学术上实事求是

——高放先生对"同时胜利"和"一国胜利"问题的研究述评

高放先生是学术大家，在国际共产主义运动史、科学社会主义、政治学和国际政治等诸多领域均有建树，影响甚大。他在思想上高度解放，在学术上实事求是，既不拘泥于前人和他人已有的观点而敢于突破创新，又不做没有历史根据的标新立异，而是依据历史事实大胆提出自己的结论。他始终从科学良心出发，恪守学术准则，表现了一名正直的学者的高风亮节。本文拟就高放先生对社会主义"同时胜利"和"一国胜利"问题研究的两篇代表作，即《关于社会主义"同时胜利"和"一国胜利"问题辨析》（载《当代世界社会主义问题》1995年第2期）和《再谈社会主义"同时胜利"和"一国胜利"问题》（载《鲁东大学学报》2006年第3期），谈谈他在这个问题上的基本观点和主要贡献。

一

科学研究的基本原则，要求研究者首先把问题放在当时的历史条件下去考察，弄清问题的来龙去脉，然后掌握学术界当前的研究状况，辨别是非并提出自己的见解。高放先生在对社会主义胜利问题的研究上，正是遵循了这条基本原则。

首先，高先生厘清了社会主义"同时胜利"论和"一国胜利"论分歧的由来与发展。他指出，马、恩在19世纪40年代，认为社会主义将首先在西欧北美较发达的众多国家几乎同时实现，然后再带动、帮助东欧和亚非拉不发达国家逐步进入社会主义。这就是他们所设想的世界社会主义发展的图式。他们在《德意志意识形态》和《共产主义原理》中提出这一观点时，虽然是使用"同时发生"而不是使用"同时胜利"，但两者的涵义是接近的。所谓"同时发生"或"同时胜利"，应该理解为某一国无产阶级带头夺取政权并开始社会主义建设后，其他先进国家的无产阶级就会很快起来响应，使社会主义革命接连取得胜利。所谓“同时”，是相对的，即相隔时间不太长，譬如几年或十几年，而不能从绝对意义上把它说成是同年、同月、同日。马、恩生前把社会主义的首先胜利主要寄希望于英、法、德三国，预计过会由这三国之中的某一国率先带头进行社会主义革命和社会主义建设，“先是单个国家实行”社会主义，然后其他两国隔不了几年就会紧步跟随也走上社会主义道路，进而带动整个西欧以至东欧、北美和亚非拉进入社会主义世界。总之，他们是主张在资本主义世界的核心地带对世界资本主义进行决定性打击，这样来扩展世界社会主义的胜利；他们仅是在终极意义上认为共产主义制度或共产主义社会会“同时发生”。如果采用后来的说法，可以说马、恩既提出“同时胜利”论，又主张“一国胜利”论，即由一国带头胜利很快达到发达国家同时胜利。笔者认为，高先生对马、恩这一思想的概括，是符合历史事实的，是准确的。

高先生指出，关于“同时胜利”论和“一国胜利”论的鲜明分歧，发生在第一次世界大战期间，而这一分歧显然与是否要提出“欧洲联邦”口号问题有密切关系，这一点是后来的争论者有所忽视的。马、恩从无产阶级社会主义立场出发，的确认为欧洲联邦是一种势不可当的发展趋势。但在“一战”期间，德、俄等国的社会民主党人仍有人提出“欧洲联邦”的口号。列宁经过缜密研究、深思熟虑之后，感到不妥，所以于 1915 年 8 月发表《论欧洲联邦口号》一文，批驳了这一主张。“因为它会造成一种曲解，以为社会主义不可能在一个国家内获得胜利，并且会使人曲解这样的国家和其余国家之间的关系”①。正是在这篇文章中，列宁结合资本主义发展不平衡规律，提出了社会主义“一国胜利”论。一年之后，即 1916 年 8 月，列宁又在《无产阶级革命的军事纲领》一文中，更加明确地重申了这一结论，并着重指出：“社会主义不能在所有国家内同时获得胜利。”②可见，列宁是在批驳欧洲联邦和世界联邦主张时提出“一国胜利”论的。

高先生认为，对列宁的上述重要原理，要明确以下四点。第一，把“同时胜利”和“一国胜利”作为两种观点鲜明地对立起来，是列宁自己在这里首先提出的，而不是像好多同志所说的，这是后来斯大林炮制出来的。第二，列宁在这里所说的“同时胜利”论，并不是针对马、恩，因为他们只是从终极意义上预见过社会主义将在发达国家“同时发生”，而从未讲过社会主义将在所有国家同时胜利。第三，列宁在这里所说的“同时胜利”论，是针对当时考茨基、托洛茨基等人的主

① 《列宁选集》第 2 卷，人民出版社 1995 年版，第 554 页。
② 《列宁选集》第 2 卷，人民出版社 1995 年版，第 722 页。

张，因为他们从右的和“左”的两个方面坚持鼓吹欧洲联邦和世界联邦。第四，列宁既反右又反“左”，既坚持又发展了马克思主义。他坚持了马、恩提出的社会主义将在一个或几个发达国家首先胜利的思想，又从到了20世纪才表现更为突出的资本主义经济政治发展不平衡的规律来论证这一问题；马、恩只讲到英法德三国要共同胜利，列宁根据俄国资本帝国主义的新发展，显然已把俄国也考虑包括在内。

高先生继而指出，列宁晚年大体上解决了一国如何建成社会主义的问题。但列宁同时认为，社会主义在一国的最终胜利还有赖于社会主义在几个先进国家的共同胜利。由此可见，社会主义的一国胜利与共同胜利也是辩证的统一，并不是完全对立的。这既符合原来马、恩的设想，又是列宁对马克思主义社会主义革命论的新发展。但是，1924年列宁逝世以后，联共（布）中央内部，以斯大林和布哈林等为一方，托洛茨基、季诺维也夫、加米涅夫等为另一方，围绕苏联能否单独一国建成社会主义的问题，展开了一场延续四年的激烈争论。简而言之，斯大林等捍卫并发挥了列宁的上述思想；托洛茨基等依然坚持其“不断革命论”，主张要不断推进世界革命，反对一国建成社会主义。但是在争论中，斯大林对马、恩、列的思想观点，也有形而上学的不正确的解释。例如，硬说马、恩就是主张“同时胜利”论，列宁则是提出“一国胜利”论；硬说列宁与马、恩的观点是对立的，两者在各自不同的时代都是正确的；等等。在论战中，斯大林还前后矛盾，修改自己的观点。实际上，列宁与马、恩在观点上既有一致性和继承性，又有差异性和超越性。斯大林的一些错误解释，通过《联共（布）党史简明教程》这部被称为“行动中的马列主义”的百科全书的传播，在苏联和各国共产党人的思想中统治了几十年。

高先生认为，在党的领导层中关于方针政策以及与之密切相关的理论问题的分歧，可以按照民主集中制原则，求同存异，少数服从多数，多数尊重少数，以实践来检验真理。可惜当年在联共（布）中央内部由于掺杂着争夺权力和派别斗争的因素，致使这场论战发展到把反对派清除出党，并且作为敌特分子加以肉体消灭的地步。现在看来，应该说当时斯大林与托洛茨基之间的权力斗争，是导致这场理论争论政治化、惨烈化的主要因素，甚至可以说，这是一场披着理论外衣的权力斗争。在这里，高先生利用了斯大林女儿、孙子和历史学家等多人所提供的新史料，令人信服地论证了自己的观点。从1924年12月起，斯大林出于彻底打击托洛茨基的政治需要，提出苏联一国能够建成完全的社会主义的新理论，自命为坚持并发展了列宁主义，把托洛茨基的不断革命论、世界革命论上纲上线为反党反列宁主义的理论。实际上，托洛茨基虽然反对苏联“一国建成”论，但是他依然赞成在苏联进行社会主义建设。尽管他提出过一些过“左”的政策主张，然而他还提出了不少正确的建议。联共(布)中央如果保留、继承列宁执政时期的党内民主传统，本来完全能够搁置一国能否建成社会主义问题的理论争论，留待实践检验，而在现实方针政策上求同存异，协商一致。但是，斯大林以托洛茨基拉帮结派为借口，纠合中央多数，以理论斗争、路线斗争为幌子，通过政治斗争逐步彻底消灭了托派。此后，斯大林采取了比托洛茨基更“左”的政策，运用行政命令手段和群众运动方法向资本主义私有制展开了全面进攻，于1936年宣布苏联基本上建成了社会主义社会，并于1939年宣布从社会主义向共产主义过渡。实际上，斯大林所建成的苏联一国社会主义，不仅是低标准、甚至是扭曲的，而且还渗透了俄国近500年来沙皇时代遗留下来的封建主义毒素。高先生的分析是颇有道理的。我们不能笼统地把无产阶级政党的内部斗争归结为权力之争，但也不能排除党内确有权力之争。

其次，高先生对1980年以来我国理论界对社会主义“同时胜利”和“一国胜利”问题的争鸣，作了系统阐述和简明概括，指出在这个问题上大体有十种观点。第一种看法，马、恩没有提出“共同胜利”论，恩格斯说过的“共同发生”只是他个人偶然有过的思想，并不周密、完善，不足为凭。还有人认为，恩格斯晚年已明确提出“一国胜利”论。第二种看法，马、恩只有过“共同发生”的思想，并无“共同胜利”的思想。有人认为马、恩主张“共同发生”是一贯的，有人则说因这种看法不科学，后来已放弃了。第三种看法，马、恩没有提出过“共同胜利”，“共同发生”也只是由恩格斯讲过一次，他们共同提出并始终一贯坚持的是社会主义革命的世界性。第四种看法，马、恩确实提出过“共同胜利”，但实践证明在当时就是错误的，后来由列宁加以纠正。第五种看法，马、恩和列宁都是主张“共同胜利”论，“一国胜利”论是后来斯大林杜撰的。第六种看法，马、恩、列、斯都是主张“一国胜利”论，他们依据形势的变化和实践的经验，不断充实并向前发展。第七种看法，“一国胜利”论揭示的是历史发展的特殊规律，“共同胜利”论揭示的是历史发展的一般规律，这两种不同规律所产生的社会形态分别是特殊形态的社会主义和一般形态的社会主义，两者既有联系又有区别。第八种看法，列宁的“一国胜利”论在实践中已经得到证实，今后在新科技革命迅猛发展条件下，欧洲共同体的发展将实现“同时胜利”论。第九种看法，“一国胜利”论已因苏联的解体而证明行不通，未来将回到世界“同时胜利”论。第十种看法，马、恩、列都主张“一国胜利”论，列宁是在实践中具体实现了马、恩的思想。有人认为，马、恩已经预见到俄国将首先取得社会主义革命的“一国胜利”。高先生的概括，涵盖了我国学术界在这个问题上的基本观点，为我们把对这一问题的研究推向前进提供了有利的条件。

总之，弄清研究对象的来龙去脉，掌握当前的研究状况，这是搞好理论研究的基础和前提。只有在这个基础上，才可能进行真正的学术研究，才可能提出自己的独到见解。在这方面，高先生为我们做出了榜样。

二

在准确理解基本概念的基础上，从宏观与微观、终点与起点的结合上把握社会主义“同时胜利”和“一国胜利”问题的实质，这是高放先生研究这一问题的一大亮点。高先生既高屋建瓴，又严谨细密，充分体现了他的广阔的视野和认真的治学态度。

首先，高先生论述了政治革命与社会革命之间的辩证关系。原西班牙共产党理论家费南德·克劳丁在《共产主义运动——从共产国际到共产党情报局》一书中，提出要从“政治革命”和“社会革命”这两个层次，来理解列宁于1915～1916年主张的“一国胜利”论，意即列宁当时是从“政治革命”这个层次立论，即一国无产阶级可以首先取得夺取政权的胜利，而不是指可以完成“社会革命”，不是指可以完成整个社会形态的变革。高先生认为，克劳丁把“政治革命”与“社会革命”区分开来是正确的，这样有助于我们准确理解当时列宁立论的本意。但是“政治革命”与“社会革命”这二者也不能截然分开。因为一国无产阶级取得夺取政权的政治革命胜利后，不应该只限于巩固政权的活动，还应该涉及依靠政权进行社会革命方面的内容。列宁在《论欧洲联邦口号》中明确指出，首先获得胜利的一国“剥夺了资本家并在本国组织了社会主义生产”，这种认识岂不是在主张取得“政治革命”胜利之后进而就开始“社会革命”吗？所以应该说，列宁当时提出“一国胜利”论，主要是指无产阶级“政治革命”，但是也包含开始“社会革命”之意。高先生的解释是正确的，有助于我们准确理解列宁“一国胜利”论的寓意。

其次，高先生论述了“一国胜利”与“同时胜利”之间的辩证关系。高先生指出，多年来我国学术界关于社会主义胜利问题的争论，过多纠缠于对“同时”“一国”“发生”“胜利”“政治革命”“社会革命”这些概念和马、恩、列有关语录的理解上，而忽视了从宏观与微观、终点与起点的结合上来把握这个理论问题。高先生认为，真正的马克思主义者，从宏观上，从社会生产力的高度发达应达到的终点上看问题，都是最终共同胜利论者；从微观上，从社会主义革命的起点和具体进程上看问题，都是一国首先胜利论者。马、恩、列等人，都既是“同时胜利”论者，又是“一国胜利”论者。他们都是主张由一国带头革命，从一国胜利扩展到多国胜利，最终达到全世界胜利。只因他们所处的社会历史时代条件不同，对革命的具体突破点和进展的速度有不同的设想。简而言之，马、恩设想由英法德三国中的某一国带头取得政权并开始社会主义建设，然后很快得到其余两国响应，这三个核心国家取得胜利后很快扩展到整个欧洲北美，再逐步帮助较为落后的亚非拉众多国家走上社会主义道路。列宁起初的思路和马、恩一致，1915 年后进而开始把俄国考虑在内，1917 年 7 月以后主张以俄国社会主义革命来促进欧洲社会主义革命。十月革命胜利后，列宁于 1918 年 1 月指出："俄国人开始了，德国人、法国人、英国人将去完成，社会主义定将胜利。"①1921 年欧洲革命明显转入低潮后，列宁认为俄国有条件在一国坚持社会主义建设并能够建成社会主义，较长期地脚踏实地、树立榜样，以此来推进东西方的革命。如果社会主义不是在俄国这样资本主义较落后的外围国家而是在美国这样资本主义最先进的核心国家首先取胜，那么社会主义从"一国胜利"到"同时胜利"的历程将会便捷得多！由于社会主义首先在俄国一国胜利和各国政治经济发展很不平衡，从而把由一国胜利达到最终共同胜利的时间和进程大大拉长了。这样，如何坚持并发展"一国胜利"的问题便具有了独立的重大的意义，而"同时胜利"的问题则成为非现实、较为久远未来的事。高先生的阐发是深刻的，有利于我们全面把握"同时胜利"和"一国胜利"的关系问题。

综上所述，高放先生在对社会主义"同时胜利"和"一国胜利"问题的研究中，厘清了这一问题的来龙去脉和研究现状，准确地阐析了马、恩、列、斯的基本观点。在此基础上，提出了自己的独到见解，批评了学术界的错误看法，为对这一问题的进一步深入研究做出了重要贡献。

（原载《聊城大学学报》2009 年第 2 期，原文署名赵康生、李心华）

① 《列宁选集》第 3 卷，人民出版社 1995 年版，第 417 页。

下　编

马克思关于"过渡时期"的著名论断再解读

——兼论我国的"过渡时期"

1875年，马克思在《哥达纲领批判》一文中指出："在资本主义社会和共产主义社会之间，有一个从前者变为后者的革命转变时期。同这个时期相适应的也有一个政治上的过渡时期，这个时期的国家只能是无产阶级的革命专政。"[①]对于马克思这个关于过渡时期的著名论断，理论界堪称耳熟能详却又不无误解。诸如，有人断言："马克思和列宁都认为，在进入共产主义社会高级阶段以前，都属于从资本主义到共产主义的过渡时期，都是无产阶级专政时期。"[②]有人断言：马克思、恩格斯从来没有把社会主义革命割裂为政治革命和社会革命。他们认为革命将在先进的资本主义国家发生，在这些国家里，无产阶级夺取政权后的任务就是剥夺资本家的财产并实现公有制；而"公有制的实现就是社会主义制度的实现，就是社会主义社会的建成，它们之间没有距离，更没有'一段很长的距离'"[③]。意即在资本主义社会和社会主义社会之间没有"过渡时期"。有人认为，过渡时期的国家还不能说是社会主义国家（后文将详述）。笔者则认为，这些观点都没有准确反映马克思关于过渡时期的著名论断的真实含义。本文拟就马克思的这一论断作一番再解读，并对我国的过渡时期问题作一些探讨，以求教于学术界同仁。

一、过渡时期是一个由政治革命转向社会革命的"革命转变时期"

马克思所说的"过渡时期"，是一个由政治革命转向社会革命的"革命转变时期"；它始于无产阶级政治革命的胜利，终于无产阶级社会革命的完成，即从无产阶级专政的建立开始，到社会主义社会的建立为止。

要搞清"过渡时期"的问题，首先必须搞清"政治革命"和"社会革命"这两个

---

① 《马克思恩格斯选集》第3卷，人民出版社1995年版，第314页。

② 中央党校编写小组编：《〈哥达纲领批判〉提要和注释》，人民出版社1973年版，第33页。

③ 俞良早：《列宁主义研究》，广西人民出版社1993年版，第101页。

不同的概念。

革命，就其本来含义说，就是指政治革命，即一个阶级推翻另一个阶级的统治，夺取政权的革命。列宁说："无论从革命这一概念的严格科学意义来讲，或是从实际政治意义来讲，国家政权从一个阶级手里转到另一个阶级手里，都是革命的首要的基本的标志。"[①]这个以夺取政权为标志的政治革命，是无产阶级革命以前的一切革命的共性。包括资产阶级革命在内的以往的一切革命在开始发生时，新的生产关系已经在旧社会的内部生长并成熟起来。因此，这些革命的基本任务，就是夺取代表和维护旧的生产关系的国家政权，并以这种政权去适应和加强新的生产关系的发展。换句话说，政治革命的胜利，就标志着这些革命的完成。

但是，无产阶级革命，或曰社会主义革命，与以往的一切革命根本不同：它在开始发生时，旧社会的内部并不具备新的生产关系。因此，社会主义革命面临两个方面的变革任务：一是推翻资产阶级的统治，建立无产阶级的政权，这就是列宁所说的以"无产阶级专政代替资产阶级专政的政治革命"[②]；二是消灭资本主义的生产关系，建立社会主义的生产关系，这就是列宁所说的"以社会主义生产关系代替资本主义生产关系即进行社会革命"[③]。可见，"社会主义革命"具有"政治革命"和"社会革命"两个方面的含义。当然，人们在谈到社会主义革命时，往往把政治革命和社会革命看作是一个互相联系、不可分割的整体，因为政治革命的胜利就是社会革命的开端。但是，"政治革命"与"社会革命"毕竟是两个不同的概念，具有不同的内涵；二者毕竟是两个不同的革命阶段，而且从前者的胜利到后者的完成之间还隔着一个马克思所说的"过渡时期"。

有人断言，马克思、恩格斯和列宁向来未对"政治革命"和"社会革命"这两个概念做过区分。其实不然。1847 年，马克思指出：在资产阶级社会被消灭以前，资产阶级和无产阶级之间的阶级斗争，将必然地发展成为全面的革命。"只有在没有阶级和阶级对抗的情况下，社会进化将不再是政治革命。"[④]1871 年，马克思又指出："为保证社会革命获得胜利和实现革命的最高目标——消灭阶级，无产阶级这样组织成为政党是必要的。"[⑤]可见，马克思是将"推翻资产阶级"的"政治革命"和"消灭阶级"的"社会革命"作为两个不同的概念看待的。早在 1845 年，

① 《列宁选集》第 3 卷，人民出版社 1995 年版，第 25 页。

② 《列宁选集》第 1 卷，人民出版社 1995 年版，第 333 页。

③ 《列宁全集》第 29 卷，人民出版社 1985 年版，第 483 页。

④ 《马克思恩格斯选集》第 1 卷，人民出版社 1995 年版，第 195 页。

⑤ 《马克思恩格斯选集》第 2 卷，人民出版社 1995 年版，第 611 页。

恩格斯就指出：“社会革命完全不同于以往的政治革命，它的矛头不是对着垄断权的所有，而是对着所有权的垄断。”①1874 年，恩格斯又指出：布朗基主要是一个政治革命家，他企图夺取政权，但没有改造社会的确定的实际的建议。② 在这些地方，恩格斯不仅严格区分了“政治革命”和“社会革命”的概念，而且对二者的含义的解释更加明确。在这个问题上，列宁与马克思、恩格斯的观点完全一致。前文已经提及，这里不再赘述。

要搞清“过渡时期”的问题，其次必须搞清“政治革命”与“社会革命”之间的关系。

概括地说，二者之间的关系就是：只有取得政治革命的胜利，才能实行社会革命；只有完成社会革命，才能最终消化政治革命的成就。

政治革命是社会主义革命中具有决定意义的环节和阶段。在社会主义革命过程中，争取变革资本主义经济制度的斗争，必然要集中地表现为夺取资产阶级国家政权的政治革命。因为资产阶级国家政权是上层建筑的核心，是维护资本主义生产关系的最根本最直接的力量；无产阶级只有通过政治革命，推翻资产阶级的国家政权，建立无产阶级的政治统治，才能变革资本主义经济制度，建立社会主义经济制度，从而实现社会形态的转变。所以，马克思说：“一般的革命——推翻现政权和破坏旧关系——是政治行为。而社会主义不通过革命是不可能实现的。社会主义需要这种政治行为，因为它需要消灭和破坏旧的东西。”③他认为，政治革命是实现社会主义的先决条件；只有无产阶级掌握国家政权，打碎旧的国家机器，破坏旧的生产关系，才能进行全面的社会主义变革。恩格斯说：“在所有的文明国家，民主主义的必然结果都是无产阶级的政治统治，而无产阶级的政治统治又是实行一切共产主义措施的首要前提。”④他认为，争取政治革命的胜利，建立无产阶级专政，这是实施社会主义改造的首要前提和新社会的唯一入口。列宁则更加直截了当地说：“无产阶级专政是社会革命的必要政治条件。”⑤

无产阶级专政的建立，标志着政治革命的基本结束，也标志着“过渡时期”的开始。当然，无产阶级专政建立以后，还要继续完成政治革命的遗留任务。它要担负镇压被推翻的剥削者的反抗的任务，即从事列宁所说的社会主义国家的“国内战争”；它还要担负抵御资本主义国家侵略的任务，即从事恩格斯所说的社会

① 《马克思恩格斯全集》第 2 卷，人民出版社 1957 年版，第 624 页。

② 参见《马克思恩格斯选集》第 3 卷，人民出版社 1995 年版，第 243～244 页。

③ 《马克思恩格斯全集》第 1 卷，人民出版社 1956 年版，第 488～489 页。

④ 《马克思恩格斯选集》第 1 卷，人民出版社 1995 年版，第 205 页。

⑤ 《列宁全集》第 6 卷，人民出版社 1986 年版，第 413 页。

主义国家的“自卫战争”。但是，无产阶级专政的主要任务，则是完成社会革命，即剥夺剥夺者，废除私有制，建立以公有制为基础的社会主义经济制度。只有这样，才能最终消化伟大的政治变革。列宁在十月革命胜利后曾反复强调，在深刻的政治变革以后，必须长时间地了解、消化这种变革，以达到更高的文化经济水平。1921 年 12 月，他指出：“现在历史赋予我们的任务是：在很长的时期内进行缓慢的、艰巨的、困难的经济工作，以便最终完成极其伟大的政治变革。历史上伟大的政治变革总是需要经过漫长的道路才能被消化。……在这方面应该清醒，并且认识到，这个成就虽已取得，但还没有同日常经济生活以及群众生活条件融为一体。这件工作要做好几十年，需要花费极大的气力。这种工作不能用我们进行军事工作的那种速度和在那种条件下来进行。”①

马克思设想无产阶级革命将在欧美主要资本主义国家首先发生，因此他所说的“过渡时期”，是从在资本主义条件下产生的无产阶级政治革命胜利后开始的。这些国家有高度发展的生产力，有比较充分的民主；而高度发展的生产力正是社会主义的经济前提，在民主基础上建立的无产阶级专政则是其政治前提。即便如此，从资本主义社会到社会主义社会也要经过“长久阵痛”。恩格斯在《共产主义原理》中，在回答“这个革命的发展过程将是怎样的”问题时说：“首先无产阶级革命将建立民主的国家制度，从而直接或间接地建立无产阶级的政治统治。在英国可以直接建立，因为那里的无产者现在已占人民的大多数。在法国和德国可以间接建立，因为这两个国家的大多数人民不仅是无产者，而且还有小农和小资产者。”②他认为，民主是无产阶级专政的基础，没有民主就没有无产阶级专政；但是，即使在法德这样的先进资本主义国家，无产阶级革命取得胜利后，甚至还不能直接建立无产阶级专政，更谈不上直接过渡到社会主义。

在我国，没有本来意义上的无产阶级政治革命，推翻旧的国家政权、建立无产阶级专政的任务，是由在半殖民地半封建社会中产生的资产阶级民主革命完成的。因此，我国的过渡时期，不是由无产阶级政治革命转向无产阶级社会革命的“革命转变时期”，而是由资产阶级民主革命转向无产阶级社会革命的“革命转变时期”。无产阶级政治革命的任务，即建立无产阶级的民主的国家制度，使人民群众争得管理国家和社会事务的权利，理应在新民主主义革命取得胜利之后首先予以解决，然后才能在生产力高度发展的基础上全面展开无产阶级社会革命。但是，实际情况并非如此。

---

① 《列宁全集》第 42 卷，人民出版社 1987 年版，第 351 页。

② 《马克思恩格斯选集》第 1 卷，人民出版社 1995 年版，第 239 页。

中华人民共和国建立时，经济文化相当落后，民主法制极端匮乏。因此，我国的过渡时期应该更“长久”。正像列宁所说：在政治变革以后必须长时间地消化这个变革；小生产者越多，文盲越多，时间就越长。[①] 但是，我们没有弄清这一点，既忽视了发展生产力，又忽视了建设民主政治。1980 年 8 月，邓小平在《党和国家领导制度的改革》一文中指出：“旧中国留给我们的，封建专制传统比较多，民主法制传统很少。解放以后，我们也没有自觉地、系统地建立保障人民民主权利的各项制度。”“我们进行了二十八年的新民主主义革命，推翻封建主义的反动统治和封建土地所有制，是成功的，彻底的。但是，肃清思想政治方面的封建主义残余影响这个任务，因为我们对它的重要性估计不足，以后很快转入社会主义革命，所以没有能够完成。现在应该明确提出继续肃清思想政治方面的封建主义残余影响的任务，并在制度上做一系列切实的改革，否则国家和人民还要遭受损失。”[②]30 年前邓小平说的这番话，今天我们读来仍然感到亲切和振奋！

二、过渡时期是由资本主义社会到社会主义社会的过渡

马克思说：“在资本主义社会和共产主义社会之间……有一个政治上的过渡时期。”马克思在《哥达纲领批判》中提出这个论断的同时，全面阐述了共产主义社会两个阶段的学说。他把共产主义社会分为“第一阶段”和“高级阶段”；“第一阶段”实行按劳分配的原则，“高级阶段”实行按需分配的原则。他在论述“第一阶段”必须实行等量劳动领取等量产品的原则时说：“我们这里所说的是这样的共产主义社会，它不是在它自身基础上已经发展了的，恰好相反，是刚刚从资本主义社会中产生出来的，因此它在各方面，在经济、道德和精神方面都还带着它脱胎出来的那个旧社会的痕迹。”[③]显然，马克思所说的过渡时期，是由资本主义社会到共产主义社会第一阶段即社会主义社会的过渡。但是，马克思所说的“共产主义社会第一阶段”，不是我们今天所理解的建立起社会主义基本经济制度和基本政治制度的“社会主义社会”，而是无阶级、无国家、无三大差别的“完全的社会主义社会”。他在论述共产主义社会高级阶段时说：“在共产主义社会高级阶段，在迫使个人奴隶般地服从分工的情形已经消失，从而脑力劳动和体力劳动的对立也随之消失之后；在劳动已经不仅仅是谋生的手段，而且本身成了生活的第一需要之后；在随着个人的全面发展，他们的生产力也增长起来，而集体财富的

① 参见《列宁文稿》第 4 卷，人民出版社 1978 年版，第 309 页。

② 《邓小平文选》第 2 卷，人民出版社 1994 年版，第 332 页。

③ 《马克思恩格斯选集》第 3 卷，人民出版社 1995 年版，第 304 页。

一切源泉都充分涌流之后，——只有在那个时候，才能完全超出资产阶级权利的狭隘眼界，社会才能在自己的旗帜上写上：各尽所能，按需分配！”[①]我们在阅读这段文字时，一定要注意“之后”一词。马克思在这里实际上是说，在共产主义社会高级阶段到来“之前”，即在共产主义社会第一阶段，社会就已经消灭了三大差别，个人就已经获得了一定程度的全面发展，集体财富的一切源泉就已经充分涌流。只有在这个时候，共产主义社会高级阶段才能到来。可见，马克思所说的共产主义社会第一阶段，是完全的社会主义社会，不是苏联、中国完成社会主义改造之后建立的“社会主义社会”。当然，社会主义社会本身也有一个产生、发展、成熟的过程，由刚刚从资本主义社会中产生出来，到进入共产主义社会高级阶段，将是一个漫长的历史过程。因此，在清醒地认识到我国1956年建立起来的“社会主义社会”还不是马克思所说的共产主义社会第一阶段的前提下，提出我国的过渡时期已经结束，也不是不可以的。

在过去的一个时期内，我党对“过渡时期”的终止时间有过误解，将向“社会主义社会”的过渡误为向“共产主义社会”的过渡。1962年9月，中共八届十中全会公报指出：“在无产阶级革命和无产阶级专政的整个历史时期，在由资本主义过渡到共产主义的整个历史时期(这个时期需要几十年，甚至更多的时间)存在着无产阶级和资产阶级之间的阶级斗争，存在着社会主义和资本主义这两条道路的斗争。……这是马克思列宁主义早就阐明了的一条历史规律，我们千万不要忘记。”[②]1963年6月，毛泽东阅改过的《关于国际共产主义运动总路线的建议》明确指出：“马克思和列宁都认为，在进入共产主义社会的高级阶段以前，都是属于从资本主义到共产主义的过渡时期，都是无产阶级专政时期。”[③]1964年7月，毛泽东阅改过的《关于赫鲁晓夫的假共产主义及其在世界历史上的教训》进一步指出：“社会主义社会是一个很长的历史阶段。……在社会主义这个历史阶段中，必须坚持无产阶级专政，把社会主义革命进行到底，才能防止资本主义复辟，进行社会主义建设，为过渡到共产主义准备条件。”[④]在这些地方，我党都是将“过渡时期”的终点定在“共产主义社会”上。

在“过渡时期”的起点问题上，我党的认识也有一个变化的过程。新中国建

① 《马克思恩格斯选集》第3卷，人民出版社1995年版，第305～306页。

② 中共中央党校中共党史教研室编：《中共党史学习文献简编(社会主义革命时期)》，中共中央党校出版社1983年版，第188页。

③ 《关于国际共产主义运动总路线的建议》，人民出版社1963年版，第30页。

④ 《人民日报》编辑部、《红旗》杂志编辑部：《关于赫鲁晓夫的假共产主义及其在世界历史上的教训》，人民出版社1964年版，第52页。

立前夕的1949年3月，中共在七届二中全会的决议中指出，中国新民主主义革命胜利后的任务是稳步地由农业国转变为工业国，由新民主主义社会转变为社会主义社会。1953年12月，中共中央宣传部在《关于党在过渡时期总路线的学习和宣传提纲》中指出：“中国革命第一阶段的任务胜利完成后建立起来的新民主主义社会，是一个过渡性质的社会。由中华人民共和国成立到建成社会主义社会，是我国由新民主主义社会过渡到社会主义社会的历史时期，亦即改变现有的资本主义经济和小商品经济为社会主义经济，扩大现有的社会主义经济，使社会主义经济基本上成为我国唯一经济基础的时期。”①这里说的“过渡时期”的起点是新民主主义社会，其历史前提则是半殖民地半封建社会。1955年9月，毛泽东在《〈中国农村的社会主义高潮〉的序言》中，把我国的过渡时期表述为“从资本主义到社会主义的过渡时期”②，此后，“过渡时期”的起点变为资本主义社会。1956年1月，毛泽东又指出：“中华人民共和国的成立标志着中国革命由资产阶级民主革命阶段转变到社会主义革命阶段，即进入由资本主义到社会主义的过渡时期。”③1956年9月，刘少奇在中共八大的政治报告中继续阐述了这一观点。

过渡时期的起点由“新民主主义社会”变为“资本主义社会”，表面上看似乎是对马克思观点的回归，但是实际上，这里仍然存在逻辑悖谬。我党明确表示，“新民主主义社会，是一个过渡性质的社会”。这就是说，整个过渡时期的社会都是新民主主义社会。而“由新民主主义社会过渡到社会主义社会”，就等于说从过渡时期的社会“过渡”到社会主义社会。如此说来，“过渡时期”的起点究竟在哪儿？正像某人对你说，他从长江渡到了上海。你能搞清楚他究竟是从哪里到的上海吗？“过渡时期”应该是一个过程，是由一种社会形态逐渐发展变化而转入另一种社会形态的过程。而过渡时期的社会则不是一个独立的社会形态，因为社会性质是由占统治地位的生产关系决定的，过渡时期是哪种生产关系占统治地位，是社会主义的还是资本主义的？都不是。“这个过渡时期不能不兼有这两种社会经济结构的特点或特性。这个过渡时期不能不是衰亡着的资本主义与生长着的共产主义彼此斗争的时期。”④我党将过渡时期改为“从资本主义到社会主义的过渡”，按照过渡时期是从过渡时期的社会过渡到社会主义社会的逻辑，这岂不是等于说，我国过渡时期的社会是资本主义社会？这显然是不对的。

马克思的论断到底是什么含义呢？在资本主义社会和社会主义社会“之间”

① 中共中央党校党史教研室选编：《中共党史参考资料》（八），人民出版社1980年版，第40页。

② 《毛泽东选集》第5卷，人民出版社1977年版，第218页。

③ 《毛泽东文集》第7卷，人民出版社1999年版，第1页。

④ 《列宁选集》第4卷，人民出版社1995年版，第59页。

有一个政治上的过渡时期，这就是说，过渡时期的起点是资本主义社会，是无产阶级夺取政权时的资本主义社会，终点是社会主义社会。这句话的语义绝不是过渡时期的社会是资本主义社会，“过渡”是由过渡时期的资本主义社会向社会主义社会的过渡。因此，无论将我国的过渡时期表述为“由新民主主义社会过渡到社会主义社会”，还是“由资本主义社会到社会主义社会的过渡”，都是与马克思的本意相悖的，都是不准确的。因为中国没有资本主义社会，新民主主义革命取得胜利时中国不是资本主义社会。按照马克思的观点，我国过渡时期的起点应该是中华人民共和国成立时(也可以说无产阶级夺取政权时)的半殖民地半封建社会，终点是社会主义社会。对我国的过渡时期似应表述为：“在半殖民地半封建社会和社会主义社会之间，有一个政治上的过渡时期。”这样的表述，既符合马克思主义的观点，又可以使我们对国情有更加清醒的认识，对社会主义建设问题有更加冷静的思考。

三、过渡时期的国家只能是社会主义国家

马克思说，过渡时期的国家只能是无产阶级的革命专政。而无产阶级专政的国家只能是社会主义国家。

在这个问题上，存在着一些模糊认识。比如，刘文汇在《试论列宁晚年思想的局限》一文中认为，列宁晚年对社会主义问题的论述，“出现了一些明显的混乱”；“列宁一方面反复强调在经济文化相当落后的俄国必须通过‘迂回方法’才能过渡到社会主义，另一方面又宣布苏俄已经是一个社会主义共和国，已经实行了社会主义，这显然是自相矛盾的”。[①] 刘文就没有搞清楚，过渡时期的国家就是社会主义国家，而过渡时期的社会还不是社会主义社会。

从马克思主义的经典作家曾经论述过的“社会主义国家”的“自卫战争”中，我们就可以看出，他们将过渡时期的国家称为社会主义国家。列宁在提出社会主义革命“一国首先胜利”论时说：社会主义在一国或几国首先获得胜利后，“不仅必然引起摩擦，而且必然引起其他各国资产阶级力图打垮社会主义国家中胜利的无产阶级的直接行动。在这种情况下发生的战争，从我们方面来说就会是正当的和正义的战争。……恩格斯在1882年9月12日给考茨基的信中直接承认已经胜利了的社会主义有进行‘自卫战争’的可能性，他说得完全正确。他指

① 刘文汇：《试论列宁晚年思想的局限》，《南京师大学报》(社会科学版)2002年第2期，第57页。

的正是胜利了的无产阶级进行自卫以反对其他各国的资产阶级。”[①]在马克思主义创始人那里，社会主义的实现意味着国家的消亡；而在社会主义社会里又不会发生战争。所以，社会主义国家的“自卫战争”，只能是过渡时期的“自卫战争”。这也就是说，社会主义国家只存在于过渡时期。

有人说，过渡时期的国家还不能称为社会主义国家。这是不对的。1918 年 1 月，列宁在《人民委员会工作报告》中说：“我并不抱幻想，我知道我们才开始进入向社会主义过渡的时期，我们还没有达到社会主义。但如果你们说我们的国家是社会主义的苏维埃共和国，那你们是正确的。”“我们甚至远没有结束从资本主义到社会主义的过渡时期。我们从来没有幻想过，不靠国际无产阶级的帮助就能结束这个过渡时期。我们从来没有在这方面产生过错觉，我们知道，从资本主义到社会主义的这条道路，是多么艰难，但是我们必须说，我们的苏维埃共和国是社会主义的共和国，因为我们已经走上了这条道路，而这些话决不是空话。”[②]1918 年 5 月，列宁又在《论“左派”幼稚性和小资产阶级性》一文中指出：“看来，还没有一个专心研究俄国经济问题的人否认过这种经济的过渡性质。看来，也没有一个共产主义者否认过社会主义苏维埃共和国这个名称是表明苏维埃政权有决心实现向社会主义的过渡，而决不是表明新的经济制度就是社会主义制度。”[③]

这里谈谈“社会主义国家”与“社会主义社会”的区别与联系。“社会主义国家”即无产阶级专政的国家，正像资本主义国家即资产阶级专政的国家一样。列宁说：“资产阶级国家的形式虽然多种多样，但本质是一样的：所有这些国家，不管怎样，归根到底一定都是资产阶级专政。从资本主义向共产主义过渡，当然不能不产生非常丰富和多样的政治形式，但本质必然是一样的：都是无产阶级专政。”[④]列宁之所以称十月革命胜利后建立的苏维埃共和国是社会主义国家，就是因为苏维埃共和国是无产阶级专政的国家形式。而“社会主义社会”则是指建立了以公有制为基础的社会主义生产关系的社会。无产阶级夺取政权后，可以而且应当立即建立社会主义国家，但不能立即建立社会主义社会；即使是在先进的资本主义国家，无产阶级夺取政权后也必须经过“长久”的过渡时期才能进入社会主义社会，更何况经济文化比较落后的国家。这就是说，在社会主义革命的发展进程中，要经过一个有社会主义国家而没有社会主义社会的阶段。这个阶

① 《列宁选集》第 2 卷，人民出版社 1995 年版，第 722 页。
② 《列宁选集》第 3 卷，人民出版社 1995 年版，第 409 页。
③ 《列宁选集》第 3 卷，人民出版社 1995 年版，第 521 页。
④ 《列宁选集》第 3 卷，人民出版社 1995 年版，第 140 页。

段即过渡时期。在这个时期中，社会主义国家的历史任务就是：剥夺剥削阶级的生产资料并镇压他们的反抗，抵御外来敌人的侵袭；组织经济、政治和文化等各个方面的建设，逐步实行社会主义经济变革和社会其他方面的社会主义改造，最终建立社会主义社会。按照马克思主义创始人的观点，进入社会主义社会后，社会主义国家就消亡了，即社会发展进入一个有社会主义社会而没有社会主义国家的阶段。马克思说："阶级统治一旦消失，目前政治意义上的国家也就不存在了……"①恩格斯说："所有的社会主义者都认为，政治国家以及政治权威将由于未来的社会革命而消失，这就是说，公共职能将失去其政治性质，而变为维护真正社会利益的简单的管理职能。"②后来，列宁根据时代的变化和社会主义的实践经验，对关于国家消亡的问题作了更加具体的论述。他认为，苏维埃政权是实现向社会主义社会过渡的无产阶级专政的国家形式，而且"这种形式是社会主义社会初期所不可避免的"③；在社会主义社会中"国家正在消亡"，"但是，国家还没有完全消亡……要使国家完全消亡，必须有完全的共产主义"④。列宁在这里所说的到共产主义才完全消亡的国家是"非政治国家"，即非无产阶级专政的"国家"。而无产阶级专政的社会主义国家，在社会主义社会发展到一定阶段时就已经消亡了。因为"社会主义将导致阶级消灭，从而也导致国家消灭"⑤。列宁的观点与马克思、恩格斯的观点基本上是一致的。

那么，如何认识我国过渡时期的国家性质呢？金冲及在《新民主主义社会和社会主义初级阶段》一文中说：从 1949 年新中国成立到 1956 年的七年时间里，中国还不能说是社会主义国家，而是新民主主义国家；1956 年，社会主义制度在中国基本上建立起来，从这时起中国成为社会主义国家，进入社会主义初级阶段。他认为，"事情本来很清楚"，可是大家还是没有搞清楚。⑥ 笔者认为，金文自己把问题搞乱了：一是它混淆了社会主义国家和社会主义社会这两个不同的概念，把社会主义社会的初级阶段误为社会主义国家的初级阶段；二是它把新民主主义国家和社会主义国家当作两个截然不同的概念，没有搞清 1956 年以后中国的国家性质与 1949 年新中国成立后七年间的国家性质没有任何改变。判定国家的性质，要看国家政权的性质，即看哪个阶级在国家中居于统治地位，掌握

① 《马克思恩格斯选集》第 3 卷，人民出版社 1995 年版，第 289 页。
② 《马克思恩格斯选集》第 3 卷，人民出版社 1995 年版，第 227 页。
③ 《列宁全集》第 29 卷，人民出版社 1985 年版，第 354 页。
④ 《列宁选集》第 3 卷，人民出版社 1995 年版，第 196 页。
⑤ 《列宁选集》第 2 卷，人民出版社 1995 年版，第 441 页。
⑥ 参见金冲及：《新民主主义社会和社会主义初级阶段》，《党的文献》2008 年第 5 期。

国家政权。1949年，中国建立了工人阶级领导的以工农联盟为基础的人民民主专政的国家政权，即无产阶级专政的国家政权，所以，这时称为新民主主义国家的中国，也可以称为社会主义国家。

承认过渡时期的国家是社会主义国家这一点非常重要。它可以坚定我们沿着社会主义道路前进的信心，也可以避免我们犯急躁冒进的错误。苏俄由战时共产主义政策转向新经济政策之后，列宁指出：新经济政策“就是在很大程度上转而恢复资本主义”①。但是，“新经济政策没有从根本上改变苏维埃俄国社会制度方面的任何东西，只要政权还掌握在工人手里，就不可能引起任何改变。而对于苏维埃政权的巩固，看来目前已经谁也不会怀疑了”②。现在看来，当初我国在无产阶级政权得到巩固、国有经济控制国家经济命脉的情况下，担心走上资本主义道路而急于完成社会主义改造，是有些过虑了。

综上所述，马克思关于过渡时期的著名论断，揭示了社会主义和人类社会发展的客观规律，指明了各国社会主义革命和社会主义建设的光辉道路。因此，准确理解马克思的这一论断，对于我们正确处理改革开放和社会主义现代化建设的基本问题，具有十分重要的意义。

（原载《社会主义研究》2011年第1期，原文署名王汝秀、刘春晖）

---

① 《列宁选集》第4卷，人民出版社1995年版，第576页。

② 《列宁文稿》第4卷，人民出版社1978年版，第403页。

也谈邓小平的社会主义本质论

邓小平同志关于“社会主义的本质，是解放生产力，发展生产力，消灭剥削，消除两极分化，最终达到共同富裕”的科学论断，是建设有中国特色社会主义理论的核心，是当代中国马克思主义的基石。完整准确地阐释邓小平的社会主义本质论，是当前理论界的一项十分重要的任务。本文试图从一个新的角度，谈谈对这一论断的认识。

一、“解放生产力，发展生产力”，是社会主义的“今天的目的”

目的性是人类活动的显著特性。有赖于它，人类文明才得以勇往直前。社会主义社会，作为人类自觉创造历史的开端，必须有积极的目的和现实的追求。只有这样，社会才能形成一种巨大的“合力”，社会行为才能具有明确的方向性。列宁指出：“社会主义不是什么人赐给人类的现成制度。社会主义是目前无产阶级为了达到根本目的而进行的阶级斗争，是从今天的目的走向明天的目的并且逐渐接近根本目的的斗争。”[①]邓小平同志正是从社会主义目的的角度，来概括社会主义的本质的。

“解放生产力，发展生产力”，是社会主义的“今天的目的”，是社会主义的本质，首先因为它是社会主义能够代替资本主义的客观依据。唯物史观认为，任何一种新的社会经济形态的出现，都是生产力发展的产物。当旧的生产关系不能适应生产力的发展时，新的社会经济形态的产生就是必然的了。马克思说：社会经济形态的发展是一种自然历史过程。“大体说来，亚细亚的、古代的、封建的和现代资产阶级的生产方式可以看作是社会经济形态演进的几个时代。”[②]而在资本主义之后的社会经济形态就是社会主义经济形态（共产主义经济形态）。社

① 《列宁全集》第19卷，人民出版社1989年版，第26页。

② 《马克思恩格斯选集》第2卷，人民出版社1972年版，第83页。

会主义之所以能够代替资本主义，就是因为它能够解放被已经丧失活力的资本主义制度所束缚的生产力，继续向前推进和发展生产力。马克思、恩格斯在论述社会主义代替资本主义的必然性时，正是从这一观点出发的。他们认为，资本主义生产关系已经成为束缚社会化生产力的桎梏，因此必须进行无产阶级革命，消灭资本主义制度，创立社会主义制度，以进一步解放和发展生产力。他们指出：共产主义经济形态，是"在保证社会生产力极高度发展的同时又保证人类最全面的发展的这样一种经济形态"①。这也就是社会主义能够战胜资本主义的原因所在。正如邓小平所指出的："社会主义必须大力发展生产力，逐步消灭贫穷，不断提高人民的生活水平。否则，社会主义怎么能战胜资本主义？"②可见，社会主义作为一种社会形态，它是高于资本主义的社会形态；社会主义作为一种社会制度，它是高于资本主义的社会制度。它之所以能够诞生，就是因为它能够进一步解放和发展生产力。

"解放生产力，发展生产力"，是社会主义的"今天的目的"，是社会主义的本质，其次是因为它是社会主义社会得以存在的内在根据。黑格尔说："某物的存在，必有其充分的根据……根据就是内在存在着的本质，而本质实质上即是根据。"③社会主义必须解放生产力，发展生产力，创造高度发达的生产力。这是社会主义的物质基础。列宁说："社会主义的唯一的物质基础，就是同时也能改造农业的大机器工业。"④在小生产的基础上是不能建立起社会主义的。社会主义能够最终战胜资本主义，归根结底是社会主义能够创造出高于资本主义的社会生产力。社会主义社会作为共产主义的低级阶段，不但要消灭一切剥削制度和一切剥削阶级，而且要消灭一切劳动阶级和一切阶级差别，创造极大丰富的物质财富和精神财富，满足人们日益增长的物质文化需求，使人类社会进入"各尽所能，按需分配"的共产主义的高级阶段。这就要求社会主义社会创造出高度发达的生产力。这是社会主义的根本要求，也是社会主义立于不败之地的根本保证。正如邓小平所指出的："不发展生产力，不提高人民的生活水平，不能说是符合社会主义要求的。"⑤"社会主义如果老是穷的，它就站不住。"⑥苏联东欧社会主义制度的垮台，原因固然是多方面的，但是多年以来不注重发展生产力，导致国民

---

① 《马克思恩格斯全集》第19卷，人民出版社1963年版，第130页。

② 《邓小平文选》第3卷，人民出版社1993年版，第10页。

③ [德]黑格尔：《小逻辑》，贺麟译，商务印书馆1981年版，第259页。

④ 《列宁选集》第4卷，人民出版社1972年版，第549页。

⑤ 《邓小平文选》第3卷，人民出版社1993年版，第116页。

⑥ 《邓小平文选》第2卷，人民出版社1994年版，第191页。

经济长期落后，是其中最主要的原因。邓小平还说："搞社会主义，一定要使生产力发达，贫穷不是社会主义。我们坚持社会主义，要建设对资本主义具有优越性的社会主义，首先必须摆脱贫穷。现在虽说我们也在搞社会主义，但事实上不够格。只有到了下个世纪中叶，达到了中等发达国家的水平，才能说真的搞了社会主义，才能理直气壮地说社会主义优于资本主义。"①他十分尖锐地指出，没有发达的社会生产力，就没有真正的社会主义。这也就是为什么解放生产力，发展生产力是社会主义得以存在的内在根据，是社会主义的本质的真正原因。

二、"消灭剥削，消除两极分化"，是社会主义的"明天的目的"

马克思发现了唯物史观和剩余价值学说，使社会主义由空想变成了科学，揭示了资本主义必然被社会主义所取代的历史规律。资本主义之所以必然灭亡，就是因为资本主义的剥削制度造成了贫富两极分化，扼杀了人类的公平和人类的本性；社会主义之所以必然胜利，就是因为社会主义制度要消灭剥削，消除两极分化，实现人类公平，复归人类本性。恩格斯指出："(1)现今的一切贫困灾难，完全是由已不适合于时间条件的社会制度造成的；(2)用建立新社会制度的办法来彻底铲除这一切贫困的手段已经具备。"②资本主义剥削的根源，在于资本主义的生产资料私有制。因此要消灭剥削，就必须消灭私有制。马克思、恩格斯在《共产党宣言》中指出，共产党人之所以可以把自己的理论概括为一句话——消灭私有制，正是因为资产阶级私有制是建筑在阶级对立上面，建筑在一些人对另一些人的剥削上面的。无产阶级要达到消灭阶级对立、消灭剥削的目的，就只有通过消灭私有制、建立公有制的途径。也就是说，消灭剥削，是社会主义的目的，而建立公有制，只是实现这一目的的手段。因此，邓小平同志把"消灭剥削，消除两极分化"归入社会主义的本质，而没有把"消灭私有制，建立公有制"归入社会主义的本质，是完全合乎道理的，是完全可以理解的。

另外，我们之所以把"消灭剥削，消除两极分化"看作社会主义的"明天的目的"，而不看作社会主义的"今天的目的"，是因为"解放生产力，发展生产力"与"消灭剥削，消除两极分化"之间，还有一个先后顺序，还有一段距离。恩格斯指出："现在废除私有制不仅可能，而且完全必要。"但是，又不能一下子就把私有制废除，"正象不能一下子就把现有的生产力扩大到为建立公有经济所必要的程度

① 《邓小平文选》第3卷，人民出版社1993年版，第225页。

② 《马克思恩格斯选集》第1卷，人民出版社1972年版，第216页。

一样。因此,征象显著即将来临的无产阶级革命,只能逐步改造现社会,并且只有在废除私有制所必需的大量生产资料创造出来之后才能废除私有制"[①]。这就是说,消灭一切私有制,必须是在生产力高度发达的条件下才能完成;也就是说,消灭一切剥削(不仅消灭一切剥削阶级和剥削制度,而且消灭一切剥削分子和剥削现象),需要社会主义制度的相当一段时间的发展。这里不仅需要物质财富的极大丰富,而且还需要人们思想觉悟的极大提高。我国在目前条件下还不得不保留的私营经济和外资经济中,仍然存在着剥削,这一点是显而易见的。因此,要彻底消灭剥削,就必须实现全部生产资料的全社会所有制;而要做到这一点,又必须在社会主义条件下进一步解放生产力,发展生产力,使生产力达到极高的水平。这个目的,不是短期内所能达到的,而只能作为社会主义的"明天的目的"提出来。当然,应该清楚,不达到这个目的,就没有实现真正的社会主义。恩格斯指出:"只有在机器和其他发明有可能向全体社会成员展示出获得全面教育和幸福生活的前景时"[②],才可能实现财产公有,才可能出现社会主义。

邓小平同志把"消灭剥削,消除两极分化"纳入社会主义的本质,而把"公有制"和"按劳分配"舍弃在外,并不是否定社会主义的生产资料所有制形式和产品分配方式,而是从更深的层次上,从归根结底的意义上,来概括社会主义的本质。要达到消灭剥削,消除两极分化的目的,固然要通过公有制和按劳分配的手段;但是,如果把"公有制"和"按劳分配"纳入社会主义的本质,那就是把社会主义外在的具体的特征,当成了内在的抽象的本质,因而不能真正把握"什么是社会主义"的问题。同时,人们可能会因为我们有了国家所有制和集体所有制,有了形式上的按劳分配,而降低社会主义的标准,把穷的、"不够格的"社会主义误作真正的社会主义。列宁在谈到对"社会主义"的认识时说:"我们要争取新的、美好的社会制度:在这个新的、美好的社会里不应该有穷有富,大家都应该做工。共同工作的成果不应该归一小撮富人享受,应该归全体劳动者享受。机器和其他技术改良应该用来减轻大家的工作,不应该牺牲千百万人民的利益来使少数人发财。这个新的、美好的社会就叫社会主义社会。"[③]列宁的概括,正是舍弃了具体特征,而抓住了内在本质,揭示了社会主义消灭剥削,消除两极分化的本质。邓小平同志的新概括,坚持了列宁的思想,避免了这方面可能产生的误解,不但准确地回答了"什么是社会主义"的问题,而且为"如何建设社会主义"指明了方向。

---

① 《马克思恩格斯选集》第1卷,人民出版社1972年版,第219页。

② 《马克思恩格斯全集》第42卷,人民出版社1979年版,第377～378页。

③ 《列宁选集》第1卷,人民出版社1972年版,第391页。

三、“达到共同富裕”，是社会主义的“根本目的”

邓小平同志指出：“我们坚持走社会主义道路，根本目标是实现共同富裕。”①社会主义的根本目的，是实现全体社会成员的共同富裕，满足人民日益增长的物质文化需要，这是马克思主义的基本原则。恩格斯指出：任何政治斗争，“归根到底都是围绕着经济解放进行的”②。列宁则更加明确地指出：“只有社会主义才可能根据科学的见解来广泛推行和真正支配产品的社会生产和分配，也就是如何使全体劳动者过最美好、最幸福的生活。只有社会主义才能实现这一点。我们知道社会主义应该实现这一点，而马克思主义的全部困难和全部力量，也就在于了解这个真理。”③列宁说得完全正确。我们在相当长的一段时间内，对马克思主义的这个真理没有真正了解，特别是在“文化大革命”中，甚至把生活富裕与资本主义联系在一起，而与社会主义对立起来，造成了严重的灾难。邓小平同志坚持和发展了科学社会主义，把实现共同富裕归入社会主义的本质，完成了理论上和实践上的重大的拨乱反正。

共产主义革命的最终目的，是实现人类的彻底解放。而人类的彻底解放，首先是经济解放；没有经济解放，就不会有人类的社会解放。社会主义之所以要解放生产力，发展生产力，创造高度发达的生产力，目的正在于此；社会主义之所以要消灭剥削，消除两极分化，目的也在于此。而我认为，经济解放不仅包括消灭剥削，而且还包括共同富裕。达到共同富裕，实现经济解放，是实现人类社会解放即实现人类自由全面发展的首要条件。在一个人人为生活必需品而争斗的社会里，又谈何人类的自由全面发展！总之，邓小平同志的概括，抓住了最根本的东西：实现人类的经济解放。这是实现人类社会解放的前提。恩格斯说：社会主义通过社会占有生产资料，“通过社会生产，不仅可能保证一切社会成员有富足的和一天比一天充裕的物质生活，而且还可能保证他们的体力和智力获得充分的自由的发展和运用”④。道理就在这里。

资本主义追求剩余价值的生产目的，导致了阶级对立和贫富两极分化，使极少数人在牺牲大多数人的利益的情况下发财致富，得到发展，而处于资产阶级统治之下的广大人民群众却不得不在贫困之中挣扎，更谈不上什么发展。正像马

① 《邓小平文选》第3卷，人民出版社1993年版，第155页。
② 《马克思恩格斯选集》第4卷，人民出版社1972年版，第247页。
③ 《列宁选集》第3卷，人民出版社1972年版，第571页。
④ 《马克思恩格斯选集》第3卷，人民出版社1972年版，第322页。

克思恩格斯所指出的:“一些人靠另一些人来满足自己的需要,因而一些人(少数)得到了发展的垄断权;而另一些人(多数)经常地为满足最迫切的需要而进行斗争,因而暂时(即在新的革命的生产力产生以前)失去了任何发展的可能性。”①

马克思、恩格斯一贯反对把人作为手段,而主张把人作为目的。他们针对资本主义使多数人遭受苦难和窒息的罪恶,提出了社会主义实现人类生活幸福和自由全面发展的奋斗目标。他们认为,未来新社会的一切政治活动、经济活动和社会活动,都应该围绕实现人类彻底解放这个中心任务来开展。恩格斯在《共产主义信条草案》中,在回答“共产主义者的目的是什么”的问题时说:“把社会组织成这样:使社会的每一个成员都能完全自由地发展和发挥他的全部才能和力量,并且不会因此而危及这个社会的基本条件。”②这也就是社会主义的根本目的,社会主义的本质。

有人认为,实现人的自由全面发展,不是社会主义的目的,而是共产主义的目的。这是不对的,这不符合马克思主义。马克思在《哥达纲领批判》中指出:“在随着个人的全面发展生产力也增长起来,而集体财富的一切源泉都充分涌流之后——只有在那个时候,才能完全超出资产阶级权利的狭隘眼界,社会才能在自己的旗帜上写上:各尽所能,按需分配!”③请注意“之后”一词!马克思说,在共产主义高级阶段到来之前,人就已经获得了社会主义历史阶段的全面发展。

综上所述,邓小平同志舍弃社会主义的政治、经济和社会手段,而抓住社会主义的今天的、明天的和根本的目的,从一个全新的角度概括了社会主义的本质,既继承了马克思主义,又发展了马克思主义,对科学社会主义理论做出了卓越的贡献。

(原载《社会主义研究》1997 年 9 月专刊,原文署名李心华、王淑娟;人大复印报刊资料 D1·月刊《社会主义论丛》1997 年第 10 期全文转载)

① 《马克思恩格斯全集》第 3 卷,人民出版社 1960 年版,第 507 页。

② 《马克思恩格斯全集》第 42 卷,人民出版社 1979 年版,第 373 页。

③ 马克思恩格斯选集》第 3 卷,人民出版社 1972 年版,第 12 页。

进一步认识社会主义初级阶段理论的重大意义

江泽民总书记在党的十五大报告中，再次强调了社会主义初级阶段理论。他明确指出，一切从实际出发，就是从中国现在处于并将长时期处于社会主义初级阶段的实际出发；要搞清楚“什么是社会主义、怎样建设社会主义”，就必须搞清楚什么是初级阶段的社会主义，在初级阶段怎样建设社会主义。因此，在深化改革、扩大开放和全面推进建设有中国特色社会主义伟大事业的今天，我们有必要进一步认识社会主义初级阶段理论的重大意义。

一、“在党的纲领中明确提出社会主义初级阶段的科学概念，这在马克思主义历史上是第一次”

社会主义初级阶段理论，在马克思主义发展史上具有重大的理论意义。

马克思主义的创始人运用唯物史观，分析了资本主义社会的矛盾，揭示了资本主义必然灭亡和社会主义必然胜利的历史规律，同时考察了未来社会的发展阶段问题。在《哥达纲领批判》中，马克思把经由资本主义到共产主义的过渡时期之后的新社会划分为“共产主义第一阶段”和“共产主义高级阶段”，并对两个阶段之间在社会财富和分配方式上的差别作了论述。后来，列宁把马克思所说的两个阶段改称为“社会主义社会”和“共产主义社会”。在一个较长时期内，人们在关于社会发展阶段问题上，固守导师们的个别结论，认为他们把未来社会只分为两个阶段。当然，马克思、恩格斯只字未提社会主义社会的阶段划分，也没有留下一段可以引证的确切的文字和无可反驳的指示，但是，他们关于共产主义社会发展阶段的论述中，至少包含以下启迪后人的思想。

第一，马克思、恩格斯关于共产主义社会发展阶段的思想，是从无产阶级以及全人类如何从资本主义制度及其所造成的后果的束缚下彻底解放出来的角度出发的，是以西欧发达资本主义的历史事实和发展过程为依据的，因此，它虽然具有科学意义，但不具有普遍意义。对于落后国家，它就不能照样搬来。恩格斯明确说过:“至于这些国家要经过哪些社会和政治发展阶段才能同样达到社会主义的组织,我认为我们今天只能作一些相当空泛的假设。”①显然,根据恩格斯的解释,像中国这样的落后国家,要达到他们所描绘的那样的社会主义社会,必须经过一些特殊的发展阶段。

第二,马克思、恩格斯关于共产主义社会发展阶段的思想,是一种定性分析,而不是定量分析。在《哥达纲领批判》中,马克思并没有断言未来社会只有两个发展阶段,而是指出未来新社会的起点阶段,即“共产主义第一阶段”;这个阶段在自身的基础上应该向着什么方向前进,才能达到新的境界,即“共产主义高级阶段”。在两者中间,是否还存在其他发展阶段,他没有说,这给后人留下了进一步探讨和发挥的广阔余地。1920 年,列宁在《共产主义运动中的“左派”幼稚病》中就曾指出:在共产主义低级阶段即社会主义和共产主义高级阶段即共产主义之间,还有一个共产主义“中级阶段”。②

第三,马克思、恩格斯关于共产主义社会发展阶段的思想,既没有把未来新社会包括“共产主义高级阶段”看作完美无缺的社会,也没有穷尽社会发展阶段的划分。恰恰相反,恩格斯认为:“历史同认识一样,永远不会把人类的某种完美的理想状态看做尽善尽美的;完美的社会,完美的‘国家’是只有在幻想中才能存在的东西;反之,历史上依次更替的一切社会制度都只是人类社会由低级到高级的无穷发展进程中的一些暂时阶段。”③因此,“我们没有最终目标,我们是不断发展论者,我们不打算把什么最终规律强加给人类”④。须知,任何一种所有制的存在,都是以生产资料的相对不足为条件的;同样,任何一种分配方式的存在,都是以产品的相对不足为条件的。试想,当生产资料丰富到对它的任何形式的占有都毫无意义的时候,所有制就消亡了;当社会产品达到象阳光和空气一样充足的时候,分配方式也就隐匿了。需要,总是相对于不足而言的。科学的发展,文明的进步,终将揭开人类历史“按需分配”的共产主义之后的无穷篇章。

总之,马克思、恩格斯关于未来社会阶段划分的思想,并没有禁锢人们的头脑;它提供的只是基本原则,而不是具体方案。他们认为,向共产主义社会的过渡阶段决定于在什么条件下可以开始进行革命,而这种条件是经常变化的。正像 1891 年恩格斯在给施米特的信中所指出的:“您的第二个写作计划——向共产主义社会的过渡阶段——还需要认真考虑;然而,我劝您:放它九年,先不拿

① 《马克思恩格斯全集》第 35 卷,人民出版社 1971 年版,第 353 页。

② 参见《列宁全集》第 39 卷,人民出版社 1986 年版,第 24 页。

③ 《马克思恩格斯选集》第 4 卷,人民出版社 1972 年版,第 212～213 页。

④ 《马克思恩格斯全集》第 22 卷,人民出版社 1965 年版,第 628～629 页。

出！这是目前存在的所有问题中最难解决的一个，因为情况在不断地变化。"① 对马克思、恩格斯的这一思想，后人并没有给予应有的注意。虽然列宁在十月革命后的斗争实践中，发现并提出社会的每一发展阶段都有一个多级发展过程，即大阶段包含小阶段，但是由于他逝世过早，经验不足，也没有明确肯定像俄国这样比较落后的国家，在进入完全的社会主义社会即马克思所说的共产主义第一阶段之前，需要经过哪些特殊的发展阶段。列宁之后的苏联领导人，都程度不同地犯了超越发展阶段和急于求成的"左"的错误。斯大林在 20 世纪 30 年代末宣布苏联建成了完全的社会主义社会，并提出了向共产主义过渡的任务；赫鲁晓夫则宣布苏联已经进入全面开展共产主义建设的时期，并声称到 1980 年基本上建成共产主义社会；勃列日涅夫虽然较之赫鲁晓夫有所收敛，但仍然在 1967 年宣布苏联已经建成了发达的社会主义社会，仍然把建设共产主义作为直接的实践任务。东欧一些国家也步苏联之后尘，相继宣布已经进入或即将进入发达的社会主义社会。

我国社会主义改造基本完成、社会主义制度基本确立之后的一段时间内，我党对社会主义发展阶段的估计还是比较谨慎的。但是，大跃进和公社化运动开始以后，我们也犯了急躁冒进的错误，提出了提前建成社会主义并逐步过渡到共产主义的方针，宣布共产主义在我国的实现已经不是什么遥远将来的事情了。虽然后来对这种"左"的错误作了一定程度的纠正，但是，在如何认识社会主义的发展阶段，特别是当前我国社会主义所处的发展阶段上，我们在一个较长时期内并不是很清醒的。

党的十一届三中全会重新端正了马克思主义的思想路线，重申了把马克思主义的普遍原理和中国的具体实际相结合的原则。按照这一原则，我党对我国社会主义所处的发展阶段作出了实事求是的科学分析。《中共中央关于建国以来党的若干历史问题的决议》指出："我们的社会主义制度还是处于初级的阶段。"党的十二大报告也指出："我国的社会主义社会现在还处在初级发展阶段。"党的十三大报告则全面阐述了社会主义初级阶段理论，明确指出："我国正处在社会主义的初级阶段。这个论断，包括两层含义。第一，我国社会已经是社会主义社会。我们必须坚持而不能离开社会主义。第二，我国的社会主义社会还处在初级阶段。我们必须从这个实际出发，而不能超越这个阶段。"党的十五大报告进一步强调："我国社会主义社会仍然处在初级阶段。"

我党明确指出，我国社会主义的初级阶段，不是泛指任何国家进入社会主义

① 《马克思恩格斯全集》第 38 卷，人民出版社 1972 年版，第 123 页。

都会经历的起始阶段，而是特指我国在生产力落后、商品经济不发达条件下建设社会主义必然要经历的特定阶段。我国从20世纪50年代生产资料私有制的社会主义改造基本完成，到社会主义现代化的基本实现，至少需要上百年的时间，都属于社会主义初级阶段。这个阶段，既不同于社会主义经济基础尚未奠定的过渡时期，又不同于已经实现社会主义现代化的阶段。这个阶段的主要矛盾，是人民日益增长的物质文化需要同落后的社会生产之间的矛盾；努力发展社会生产力，解决这个主要矛盾，就是现阶段全党和全国人民的根本任务。这些科学论述，构成了社会主义初级阶段理论的基本内容。

江泽民总书记在党的十五大报告中指出："在党的纲领中明确提出社会主义初级阶段的科学概念，这在马克思主义历史上是第一次。"社会主义初级阶段理论，是我党运用马克思主义的基本原理，解决中国的实际问题所取得的新成就，是马克思主义关于共产主义社会阶段划分的理论与社会主义国家经济文化相对落后的现状相结合的新产物，是中国共产党对马克思主义理论和国际共产主义运动的新贡献。这个理论，既继承了马克思主义，又发展了马克思主义，为马克思主义理论宝库增添了全新的内容，并为其他社会主义国家提供了有益的借鉴。

二、"在中国，真要建设社会主义，那就只能一切从社会主义初级阶段的实际出发"

社会主义初级阶段理论，对于中国的社会主义建设事业具有重大的实践意义。

没有正确的理论，就没有正确的行动。建国以后我们在社会主义建设中出现的重大失误，归根结底是由于我们在我国社会所处发展阶段的估计上犯了错误。社会主义初级阶段理论的提出，为我国的社会主义建设指明了正确方向和根本任务，为我党制定社会主义建设的路线和政策奠定了理论基础。邓小平指出："中国社会主义是处在一个什么阶段，就是处在初级阶段，是初级阶段的社会主义。社会主义本身是共产主义的初级阶段，而我们中国又处在社会主义的初级阶段，就是不发达的阶段。一切都要从这个实际出发，根据这个实际来制订规划。"[①]江泽民在党的十五大报告中也指出："面对改革攻坚和开创新局面的艰巨任务，我们解决种种矛盾，澄清种种疑惑，认识为什么必须实行现在这样的路线和政策而不能实行别样的路线和政策，关键还在于对所处社会主义初级阶段的

① 《邓小平文选》第3卷，人民出版社1993年版，第252页。

基本国情要有统一认识和准确把握。”

我党从社会主义初级阶段的基本国情出发，重新审视了党的指导方针和基本路线，认为社会主义制度基本确立之后，阶级斗争在一定范围内还会长期存在，因此必须坚持共产党的领导和无产阶级专政，不能搞“非政治国家”或“全民国家”；同时认为阶级斗争已经不是社会主义阶段的主要矛盾，因此必须放弃“以阶级斗争为纲”的错误方针。在此基础上，我党提出了建设有中国特色社会主义的基本路线，这就是：领导和团结全国各族人民，以经济建设为中心，坚持四项基本原则，坚持改革开放，自力更生，艰苦创业，为把我国建设成为富强、民主、文明的社会主义现代化国家而奋斗。这条“一个中心、两个基本点”的基本路线，反映了我国社会主义初级阶段的主要矛盾和基本特征，提出了我国社会主义建设的根本任务和最近目的，是指引我们顺利进行社会主义现代化建设的光辉旗帜。

根据社会主义的初级阶段就是不发达的阶段的实际，我党提出我们在这个历史阶段的奋斗目标，就是逐步摆脱不发达状态，基本实现社会主义现代化。党清醒地估计到，我国 40 多年社会主义建设的发展，使得生产力有了很大提高，各项事业有了很大进步。但是总的说来，我们的基本国情仍然是人口多、底子薄，经济、文化比较落后，民主、法制不够健全。我们一定要根本改变这个状况，基本实现现代化；但是，要达到这一目的，至少需要我们 100 年时间的坚持不懈地努力奋斗。这就既指出了前进方向和奋斗目标，又防止了超越阶段和急躁冒进。

根据社会主义初级阶段生产力落后的实际，我党提出我国社会主义建设的根本任务就是发展生产力，把集中力量发展生产力摆在首要地位。社会主义真正的唯一的物质基础，就是同时也能改造农业的大机器工业，是社会化大生产。这就要求我们必须把经济建设作为全党全国工作的中心，各项工作都要服从和服务于这个中心。我们要努力创造稳定的政治环境和社会秩序，以保证这个中心任务的顺利完成，创造出高度发达的社会生产力，为社会主义制度奠定坚实的物质基础。

根据社会主义初级阶段社会主义制度还不完善的实际，我党提出要把改革作为推进社会主义建设事业的动力。改革是全面改革，是一场革命，是在坚持社会主义基本制度的前提下，自觉调整生产关系和上层建筑的各个方面和环节，来适应初级阶段生产力发展水平和实现现代化的历史要求。社会主义和其他社会制度一样，是经常变化和改革的社会。这就要求我们深化改革，解决体制转变中的深层次矛盾和关键问题；这就要求我们扩大开放，吸收和借鉴世界各国包括资本主义发达国家的先进技术和管理经验。通过改革和开放，完善我们的社会主义制度和促进我们的社会主义事业。

针对社会主义初级阶段市场经济体制还不成熟的状况，我党提出我国社会主义经济建设的主要任务是，在社会主义条件下发展市场经济，不断解放和发展生产力。公有制是社会主义经济制度的根本特征，我们不能放弃，必须坚持；但是，根据我国多层次的生产力水平的实际情况，我们应该坚持和完善社会主义公有制为主体、多种所有制共同发展的基本经济制度。毋庸置疑，在马克思、恩格斯眼里，计划经济是社会主义的一个重要特征；但是，实行计划经济的生产关系方面的前提即全部生产资料的全社会所有制，和生产力方面的前提即高度发达的自动控制系统与信息科学，我国并不具备，而且短期内也不可能具备，因此，社会主义初级阶段还不能实行完全的计划经济；我们应该坚持和完善社会主义市场经济体制，使市场在国家宏观调控下对资源配置起基础性作用，以促进生产力的快速发展。按劳分配是社会主义经济制度的主要特征，我们不能放弃，必须坚持；但是，根据我国多种所有制并存和地区发展不平衡的实际情况，我们应该坚持和完善按劳分配为主体的多种分配方式，允许一部分地区一部分人先富起来，带动和帮助后富，逐步走向共同富裕。社会主义经济不是封闭性的，而是开放性的，现代化不是一个国家标准，而是一个世界标准；因此，我们应该坚持和完善对外开放，积极参与国际经济合作和竞争，以推动我国国民经济持续快速健康发展，进一步缩小与发达资本主义国家之间的差距。

针对社会主义初级阶段社会主义民主法制还不够健全的状况，我党提出我国社会主义政治建设的主要任务是，在中国共产党的领导下，在人民当家作主的基础上，依法治国，发展社会主义民主政治。在马克思、恩格斯看来，社会主义社会的建立意味着无产阶级专政的消亡；但是，在我国社会主义的初级阶段，在社会上仍然存在阶级斗争和世界上仍然存在帝国主义的情况下，我们必须坚持和完善工人阶级领导的、以工农联盟为基础的人民民主专政。同时，因为民主是社会主义的一大前提，没有民主就没有社会主义，所以我们应该坚持和完善人民代表大会制度和共产党领导的多党合作、政治协商制度以及民族区域自治制度，发展民主，健全法制，建设社会主义法制国家。我们要努力实现社会安定，政府廉洁高效，全国各族人民团结和睦、生动活泼的政治局面，以保证社会主义现代化建设的顺利进行。

针对社会主义初级阶段文化落后，封建主义、资本主义腐朽思想和小生产习惯势力在社会上还有广泛影响的状况，我党提出我国社会主义文化建设的主要任务是，以马克思列宁主义、毛泽东思想和邓小平理论为指导，以培育有理想、有道德、有文化、有纪律的公民为目标，发展面向现代化、面向世界、面向未来的，民族的科学的大众的社会主义文化。社会主义建设需要具有高度思想觉悟和高度文化素质的新人，这就要求我们努力提高全民族的思想道德素质和教育科学文化水平。社会主义社会是一个由经济、政治、文化构成的有机整体，必须建设与经济发达、政治民主相适应的先进文化，这就要求我们坚持为人民服务、为社会主义服务的方向和“百花齐放、百家争鸣”的方针，发展教育和科学，繁荣学术和文艺。我们要努力建设立足中国现实、继承历史文化优秀传统、吸收外国文化有益成果的社会主义精神文明，同时坚决反对和抵制封建主义、资本主义腐朽思想文化的侵蚀。

总之，社会主义初级阶段理论，是制定和坚持党的基本路线和基本纲领的理论依据，是夺取改革开放和现代化建设胜利的思想武器。事实证明，什么时候我们的路线和政策脱离了社会主义初级阶段的客观实际，我们的社会主义建设事业就会造成失误和遭到挫折；什么时候我们的路线和政策符合了社会主义初级阶段的客观实际，我们的社会主义建设事业就能取得成就和出现奇迹。江泽民总书记在党的十五大报告中指出：“在中国，真要建设社会主义，那就只能从社会主义初级阶段的实际出发，而不能从主观愿望出发，不能从这样那样的外国模式出发，不能从对马克思主义著作中个别论断的教条式理解和附加到马克思主义名下的某些错误论点出发。”这就是我们总结多年的历史经验而得出的正确结论。

（原载《东岳论丛》1998 年第 2 期；人大复印报刊资料 D1 · 月刊《社会主义论丛》1998 年第 4 期全文转载。题目有改动）

社会主义的前提与我国三大文明建设

任何事物都有其赖以产生和发展的前提条件。没有特定的前提条件，必定没有相应的事物。人类社会的发展也是如此，后一阶段是在前一阶段所取得的成就的基础上前进的。那么，社会主义的前提是什么呢？

1854 年，马克思指出："英国工人阶级既然创造了现代工业的无穷无尽的生产力，也就实现了解放劳动的第一个条件。现在它应当实现解放劳动的第二个条件。它应当把这些生产财富的力量从垄断组织的无耻的枷锁下解放出来，使它们受生产者的集体监督。"①这里的"第一个条件"，即实现社会主义的经济前提，指的是资本主义时代创造的社会化生产力；这里的"第二个条件"，即实现社会主义的政治前提，指的是无产阶级夺取政权，剥夺剥夺者。后来，列宁将马克思所说的"第一个条件"归结为"文明前提"，它包括经济和文化两个方面，即高度发达的生产力和高度发达的文化。1922 年，列宁指出："新经济政策在经济上和政治上都充分保证我们有可能建立社会主义经济的基础。问题'只'在于无产阶级及其先锋队的文化力量。"②他认为，在政治上和经济上得到保证的俄国，还必须实现文化革命，才能成为完全的社会主义国家。由上可见，社会主义至少应具备以下三个方面的前提。

一是经济前提。马克思、恩格斯指出：生产力的高度发展，是社会主义绝对必需的实际前提。"因为如果没有这种发展，那就只会有贫穷、极端贫困的普遍化；而在极端贫困的情况下，必须重新开始争取必需品的斗争，全部陈腐污浊的东西又要死灰复燃。"③恩格斯还说：要建立新的社会组织，只有在生产力高度发展，"以致使得阶级差别的消除成为真正的进步，使得这种消除可以持续下去，并且不致在社会的生产方式中引起停滞或甚至倒退"④时，才有可能。当然，马克

---

① 《马克思恩格斯全集》第 10 卷，人民出版社 1962 年版，第 134 页。

② 《列宁全集》第 43 卷，人民出版社 1987 年版，第 63 页。

③ 《马克思恩格斯选集》第 1 卷，人民出版社 1995 年版，第 86 页。

④ 《马克思恩格斯选集》第 3 卷，人民出版社 1995 年版，第 273 页。

思、恩格斯没有把话说绝。他们认为，社会主义的物质条件“在形成过程中的时候”，工业无产阶级在人民群众中“占有重要地位的地方”，社会主义革命也能发生，无产阶级也能夺取政权；但是，“只有在大工业的条件下才有可能消灭私有制”，才有可能建立社会主义制度。

后来，马克思、恩格斯也曾阐述过资本主义不发达国家以及处于资本主义以前阶段的一切国家都有可能避免资本主义的发展前途。但是，落后国家超越社会发展阶段的必不可少的条件，就是取得社会主义革命胜利的先进国家做出榜样和给予支持。他们在给俄国革命家的信中指出，在一定条件下，俄国可以不通过资本主义的“卡夫丁峡谷”而直接过渡到社会主义制度，但前提是必须“把资本主义制度的一切肯定的成就用到公社中来”。这就是说，东方国家可能超越资本主义的所有制关系和社会经济形态，但不能相应地超越资本主义所处的生产力发展阶段和商品经济形式。

列宁在领导俄国革命的过程中，认为“俄国可能表现出而且势必表现出某些特殊性”，可以改变通常的历史顺序，即在马克思所说的“第一个条件”尚不具备的情况下，首先创造“第二个条件”，然后再去发展“第一个条件”。但是，必须强调指出，列宁关于可以变更社会主义经济前提和政治前提的创造顺序的思想，丝毫不包含否定社会主义经济前提的意思。他始终认为，社会主义真正的唯一的物质基础，就是同时也能改造农业的大机器工业；而在小生产的基础上是不能建立起社会主义制度的。

二是政治前提。恩格斯指出：“无产阶级的政治统治是实行一切共产主义措施的首要前提。”[①]列宁也说：“共产主义是以苏维埃政权这一能使被压迫群众完成各项事业的政治机构为前提的，否则共产主义便是不可想象的。”[②]因为社会主义的生产关系与资本主义的生产关系不同。资产阶级革命发生时，资本主义的生产关系已经在封建社会内部生长并成熟了；而社会主义的生产关系却不能在资本主义社会内部产生，必须在无产阶级夺取政权以后才能建立。所以列宁说：“无产阶级专政是社会革命的必要政治条件。”[③]

社会主义的政治前提，被人们忽视的一个重要方面，就是民主政治。如何才能实现从资本主义向社会主义的过渡呢？恩格斯在《共产主义信条草案》中的回答是：“实行财产公有的第一个基本条件是通过民主的国家制度达到无产阶级的

① 《马克思恩格斯全集》第4卷，人民出版社1958年版，第306页。
② 《列宁全集》第40卷，人民出版社1986年版，第31页。
③ 《列宁全集》第6卷，人民出版社1986年版，第413页。

政治解放。”①他在《共产主义原理》中的回答是：“首先无产阶级革命将建立民主的国家制度，从而直接或间接地建立无产阶级的政治统治。”②“政治解放”与“政治统治”不是同一概念。前者指无产阶级在资产阶级革命中所应争得的民主权利；后者才是无产阶级的政权。恩格斯认为，只有在民主制度的基础上，才能建立无产阶级的政权。列宁之所以将俄国的资产阶级革命称为“民主革命”，就是因其应该解决民主问题；在此基础上，才能实现由资产阶级革命向社会主义革命的转变，才能保证社会主义的胜利。他指出：“没有民主，就不可能有社会主义，这包括两个意思：(1)无产阶级如果不通过争取民主的斗争为社会主义革命作好准备，它就不能实现这个革命；(2)胜利了的社会主义如果不实行充分的民主，就不能保持它所取得的胜利，并且引导人类走向国家的消亡。”③因此，社会主义的政治前提，确切些说，应该是在民主制度基础上建立的无产阶级政权。当然，像我们这样的国家，无产阶级是在专制统治的条件下夺取政权的，也正像列宁所说的那样，改变了通常的历史顺序。这就要求我们在无产阶级专政条件下建立民主政治制度，为社会主义奠定坚实的政治基础。

三是文化前提。高度发达的文化之所以是社会主义的一个重要前提，首先是因为没有先进的文化，就没有具有先进思想的新人，也就没有社会主义。马克思、恩格斯指出：无产阶级只有在革命中抛掉自己身上的一切陈旧的肮脏东西，树立共产主义意识，才能成为社会的新基础。④ 他们还指出：“共产主义革命就是同传统的所有制关系实行最彻底的决裂；毫不奇怪，它在自己的发展进程中要同传统的观念实行最彻底的决裂。”⑤显然，要树立共产主义意识，彻底抛弃传统的观念和一切陈旧的肮脏东西，没有先进的文化是达不到目的的。另外，社会主义的经济和社会主义的政治，都离不开先进的文化。列宁说，当俄国还有文盲的时候是不能实现电气化的，是不能消灭官僚主义建立民主政治的；在一个文盲的国家里是不能建成社会主义社会的。他针对敌人关于“在一个文化不够发达的国家里推行社会主义是冒失行为”的攻击，不是说在一个文化落后的国家里也能建成社会主义，而是说建立社会主义的确需要一定的文化水平，不过俄国改变了通常的历史顺序，首先创造了社会主义的政治前提，然后在无产阶级专政的基础上发展文化，为社会主义创造必要的“文明前提”。他说：“我们没有从理论……

① 《马克思恩格斯全集》第42卷，人民出版社1979年版，第379页。
② 《马克思恩格斯选集》第1卷，人民出版社1995年版，第239页。
③ 《列宁全集》第28卷，人民出版社1990年版，第168页。
④ 参见《马克思恩格斯选集》第1卷，人民出版社1995年版，第91页。
⑤ 参见《马克思恩格斯选集》第1卷，人民出版社1995年版，第293页。

所规定的那一端开始，我们的政治和社会变革成了我们目前正面临的文化变革，文化革命的先导。”①

弄清社会主义的三大前提，对于我国的社会主义建设事业有着至关重要的意义，但是在新中国建立后的一个较长时期内，我们对这一问题认识模糊。我们忽视了社会主义的经济前提，在生产力水平还相当低下的情况下，人为地缩短了过渡时期，急于进行生产关系的变革，认为只要建立了国家所有制和集体所有制，就等于实现了社会主义；在社会主义改造基本完成之后，我们又长期忽视发展生产力，只在所有制问题上做文章，搞所谓的“一大二公”和“穷过渡”，致使经济建设步履蹒跚，人民生活提高缓慢，社会主义优越性难以发挥。我们忽视了社会主义的政治前提，放松了民主政治建设，把无产阶级专政的实质仅仅理解为暴力，而把组织人民群众进行社会主义建设这个主要之点忘记了；我们片面理解“民主就是国家”的含义，只注重无产阶级专政的政治性质，而忽视了实现人民当家作主的政治形式，民主与法制建设空乏无力，最终导致了“文化大革命”，给国家和人民造成严重灾难。我们忽视了社会主义的文化前提，试图在大量文盲存在的愚昧落后的基础上建起社会主义大厦；“文化大革命”中，在“知识越多越反动”的口号下，制造了大专院校停办、中小学校停课的荒唐局面，致使全民的思想素质和文化素质普遍下降，严重影响了整个社会主义事业的发展。

党的十一届三中全会以后，我们党重新端正了思想路线和政治路线，开始了改革开放和现代化建设的伟大实践。在这一过程中，邓小平建设有中国特色社会主义的理论产生发展并日臻成熟。邓小平围绕“什么是社会主义与怎样建设社会主义”这个首要的基本的理论问题，审视了我国社会主义建设的历史经验，得出结论说，社会主义是个好制度，我们必须坚持；但我们搞的社会主义“事实上不够格”，必须抓紧时间发展。1979 年 10 月，邓小平就指出：“我们的国家已经进入社会主义现代化建设的新时期。我们要在大幅度提高社会生产力的同时，改革和完善社会主义的经济制度和政治制度，发展高度的社会主义民主和完备的社会主义法制。我们要在建设高度物质文明的同时，提高全民族的科学文化水平，发展高尚的丰富多彩的文化生活，建设高度的社会主义精神文明。”②他从社会主义的三大前提出发，从社会主义是一个由经济、政治和文化共同组成的有机整体的观点出发，全面提出了我国物质文明建设、政治文明建设和精神文明建设的宏伟任务，这对于巩固和发展我国的社会主义制度具有十分重

① 《列宁全集》第 43 卷，人民出版社 1987 年版，第 368 页。

② 《邓小平文选》第 2 卷，人民出版社 1994 年版，第 208 页。

要的意义。

在物质文明方面，我国社会主义建设的主要任务，是在社会主义市场经济的条件下，努力发展生产力，增强综合国力，提高人民生活水平。邓小平指出："我们的生产力发展水平很低，远远不能满足人民和国家的需要，这就是我们目前时期的主要矛盾，解决这个主要矛盾就是我们的中心任务。"[①]我国是由生产力水平相当低下的半封建半殖民地社会直接开始向社会主义过渡的，也就是说，我国是在不具备社会主义经济前提的情况下走向社会主义的。因此，努力发展生产力，为社会主义奠定物质基础，对我国来说就具有特别重要的意义。另外，社会主义不是一种单纯的思想信仰，而是一种实实在在的物质社会制度；它的存在根据和根本要求，就是在生产力高度发达的条件下，实现人民群众的共同富裕和全面发展。这正像列宁所说的，只有社会主义在经济上得到论证的时候，我们才珍视社会主义；也正像邓小平所说的，不发展生产力，不提高人民生活水平，不消灭贫穷，不能说是符合社会主义要求的。社会主义之所以能够最终战胜资本主义，就是因为社会主义能够创造出高于资本主义的社会生产力和劳动生产率。因此，我党从马克思主义的基本观点出发，根据我国的实际情况，提出了社会主义初级阶段的根本任务是发展生产力。邓小平把"解放生产力、发展生产力"纳入社会主义的本质，深刻地指出了发展生产力的极端重要性；我党制定的"一个中心、两个基本点"的基本路线，也集中地体现了物质文明建设在整个社会主义建设事业中的中心地位。

在政治文明方面，我国社会主义建设的主要任务，是在中国共产党的领导下，在人民当家作主的基础上，以法治国，发展社会主义民主政治，建设社会主义法治国家。邓小平指出："没有民主就没有社会主义，就没有社会主义的现代化。"[②]民主政治制度既是社会主义制度的一个重要的前提，又是社会主义制度的一个不可分割的组成部分；没有民主制度，社会主义制度就是不完备的，甚至不能保持其社会主义性质。民主是社会主义的本质要求和内在属性。社会主义经济基础的主体是生产资料公有制，这是实现劳动者与生产资料直接结合、消灭剥削和解放劳动的必由之路。它反映在政治上，必然要求无产阶级和劳动群众享有管理国家和社会事务的权利，享有管理经济和文化事业的权利。只有这样，才能真正实现劳动者对生产资料和劳动成果的占有权和支配权，才能真正实现人民当家作主；否则，劳动者对生产资料和劳动成果的名义上的"占有"与实际上

① 《邓小平文选》第2卷，人民出版社1994年版，第182页。

② 《邓小平文选》第2卷，人民出版社1994年版，第168页。

的“支配”会不相一致,人民当家作主也将成为一句空话。我国目前存在大量贪污腐败现象的根本原因就在于此。因此,改革开放以来,我党在强调社会主义物质文明建设和精神文明建设的同时,十分重视民主与法制建设。最近几年,江泽民又提出了“社会主义政治文明”的概念,把建设政治文明看作与建设物质文明和精神文明同等重要的社会主义现代化建设的一大任务。党的十六大进一步把发展社会主义民主政治,建设社会主义政治文明,作为全面建设小康社会的重要目标,号召全党和全国积极稳妥地推进政治体制改革,扩大社会主义民主,健全社会主义法制,建设社会主义法治国家,巩固和发展民主团结、生动活泼、安定和谐的政治局面。这对于促进经济发展和社会全面进步,无疑具有决定性意义。

在精神文明方面,我国社会主义建设的主要任务,是以马克思主义为指导,发展面向现代化、面向世界、面向未来的,民族的科学的大众的社会主义文化,以不断丰富人们的精神世界,增强人们的精神力量。我们必须坚持马克思列宁主义、毛泽东思想和邓小平理论在意识形态领域的指导地位,用“三个代表”重要思想统领社会主义文化建设。坚持为人民服务、为社会主义服务的方向和“百花齐放、百家争鸣”的方针,弘扬主旋律,提倡多样化。坚持以科学的理论武装人,以正确的舆论引导人,以高尚的精神塑造人,以优秀的作品鼓舞人。我们要大力发展先进文化,支持健康有益文化,努力改造落后文化,坚决抵制腐朽文化,将一切消极颓废的东西赶下舞台,让鼓励积极向上的东西占领舞台,使社会主义文化事业健康发展。同时,我们要在马克思主义的指导下,坚持党的基本路线和基本方针,大力开展社会主义精神文明建设。我们要加强思想道德建设,引导人们树立中国特色社会主义的共同理想,树立正确的世界观、人生观和价值观。我们要积极发展教育科学事业,全面贯彻党的教育方针,培养德、智、体、美全面发展的社会主义建设者和接班人;普及科学知识,弘扬科学精神,在全社会形成崇尚科学、鼓励创新、反对迷信和伪科学的良好氛围。社会主义精神文明建设的根本任务,就是培育有理想、有道德、有文化、有纪律的社会主义公民,提高整个中华民族的思想道德素质和科学文化素质,以适应改革开放和社会主义现代化建设的需要。

综上所述,经济前提、政治前提和文化前提,是社会主义社会的三大前提;物质文明、政治文明和精神文明,构成社会主义社会的有机统一、不可分割的整体。社会的前进,归根结底取决于生产力的不断发展,物质文明的不断进步;而这种发展和进步,离不开政治文明提供的政治动力和政治保障,离不开精神文明提供的精神动力和智力支持。我党根据马克思主义的基本原理,结合我国的具体实际,提出了物质文明、政治文明、精神文明三个方面协调发展、全面进步的新理论。这一理论,抓住了社会主义最本质的要求,既继承了马克思主义关于社会主义前提的基本观点,又发展了马克思主义关于社会主义社会的基本理论,是我们夺取改革开放和现代化建设伟大胜利的根本指导方针,是把我国建设成为富强、民主、文明的社会主义国家的强大思想武器。

(原载《理论探讨》2006 年第 5 期,原文署名王淑波、李心华,题目有改动)

公有制为主体:社会主义不能突破的底线

近些年来,学界出现一种“新观点”,认为社会主义社会不是单一的公有制,“非公有制经济也是社会主义经济的一个组成部分”,并试图从马克思主义经典作家那里寻找理论根据。笔者则认为,这种观点不符合马克思主义,更不能溯源于马克思主义。

一、公有制是社会主义社会的根本特征

马克思主义创始人的社会主义社会,是作为资本主义社会的对立物和创新物而诞生的。1886 年,恩格斯指出:“无论如何应当声明,我所在的党并没有任何一劳永逸的现成方案。我们对未来非资本主义社会区别于现代社会的特征的看法,是从历史事实和发展过程中得出的确切结论;不结合这些事实和过程去加以阐明,就没有任何理论价值和实际价值。”[①]所以,他们对未来社会主义社会基本特征的设想,都是为了克服资本主义社会的弊端而提出来的。公有制是针对资本主义的私有制提出来的,按劳分配是针对资本主义的按资分配提出来的,有计划地组织社会生产是针对资本主义生产的无政府状态提出来的。而在这些基本特征中,公有制是最根本的特征,按劳分配和计划经济都是由它决定的。

(一)马克思列宁主义的创始人始终认为社会主义社会的全部生产资料应归社会所有

1848 年,马克思、恩格斯就在《共产党宣言》中说:“共产党人可以把自己的理论概括为一句话:消灭私有制。”[②]1890 年,恩格斯指出:社会主义社会“同现存制度的具有决定意义的差别当然在于,在实行全部生产资料公有制(先是国家的)基础上组织生产”[③]。这就是说,社会主义区别于资本主义的主要标志,就是

---

① 《马克思恩格斯选集》第 4 卷,人民出版社 1995 年版,第 676 页。

② 《马克思恩格斯选集》第 1 卷,人民出版社 2012 年版,第 414 页。

③ 《马克思恩格斯选集》第 4 卷,人民出版社 2012 年版,第 601 页。

生产资料公有制。换句话说,没有公有制就没有社会主义。1894 年,在临终的前一年,恩格斯又指出:"社会主义的任务,不如说仅仅在于把生产资料转交给生产者公共占有。"①他把社会主义的任务,仅仅归结为实现生产资料公有制。1917 年 4 月,列宁也指出:"人类从资本主义只能直接过渡到社会主义,即过渡到生产资料公有和按每个人的劳动量分配产品。"②他把生产资料公有制和产品按劳分配原则看作社会主义社会的根本特征。确切些说,列宁将社会主义社会仅仅归结为公有制和按劳分配。

(二)实行公有制是历史发展的必然,是无产阶级追求的希望

马克思一生两个最重要的发现,一是唯物史观,二是剩余价值学说。而现代科学社会主义就是以马克思的这两个重要发现为依据的。马克思揭示了人类社会发展的客观规律,指出随着生产力的高度发展,资本主义社会终将被社会主义社会所代替。马克思彻底弄清了资本与劳动的关系,揭示了资本家对工人的剥削是怎样进行的:资本主义的生产方式使得生产者与生产资料相分离,资本家通过占有生产资料而无偿占有工人创造的剩余价值。这是资本主义得以生存的根本原因,也是无产阶级受剥削受奴役的根源。因此,要消灭剥削,实现工人阶级的解放,就必须废除私有制,建立公有制。恩格斯指出:"马克思认为,现代的阶级对抗和工人阶级的处境恶化,起因于工人阶级被剥夺一切生产资料,其中当然也包括土地。"因此,"以马克思为代表的现代社会主义者要求土地应该共同占有,为共同的利益而共同耕种,对其他一切社会生产资料——矿山、铁路、工厂等等也是这样。"③在《法兰西内战》初稿中,马克思指出:"大规模的有组织的劳动,生产资料的集中,这是无产阶级追求的希望,也是无产阶级运动的物质基础,……无产阶级要做的事就是改变这种有组织的劳动和这些集中的劳动资料目前所具有的资本主义性质,把它们从阶级统治和阶级剥削的手段变为自由的联合劳动的形式和社会的生产资料。"④

(三)只有实行公有制,才能实现无产阶级的政治统治并改变他们的社会奴隶地位

马克思指出:"生产者的政治统治不能与他们永久不变的社会奴隶地位并存。"⑤而要根本改变生产者的社会奴隶地位,就必须在无产阶级夺取政权,建立

① 《马克思恩格斯选集》第 4 卷,人民出版社 2012 年版,第 363 页。
② 《列宁选集》第 3 卷,人民出版社 2012 年版,第 64 页。
③ 《马克思恩格斯选集》第 4 卷,人民出版社 2012 年版,第 274 页。
④ 《马克思恩格斯选集》第 3 卷,人民出版社 2012 年版,第 146~147 页。
⑤ 《马克思恩格斯选集》第 3 卷,人民出版社 2012 年版,第 102 页。

自己的政治统治之后，废除剥削阶级的所有制，建立社会主义公有制。1920年3月，列宁指出："现在的阶级统治表现在什么地方呢？无产阶级的统治表现在废除了地主和资本家的所有制。……获得胜利的无产阶级废除并彻底破坏了这一所有制，阶级统治也就表现在这里。首先就表现在所有制问题上。我们实际解决了所有制问题，这样也就保证了阶级统治。"①

（四）只有实行公有制，才能消灭剥削，消灭阶级

区别各阶级的基本标志，是它们在社会经济结构中所处的地位，也就是它们对生产资料的关系。一部分人通过占有生产资料，取得了支配社会财富的权力，从而能够无偿地占有另一部分人的劳动，这就形成了社会上的剥削阶级和被剥削阶级。因此，"消灭阶级——这就是使全体公民在同整个社会的生产资料的关系上处于同等的地位，这就是说，全体公民都同样可以利用公有的生产资料、公有的土地、公有的工厂等进行劳动"②。"显然，为了完全消灭阶级，不仅要推翻剥削者即地主和资本家，不仅要废除他们的所有制，而且要废除任何生产资料私有制，要消灭城乡之间、体力劳动者和脑力劳动者之间的差别"③。

（五）只有实行公有制，才能最终实现人的自由全面发展

无产阶级政治革命的胜利，无产阶级专政的建立，使人民群众获得了政治解放，但是，只有无产阶级社会革命的胜利，即以社会主义公有制代替了资本主义私有制，才能使人民群众获得社会解放，实现自由全面发展。在《共产主义原理》中，恩格斯在回答"最终废除私有制将产生什么结果"的问题时说："由社会全体成员组成的共同联合体来共同地和有计划地利用生产力；把生产发展到能够满足所有人的需要的规模；结束牺牲一些人的利益来满足另一些人的需要的状况；彻底消灭阶级和阶级对立；通过消除旧的分工，通过产业教育、变换工种、所有人共同享受大家创造出来的福利，通过城乡的融合，使社会全体成员的才能得到全面发展，——这就是废除私有制的主要结果。"④

（六）是否坚持公有制，是区别马克思主义者与各种"社会主义"流派的主要标志

恩格斯曾经说过，当他们撰写《共产党宣言》时，是不能把它叫作"社会主义宣言"的，因为那时的所谓社会主义者，一方面是指各种空想主义体系的信徒，另一方面是指形形色色的社会庸医。而这两种人都自称要消除一切社会弊病而毫

① 《列宁选集》第4卷，人民出版社2012年版，第122～123页。
② 《列宁全集》第24卷，人民出版社1990年版，第392页。
③ 《列宁选集》第4卷，人民出版社2012年版，第11页。
④ 《马克思恩格斯选集》第1卷，人民出版社2012年版，第308～309页。

不危及资本和利润。他在1894年1月撰写的《〈人民国家报〉国际问题论文集(1871～1875)序》中说:“读者将会看到,在所有这些文章里,尤其是在最后这篇文章里,我处处不把自己称作社会民主主义者,而称作共产主义者。这是因为当时在各个国家里那种根本不把全部生产资料转归社会所有的口号写在自己旗帜上的人自称是社会民主主义者。”①

后来,马克思、恩格斯勉强接受了“社会民主党”的名称,但是,他们是在各党承认生产资料归社会公有的条件下才接受这一名称的。1894年11月,恩格斯在致威廉·李卜克内西的信中说:“你说福尔马尔不是叛徒。也许是这样。我也不认为他自己会把自己看做叛徒。但是,你把一个竟然要求无产阶级政党使拥有10～30公顷土地的上巴伐利亚大农和中农的现状(这种现状的基础是剥削雇农和短工)永远保持不变的人叫做什么呢?无产阶级政党是专门为了使雇佣奴隶制永远保持不变而建立的吗!这种人可以叫做反犹太主义者,资产阶级民主主义者,巴伐利亚分立主义者,随便叫什么都可以,但是难道可以叫做社会民主党人吗?”②

二、公有制为主体是社会主义初级阶段的必然要求

中共十五大报告指出:“公有制为主体、多种所有制经济共同发展,是我国社会主义初级阶段的一项基本经济制度。这一制度的确立,是由社会主义性质和初级阶段国情决定的:第一,我国是社会主义国家,必须坚持公有制作为社会主义经济制度的基础;第二,我国处在社会主义初级阶段,需要在公有制为主体的条件下发展多种所有制经济;第三,一切符合‘三个有利于’的所有制形式都可以而且应该用来为社会主义服务。”③这里明确指出,公有制是社会主义经济制度的基础。现时之所以需要发展非公有制经济,是因为我国处在社会主义初级阶段;而社会主义初级阶段的主要特征,就是生产力水平相对低下和生产力发展很不平衡,所以,需要发展适应不同生产力水平的多种所有制形式来提高生产力,改善人民生活,为社会主义服务。但是,坚持公有制为主体,则是初级阶段不能动摇的原则。

1. 我国已进入社会主义社会,而公有制是社会主义经济制度的核心,是社会主义社会的经济基础。没有作为主体地位的公有制经济,就不能确保我国社会

① 《马克思恩格斯全集》第22卷,人民出版社1965年版,第489页。

② 《马克思恩格斯文集》第10卷,人民出版社2009年版,第679页。

③ 《中国共产党第十五次全国代表大会文件汇编》,人民出版社1997年版,第21页。

的社会主义性质，更谈不上坚持社会主义道路，巩固和发展社会主义制度。

2. 公有制经济是我国社会主义现代化建设的支柱和国家进行宏观调控的主要物质基础，是社会主义经济性质的根本体现，对于发挥社会主义制度的优越性具有关键作用。我国的经济体制改革，是以坚持公有制的主体地位为前提的，发展多种所有制经济也是以确保公有制的主体地位为条件的。

3. 坚持公有制的主体地位，对于避免两极分化，实现共同富裕，具有决定意义。生产方式决定分配方式；生产资料的公有制为主体，决定了收入分配领域必然是按劳分配为主体。邓小平说："只要我国经济中公有制占主体地位，就可以避免两极分化。"①

4. 坚持公有制的主体地位，对于建设社会主义和谐社会具有重要意义。生产资料公有制和产品按劳分配原则，决定了人们在社会生活中的平等互助地位。这无疑有利于建设公平正义的社会体制。

三、非公有制经济不是社会主义经济

改革开放以来，特别是中共十四大提出建立社会主义市场经济体制以来，我们一直鼓励发展个体经济、私营经济、外资经济等非公有制经济。但是，我们历来没有把非公有制经济看作社会主义经济。个体经济虽然是以个人劳动为基础的经济，但它任何时候都没有成为社会上占统治地位的经济制度，因此，我们不能笼统地称其为资本主义经济，也决不能简单地称其为社会主义经济；而私营经济、外资经济则是以雇佣劳动为基础的经济，它们的生产目的是追求剩余价值，而不是满足人民群众的物质文化需要，因此，它们无疑是资本主义经济。非公有制经济可以用来为发展社会主义经济服务，但它们本身并不是社会主义经济。

(一)邓小平始终坚持社会主义经济就是公有制经济

我国改革开放的总设计师邓小平，大胆破除不合时宜的旧思想、旧观点，明确提出：计划经济和市场经济不是社会主义与资本主义的本质区别，"甚至于包括什么叫社会主义这个问题也要解放思想"。但是，对于社会主义的本质和根本特征的认识，他却始终坚持了马克思主义的基本原则。

1978 年 10 月，邓小平指出："过去行之有效的东西，我们必须坚持，特别是根本制度，社会主义制度，社会主义公有制，那是不能动摇的。我们不能允许产

① 《邓小平文选》第 3 卷，人民出版社 1993 年版，第 149 页。

生一个新的资产阶级。”[①]在这里,邓小平强调社会主义公有制是社会主义的根本制度。

1979年3月,邓小平在《坚持四项基本原则》的讲话中,将社会主义与资本主义做了比较。他说:“社会主义的经济是以公有制为基础的,生产是为了最大限度地满足人民的物质、文化需要,而不是为了剥削。”而由于生产资料的私有制,所以“资本主义无论如何不能摆脱百万富翁的超级利润,不能摆脱剥削和掠夺”[②]。这就是说,没有公有制的基础,就没有社会主义经济;公有制还是私有制,是社会主义与资本主义的主要区别。

1985年9月,邓小平指出:“在改革中,我们始终坚持两条根本原则,一是以社会主义公有制经济为主体,一是共同富裕。有计划地利用外资,发展一部分个体经济,都是服从于发展社会主义经济这个总要求的。鼓励一部分地区、一部分人先富裕起来,也正是为了带动越来越多的人富裕起来,达到共同富裕的目的。”[③]在这里,“社会主义公有制经济”和“社会主义经济”是同义语,而发展非公有制经济,则是服从于发展社会主义经济这个总要求的。

1985年10月,邓小平指出:“我们在改革中坚持了两条,一条是公有制经济始终占主体地位,一条是发展经济要走共同富裕的道路,始终避免两极分化。”而“只要我国经济中公有制占主体地位,就可以避免两极分化。”[④]可见,公有制对于避免两极分化、实现共同富裕,具有决定性意义。

1992年初,邓小平在南方谈话中指出:“社会主义的本质,是解放生产力,发展生产力,消灭剥削,消除两极分化,最终达到共同富裕。”[⑤]而要达到消灭剥削,消除两极分化,最终达到共同富裕的目的,就必须坚持公有制和按劳分配。

(二)我党从未把非公有制经济看作社会主义经济

中共十四大明确提出:我国经济体制改革的目标是建立社会主义市场经济体制。“社会主义市场经济体制是同社会主义基本制度结合在一起的。在所有制结构上,以公有制包括全民所有制和集体所有制经济为主体,个体经济、私营经济、外资经济为补充,多种经济成分长期共同发展,不同经济成分还可以自愿实行多种形式的联合经营。”[⑥]这里将非公有制经济看做社会主义公有制经济的

① 《邓小平文选》第2卷,人民出版社1994年版,第133页。
② 《邓小平文选》第2卷,人民出版社1994年版,第167页。
③ 《邓小平文选》第3卷,人民出版社1993年版,第142页。
④ 《邓小平文选》第3卷,人民出版社1993年版,第149页。
⑤ 《邓小平文选》第3卷,人民出版社1993年版,第373页。
⑥ 《江泽民文选》第1卷,人民出版社2006年版,第227页。

补充，而不是看作社会主义经济。

中共十八届三中全会通过的《中共中央关于全面深化改革若干重大问题的决定》指出："公有制为主体、多种所有制经济共同发展的基本经济制度，是中国特色社会主义制度的重要支柱，也是社会主义市场经济体制的根基。公有制经济和非公有制经济都是社会主义市场经济的重要组成部分，都是我国经济社会发展的重要基础。"这里指出非公有制经济也是社会主义市场经济的重要组成部分，是我国经济社会发展的重要基础。但是，必须强调的是，非公有制经济不是社会主义经济的组成部分，更不是社会主义社会的经济基础。我们之所以要保存和发展非公有制，是因为我们还不具备完全实行公有制的条件。正像恩格斯在《共产主义原理》中回答"能不能一下子就把私有制废除"的问题时所说："不，不能，正像不能一下子就把现有的生产力扩大到为实行财产公有所必要的程度一样。因此，很可能就要来临的无产阶级革命，只能逐步改造现今社会，只有创造了所必需的大量生产资料之后，才能废除私有制。"①同时，我们必须牢记，发展生产力的目的，是实现全体人民的共同富裕，是人民群众的彻底解放。而要完成这一历史任务，必须通过公有制，非公有制是无能为力的。正像马克思在《不列颠在印度统治的未来结果》中所说："英国资产阶级将被迫在印度实行的一切，既不会使人民群众得到解放，也不会根本改善他们的社会状况，因为这两者不仅仅决定于生产力的发展，而且还决定于生产力是否归人民所有。"②

社会主义就是消灭阶级。而非公有制经济尤其是私营经济、外资经济的大量存在，意味着剥削现象和不同阶级的实际存在。现在我们可以不讨论这个问题，但是我们不能不清楚这个问题。我国目前经济状况，还谈不上消灭阶级，因此必须利用多种所有制形式为发展生产力服务，为社会主义服务。待到生产力得到充分发展，各种非公有制也将完成它们的历史使命而寿终正寝。恩格斯说过：阶级的"划分是以生产的不足为基础的，它将被现代生产力的充分发展所消灭。的确，社会阶级的消灭是以这样一个历史发展阶段为前提的，在这个阶段上，不仅某个特定的统治阶级的存在，而且任何统治阶级的存在，从而阶级差别本身的存在，都将成为时代错乱，成为过时现象，所以，社会阶级的消灭是以生产高度发展的阶段为前提的，在这个阶段上，某一特殊的社会阶级对生产资料和产品的占有，从而对政治统治、教育垄断和精神领导地位的占有，不仅成为多余的，而且在经济上、政治上和精神上成为发展的障碍"③。此时，全部生产资料的社

① 《马克思恩格斯选集》第1卷，人民出版社2012年版，第304页。
② 《马克思恩格斯选集》第1卷，人民出版社2012年版，第861页。
③ 《马克思恩格斯选集》第3卷，人民出版社2012年版，第813～814页。

会所有制将最终实现,剥削现象和不同阶级也将最终消失。

四、不能用现实去剪裁马克思主义

1885年4月,恩格斯在致查苏利奇的信中指出:"在我看来,马克思的历史理论是任何坚定不移和始终一贯的革命策略的基本条件;为了找到这种策略,需要的只是把这一理论应用于本国的经济条件和政治条件。"[①]我们遵照马克思主义创始人的教导,依据马克思主义的基本原则,从我国的具体国情出发,提出了我国处在社会主义初级阶段的重要论断,提出了建立公有制为主体、多种所有制经济共同发展的基本经济制度,以及许多重要的路线、方针、政策,形成了中国特色社会主义的理论体系,取得了社会主义建设事业的辉煌成就,为马克思主义理论、为国际共产主义运动做出了重大贡献。但是,我们必须清醒地认识到,我们还没有创造出一个定型的所谓"模式",即使一定要称"模式",那也只是社会主义建设的"模式",而不是社会主义社会的"模式"。因此,我们不能用我国的现实去剪裁历史,剪裁马克思主义理论。

近些年来,学界有人根据我国社会存在多种所有制成分的现实,提出"非公有制经济也是社会主义经济的组成部分",然后到马克思主义经典作家那里去寻找理论渊源,把马克思的"重新建立个人所有制"解释成"重新建立私有制",把列宁的"对社会主义的整个看法根本改变了"解释成"社会主义社会是公有制和非公有制并存的社会"。其实,这是对马克思、列宁论述的严重误解。对于马克思在《资本论》中所说的"重新建立个人所有制",恩格斯在《反杜林论》中早有解释.他说:"靠剥夺剥夺者而建立起来的状态,被称为重新建立个人所有制,然而是在土地和靠劳动本身生产的生产资料的社会所有制的基础上重新建立。对任何一个懂德语的人来说,这就是说,社会所有制涉及土地和其他生产资料,个人所有制涉及消费品。"[②]这里说得很清楚,马克思所说的是在生产资料公有制的基础上重新建立消费品的个人所有制,根本不是否定社会主义生产资料公有制。而对于列宁在《论合作社》一文中所说的"我们对社会主义的整个看法根本改变了",列宁自己紧接着就作了解释:"这种根本的改变表现在:从前我们是把重心放在而且也应该放在政治斗争、革命、夺取政权等等方面,而现在重心改变了,转到和平的'文化'组织工作上去了。"[③]列宁讲得很明确,"我们对社会主义的整个

---

① 《马克思恩格斯文集》第10卷,人民出版社2009年版,第532页。

② 《马克思恩格斯选集》第3卷,人民出版社2012年版,第509页。

③ 《列宁选集》第4卷,人民出版社2012年版,第773页。

看法根本改变了”，指的不是社会主义社会，而是社会主义革命的重心。过去是政治革命，现在转为社会革命，即由无产阶级夺取政权，转为发展经济文化，变革资本主义经济制度。这可谓一个根本性的转变，但不是对社会主义所有制看法的改变。

（原载《鲁东大学学报》2018年第5期）

我国经济基础的特征与经济体制改革

邓小平同志指出："现在我们搞经济改革，仍然要坚持社会主义道路，坚持共产主义的远大理想，年轻一代尤其要懂得这一点。但问题是什么是社会主义，如何建设社会主义。我们的经验教训有许多条，最重要的一条，就是要搞清楚这个问题。"[①]只有认清社会主义经济基础的特征，才能明确我国经济体制改革的目标和主要任务。

在过去的一个长时期内，我们把公有制、按劳分配和计划经济看作社会主义经济制度的三大特征。的确，马克思、恩格斯在论及社会主义的经济特征时，经常谈到这三个方面。但是须知，他们对未来新社会的科学设想，提供的只是基本原则，而不是具体方案。早在 1843 年，马克思就指出："新思潮的优点就恰恰在于我们不想教条式地预料未来，而只是希望在批判旧世界中发现新世界。"[②] 1886 年，恩格斯也指出："……无论如何应当声明，我所在的党并没有任何一劳永逸的现成方案。我们对未来非资本主义社会区别于现代社会的特征的看法，是从历史事实和发展过程中得出的确切结论；不结合这些事实和过程去加以阐明，就没有任何理论价值和实际价值。"[③]可见，马克思主义创始人的社会主义社会，是作为资本主义社会的对立物和创新物，是为了克服资本主义社会的弊端而提出来的。比如，公有制是针对于资本主义的私有制提出来的，按劳分配是针对于资本主义的按资分配提出来的，有计划地组织社会生产是针对于资本主义生产的无政府状态提出来的。同时，他们认为，社会主义社会也不是固定僵化的社会，也将不断地变化和发展。1890 年，恩格斯指出："我认为，所谓'社会主义社会'不是一种一成不变的东西，而应当和任何其他社会制度一样，把它看成是经常变化和改革的社会。"[④]未来社会主义社会的生产资料公有制的具体形式和产

---

① 《邓小平文选》第 3 卷，人民出版社 1993 年版，第 116 页。

② 《马克思恩格斯全集》第 1 卷，人民出版社 1956 年版，第 416 页。

③ 《马克思恩格斯选集》第 4 卷，人民出版社 1995 年版，第 676 页。

④ 《马克思恩格斯选集》第 4 卷，人民出版社 1995 年版，第 693 页。

品按劳分配的具体形式，将随着社会和实践的不断发展而不断变化；至于落后国家要经过哪些特殊的社会和政治发展阶段才能同样达到社会主义的组织，他认为他们当时只能作一些相当空泛的假设。对于马克思、恩格斯的这些思想，过去我们并没有予以足够的重视。因此，对社会主义经济制度的特征，我们的认识往往是模糊的。

关于公有制。马克思、恩格斯认为，资本主义私有制使劳动者与生产资料相分离，是无产者受剥削受奴役的根源，所以他们在《共产党宣言》中，把共产党人的理论概括为一句话：消灭私有制。恩格斯后来则明确指出：社会主义制度同资本主义制度的“具有决定意义的差别当然在于，在实行全部生产资料公有制（先是单个国家实行）的基础上组织生产”[①]。过去，人们常常把我们目前所实行的国家所有制或曰全民所有制与马克思、恩格斯所说的公有制等同起来，这是不对的。的确，马克思、恩格斯曾阐述过国家所有制。在《共产党宣言》中，他们指出：“无产阶级将利用自己的政治统治，一步一步地夺取资产阶级的全部资本，把一切生产工具集中在国家即组织成为统治阶级的无产阶级手里，并且尽可能快地增加生产力的总量。”[②]显然，国家所有制在马克思的学说里只是在过渡时期里存在。至于社会主义时期，马克思、恩格斯认为生产资料应归全社会所有，即“生产资料的社会占有”。他们说：“当我们把生产资料转交到整个社会手里时，我们就会心满意足了。”[③]由此可见，马克思、恩格斯的社会主义公有制具有以下特征：(1)在生产资料和劳动者之间没有国家这个中介；(2)以资本主义时代创造的社会化生产力为基础。应该特别注意的是，马克思、恩格斯没有离开生产力去空谈所有制。相反，他们总是把所有制作为生产力发展的基本形式。他们始终认为，社会主义的公有制必须建立在高度发达的生产力基础之上。在《共产主义原理》中，恩格斯在回答“能不能一下子就把私有制废除”的问题时说：“不，不能，正像不能一下子就把现有的生产力扩大到为实行财产公有所必要的程度一样。因此，很可能就要来临的无产阶级革命，只能逐步改造现社会，只有创造了所必需的大量生产资料之后，才能废除私有制。”[④]而我们以往的悲剧恰恰在于：忽视了生产力而去抽象地谈论所有制，不顾生产力的低下水平和不同层次去一味地追求所有制的“一大二公三纯”；我们只注重导师们已经得出的个别结论，却不去探讨导师们得出这些结论所采取的方法以及个别结论赖以建立的历史事实和一般

---

① 《马克思恩格斯选集》第4卷，人民出版社1995年版，第693页。
② 《马克思恩格斯选集》第1卷，人民出版社1995年版，第293页。
③ 《马克思恩格斯全集》第22卷，人民出版社1965年版，第629页。
④ 《马克思恩格斯选集》第1卷，人民出版社1995年版，第239页。

原理，因而也不能运用这些科学方法和基本原理去开拓新的理论并用以推动实践。党的十一届三中全会以来，随着我国改革开放实践和中国特色社会主义理论的不断发展，我们对这一问题的认识有了重大转变。党的十四大报告指出："在所有制结构上，以公有制包括全民所有制和集体所有制经济为主体，个体经济、私营经济、外资经济为补充，多种经济成分长期共同发展，不同经济成分还可以自愿实行多种形式的联合经营。"党的十五大报告进一步指出："公有制为主体、多种所有制经济共同发展，是我国社会主义初级阶段的一项基本经济制度。""公有制实现形式可以而且应当多样化。""非公有制经济是我国社会主义市场经济的重要组成部分。"这是从我国的具体国情出发，联系我国生产力的实际水平来考察所有制形式问题而得出的正确结论。这是一个历史性的进步。

关于按劳分配。对于社会主义的分配原则和分配形式，马克思在《资本论》和《哥达纲领批判》中都曾作过比较详细的阐述。马克思设想通过表示劳动量的劳动券进行分配，含空想成分。但撇开分配形式的空想成分，马克思关于按等量劳动领取等量产品的分配原则在现实中如何切实地科学地实行，尚有待于进一步解决。过去，我们在这个问题上至少有过两个失误。第一，我们在采用某种分配方式时没有考虑它对生产和交换可能造成的影响。在一个时期内，我们搞过平均主义，据说它可以体现社会主义制度的优越性；目前，我们还普遍实行等级工资制，据说它可以体现按劳分配的原则。但是实际上，平均主义和等级工资制，都没有真正体现社会主义制度的优越性，都没有真正体现多劳多得、少劳少得、不劳不得的原则。这种分配当中存在的劳酬不符的情况，势必影响社会生产和整个社会的发展。恩格斯指出："……分配并不仅仅是生产和交换的消极的产物；它反过来也影响生产和交换。"[①]这个道理是很明显的。多少年来，我们的平均主义和等级工资制不是严重地挫伤了劳动者的积极性吗？第二，我们在采用某种分配方式时没有考虑生产力的实际水平。长期以来，我们没有弄清分配方式是由生产力水平决定的，不能离开生产而仅仅在分配上做文章。毛泽东同志也曾否定过平均主义，也曾说过等级工资制跟资本主义差不多。在分配问题上，留下了他艰难探索的足迹：社会主义按劳分配的独特形式究竟应该是怎样的、应该有哪些呢？但是，他没有从根本上解决问题，即没有从生产力发展水平出发去考虑分配问题。恩格斯说过："分配方式本质上毕竟要取决于有多少产品可供分配，而这当然随着生产和社会组织的进步而改变，从而分配方式也应当改变。"[②]

① 《马克思恩格斯选集》第3卷，人民出版社1995年版，第491页。

② 《马克思恩格斯选集》第4卷，人民出版社1995年版，第691页。

因此，不解决发展社会主义生产力的问题，是不能最终解决按劳分配问题的。当然，在目前条件下，我们应该积极寻求既能基本符合按劳分配原则，又能体现社会主义制度优越性的分配形式，以调动广大人民群众的积极性，促进社会主义现代化建设事业的发展。党的十四大报告指出："在分配制度上，以按劳分配为主体，其他分配方式为补充，兼顾效率与公平。运用包括市场在内的各种调节手段，既鼓励先进，促进效率，合理拉开收入差距，又防止两极分化，逐步实现共同富裕。"党的十五大报告进一步指出："坚持按劳分配为主体、多种分配方式并存的制度。把按劳分配和按生产要素分配结合起来，坚持效率优先、兼顾公平，有利于优化资源配置，促进经济发展，保持社会稳定。"我党的这一政策，无疑是正确的。它体现了我国国民经济各部门中多层次的生产力水平和以公有制为主体多种所有制成分并存的实际情况。但是，应该指出的是，在社会主义市场经济体制下，如何贯彻按劳分配原则，还需要作更进一步的探讨。

关于计划经济。过去，我们把计划经济看作社会主义的一大特征，现在看来，这已经不准确了。毋庸置疑，在马克思、恩格斯眼里，计划经济是社会主义的一个重要特征。他们提出未来社会将有计划地组织生产，以克服资本主义生产的无政府状态，这无疑预言了人类的进步。1906 年，列宁也从"计划经济"和"市场经济"的角度阐述过社会主义与资本主义的对立。他说："只要还存在着市场经济，只要还保持着货币权力和资本力量，世界上任何法律都无法消灭不平等和剥削。只有建立起大规模的社会化的计划经济，一切土地、工厂、工具都转归工人阶级所有，才可能消灭一切剥削。"① 但是，人们在谈论计划经济时，往往忽视了马克思、恩格斯关于实行计划经济的前提条件的论述。首先，马克思、恩格斯认为，只有实现了全部生产资料的社会所有制，才能实行计划经济。在《资本论》中，马克思在论述资本主义商品经济的发展时，曾经指出到了一定阶段，资产阶级也会利用各种技术手段力求自觉地控制社会经济的发展，但是只有在建立公有制之后，才能真正实行计划经济。② 在《社会主义从空想到科学的发展》中，恩格斯也说："一旦社会占有了生产资料，商品生产就将被消除，而产品对生产者的统治也将随之消除。社会生产内部的无政府状态将为有计划的自觉的组织所代替。""从此按照预定计划进行的社会生产就成为可能的了。"③ 可见，社会化生产资料的全社会所有制，是实行计划经济的生产关系方面的前提。多年来，我们在这方面也产生过误解，认为只要建立了生产资料的国家所有制和集体所有制，就

① 《列宁全集》第 13 卷，人民出版社 1987 年版，第 124 页。

② 参见《马克思恩格斯全集》第 46 卷(上)，人民出版社 1979 年版，第 107 页。

③ 《马克思恩格斯选集》第 3 卷，人民出版社 1995 年版，第 757、759 页。

可以实行完全的计划经济。其实，这违背了马克思、恩格斯的本来思想。在目前我国国有经济、集体经济、个体经济、私营经济、外资经济等多种经济成分并存的情况下，是不可能实行完全的计划经济的。其次，马克思、恩格斯指出，只有在高度发达的生产力技术条件下，才能实行计划经济。他们认为，经济形式是由生产力技术水平决定的。手工工具的生产力技术条件决定了自然经济形式，大机器的生产力技术条件决定了商品经济形式，而实行完全计划经济的技术前提，则是自动控制系统与信息科学的高度发展。正如马克思所说：这时，“工人不再是生产过程的主要当事者，而是站在生产过程的旁边”[①]。因此，在目前我国工业中虽以机器生产为主，但还存在着手工劳动，农业中虽有机器生产，但主要是手工劳动，自动化和信息科学均不发达的情况下，是不可能实行完全的计划经济的。总之，实行完全的计划经济必须具备两个前提，一是生产资料的全社会所有制，二是高度发达的生产力技术条件。而我国目前还不具备这两个条件，因而也就不可能实行完全的计划经济。正像 1921 年列宁针对俄国的情况所说的：“完整的、完善的、真正的计划，目前对我们来说＝‘官僚主义的空想’。”[②]顺便说一句，资本主义再发达，也不会有完全的计划经济；因为在私有制下，永远不会完全具备实行计划经济的条件。

过去，我们把计划与市场看作社会主义与资本主义的本质区别，这是不对的。经过十多年改革开放和社会主义现代化建设的实践，我们对这一问题有了比较清醒的认识。1992 年初，邓小平同志在视察南方的谈话中指出：“计划多一点还是市场多一点，不是社会主义与资本主义的本质区别。计划经济不等于社会主义，资本主义也有计划；市场经济不等于资本主义，社会主义也有市场。计划和市场都是经济手段。”[③]邓小平的这一论断，既继承了马克思主义，又发展了马克思主义。如前所述，马克思、恩格斯曾指出过资本主义发展到一定阶段，也会利用计划控制经济发展。列宁也有这种观点。1902 年，他在《对普列汉诺夫的第二个纲题草案的意见》中说：“本节末尾说‘有计划地组织社会生产过程来满足整个社会及社会各个成员的需要’也不恰当。这不够。托拉斯大概也能这样组织。”[④]当代经济生活表明，计划并不是社会主义所特有的；资本主义也是有计划地组织生产的。过去，我们批判资本主义国家的计划只是指导性计划，因而不能制约资本家的单个企业。然而，如今几乎所有的社会主义国家，不是都取消了

① 《马克思恩格斯全集》第 46 卷（下），人民出版社 1980 年版，第 218 页。

② 《列宁全集》第 50 卷，人民出版社 1988 年版，第 130 页。

③ 《邓小平文选》第 3 卷，人民出版社 1993 年版，第 373 页。

④ 《列宁全集》第 6 卷，人民出版社 1986 年版，第 218 页。

指令性计划了吗？即使是指令性计划，资本主义国家在特殊情况下也实行过，比如希特勒德国的“统制计划”。至今我们有些人仍然固守这样的逻辑关系：经济危机之所以是资本主义不可避免的伴侣，一个基本原因就是资本主义整个社会生产的无计划、无政府状态，它导致资本主义经济各部门比例关系的破坏。但是，社会主义国家的指令性计划和政企不分的体制不是也曾导致国民经济重大比例失调吗？在这个问题上，我们是否忽视了马克思经济学说中更为基本的原理呢？实际上是这样的。我们忽视了商品经济的基本规律——价值规律。价值规律的积极作用之一，就是它必然要调节生产资料和劳动力在国民经济各部门之间的分配，从而使国民经济大体协调、按比例发展。无论何种性质的商品经济，它的计划必须尊重、反映价值规律。计划如果不尊重商品经济的自然的客观的规律，规律也将不尊重计划，国民经济的自然发展过程就会遭到人为的扭曲，因而是不利于国民经济的正常发展的。可见，当代资本主义的经济危机，与其说是由于无计划、无政府状态引起的，不如说是由于资本主义生产的目的引起的；计划经济与其说是社会主义所特有的，不如说是未来世界经济发展所必然要求的；计划与其说可以依照某种主观的愿望而制定，不如说应该是价值规律的自觉运用和能动反映。

总之，社会主义经济基础的特征，可以归结为公有制和按劳分配。这种观点完全符合马克思主义。列宁曾经说过：“人类从资本主义只能直接过渡到社会主义，即过渡到生产资料公有和按每个人的劳动量分配产品。”[①]他把社会主义的经济基础的特征仅仅归结为这两点。党的十四大报告指出：我国“经济体制改革的目标，是在坚持公有制和按劳分配为主体、其他经济成分和分配方式为补充的基础上，建立和完善社会主义市场经济体制”。这也是紧紧抓住了能够保持社会主义经济性质的这两点。

在坚持公有制和按劳分配的基础上，推进经济体制改革，是我国社会主义现代化建设事业的重大工程之一。我们进行经济体制改革，就是为了改变不适应的生产关系和不适应的上层建筑，进一步解放和发展生产力，创造高度发达的社会生产力，逐步达到共同富裕，实现社会主义的本质要求；同时，创造高度发达的社会生产力，也是实现公有制和按劳分配的根本的物质保证。没有高度发达的社会生产力，只在所有制形式和分配方式上兜圈子，是永远不会有真正的社会主义的。我们之所以要进行经济体制改革，要建立社会主义市场经济体制，目的也只在于此。正如党的十四大报告所指出的：“实践的发展和认识的深化，要求我

---

① 《列宁全集》第29卷，人民出版社1985年版，第178页。

们明确提出，我国经济体制改革的目标是建立社会主义市场经济体制，以利于进一步解放和发展生产力。”

我党根据我国的具体实际，明确提出我国经济体制改革的目标是建立社会主义市场经济体制。这无论在实践上还是在理论上，都具有十分重大的意义。目前，世界上所有实行市场经济体制的国家，都是以私有制为基础的。过去实行计划经济、现在正向市场经济过渡的原来的社会主义国家，绝大多数也都在推行私有化。我国与它们不同，我们要在坚持公有制和按劳分配的基础上搞社会主义的市场经济。这无疑是一个伟大的创举，是中国共产党对国际共产主义运动和马克思主义理论的一大贡献。我们一定要认真地研究和探索这一问题，争取早日建立起适合我国国情的社会主义市场经济体制，以推动我国现代化建设事业的快速发展。

（原载《烟台师范学院学报》2003 年第 3 期，原文署名江淑丽、李心华）

我国政治上层建筑的特征与政治体制改革

社会主义政治上层建筑的特征是什么？这是我们从事社会主义政治制度建设和政治体制改革首先必须搞清楚的问题。在马克思、恩格斯看来，社会主义政治上层建筑的首要特征，就是无产阶级专政的消亡即国家的消亡。然而，现实社会主义还保留无产阶级专政。那么，现实社会主义坚持无产阶级专政的必要性是什么呢？

毋庸置疑，在马克思、恩格斯眼里，无产阶级专政只是与过渡时期相联系。他们认为，社会主义在西方资本主义国家"同时胜利"后，无产阶级专政就开始消亡了。但是，我们如果不是教条式地照搬马克思主义的个别结论，而是采取科学的态度和方法来对待马克思主义的一般原理，就不难得出这样的结论：现实社会主义还必须坚持无产阶级专政，这是完全符合马克思主义的。

马克思在谈到无产阶级掌握政权以后必须坚持无产阶级专政时说："只要其他阶级特别是资本家阶级还存在，只要无产阶级还在同它们进行斗争（因为在无产阶级掌握政权后无产阶级的敌人和旧的社会组织还没有消失），无产阶级就必须采用暴力措施，也就是政府的措施；如果无产阶级本身还是一个阶级，如果作为阶级斗争和阶级存在的基础的经济条件还没有消失，那么就必须用暴力来消灭或改造这种经济条件，并且必须用暴力来加速这一改造的过程。"①他认为，在阶级斗争存在的情况下，无产阶级专政当然要存在；而在阶级斗争和阶级赖以存在的经济条件尚未消失之前，无产阶级专政仍然必须保存。根据马克思的这一思想，联系我国和其他社会主义国家的具体实际，就不难发现现实社会主义还必须坚持无产阶级专政的原因。

首先，社会主义改造基本完成，社会主义制度基本确立之后，虽然作为阶级的剥削阶级已不复存在，但是剥削阶级的残余还存在，社会上敌视和破坏社会主义事业的反动分子还存在。因此，阶级斗争在一定范围内还将长期存在，无产阶

① 《马克思恩格斯选集》第3卷，人民出版社1995年版，第286页。

级专政是不能立即消亡的。其次,目前与社会主义国家对峙的,是强大的资本主义世界,它无时无刻不在企图颠覆社会主义制度。因此,国际上的阶级斗争还相当激烈,社会主义国家绝对不能放弃无产阶级专政。再次,无产阶级专政担负着组织社会主义建设的重大任务,它的目的是创造使阶级既不能存在又不能再产生的经济条件,这不是短期内所能达到的。因此,无产阶级专政还必须长期保存下去。那么,在无产阶级专政的社会主义国家,它的政治上层建筑应该具有哪些特征呢?

马克思、恩格斯是从以下两个方面来论述无产阶级专政国家的。

从政治性质上看,它是无产阶级的政治统治。"国家即组织成为统治阶级的无产阶级"[①]。这里需要搞清楚的是,无产阶级专政的实质究竟是什么?过去我们把无产阶级专政的实质仅仅归结为暴力,把无产阶级专政等同于暴力镇压,这是不准确的。当然,对剥削阶级使用暴力,是无产阶级专政的一个基本标志;但是,对人民群众实行民主,也是无产阶级专政的一个基本标志。列宁说:"无产阶级专政把对付资产阶级即少数居民的暴力同充分发扬民主结合起来,而民主就是全体居民群众真正平等地、真正普遍地参与一切国家事务,参与解决有关消灭资本主义的一切复杂问题。"[②]这就是说,无产阶级专政是新型专政的国家,又是新型民主的国家。对极少数剥削阶级实行专政,而在人民内部实行广泛的民主,这就是作为国体的无产阶级专政的政治实质。

另外,过去我们把无产阶级专政的实质还在于组织社会主义建设这一点忽略了,也是不对的。列宁指出:无产阶级专政除了镇压剥削者的反抗这个任务以外,"同样不可避免地要提出——而且愈往前发展就愈要提出——一个更重要的任务,即从积极方面来说建设共产主义,创造新的经济关系,建立新社会。""无产阶级专政不只是对剥削者使用的暴力,甚至主要的不是暴力。这种革命暴力的经济基础,它的生命力和成功的保证,就在于无产阶级代表着并实现着比资本主义更高类型的社会劳动组织。实质就在这里。"[③]可见,无产阶级专政的实质主要的是组织社会主义建设,创造新的经济关系和新的社会制度,而不是暴力。十一届三中全会以后,我党总结历史经验,认清了这个问题。我们提出坚持四项基本原则(包括坚持无产阶级专政),为社会主义经济建设这个中心任务提供政治保证,在改革开放和现代化建设中取得了巨大成就。这是我党近20年来的最大的一次"拨乱反正"。

---

① 《马克思恩格斯选集》第1卷,人民出版社1995年版,第293页。

② 《列宁全集》第28卷,人民出版社1990年版,第111页。

③ 《列宁全集》第37卷,人民出版社1986年版,第11页。

从政治形式上看，它是民主共和政体。恩格斯晚年曾多次提出过这个问题。他说："民主共和国甚至是无产阶级专政的特殊形式。"①"对无产阶级来说，共和国和君主国不同的地方仅仅在于：共和国是无产阶级将来进行统治的现成的政治形式。"②怎样理解"现成的政治形式"呢？我们知道，决定事物性质的是内容，而形式却可以是共同的。如同语言这种思想形式各个阶级都可以运用它，商品经济这种经济形式社会主义和资本主义等不同的社会经济形态都可以利用它一样，民主共和政体这种政治形式也不为哪个阶级所特有。恰恰相反，它是人类智慧的共同创造，并经实践检验而被保存下来，因而是人类进步和发展的必要阶梯和必经阶段。它与一定的社会经济条件相适应，同样是不能超越的。从古希腊和古罗马的民主共和国或贵族共和国，经欧洲中世纪的城市共和国，到近代资产阶级的议会制共和国或总统制共和国，民主共和政体与一定的商品经济相适应而不断得到发展，至今仍具有强盛的生命力。当然，由于各国的历史条件、民族习惯和阶级力量对比等等不同，在社会主义国家，也将采取不同的政权组织形式，比如苏联的苏维埃制度和我国的人民代表大会制度。

关于社会主义政治制度的两个方面的特征，我们过去往往只重视前一个方面，即政治性质，而忽视后一个方面，即政治形式。实际上，前一个方面，在无产阶级夺取政权后就基本上实现了；而后一个方面，则需要在相当长时间内认真加以解决。建立和完善无产阶级专政的政治形式，以体现无产阶级专政的政治性质，是一项十分重要而艰巨的历史任务。我们过去为什么会忽视它呢？难道政治形式不重要吗？既然我们在阐述社会主义经济制度的特征时，都是阐述经济形式，比如公有制、按劳分配、市场经济等等；因为这些形式是社会主义条件下生产力获得解放和发展，劳动者在经济上获得解放和提高的社会保障形式。那么，我们在阐述社会主义政治制度的特征时，又有什么理由不阐述政治形式呢？须知代表制、选举制、任期制、监督制、罢免制、法制等等，这些都是人民当家作主的社会主义政治的本质内容得以实现的社会保障形式。有了这些形式的完善和发展，人民民主才能通过有效的途径和正常的方式表现出来；有了这些形式的完善和发展，我们才能避免某些偶然事件的发生，社会的长治久安才有制度上的保障。可见，社会主义政治形式的发展程度，标志着人民当家作主的实现程度。因此，我们既要研究推动人类社会进步的共同政治形式，又要研究社会主义民主政治发展的独特形式。

---

① 《马克思恩格斯全集》第 22 卷，人民出版社 1965 年版，第 274 页。

② 《马克思恩格斯选集》第 4 卷，人民出版社 1995 年版，第 734 页。

我国社会主义建设事业的根本政治保证，是坚持四项基本原则。这是我们的立国之本。只有坚持社会主义道路，才能保证我国根本的政治方向，避免历史的倒退，最终达到共产主义的目的；只有坚持人民民主专政，才能保证人民的政治权利，充分发挥人民群众的积极性和创造性，为现代化建设做出最大的贡献，才能维护国家的独立主权和安定团结的政治局面，以进行现代化建设和保住建设成果；只有坚持中国共产党的领导，才能避免国家分裂和政局动荡，才能将全国各族人民紧密团结起来，万众一心、目标一致地去完成现代化的伟大事业；只有坚持马克思列宁主义、毛泽东思想和邓小平理论，才能统一全国人民的思想，使我们明确前进的方向，掌握现代化建设的客观规律，实现社会发展的宏伟目标。

在坚持四项基本原则的前提下，建设社会主义的民主政治制度，是我国政治战线的主要任务。列宁说过："没有民主，就不可能有社会主义。"而这个命题包含两个意思："(1)无产阶级如果不通过争取民主的斗争为社会主义革命作好准备，它就不能实现这个革命；(2)胜利了的社会主义如果不实行充分的民主，它就不能保持它所取得的胜利，并且引导人类走向国家的消亡。"① 这也正像邓小平同志所指出的："没有民主就没有社会主义，就没有社会主义的现代化。"② 民主政治制度是社会主义制度的一个不可分割的组成部分；没有民主政治制度，社会主义制度就是不完备的，甚至不能保持其社会主义性质。因此，民主政治在社会主义中占有极其重要的地位，民主政治建设在社会主义建设中占有极其重要的地位。正因为如此，我党提出了我国社会主义民主政治建设的目标和任务。这就是：适应经济体制改革和经济建设的需要，按照民主化和法制化紧密结合的要求，积极推进政治体制改革。其目标是建设有中国特色的社会主义民主政治，以保证人民当家作主的政治权利；其主要内容是完善人民代表大会制度，完善共产党领导的多党合作和政治协商制度。同时，我党明确指出，在我国，发展社会主义民主政治，绝不能搞西方的议会制和多党制。

人民代表大会制度是我国的根本政治制度。人民通过人民代表大会行使管理国家的权利，保障自己当家作主的地位。我们应该坚持和完善人民代表大会的各项制度，保证人民代表大会及其常委会依法履行国家权力机关的职能，加强立法和监督工作；我们应该改进和完善选举制度，推举那些真正代表人民利益的代表进入各级人民代表大会；各级人民代表应该密切同人民群众的联系，充分听

---

① 《列宁全集》第 28 卷，人民出版社 1990 年版，第 168 页。

② 《邓小平文选》第 2 卷，人民出版社 1994 年版，第 168 页。

取和大胆反映群众的意见和呼声，以提高人民代表和人民代表大会的威信。

中国共产党领导的多党合作和政治协商制度，是我国的一项基本政治制度，是马克思主义政党理论和统一战线学说与我国实际相结合的产物，是我国政治制度的一大特点和优点。中国共产党是执政党，各民主党派是参政党。我们党和各民主党派应该继续发展“长期共存、互相监督、肝胆相照、荣辱与共”的亲密关系。中国人民政治协商会议是共产党领导的统一战线的重要组织形式，我们应该充分发挥它在我国政治生活中的重要作用，继续巩固和扩大最广泛的爱国统一战线，调动一切积极因素，共同完成社会主义现代化建设和祖国统一大业。

我们应该积极推进政治体制改革，进一步扩大社会主义民主，健全社会主义法制，依法治国，建设社会主义法治国家。我们要坚持民主集中制原则，充分走群众路线，广泛听取群众意见，加强各级领导与人民群众的联系，逐步形成深入了解民情、充分反映民意、广泛集中民智的决策机制，实现决策的科学化、民主化，克服官僚主义，重树党的威信；我们要健全社会主义法制，加强对人民群众特别是各级干部的法制教育，做到有法可依、有法必依、执法必严、违法必究，切实保障人民群众依法管理国家事务、社会事务的权利和其他民主权利，消除一切腐败分子和腐败现象，取信于民，保证各项事业在社会主义法制的轨道上健康发展。

总之，社会主义政治上层建筑的特征是，从政治性质上看，它是无产阶级专政；从政治形式上看，它是民主共和政体。因此，在坚持无产阶级专政的前提下，建设社会主义的民主政治制度，是我国政治体制改革的主要任务。

（原载《烟台师范学院学报》2001年第2期，原文署名丁银高、李心华）

我国意识形态的特征与精神文明建设

什么是社会主义的意识形态？它的主要特征是什么？这是我们进行社会主义精神文明建设首先必须搞清楚的问题。但是，多少年来，我们对这个问题的重视不够，因此有必要进一步重新认识，以利于促进我国的精神文明建设。

任何一个社会都是一个完整的统一体。马克思在《〈政治经济学批判〉序言》中指出："人们在自己生活的社会生产中发生一定的、必然的、不以他们的意志为转移的关系，即同他们的物质生产力的一定发展阶段相适合的生产关系。这些生产关系的总和构成社会的经济结构，即有法律的和政治的上层建筑竖立其上并有一定的社会意识形式与之相适应的现实基础。物质生活的生产方式制约着整个社会生活、政治生活和精神生活的过程。不是人们的意识决定人们的存在，相反，是人们的社会存在决定人们的意识。"[①]马克思在阐述这个历史唯物主义的基本原理中，在讲到一个社会的时候，首先讲到的是与一定生产力发展水平相适应的社会的经济结构，同时讲到在这个经济结构上竖立起来的政治上层建筑，也讲到与这些经济、政治相适应的社会意识形态。这就是说，任何一个社会形态，都是一定的经济制度、政治制度和意识形态的统一体。这个统一体的三个方面是相辅相成、互相作用的；经济是基础，政治是经济的集中表现和根本保证，意识形态则是经济和政治的反映，反过来又给予经济和政治以巨大的影响。社会主义社会作为共产主义社会的初级形态，当然也必须具备这三个基本方面。如果只讲社会主义的经济制度和政治制度，而不讲社会主义的意识形态，就不能全面地完整地理解社会主义社会。而对于以公有制和按劳分配为基本特征的社会主义经济制度，对于以工人阶级政权和民主政治为基本特征的社会主义政治制度，人们谈论得较多，也比较熟悉；但对于社会主义意识形态的基本特征，人们却很少论及。那么，社会主义意识形态的基本特征究竟有哪些呢？

第一，社会主义的意识形态是以马克思主义为指导，以社会主义、共产主义

① 《马克思恩格斯选集》第2卷，人民出版社1995年版，第32页。

思想为核心的意识形态。社会主义的意识形态，即上升为统治阶级的无产阶级的思想。这反映了意识形态的阶级性。马克思恩、格斯指出："统治阶级的思想在每一时代都是占统治地位的思想。""任何一个时代的统治思想始终都不过是统治阶级的思想。"[①]而作为无产阶级思想体系的马克思主义，当然也就成为社会主义意识形态的指导思想。毛泽东曾说"以马克思列宁主义为指导的社会主义意识形态"[②]，对于我国的社会主义改造和社会主义建设起了积极的推动作用。马克思主义不仅是社会主义意识形态的指导思想，而且是社会主义意识形态的主要内容。列宁说："马克思主义已经绝对地战胜了工人运动中的其他一切思想体系。"[③]可见，列宁是把马克思主义当作工人阶级和社会主义的意识形态的。

第二，社会主义的意识形态是以生产资料公有制为基础的社会主义经济制度和以无产阶级专政为基础的社会主义政治制度的反映，它服务于社会主义的经济基础和政治上层建筑，服务于社会主义的经济建设和民主政治建设，同时对于社会主义的经济基础和政治上层建筑具有巨大影响。恩格斯指出："政治、法、哲学、宗教、文学、艺术等等的发展是以经济发展为基础的。但是，它们又都互相作用并对经济基础发生作用。"[④]毛泽东也说："一定的文化（当作观念形态的文化）是一定社会的政治和经济的反映，又给予伟大影响和作用于一定社会的政治和经济。"[⑤]因此，要巩固社会主义的经济制度和政治制度，必须搞好社会主义意识形态的建设。

第三，社会主义的意识形态不能在工人阶级和人民群众中自发产生，只能从外面灌输进去，只能靠思想政治教育。列宁说："我们应当积极地对工人阶级进行政治教育，发展工人阶级的政治意识。""对工人运动自发性的任何崇拜……都是加强资产阶级思想体系对工人的影响。""既然谈不到由工人群众在其运动进程中自己创立的独立的思想体系，那么问题只能是这样：或者是资产阶级的思想体系，或者是社会主义的思想体系。这里中间的东西是没有的……因此，对社会主义思想体系的任何轻视和任何脱离，都意味着资产阶级思想体系的加强。"[⑥]

第四，社会主义的意识形态同非社会主义的意识形态之间的斗争是长期的、

---

① 《马克思恩格斯选集》第1卷，人民出版社1995年版，第98、292页。

② 《毛泽东选集》第5卷，人民出版社1977年版，第374页。

③ 《列宁选集》第2卷，人民出版社1995年版，第2页。

④ 《马克思恩格斯选集》第4卷，人民出版社1995年版，第732页。

⑤ 《毛泽东选集》第2卷，人民出版社1991年版，第663～664页。

⑥ 《列宁选集》第1卷，人民出版社1995年版，第342、325、326～327页。

复杂的。即使在社会主义社会里,也仍然会在长时期内存在非社会主义的意识形态。因此,社会主义的意识形态只有在同非社会主义的意识形态的斗争中才能建立和发展起来。

第五,社会主义意识形态的建设与发展,必须坚持正确的方法,必须批判地继承人类优秀的思想文化传统。列宁说:"马克思主义这一革命无产阶级的思想体系赢得了世界历史性的意义,是因为它并没有抛弃资产阶级时代最宝贵的成就,相反却吸收和改造了两千多年来人类思想和文化发展中一切有价值的东西。只有在这个基础上,按照这个方向,在无产阶级专政……的实际经验的鼓舞下继续进行工作,才能认为是发展真正的无产阶级文化。"[①]这就是说,社会主义的意识形态在自身的发展过程中,一方面要坚决反对和抵制一切剥削阶级的腐朽意识形态,另一方面又要积极吸收和改造历史上人类思想文化的一切优秀成果,才能确立自己在社会主义社会的统治地位。

第六,社会主义意识形态的领导权,只有掌握在真正的马克思主义者手里,才能保持它本身的无产阶级的和社会主义的性质,才能保持社会主义经济制度和政治制度的性质。由于社会意识对社会存在的反作用,各个阶级都要抓意识形态。当代民主社会主义者就是通过宣扬意识形态"多元化",否定马克思主义在社会主义意识形态中的指导地位,否定无产阶级在社会主义意识形态中的领导地位,最终搞垮苏联东欧的社会主义制度的。因此,为了巩固无产阶级专政,维护社会主义制度,防止和反对和平演变,无产阶级必须牢牢掌握社会主义意识形态的领导权。

认清社会主义意识形态的基本特征,对于社会主义精神文明建设有着至关重要的意义。社会主义精神文明是社会主义社会的重要特征,我们应在抓紧物质文明建设的同时,加强精神文明建设。而我认为,我国的精神文明建设,应该以维护和健全社会主义的意识形态为最主要的任务,主要体现在以下几个方面。

第一,我国的精神文明建设,应该以马克思列宁主义、毛泽东思想和邓小平理论为指导。马克思主义以及马克思主义普遍真理与中国具体实际相结合而产生的毛泽东思想和邓小平理论,是无产阶级的思想体系,体现了无产阶级的世界观、人生观和价值观,反映了无产阶级实现共产主义和解放全人类的崇高理想。因此,坚持马克思列宁主义、毛泽东思想和邓小平理论,就是在意识形态领域树立无产阶级思想的统治地位。这是我国精神文明建设的指导方针和根本任务。我们要始终不渝地用邓小平理论教育干部和群众,在全社会形成共同理想和精

① 《列宁选集》第4卷,人民出版社1995年版,第299页。

神支柱。我们要深入持久地开展以为人民服务为核心、集体主义为原则的社会主义道德教育，加强民主法制教育和纪律教育，大力弘扬爱国主义、集体主义、社会主义和艰苦创业精神，提倡共产主义思想道德，鼓励一切有利于国家统一、民族团结、经济发展、社会进步的思想道德，发扬社会主义的人道主义精神，培育适应社会主义现代化要求的一代又一代有理想、有道德、有文化、有纪律的公民。

第二，我国的精神文明建设，应该以维护社会主义的经济制度和政治制度为己任。我们必须坚持用马克思列宁主义、毛泽东思想，特别是邓小平理论武装全党和全国人民。我们要紧紧抓住解放思想、实事求是这个精髓，围绕什么是社会主义、怎样建设社会主义这个基本问题，坚持理论联系实际，推进这一理论的学习、研究和宣传深入发展，努力掌握它的科学体系和精神实质，引导广大干部群众正确认识社会发展规律，正确认识国家的前途和命运，澄清在社会主义问题上的错误观点和模糊认识，坚定建设有中国特色社会主义的信念，以维护和巩固以公有制为基础的社会主义经济制度和以无产阶级专政为基础的社会主义政治制度。

第三，我国的精神文明建设，必须坚持重在建设的方针，必须坚持向广大干部群众灌输社会主义思想意识。我们要深入持久地开展社会主义教育，帮助人们认清只有社会主义才能救中国，只有社会主义才能发展中国的真理，在全社会发扬自尊、自信、自强的民族精神，以贡献全部力量建设和保卫社会主义祖国为最大光荣，以损害国家利益、国家尊严为最大耻辱。我们要以党在社会主义初级阶段的基本路线，即"领导和团结全国各族人民，以经济建设为中心，坚持四项基本原则，坚持改革开放，自力更生，艰苦创业，为把我国建设成为富强、民主、文明的社会主义现代化国家而奋斗"，来教育全国人民，树立为实现共同理想即建成社会主义现代化国家和实现最高理想即建立共产主义社会而奋斗终生的信念。

第四，我国的精神文明建设，应该在坚持无产阶级和社会主义思想的同时，反对资产阶级和一切剥削阶级的思想。我们要在全体人民中提倡为人民服务和集体主义精神，提倡尊重人、关心人，热爱集体，热心公益，扶贫帮困，为人民为社会多做好事，反对和抵制拜金主义、享乐主义和个人主义。我们要以马克思列宁主义、毛泽东思想和邓小平理论为指导，坚持为人民服务、为社会主义服务的方向，贯彻"百花齐放、百家争鸣"的方针，发展哲学社会科学和文学艺术，繁荣社会主义文化事业。我们应该继承发扬民族优秀的思想文化传统，积极吸收世界思想文化的优秀成果，同时必须坚决反对和抵制资产阶级和一切剥削阶级思想的侵蚀，把一切腐朽糜烂和低级趣味的东西清除出思想文化舞台。

第五，我国的精神文明建设，必须坚持中国共产党的领导。中国共产党是我国社会主义现代化事业的领导核心，因此，社会主义精神文明建设，也必须置于党的领导之下。中国共产党是中国工人阶级的先锋队，代表工人阶级和广大人民群众的根本利益，为社会主义和共产主义事业而奋斗。只有坚持党的领导，才能保证精神文明建设的正确方向，才能保证精神文明建设的顺利进行。同时，党在社会主义精神文明建设中要加强自身建设，从严治党，搞好党风，以保持党的无产阶级的性质和全心全意为人民服务的宗旨，领导全国人民胜利完成社会主义现代化建设的宏图大业。

当然，科学文化建设也是社会主义精神文明建设的主要任务之一；因为科学昌明、文化发达既是物质文明建设的重要条件，又是提高人民群众思想道德水平的重要条件。所以，我们应该下大力气搞好这项工作。但是，相对于思想道德建设来说，科学文化建设毕竟是处于第二位的。因为意识形态反映社会制度的性质，而科学文化却不反映社会制度的性质。正像社会主义要求高度发达的生产力，但生产力水平的高低不能作为衡量社会主义与资本主义的标准一样，社会主义要求高度发达的科学文化，但科学文化水平的高低不能作为衡量社会主义与资本主义的标准。

（原载《烟台师范学院学报》2002 年第 2 期，原文署名孙巧丽、李心华）

试析“文化”的三种主要含义

“文化”一词，人们在撰写文章和日常生活中经常使用，但对于“文化”具有多种含义，一些人却不甚了了。笔者拟在这里对“文化”的三种主要含义做一番分析和鉴别，以求教于大家。

一、“文化”即“文明”

文明是人类社会的进步状态，包括物质文明和精神文明两个方面，是人类在社会历史发展过程中所创造的物质财富和精神财富的总和。“文化”的第一种含义，就是“文明”。

1918 年 4 月，列宁在《关于当前任务报告的总结发言》中说：“有人在这里说，不向资产阶级学习也能够实现社会主义，我认为，这是中非洲居民的心理。我们不能设想，除了建立在庞大的资本主义文化所获得的一切经验教训的基础上的社会主义，还有别的什么社会主义。”[①]列宁在这里使用的“文化”，意即“文明”，“资本主义文化”包含资本主义所创造的物质文明和精神文明。

1919 年 5 月，列宁在《向匈牙利工人致敬》一文中说：“有能力用自己的专政来消灭阶级的，只有这样一个被压迫阶级，它被几十年反对资本的罢工斗争和政治斗争教育、联合、培养和锻炼出来，它汲取了城市的、工业的、大资本主义的全部文化，有决心和本领来捍卫这种文化并保存、发展其全部成果，使之为全体人民、全体劳动者所享用。”[②]列宁在这里使用的“文化”，指的也是“文明”，“城市的、工业的、大资本主义的全部文化”，即资本主义时代所创造的全部物质文明和精神文明。

早在 1905 年 1 月，列宁就在《革命的日子》一文中说：“无产阶级用事实表

---

① 《列宁全集》第 34 卷，人民出版社 1985 年版，第 252 页。

② 《列宁选集》第 3 卷，人民出版社 1995 年版，第 837 页。

明，它是而且只有它才是现代文明的支柱，它的劳动创造了财富和豪华，它的劳动是我们全部‘文化’的基石。”①在这里，列宁再明显不过地将“文化”视为“文明”。

再如，我们经常说：“中华民族创造了灿烂的古代文化。”这里所说的“文化”，也是“文明”，它不仅包括唐诗、宋词、元曲和明清小说等精神文明，而且还包括万里长城、大运河和四大发明等物质文明。

二、“文化”即“意识形态”

意识形态亦称观念形态，是人们在一定的经济基础之上形成的对于社会存在的反映，包括政治法律思想、道德、哲学、宗教、艺术等不同形式，它与政治上层建筑一起构成社会上层建筑的整体，所以也称思想上层建筑或观念上层建筑，在有阶级存在的社会里，意识形态具有阶级性。“文化”的第二种主要含义，就是“意识形态”。

1940 年 1 月，毛泽东在《新民主主义论》中指出：“一定的文化（当作观念形态的文化）是一定社会的政治和经济的反映，又给予伟大影响和作用于一定社会的政治和经济。”②他还说：“一定的文化是一定社会的政治和经济在观念形态上的反映。”③毛泽东在这两处所说的“文化”，都是与经济基础、政治上层建筑相对应的意识形态。这正像马克思在《〈政治经济学批判〉序言》中所说的：“人们在自己生活的社会生产中发生一定的、必然的、不以他们的意志为转移的关系，即同他们的物质生产力的一定发展阶段相适合的生产关系。这些生产关系的总和构成社会的经济结构，即有法律的和政治的上层建筑竖立其上并有一定的社会意识形式与之相适应的现实基础。物质生活的生产方式制约着整个社会生活、政治生活和精神生活的过程。不是人们的意识决定人们的存在，相反，是人们的社会存在决定人们的意识。”④马克思在这里说的“社会意识形式”，就是与经济、政治相对应的“文化”。在《哥达纲领批判》中，马克思更加明确地将意识形态说成“文化”，他说：“权力决不能超出社会的经济结构以及由经济结构制约的社会的文化发展。”⑤

---

① 《列宁全集》第 9 卷，人民出版社 1987 年版，第 204 页。

② 《毛泽东选集》第 2 卷，人民出版社 1991 年版，第 663～664 页。

③ 《毛泽东选集》第 2 卷，人民出版社 1991 年版，第 694 页。

④ 《马克思恩格斯选集》第 2 卷，人民出版社 1995 年版，第 32 页。

⑤ 《马克思恩格斯选集》第 3 卷，人民出版社 1995 年版，第 305 页。

1920年10月，列宁在《关于无产阶级文化》一文中说："现代历史的全部经验，特别是《共产党宣言》发表后半个多世纪以来世界各国无产阶级的革命斗争，都无可争辩地证明，只有马克思主义的世界观才正确地反映了革命无产阶级的利益、观点和文化。"①列宁在这里使用的"文化"，意思也是意识形态。

1983年10月12日，邓小平在党的十二届二中全会上的讲话中，在谈到思想战线不能搞精神污染时指出："对于现代西方资产阶级文化，我们究竟应当采取什么态度呢?""我们要向资本主义发达国家学习先进的科学、技术、经营管理方法以及其他一切对我们有益的知识和文化，闭关自守、故步自封是愚蠢的。但是，属于文化领域的东西，一定要用马克思主义对它们的思想内容和表现方法进行分析、鉴别和批判。西方如今仍然有不少正直进步的学者、作家、艺术家在进行各种严肃的有价值的著作和创作，他们的作品我们当然要着重介绍。但是，现在有些同志对于西方各种哲学的、经济学的、社会政治的和文学艺术的思潮，不分析、不鉴别、不批判，而是一窝蜂地盲目推崇。对于西方学术文化的介绍如此混乱，以至连一些在西方国家也认为低级庸俗或有害的书籍、电影、音乐、舞蹈以及录像、录音，这几年也输入不少。这种用西方资产阶级没落文化来腐蚀青年的状况，再也不能容忍了。"②邓小平在这里说的"文化领域"，即意识形态领域。他所说的"资产阶级文化"，就是资产阶级"哲学的、经济学的、社会政治的和文学艺术的思潮"，即资产阶级社会的意识形态。他所说的"资产阶级没落文化"，就是"连一些在西方国家也认为低级庸俗或有害的书籍、电影、音乐、舞蹈以及录像、录音"，即资产阶级社会的没落意识形态。

2002年11月8日，江泽民在党的十六大报告中说："全面建设小康社会，必须大力发展社会主义文化，建设社会主义精神文明。"在这里，"社会主义文化"与"社会主义精神文明"是两个并列的概念。他还说："在当代中国，发展先进文化，就是发展面向现代化、面向世界、面向未来的，民族的科学的大众的社会主义文化，以不断丰富人们的精神世界，增强人们的精神力量。必须坚持马克思列宁主义、毛泽东思想和邓小平理论在意识形态领域的指导地位，用'三个代表'重要思想统领社会主义文化建设。"③在这里，江泽民将"社会主义文化"看作社会主义的意识形态，这与马克思、列宁、毛泽东和邓小平的观点是一致的。

---

① 《列宁选集》第4卷，人民出版社1995年版，第299页。

② 《邓小平文选》第3卷，人民出版社1993年版，第43～44页。

③ 江泽民：《全面建设小康社会，开创中国特色社会主义事业新局面》，《新华月报》2002年第12期。

三、“文化”即“一般知识”

知识是人们在改造世界的实践中所获得的认识和经验的总和。所谓“一般知识”，是指普通知识。“文化”的第三种主要含义，就是“一般知识”。我们平常所说的“学习文化”“提高文化水平”等等中的“文化”，即指“一般知识”。

1921年10月，列宁在《新经济政策和政治教育委员会的任务》的报告中说：“应该懂得，为了能向人民说明我们的政治任务，能向人民群众表明‘我们必须力求完成的任务’……就要提高群众的文化水平。必须达到一定的文化水平。否则就不能真正完成我们的任务。”[①]这里所说的“文化”，就是知识。

1922年3月，列宁在《给莫洛托夫的信》中说：“新经济政策在经济上和政治上都充分保证我们有可能建立社会主义经济的基础。问题‘只’在于无产阶级及其先锋队的文化力量。”[②]列宁在这里说的“文化”，也不是与经济基础、政治上层建筑相对应的意识形态，而是一般知识。

1983年4月，邓小平指出：“过去很长一段时间，我们忽视了发展生产力，所以现在我们要特别注意建设物质文明。与此同时，还要建设社会主义的精神文明，最根本的是要使广大人民有共产主义的理想，有道德，有文化，守纪律。”[③]这里所说的“文化”，也是知识。

四、“精神文明”包含两个“文化”

“精神文明”中包含两个“文化”：一个是意识形态的“文化”，一个是一般知识的“文化”。1980年12月，邓小平指出：“所谓精神文明，不但是指教育、科学、文化（这是完全必要的），而且是指共产主义的思想、理想、信念、道德、纪律，革命的立场和原则，人与人的同志式关系，等等。”[④]这就是说，“精神文明”的内涵，包括两个方面。其中的“共产主义的思想、理想、信念、道德、纪律，革命的立场和原则，人与人的同志式关系，等等”，无疑属于意识形态的范畴，是意识形态的“文化”，我们讲的“社会主义文化”，主要指的是这方面的内容。而其中的“教育、科学、文化”，则需要作具体分析。这里的“文化”，显然是一般知识的“文化”。“科

① 《列宁选集》第4卷，人民出版社1995年版，第591页。
② 《列宁全集》第43卷，人民出版社1987年版，第63页。
③ 《邓小平文选》第3卷，人民出版社1993年版，第28页。
④ 《邓小平文选》第2卷，人民出版社1994年版，第367页。

学”的情况，则要具体分析，区别看待。“科学”中的自然科学，加上一部分社会科学和思维科学，如语言学、普通逻辑学等，属于一般知识的“文化”，是没有阶级性的，不能冠以“社会主义文化”，不能说“社会主义的光学”或者“社会主义的英语”等等。“科学技术是生产力”，它不属于上层建筑的范畴。“科学”中的哲学和大部分社会科学，如经济学、政治学、历史学、法学、文学等等，属于意识形态的范畴，是意识形态的“文化”，是有阶级性的，我们讲的“社会主义文化”，应当包括这方面的内容。至于“教育”，情况就更为复杂。一方面，教育思想和教育目的，教育方针和教育政策以及教育的某些内容（比如哲学和大部分社会科学），都是随着经济基础的变化而变化的，是属于上层建筑的范畴，属于意识形态的“文化”。正像马克思、恩格斯在《共产党宣言》中所指出的：教育历来是由社会关系决定的。“共产党人并没有发明社会对教育的作用；他们仅仅是要改变这种作用的性质，要使教育摆脱统治阶级的影响。”①另一方面，教育制度中受生产力发展水平、科学技术发展状况和儿童年龄特征所制约的因素（如学习阶段的划分、修业年限的长短、科学技术专业的设置等），教育内容中生产斗争知识的教育以及某些教学的方法和教学的组织形式，并不是随着经济基础的变化而变化，它们不属于上层建筑的范畴。因为儿童身体成长的规律和认识过程的规律，是不为经济基础所决定的。自然科学和生产技术是全人类在生产斗争和科学实验的长期实践中积累起来的经验总结，是没有阶级性的，它不属于上层建筑的范畴。教学方法和教学组织形式是与人们的认识活动、生产力的发展水平紧密相联的，是全人类长期教育实践中形成和发展起来的经验总结，也是没有阶级性的，也不属于上层建筑的范畴。上述这些内容不属于意识形态的“文化”，只能归于一般知识的“文化”，所以也不能冠以“社会主义文化”，不能说“我们用社会主义的教学方法讲授了社会主义的导弹发射技术”。

总之，“文化”有三种主要含义。作为“文明”的“文化”，“社会主义文化”是相对于“资本主义文化”和“封建主义文化”而言的；作为意识形态的“文化”，“社会主义文化”是与社会主义经济、社会主义政治相对应的；而作为“一般知识”的“文化”，则不能冠以“社会主义文化”或“资本主义文化”。我们在使用“文化”概念时，应该准确把握它的内涵和外延，以免造成逻辑上和思想上的混乱。

（原载《中国成人教育》2008 年第 7 期，原文署名孙巧丽、李心华）

① 《马克思恩格斯选集》第 1 卷，人民出版社 1995 年版，第 290 页。

政治文明的功能与政治文明建设的意义

党的十六大报告提出:“发展社会主义民主政治,建设社会主义政治文明,是全面建设小康社会的重要目标。”十六大通过的党章也作出了建设社会主义政治文明的规定。这是我们党在全国代表大会的文件中,第一次明确地把社会主义政治文明同社会主义物质文明、精神文明并列,作为全面建设小康社会和实现现代化的基本目标之一,表明我们党对共产党执政规律、社会主义建设规律、人类社会发展规律认识的进一步深化,丰富和发展了马克思主义关于社会主义建设的理论,对于我国改革开放和现代化建设事业有着重大意义。本文拟就社会主义政治文明的功能与社会主义政治文明建设的意义,谈一点粗浅的认识。

一

历史唯物主义告诉我们,任何一个社会都是一定时期经济、政治和思想文化的有机统一体。这就是说,对于一个社会来说,经济基础、政治上层建筑和意识形态这三者都是不可缺少的组成部分。这三个方面是相互依存、相互作用的。正是三者之间的互动推动了文明社会的发展和进步。社会主义社会同样是经济、政治和文化的统一体。社会主义社会的发展,不仅要有以先进的社会主义经济制度和高度发展的社会生产力为核心的物质文明,要有以马克思主义为指导的、以集体主义为核心的精神文明,而且还要有以社会主义民主政治制度和人民当家作主为核心的政治文明。三大文明之间辩证统一的关系,要求我们在社会主义建设的实践中坚持三大文明协调发展。

改革开放以来,我们党在强调物质文明建设和精神文明建设的同时,十分重视民主与法制建设。早在1979年10月,邓小平就指出:“我们的国家已经进入社会主义现代化建设的新时期。我们要在大幅度提高社会生产力的同时,改革和完善社会主义的经济制度和政治制度,发展高度的社会主义民主和完备的社会主义法制。我们要在建设高度物质文明的同时,提高全民族的科学文化水平,发展高尚的丰富多彩的文化生活，建设高度的社会主义精神文明。”[①]当时邓小平虽然还没有使用“政治文明”这个概念，但是事实上已经提出了三大文明共同发展的宏伟任务。进入新世纪以后，为了加快民主政治建设，江泽民提出了“社会主义政治文明”的概念。2001 年 1 月 10 日，他在全国宣传部长会议上指出：“法治属于政治建设、属于政治文明，德治属于思想建设、属于精神文明。”2002 年 5 月 31 日，他在中共中央党校省部级干部进修班毕业典礼上又明确提出：“发展社会主义民主政治，建设社会主义政治文明，是社会主义现代化建设的重要目标。”

政治文明是与政治愚昧、政治野蛮相对立的政治进步状态，是人类社会自国家形成以来所取得的政治成果的总和。而作为政治文明进步状态和积极成果的标志和实质，就是在政治领域实行民主，就是民主政治。1844 年，马克思在《关于现代国家的著作的计划草稿》中使用“政治文明”的概念时，就是把“集权制和政治文明”[②]对立起来的。可见，马克思讲政治文明，就是反对集权专制，就是实行民主政治。而社会主义政治文明，则是人民民主的政治文明，其本质是人民当家作主。社会主义政治文明如同社会主义物质文明和精神文明一样，在整个社会文明中具有无可替代的地位和作用。

第一，社会主义政治文明指引社会的发展方向。人类社会的发展，既是一个由社会基本矛盾运动决定的从低级形态向高级形态发展的自然过程，又是一个人类有意识、有目的地推动社会向前发展的自觉活动。因此，任何社会的发展，都必然存在一个方向选择和目标确定的问题。而政治文明则担负着这一重大任务。列宁指出：“政治就是参与国家事务，给国家定方向，确定国家活动的形式、任务和内容。”[③]在文明社会，政治文明具有根本性和全局性的特点，它影响和制约其他社会文明的发展方向，从而引导和控制整个社会的发展方向。社会主义政治文明同样具有这样的功能。它规定了国家由谁来领导，走什么道路，实行什么样的经济政治制度，以什么作为指导思想等一系列最根本、最重大的原则问题，决定着国家的性质和发展方向，关系着全国人民的利益和命运。它以无产阶级的政治思想和政治理念，指导我们建立社会主义的民主政治制度和政治体制，指导我们从事社会主义的民主政治行为和政治生活，以充分体现无产阶级政党的政治领导和广大人民群众的根本利益，从而保证社会发展的社会主义方向。

第二，社会主义政治文明保证物质文明和精神文明的发展，推动社会的全面

① 《邓小平文选》第 2 卷，人民出版社 1994 年版，第 208 页。
② 《马克思恩格斯全集》第 42 卷，人民出版社 1979 年版，第 238 页。
③ 《列宁文稿》第 2 卷，人民出版社 1978 年版，第 407 页。

进步。社会主义三大文明是辩证统一的整体。物质文明是政治文明和精神文明的基础和前提,精神文明为物质文明和政治文明的发展提供精神动力和智力支持,而政治文明则是物质文明和精神文明的根本保证。列宁曾经根据唯物史观的基本原理,阐述过政治与经济的辩证关系。他认为,政治是社会的上层建筑之一,它是由经济基础决定的。因此,有什么样的经济基础,就有什么样的政治观点和政治制度。从这个角度上看,政治是经济的集中表现。反过来,政治,特别是政权这种上层建筑,又拥有巨大的强制力,它是统治阶级赖以指导和组织经济生产和整个社会生活的枢纽,对经济基础起着异常强大的反作用。所以,列宁指出:"政治同经济相比不能不占首位。""一个阶级如果不从政治上正确地看问题,就不能维持它的统治,因而也就不能完成它的生产任务。"[①]这就是说,政治与经济相比,它是指导力量,它的正确与否关系到国家的兴衰存亡,其重要性就不能不占首位。社会主义精神文明建设,也必须依靠政治文明的保证和支持。如果说,社会主义教育科学文化建设需要社会主义民主政治指导的话,那么,社会主义思想道德建设则是无产阶级政治思想和政治理念的直接体现。人们的思想道德水平,社会的精神面目和精神生活,精神产品的思想内容,社会关系和社会风尚等等所达到的程度和境界,在很大程度上取决于政治文明的发展水平。社会主义政治文明给予人民群众管理国家和社会事务、管理经济和文化事业的广泛权利,因此能够正确地集中人民群众的意见和要求,形成真正符合人民群众的利益和需要的路线、方针、政策,引导物质文明建设和精神文明建设沿着正确的方向发展,及时纠正实践中出现的偏差和失误,从而推动社会主义事业的快速发展和社会的全面进步。

第三,社会主义政治文明维护国家的统一和社会的稳定。政治文明的三个方面的内容,即政治思想和政治理念,政治制度和政治体制,政治行为和政治生活,都具有维护国家统一和社会稳定的功能。社会主义政治文明是按照无产阶级的政治思想和政治理念建设的,它的民主的政治制度和政治体制以及由这些制度性、体制性因素所提供的政治规则和政治规范,它给予社会各阶层人员的民主权利和行为准则,能够把社会上的各种矛盾和冲突控制在社会承受能力允许的范围之内,以不至于在各个阶级和阶层的利益争斗中造成国家的分裂和社会的混乱。政治文明为社会成员提供的关于政治生活的规则和规范,能够保障政治和社会有秩序、有规则地运行。因此,政治文明能够创造安定的政治环境,培育理想的社会秩序。特别是社会主义政治文明,因为它是人类历史上最高类型

① 《列宁选集》第 4 卷,人民出版社 1995 年版,第 407～408 页。

的政治文明，是代表最广大人民群众根本利益的政治文明，所以它更能促进民主政治的发展和社会的全面进步，更能维护国家的统一和社会的稳定。

第四，社会主义政治文明促进人类的社会解放。马克思主义认为，社会主义的目的是实现人类的社会解放，即实现人的自由全面发展。马克思、恩格斯在《共产党宣言》中指出，社会主义要在每个人的自由发展的基础上实现一切人的自由发展。要达到这个目的，必须具备两个前提：一是经济前提，即高度发达的物质文明和人们实现了共同富裕；二是政治前提，即高度发达的政治文明和人们享有充分的民主。有人认为，实现人的自由全面发展只是共产主义高级阶段的目的。这是不对的。马克思在《哥达纲领批判》中指出："在随着个人的全面发展，他们的生产力也增长起来，而集体财富的一切源泉都充分涌流之后，——只有在那个时候，才能完全超出资产阶级权利的狭隘眼界，社会才能在自己的旗帜上写上：各尽所能，按需分配！"[①]请注意"之后"一词，马克思认为，在共产主义高级阶段到来之前即在社会主义社会，人类就已经获得了一定历史阶段的全面发展。社会主义民主代替资本主义民主，标志着政治文明在人类历史上的飞跃。社会主义政治文明是一种新型的、为绝大多数人享受的民主的政治文明。与历史上任何剥削阶级占统治地位的社会的政治文明不同，社会主义政治文明的本质特征是人民当家作主。它给予人民群众管理国家和社会事务、管理经济和文化事业的民主权利，给予人民群众从事政治行为和政治生活的民主权利，因此能够充分调动人民群众的积极性、创造性和主体性，增强人民群众的主人翁责任感，提高他们的参与意识和参与能力，发挥他们的聪明和才智，使他们得到自由全面发展，进而实现整个社会的自由全面发展，为最终过渡到共产主义创造必要的条件。

二

胡锦涛同志在首都各界纪念中华人民共和国宪法公布施行20周年大会上的讲话中指出："党的十六大把发展社会主义民主政治，建设社会主义政治文明同建设社会主义物质文明、精神文明一起作为全面建设小康社会的重要目标，这是我们在建设中国特色社会主义的实践中取得的新的重大认识，也是我们继续建设中国特色社会主义事业必须完成好的重大任务。建设中国特色社会主义，必须坚持以经济建设为中心，不断解放和发展社会生产力，大力发展社会主义物

① 《马克思恩格斯选集》第3卷，人民出版社1995年版，第305～306页。

质文明，同时必须大力发展社会主义政治文明和社会主义精神文明，为现代化建设提供有力的政治和法律保障，提供强大的精神动力和智力支持。我们一定要按照党的十六大的要求，发展社会主义市场经济、社会主义民主政治和社会主义先进文化，不断促进社会主义物质文明、政治文明和精神文明的协调发展，推进中华民族的伟大复兴。”在这里，胡锦涛同志论述了社会主义三大文明建设之间的辩证关系，特别是强调了政治文明建设对于整个社会主义建设事业的重要意义。

第一，建设社会主义政治文明，是社会主义的本质要求和内在属性。社会主义的根本目的是实现人的社会解放即实现人的自由全面发展。要达到这一目的，首先要实现人的经济解放即实现人的共同富裕。消灭资本主义私有制，建立社会主义公有制，就是实现人的经济解放的根本途径。社会主义在经济上的生产资料公有制，必然要求在政治上赋予人民群众管理国家和社会事务的权利。这就是说，人民当家作主是社会主义本质在政治上的体现，是社会主义政治文明的内在要求和价值目标。没有民主，就没有社会主义，就没有社会主义现代化。我们党历来以实现和发展人民民主为己任。党的十一届三中全会以来，我们党致力于政治体制改革的根本目的，就是要扩大社会主义民主，健全社会主义法制，建设社会主义法治国家，保证人民群众更好地当家作主，行使民主权利，依法管理国家和社会事务，管理经济和文化事业，维护和实现人民群众的根本利益；使党能够更好地为人民服务，使国家政权机关能够更有效地领导和组织社会主义现代化建设，在全社会巩固和发展民主团结、生动活泼、安定和谐的政治局面，充分调动人民群众的积极性和创造性，促进经济发展和社会全面进步。党的十六大根据我国国情，对社会主义政治文明建设和政治体制改革作出了新的部署，特别强调要深化政治体制改革，实现社会主义民主政治的制度化、规范化和程序化。这是社会主义政治文明建设的客观要求，也是社会主义现代化建设的客观要求。

第二，建设社会主义政治文明，是社会主义现代化建设的重要目标和任务。社会主义现代化建设，不仅包括物质文明建设和精神文明建设，而且还包括政治文明建设。社会主义现代化建设的根本目标和任务就是：在经济方面，创造出比资本主义国家更高的社会生产力和劳动生产率；在政治方面，创造出比资本主义国家更高的民主；在思想文化方面，创造出高度发达的精神文明。概括起来讲，就是要把我国建设成为“富强、民主、文明”的社会主义现代化国家。这就要求我们根据经济文化发展和人民日益增长的当家作主的需要，不断发展社会主义民主，建设社会主义政治文明，特别是要通过深化政治体制改革，保持社会主义民主制度的生机和活力。我们通过经济体制改革，积极探索公有制的实现形式，建立了与社会主义初级阶段生产力水平相适应的基本经济制度和市场经济体制，解放和发展了生产力。在政治领域，我们应该在坚持和完善人民民主专政的国体和人民代表大会制度的政体的同时，积极探索社会主义民主的实现形式，包括加强和改善党的领导，规范和完善党同国家权力机关、行政机关、司法机关的关系，加强基层民主建设，进一步完善基层民主管理制度和自治制度，创造人民当家作主的具体形式，扩大人民群众有序的政治参与，建立与社会主义初级阶段的国情相适应、适合我国人民当家作主的社会主义民主机制，使广大人民依法有序开展充满生机和活力的民主实践。

第三，建设社会主义政治文明，是社会主义物质文明建设和精神文明建设的客观要求。在社会主义现代化建设中，社会主义物质文明建设是中心，它为政治文明建设和精神文明建设提供物质基础；社会主义精神文明建设为物质文明建设和政治文明建设提供精神支柱、精神动力和智力支持；而物质文明建设和精神文明建设都要靠社会主义政治文明来提供保证和支持。我国经济体制改革和文化体制改革的重大进展和不断深化，社会主义市场经济体制和适应市场经济发展要求的社会主义文化体制的建立，必然要求我国的政治体制进行相应的改革，社会主义政治文明要有重大进步。一方面，高度集中的计划经济体制向新的合理分权的市场经济体制的转变，经济体制的创新和经济基础的变化，要求作为上层建筑的政治体制与之相适应；另一方面，经济体制改革的成果需要政治体制改革来巩固和发展。政治体制改革已经成为深化经济体制改革和发展社会主义市场经济的必然要求。只有发展社会主义民主，建设社会主义政治文明，才能正确地集中人民群众的意见和要求，形成真正符合人民群众的利益和需要的路线、方针、政策，引导物质文明建设和精神文明建设沿着正确的方向发展，及时纠正实践中出现的偏差；只有发展社会主义民主，建设社会主义政治文明，才能充分调动人民群众的积极性、创造性和主体性，增强人民群众的主人翁责任感，发挥他们的聪明和才智，从而推动整个社会主义事业的快速发展。

第四，建设社会主义政治文明，是巩固无产阶级国家政权，维护社会主义社会制度的必经之路。国家政权是组织化的社会公共政治权力，是主导社会政治生活的权威力量。国家政权建设，它在政治思想、制度体制、政治行为上的变革和发展，是政治文明建设的关键问题。而国家政权建设的根本问题则是权力机构和运行方式的变更或调整问题。因此，建设社会主义政治文明，关键在于加强国家政权建设，改革不适应经济社会发展的权力机构和运行方式。邓小平说过，社会主义本质上是民主的。这就是说，社会主义政治文明因其社会主义性质而必须确立民主化、法制化发展方向，必须以社会主义的民主思想、民主制度和民主行为来体现其先进性。但是，事实上社会主义政治文明的发展正遭遇着政治生活中的结构性障碍，这就是国家权力过分集中。如果不从国家权力结构上确立人民民主的政治基础，不改革过分集权的国家领导体制，不以法治取代人治，即使是在社会主义制度下也无法从根本上解决权力的膨胀和滥用，无法有效遏制政治腐败。政治障碍不清除，政治文明不发展，经济社会发展和变革的种种障碍也难以清除。东欧剧变和苏联解体的主要原因不是经济的，而是政治的。高度集权的官僚政治导致了思想的僵化和蜕变，使政府成为脱离人民群众的特殊利益集团，这个集团不可避免地要走向腐败，他们在事实上不再是社会变革的动力，而是既得利益的维护者，社会变革的反对者。应当承认，正是国家权力的结构性变异泯灭了社会主义政治文明的民主本质，才阻碍了经济社会变革的道路，使苏联东欧的社会主义归于失败。因此，我们在社会主义政治文明建设的过程中，要始终突出国家政权建设，按照社会主义的发展要求调整国家权力结构，改革国家权力的运行方式。只有这样，才能巩固无产阶级国家政权，维护社会主义社会制度。

（原载《中国成人教育》2003 年第 4 期，原文署名江淑丽、李心华，题目有改动）

进一步发挥工会教育工人阶级的作用

——纪念列宁《论工会、目前局势及托洛茨基同志的错误》发表85周年

1920年11月至1921年3月，俄共(布)党内发生了一场大规模的关于工会问题的争论。在这期间，列宁先后发表了《论工会、目前局势及托洛茨基同志的错误》《党内危机》《再论工会、目前局势及托洛茨基同志和布哈林同志的错误》等演说和文章。在这些演说和文章中，列宁全面地论述了无产阶级专政下工会的性质、作用和任务，批评了托洛茨基和布哈林在工会问题上的一系列理论错误和政治错误。今天，在改革开放的新形势下，重温列宁关于工会问题的论述，特别是关于工会担负教育工人阶级的任务的指示，进一步发挥工会团结教育工人阶级的作用，有着十分重要的意义。

社会主义国家工会的性质问题，是社会主义时期工会理论体系中的最基本的问题。在"工会问题争论"中，列宁使工会的性质问题最终得到解决。列宁指出："工会不仅是在历史上必要的、而且是在历史上必然存在的工业无产阶级组织，这种组织在无产阶级专政的条件下，几乎包括了全体工业无产阶级。这是最基本的思想。""一方面，工会包括了全体产业工人，把他们吸收到自己的组织中，它是一个掌权的、统治的、执政的阶级的组织，是实现专政的阶级组织，是实行国家强制的阶级的组织。但是，工会却不是国家组织，不是实行强制的组织，它是一个教育的组织，是吸引和训练的组织，它是一所学校，是学习管理的学校，是学习主持经济的学校，是共产主义的学校。"①

"工会是共产主义的学校"，它担负着教育和训练工人阶级的任务。那么，工会教育工人阶级的内容是什么呢？首先，工会要对工人阶级进行社会主义和共产主义思想的教育。列宁指出："这所学校完全不是普通的学校，因为我们这里没有教员和学生，它是一个非常特殊的结合体，其中有资本主义遗留下来而且不能不遗留下来的东西，也有革命的先进部队即所谓无产阶级的革命先锋队从自

① 《列宁选集》第4卷，人民出版社1995年版，第368页。

己队伍中创造出来的东西。”[①]这就是说，工会这所学校，担负着清除资本主义遗留下来的东西，发扬无产阶级的革命先锋队创造出来的东西的任务。也就是说，工会担负着清除资产阶级思想，用无产阶级思想即社会主义思想和共产主义思想教育工人阶级的任务。早在1902年写成的《怎么办?》一书中，列宁就指出，工人阶级单靠自己本身的力量，只能形成工联主义的意识。虽然工人阶级的地位决定他们容易接受社会主义思想，但由于资产阶级思想体系的渊源比社会主义思想久远得多，并且时刻在侵蚀工人阶级，因此，工人运动不能自发地产生社会主义意识，而必须从外面向工人阶级灌输。崇拜自发性，反对灌输社会主义思想，实际上就是加强资产阶级思想的影响。在为阶级矛盾所分裂的阶级社会，任何时候也不可能有无阶级的或超阶级的思想体系，因此，对于社会主义思想体系的任何轻视和任何脱离，都意味着资产阶级思想的加强。可见，用社会主义思想教育工人阶级，是工会这个工人阶级组织的性质决定的，也是工人运动的规律决定的。

目前，加强对工人阶级的社会主义思想教育尤为重要。“二战”以后，尤其是近二三十年来，世界资本主义经济得到了长足的发展，而社会主义各国的建设事业则由于指导思想和具体政策的失误遭到一些挫折。因此，国际上出现了一股逆流，即出现了一股颂扬资本主义、否定社会主义的反动潮流。在这种形势下，加强对工人阶级的社会主义思想教育，向他们揭示资本主义的本质和社会主义的优越性，使他们认清社会主义必然代替资本主义的规律，坚定地沿着社会主义道路前进，是十分必要的。邓小平指出，理想信念是团结全党和全国人民的强大的凝聚力。早在1986年，党的十二届六中全会就明确提出了理想道德建设的层次性问题。这次全会把革命理想划分为共同理想和最高理想两个大的层次。对工人阶级进行共同理想教育，这是符合实际要求的。社会主义初级阶段我国各族人民的共同理想是建设中国特色社会主义，把我国建设成为富强、民主、文明的社会主义现代化国家。这种共同理想，既包括国家富强、民族振兴、祖国统一的社会理想内容，又包括民族团结、社会进步、人民幸福的道德理想内容，还包括诚实劳动、创造美好生活与光辉未来的职业理想和生活理想内容。共同理想是时代产物，鲜明地反映着时代特征、人民需要和历史发展的趋势，符合我国生产力发展和完善社会主义市场经济的客观要求。工会应该通过对工人阶级进行系统的马克思列宁主义、毛泽东思想、邓小平理论和中国特色社会主义理论体系的教育，培养他们运用马克思主义的立场、观点、方法分析问题和解决问题的能力，

---

① 《列宁选集》第4卷，人民出版社1995年版，第368页。

牢固树立正确的阶级观点、劳动观点、群众观点及辩证唯物主义的世界观、人生观、价值观。我们党的最高理想是建立各尽所能、按需分配的共产主义社会。从工人阶级整体来看，共同理想和最高理想是一致的，为建设中国特色社会主义的共同理想而奋斗，也就是为实现共产主义的最高理想而奋斗。

同时，我们还应该看到，随着社会主义事业的进步，随着改革开放的深入和生产力的发展，我国的社会阶层结构发生了迅速而显著的变化。工人阶级的队伍在不断壮大，工人阶级分布日趋多样化，青年工人在工人阶级队伍中所占的比例也越来越高。青年人有热情，有干劲，是社会主义事业的生力军。但是，青年人由于缺乏政治经验，缺少社会阅历，所以容易受资产阶级思想的侵蚀。在改革开放的形势下，一些资产阶级的腐朽思想和作风也随之涌来。随着国际国内形势的发展变化，经济全球化、政治多极化发展日益明显，各种文化思潮不断涌入国内。西方敌对势力利用人权、民主等问题，采用政治、经济、文化等手段，对我国实施“西化”“分化”战略。在这种情况下，加强对工人特别是青年工人的社会主义思想教育和革命传统教育，就显得尤为重要。工会的思想政治工作渗透在它所开展的各项活动中，从青年工人的实际需要和愿望出发，可以在不同的时期，开展内容丰富、形式多样、工人喜闻乐见的各种教育活动。工会还可以通过网站等宣传阵地，切实做到理论联系实际地解决工人群众思想认识上的困惑。坚持解放思想，实事求是，努力对他们当前急需进行理论引导或说明的突出问题，作出科学的、有说服力的、符合实际的解释和说明。通过教育，引导青年工人积极抵制西方意识形态和价值观的渗透传播，提高辨别大是大非的能力，使他们在任何风浪中都能够坚持四项基本原则，同资产阶级自由化思想作斗争，这是当前工会的一项重要任务。

高校教育工会是一种特殊的产业工会，它同其他产业工会一样，也是共产党领导下的工人阶级的群众组织，是我国教育战线上重要的社会政治团体。党的十一届三中全会指出，工会要深入开展基本路线教育和主人翁精神教育，加强思想政治工作。全国教育工会主席在谈到 1990 年工会工作时也强调指出，工会要加强思想政治工作，运用传统经验，探索新的路子，充分发挥工会这个共产主义大学校的作用。这些不仅是当前工会工作的重要任务，而且还是工会遵循马克思列宁主义思想路线，保持“共产主义学校”这个根本性质的重要保证，是在新形势下沿着党指引的政治方向，推进工会工作的改革和建设的重要保证。作为教育工会，受其独特的职能特点影响，所进行的思想政治教育工作的方法与途径有其独特的角度。要把教育工会办成真正的共产主义学校，最大限度地发挥教职工群众的作用，必须把握其职能特点，从特有的工作范畴和业务特点出发，确立教育工会自身固有的思想工作方法、内容和途径，从整体职能的意义上确立独特的思想工作体系。

在学习和贯彻中共中央《关于加强和改善党对工会、共青团、妇联工作领导的通知》精神时，我们结合学习列宁关于工会性质的有关论述，就能更加深刻理解工会与党的关系，进一步明确工会在党的领导下，充分发挥自己的“维护、建设、参与、教育”四项职能的意义。正因为“工会不是国家组织，不是实行强制的组织”，所以工会的思想政治工作既不同于党委，也不同于行政。从某种意义上讲，工会的思想教育工作有相对的配合性，即所谓的“配角”。但实际上，要做好思想教育工作，工会必须坚持“配角”主唱化，从工会的实际角度出发，把握教职工的心理特点、劳动特点和社会地位的特点，掌握科学的思想教育原则，根据教职工的需求日趋多元化带来的思想教育工作的复杂性，必须将四项职能统一起来，加强工会思想教育的针对性，采取多渠道、多层次，既有正面教育，又有多向引导，既要促进普遍提高，又要加强特殊性的研究，来搞好新时期工会的教育工作。如当前工会大力倡导的“教书育人、管理育人、服务育人”活动，正是把四项职能统一于思想教育中的良好体现。它既要教育教职工提高对“三育人”活动的认识，又要发挥维护职能，激励他们自觉走上“三育人”之路。通过教育与维护的循环往复，逐步发展和提高教育的内容与层次，从而也使工会的“建设、参与”职能得到更充分的发挥。

“工会是共产主义的学校”的另一个重要含义，就是它是以学习管理、学习主持经济为重点的“共产主义学校”。1921 年 1 月，列宁在全俄矿工第二次代表大会上说：“我们这里数百万参加工会组织的工人，现在正处在我们所说的阶段，即工会是共产主义的学校，是学习管理的学校这一阶段。”[①]在《再论工会、目前局势及托洛茨基同志和布哈林同志的错误》一文中，列宁再次强调指出：“工会是国家政权的蓄水池，是共产主义的学校，是学习主持经济的学校。”[②]显然，列宁所说的“共产主义学校”是有重点的学校，是以学习管理、学习主持经济为主要内容的学校。

随着社会主义改造的完成和社会主义事业的发展，无产阶级政党的工作重心将转移到经济建设上来。因此，在无产阶级专政条件下，工会这所学校的最主要任务，则是学习管理、学习主持经济。

但是，“这个领域的特殊之点和主要之点不是管理，而是‘中央’（自然也还有

① 《列宁全集》第 40 卷，人民出版社 1986 年版，第 252～253 页。

② 《列宁选集》第 4 卷，人民出版社 1995 年版，第 423 页。

地方)'国家管理机关、国民经济和广大劳动群众之间的''联系'"[①]。也就是说,工会的"特殊而主要"的任务不是主持管理,而是加强中央国家管理机关、国民经济和广大劳动群众的"联系"。这个联系就是参加管理。工会成为从中央到地方一切管理机关的"参加者"或参加一切管理机关的管理,是保证国家管理机关、国民经济和群众之间"联系"的主要媒介和渠道。更重要的是,工会参加管理并吸收广大群众参加管理,又是提高工人群众管理技能的根本方法。广大工人群众也只有在参加管理的实践中才能逐渐学会管理。

列宁认为,工会"特殊而主要"的任务就是"参加管理",即工会作为工人阶级的组织参与国家机关和国民经济的管理。当然,我们知道,并不是任何一个工人都能够管理国家的。但是,在社会主义制度下,他们应该而且必须具有提出自己意见或选择自己的代表参与国家管理的权力。因此,社会主义国家工会的主要任务,应当是教育工人学习管理、学习主持经济。

在我国社会主义现代化建设的新时期,在改革开放的新形势下,工会的主要任务,仍然是像列宁所说的,教育工人学习管理、学习主持经济,教育会员学习本行业的业务知识和管理技能,提高他们参与本行业本单位管理的意识,提高他们参政议政的意识和能力。只有这样,工人阶级才能真正成为国家的主人。党的十六大报告指出:我们要"形成全民学习、终身学习的学习型社会,促进人的全民发展"[②]。创建学习型工会组织是贯彻党的十六大精神的具体体现,是全面提高职工队伍素质的有效途径。因此,工会应该加大对职工学习的投入,可建立职工学习网络平台,或输送他们到高等学校深造。建立和完善学习激励机制,为职工学习新知识、掌握新技能创造条件,不断提高他们的技术素质和业务水平,切实增强他们的适应能力和竞争能力。同时,继续狠抓以职代会为核心的职工民主管理机制建设,通过对各项民主制度的大力宣传和贯彻落实,让职工群众真正感受到当家作主的光荣感和责任感,形成共同致力于国家改革发展大业的强大凝聚力和向心力。总之,提高广大职工的整体素质,不断提高工人阶级的先进性,造就一支具有先进阶级理想、社会主义道德、现代科学文化知识和严格组织纪律的强大阶级队伍,是全面建设小康社会、实现中华民族伟大复兴的必要条件和必然要求,是工人阶级发挥主力军作用、巩固主人翁地位的重要保证。

列宁的这一光辉思想,对我们当前加强高校的管理,具有非常重要的指导作用。学校的根本任务,是为国家培养出德、智、体、美诸方面全面发展,有理想、有

---

① 《列宁选集》第4卷,人民出版社1995年版,第423页。

② 江泽民:《全面建设小康社会,开创中国特色社会主义事业新局面》,《新华月报》2002年第12期。

道德、有文化、有纪律的合格人才。在改革开放的形势下，学校培养的人才应该能够适应社会主义事业的发展，这是一项艰巨而复杂的任务。为了完成这项任务，就需要集思广益，集中每个教职工的智慧，调动他们的积极性。要做到这一点，就必须使广大教职工在学校的管理上有充分的发言权，参政议政，实行民主管理，只有这样，学校工作才能充满活力。随着高校教育改革的深化，要求高校民主管理必须具有更为丰富的内涵和更高的层次，同时高校的教职工较之其他部门，具有文化素质高、议事能力强、管理技能更为科学等方面的特点，所以在这一领域内实行民主管理具有较好的基础，一旦制度完善，必然发挥出巨大的威力。

工会作为工人阶级的组织参加国家事务的管理，这正如列宁所说的是“特殊而主要”的任务。在高校实行民主管理，首先必须明确树立教职工是高校的主人的思想。依靠教师办好社会主义学校，是依靠工人阶级进行社会主义建设这一思想的组成部分。所以高校工会必须组织和代表广大教职工参与学校事务的管理，而这一过程主要是通过教代会搞好参政议政工作来完成的。教代会是教职工管理学校、监督干部、实行教学科研民主和生活民主的权力机构。根据国家教委和教育工会颁发的《高等学校教职工代表大会暂行条例》的规定，“学校工会委员会承担教代会工作机构的任务”，工会是教代会的办事机构，通过它来实现工会的“参与”职能，使高校民主管理制度化、规范化、系统化，这样才能促进学校领导与群众的联系和互相理解，畅通群众意见的渠道，真正实现领导决策民主化、科学化。这样既体现了现代科学管理与学校社会主义性质的统一，又可以体现领导者的权威与教职工主人翁地位的统一。

综上所述，在社会主义现代化建设的新时期，重温列宁关于社会主义国家工会任务的教导，加强对工人阶级进行社会主义思想的教育和参与国家管理的教育，把工会办成真正的“共产主义学校”，仍是我们工会的“特殊而主要”的任务。

（原载《烟台师范学院学报》2005 年第 4 期，原文署名赵康生、李心华）

“一国两制”构想与唯物辩证法

“一国两制”构想是邓小平理论的重要组成部分，是邓小平运用马克思主义的立场、观点和方法分析世界的现实、历史的状况和中国的实际而得出的科学构想。它的提出和实施，是以邓小平为代表的中国共产党人对中国统一问题和世界和平进步事业所做出的巨大贡献，也是对马克思主义哲学的灵活运用和重大发展。正如邓小平所说的：“如果‘一国两制’的构想是一个对国际上有意义的想法的话，那要归功于马克思主义的辩证唯物主义和历史唯物主义，用毛泽东主席的话来讲就是实事求是。”[①]本文拟就“一国两制”构想与唯物辩证法的关系问题作一些初步的探讨，以求教于学术界同仁。

“一国两制”构想贯彻了马克思主义哲学，不但表现了实事求是的唯物主义精神，而且充满了辩证思维的机智，证明邓小平既是一位彻底的唯物主义者，又是一位辩证法大师。1957 年 1 月，毛泽东同志《在省市自治区党委书记会议上的讲话》中说：要照辩证法办事，这是邓小平同志讲的。全党都要像他那样，学习辩证法，提倡照辩证法办事。[②] 邓小平提出的“一国两制”构想中充满了辩证法思想。

一、“一国两制”构想坚持了唯物辩证法普遍联系和变化发展的两个基本原则

唯物辩证法是关于世界普遍联系和变化发展的一般规律的科学。在它看来，世界上任何事物、现象、过程和要素都处于无限的相互联系和永不停息的运动变化发展中。整个世界就是由种种联系交织起来的处于运动、变化发展中的统一整体。普遍联系和变化发展是唯物辩证法的总特征。

---

① 《邓小平文选》第 3 卷，人民出版社 1993 年版，第 101 页。

② 参见《毛泽东选集》第 5 卷，人民出版社 1977 年版，第 361～362 页。

全面辩证地认识和处理问题是唯物辩证法普遍联系原理的根本要求。“一国两制”构想就是邓小平站在整体的和全局的高度，从世界和平与发展的时代特征出发，从中华民族的整体利益、根本利益出发，从中国大陆与港、澳、台的关系，及港、澳、台同资本主义世界各方相互联系、相互制约的实际出发作出的战略思考。邓小平在提出“一国两制”构想时就明确指出：“采用和平方式解决香港问题，就必须既考虑到香港的实际情况，也考虑到中国的实际情况和英国的实际情况，就是说，我们解决问题的办法要使三方面都能接受。如果用社会主义来统一，就做不到三方面都接受。……所以，就香港问题而言，三方面都能接受的只能是‘一国两制’，允许香港继续实行资本主义，保留自由港和金融中心的地位，除此以外没有其他办法。”①他提到了实行“一国两制”对港、澳、台的稳定和繁荣，对祖国统一和大陆经济发展的重要意义，甚至提到了实行“一国两制”对世界和平与发展，对整个国际形势的积极影响。同时，邓小平运用变化发展的观点来解决历史遗留问题。20 世纪 50 年代中期以来，国际形势发生了重大的变化，和平与发展成为当今时代的主题，用和平方式解决国际争端和历史遗留问题已成为时代发展的趋势和各国人民的迫切要求。邓小平多次指出，中国应当成为对和平与发展起促进作用的力量，应当寻求用和平的办法解决各种争端。邓小平指出：“世界上有许多争端，总要找个解决问题的出路。我多年来一直在想，找个什么办法，不用战争手段而用和平方式，来解决这种问题。我们提出的大陆与台湾统一的方式是合情合理的。统一后，台湾仍搞它的资本主义，大陆搞社会主义，但是是一个统一的中国。一个中国，两种制度。香港问题也是这样，一个中国，两种制度。……如果不要战争，只能采取我上面讲的这类的方式。这样能向人民交待，局势可以稳定，并且是长期稳定，也不伤害哪一方。”②邓小平根据时代发展趋势和国际形势变化提出了“一国两制”构想，充分体现了他用全面、发展的观点来认识和处理祖国统一问题。这里既运用了事物的普遍联系的观点，又运用了事物的变化发展的观点，坚持了唯物辩证法的两个基本原则。

二、“一国两制”构想坚持了唯物辩证法的两点论和重点论

两点论、两分法是辩证的思维方法和工作方法的通俗表述。邓小平在提出

① 《邓小平文选》第 3 卷，人民出版社 1993 年版，第 101～102 页。

② 《邓小平文选》第 3 卷，人民出版社 1993 年版，第 49 页。

"一国两制"构想时，坚持了唯物辩证法的这一基本观点。唯物辩证法关于矛盾发展的不平衡性原理，表明在复杂的矛盾体系中有主要矛盾和次要矛盾，无论是主要矛盾，还是次要矛盾，都包含着主要矛盾方面和次要矛盾方面。主次矛盾和主次矛盾方面在事物发展中的地位和作用是不同的，但又是相互影响的。因此，一方面我们既要看到主要矛盾和主要矛盾方面，又要看到次要矛盾和次要矛盾方面，坚持两点论；另一方面，我们要集中主要力量抓主要矛盾和主要矛盾方面，坚持重点论。

当代世界存在着两种根本对立的社会制度，即资本主义制度和社会主义制度。社会主义是世界上新兴的制度，具有资本主义无可比拟的优越性和强大的生命力，最终必定战胜资本主义，但由于它建立的时间不长，基础比较落后，所以暂时还不能在全球范围内取代具有强大物质技术基础的资本主义制度。这就是说，社会主义与资本主义的并存和共处将是世界上长期存在的现象。邓小平考虑了这一现象，巧妙地将和平共处的原则用来处理一个国家的内部问题。他指出："和平共处的原则用之于解决一个国家内部的某些问题，恐怕也是一个好办法。根据中国自己的实践，我们提出'一个国家，两种制度'的办法来解决中国的统一问题，这也是一种和平共处。……和平共处的原则不仅在处理国际关系问题上，而且在一个国家处理自己内政问题上，也是一个好办法。"①邓小平用"一国两制"来解决一个国家内部的统一问题，解决一个国家内部实行两种不同社会制度的地区之间的关系问题，这的确是一个创造。邓小平在坚持两点论的同时，坚持了重点论。两点中有重点，这样就有一个两点和重点的关系问题。邓小平在提出"一国两制"构想时，强调大陆地区坚持社会主义，这是"一国两制"的前提；在这个前提下，才有可能允许部分地区继续保留资本主义制度。他指出："'一国两制'除了资本主义，还有社会主义，就是中国的主体、十亿人口的地区坚定不移地实行社会主义。主体地区是十亿人口，台湾是近两千万，香港是五百五十万，这就有个十亿同两千万和五百五十万的关系问题。主体是很大的主体，社会主义是在十亿人口地区的社会主义，这是个前提，没有这个前提不行。在这个前提下，可以容许在自己身边，在小地区和小范围内实行资本主义。"②在矛盾双方——社会主义和资本主义两种制度所形成的矛盾统一体——统一的中华人民共和国中，社会主义是矛盾的主要方面，是重点。但这个重点是两点中的重点，是以承认矛盾次要方面资本主义的存在为前提的。同时，邓小平指出，在"一国

① 《邓小平文选》第3卷，人民出版社1993年版，第96～97页。

② 《邓小平文选》第3卷，人民出版社1993年版，第103页。

两制"中要讲两个不变的观点，即一方面要讲，对搞资本主义的港、澳、台的政策五十年不变，五十年后更没有变的必要；另一方面要讲，作为整个国家主体的大陆实行社会主义也不变，如果大陆的社会主义变了，那就变成"一制"而不是"两制"了。从这里我们可以看到，邓小平在坚持唯物辩证法的全面性上，表现了高超的艺术。

三、"一国两制"构想巧妙地利用了矛盾的同一性来解决祖国的统一问题

唯物辩证法认为，矛盾是事物发展的动力。矛盾推动事物发展的内在机制是矛盾同一性和矛盾斗争性相互联结、协同作用的结果。矛盾的同一性和斗争性在事物发展中起着各自不同的作用，只有同一性和斗争性的相互联结，才能形成事物发展的真正动力。恩格斯指出："所有的两极对立，都以对立的两极的相互作用为条件；这两极的分离和对立，只存在于它们的相互依存和联结之中，反过来说，它们的联结，只存在于它们的分离之中，它们的相互依存，只存在于它们的对立之中。"①因此，单纯强调矛盾的同一性或斗争性都是片面的。在我党历史上，有着这方面的经验教训。在第一次国内革命战争时期，陈独秀只搞国共的统一，不搞国共的斗争，结果犯了右倾机会主义的错误，使革命遭到了惨重损失；在第二次国内革命战争时期，王明只搞斗争，不搞统一，结果犯了"左"倾冒险主义的错误，使革命几乎走上绝境。而在毛泽东领导下制定的中国共产党关于抗日民族统一战线的政策，则是矛盾的同一性与斗争性的有机统一；"西安事变"的和平解决，达到了"逼蒋抗日"的目的，就是辩证地利用矛盾的同一性与斗争性相统一的原则解决矛盾的范例。在由新民主主义革命向社会主义革命转变的时期，虽然无产阶级同资产阶级的矛盾成为我国社会的主要矛盾，但我党对待民族资产阶级采取了既联合又斗争、既团结又改造的政策，顺利地完成了社会主义革命的任务，同样是巧妙地利用矛盾的同一性与斗争性相统一的原则解决矛盾的典范。邓小平在考虑祖国统一问题时，立足和平与发展的时代特点和祖国统一大业的根本要求，在承认矛盾斗争性的前提下，十分重视利用矛盾的同一性来解决矛盾。1984 年 6 月，他指出："中国有香港、台湾问题，解决这个问题的出路何在呢？是社会主义吞掉台湾，还是台湾宣扬的'三民主义'吞掉大陆？谁也不好吞掉谁。如果不能和平解决，只有用武力解决，这对各方都是不利的。实现国家统一是民族的愿望，一百年不统一，一千年也要统一的。怎么解决这个问题，我

---

① 《马克思恩格斯选集》第 4 卷，人民出版社 1995 年版，第 349 页。

看只有实行'一个国家，两种制度'。"[①]使社会主义和资本主义这一对立差别的矛盾双方，共存于一个矛盾统一体——中华人民共和国这个统一的大家庭内，使其在矛盾统一体内相互依存、相互吸收、相互利用、相互补充，实现双赢，共同促进统一体的发展，促进中华民族的伟大复兴。邓小平提出用和平方式解决港、澳、台问题，"搞一个你不吃掉我、我也不吃掉你的办法"[②]，坚持国家主体搞社会主义，部分地区保留资本主义，实现祖国的统一，就是利用矛盾的同一性来解决祖国统一问题。用邓小平的话说，采用这种方法可以使许多矛盾从死胡同里找到光明的出路。

四、"一国两制"构想体现了原则的坚定性与策略的灵活性的高度统一

邓小平既是伟大的战略家，又是伟大的策略家。1957 年 11 月，他随毛泽东出访苏联，毛泽东在一次与赫鲁晓夫的谈话中说：邓小平这个人既有原则性，又有灵活性，很有发展前途。[③] 在他提出的"一国两制"的构想中，就体现了原则的坚定性与策略的灵活性的高度统一。实现祖国统一，维护国家主权，这是原则问题，邓小平在这一点上表现出了非凡的坚定性。1982 年 9 月，邓小平在同英国首相撒切尔夫人的谈话中，针对她坚持关于香港问题的三个不平等条约有效的言论，表示了强硬的态度："关于主权问题，中国在这个问题上没有回旋余地。坦率地讲，主权问题不是一个可以讨论的问题。现在时机已经成熟了，应该明确肯定：1997 年中国将收回香港。就是说，中国要收回的不仅是新界，而且还包括香港岛、九龙。中国和英国就是在这个前提下来进行谈判，商讨解决香港问题的方式和办法。"[④]1983 年 9 月，邓小平会见访华的英国前首相希思时，又针对英方坚持 1997 年后英国继续管治香港的主张，尖锐地指出：英国想用主权来换治权是行不通的，劝告英方改变态度，以免出现到 1984 年 9 月中国不得不单方面公布解决香港问题方针政策的局面。[⑤] 邓小平在对待主权和统一问题上的斩钉截铁的态度，迫使英国政府答应在 1997 年整个香港的主权和管治权归还中国的前提下重新开始双方谈判。邓小平在解决了祖国统一的原则问题之后，在策略问题上又表现出了照顾历史实际和现实可能的高度的灵活性。回归后的香港、澳门、

① 《邓小平文选》第 3 卷，人民出版社 1993 年版，第 59 页。

② 《邓小平文选》第 3 卷，人民出版社 1993 年版，第 97 页。

③ 参见袁南生、伍国用：《中外名人看邓小平》，湖南人民出版社 1997 年版，第 277 页。

④ 《邓小平文选》第 3 卷，人民出版社 1993 年版，第 12 页。

⑤ 参见《邓小平文选》第 3 卷，人民出版社 1993 年版，第 388 页。

台湾保留原有的资本主义制度和生活方式不变，特别行政区除在外交、国防、宣战、媾和方面服从中央政府外，享有高度的自治权，包括行政管理权、立法权、独立的司法权和终审权；台湾特别行政区还可以保留自己的军队。同时，灵活性中又蕴含原则性。邓小平说：香港在中国恢复行使主权后实行“港人治港”。但是，“港人治港有个界线和标准，就是必须由以爱国者为主体的港人来治理香港。……爱国者的标准是，尊重自己民族，诚心诚意拥护祖国恢复行使对香港的主权，不损害香港的繁荣和稳定。……我们不要求他们都赞成中国的社会主义制度，只要求他们爱祖国，爱香港。”①邓小平提出的“一国两制”构想，既实现了香港、澳门回归祖国的目标，又维持了香港、澳门的繁荣稳定，是原则性与灵活性的巧妙结合。恩格斯说过：“对每一个国家说来，能最快、最有把握地实现目标的策略，就是最好的策略。”②“一国两制”构想就是能最快、最有把握地实现祖国统一这一目标的最好的策略。正如党的十五大报告所指出的：“这一构想，既体现了实现祖国统一、维护国家主权的原则性，又充分考虑台湾、香港、澳门的历史和现实，体现了高度的灵活性，是推进祖国和平统一大业的基本方针。实行‘一国两制’，有利于祖国统一和民族振兴，有利于世界的和平与发展。”③

五、“一国两制”构想体现了马克思主义具体分析具体事物、具体解决具体矛盾的活的灵魂

马克思主义的最本质的东西，马克思主义的活的灵魂，就是具体分析具体事物，具体解决具体矛盾。“一国两制”构想贯穿着马克思主义的这一活的灵魂。在这里，我们只谈它在处理台湾问题和香港、澳门问题的具体政策上的表现。“具体问题具体分析”，实际上就是要分析矛盾的共性和个性的辩证关系，把握这一辩证关系是解决具体矛盾的出发点。我们解决港、澳、台问题，都是处理社会主义与资本主义的关系问题，但台湾问题与香港、澳门问题的具体情况又存在差别，所以在解决问题时所采取的方法也不应完全一致。从总的方面来讲，我们是要通过“一国两制”的方式使香港、澳门和台湾回归祖国，完成祖国的统一大业，这是中国共产党和中华人民共和国政府的既定方针。但具体说来，我们对解决台湾问题和解决香港、澳门问题的政策又不尽相同。香港问题和澳门问题，是历史上殖民主义侵略遗留下来的问题，是分别属于中国和英国之间、中国和葡萄牙

① 《邓小平文选》第3卷，人民出版社1993年版，第61页。

② 《马克思恩格斯全集》第39卷，人民出版社1974年版，第47～48页。

③ 《中国共产党第十五次全国代表大会文件汇编》，人民出版社1997年版，第41页。

之间的问题。解决香港问题和澳门问题，涉及到国与国之间的关系，我们恢复对其行使主权，就必须派驻军队，负责其防务。否则，我们就不能真正行使主权。正如邓小平所说，不驻军队还谈什么主权！而台湾问题则是国内战争遗留下来的问题，属于中国的内政，不容许外国干涉。邓小平说：和平统一不是我吃掉你，也不是你吃掉我。但万万不可让外国插手，那样只能意味着中国还未独立，后患无穷。[①] 回归祖国后，台湾可维持与外国的民间关系，享有一定的外事权；还可拥有自己的自卫力量、军事力量，大陆不派驻军队，享有更大的自治权。在解决台湾问题上，我们坚持"和平统一，一国两制"，但不承诺放弃使用武力。这是因为，能否实现和平统一，并非完全取决于我们的意愿。我们不承诺放弃使用武力，是针对外国势力干涉中国统一和台湾分裂势力搞"台湾独立"图谋的，而决不是针对台湾同胞。邓小平说："我们坚持谋求用和平的方式解决台湾问题，但是始终没有放弃非和平方式的可能性，我们不能作这样的承诺。如果台湾当局永远不同我们谈判，怎么办？难道我们能够放弃国家统一？……不能排除使用武力，我们要记住这一点，我们的下一代要记住这一点。这是一种战略考虑。"[②]不放弃使用武力，从根本上说，有利于促进和实现祖国的和平统一大业。通过这些具体政策我们可以看到，"一国两制"构想确实体现了马克思主义的活的灵魂。

综上所述，"一国两制"构想坚持实事求是的原则，从实际出发，兼顾各方利益，因而是各方都能接受的、合情合理的、切实可行的方案。以和平方式完成祖国统一大业，既坚持大陆的社会主义，又保留台湾、香港、澳门的资本主义；既考虑到大陆人民的迫切要求，维护国家主权和领土完整，又考虑到港、澳、台地区民众的切身利益，保持这些地区的繁荣稳定。这的确是面对现实，解决问题的好办法。"一国两制"构想是邓小平运用辩证唯物主义和历史唯物主义，实事求是地解决当代重大问题的一个成功的范例。"一国两制"构想闪耀着唯物辩证法的灿烂光辉。

（原载《烟台师范学院学报》2005 年第 1 期）

① 参见《邓小平文选》第 3 卷，人民出版社 1993 年版，第 30～31 页。

② 参见《邓小平文选》第 3 卷，人民出版社 1993 年版，第 86～87 页。

关于时代性质和时代主题的哲学思考

中共十八大报告指出："当今世界正在发生深刻复杂变化，和平与发展仍然是时代主题。"[①]这是自十三大以来我们党在代表大会上第六次提出这一论断。可见，"和平与发展是当今时代的主题"，早已成为全党的共识。然而，在这个问题上，学界至今仍存在一些模糊认识。比如有人称："战争与革命"和"和平与发展"是"两大时代"；"当今是和平与发展的时代"。[②] 这就把"时代主题"和"时代性质"混为一谈了。其实，"时代性质"和"时代主题"不是同一概念；而搞清这两个概念，对于我们制定正确的战略和策略，具有十分重要的意义。

一、当今时代是从资本主义向社会主义过渡的时代

何谓时代？时代是指历史上以经济、政治、文化等状况为依据而划分的某个时期，它是一个由世界范围内的主要矛盾决定的发展过程。何谓时代主题？时代主题是指该时代的某个阶段的主要潮流，它包括既成事实和发展趋向两个方面。

马克思、恩格斯以生产方式和阶级关系为依据，将社会主义之前的人类社会划分为四个"大的历史时代"。在《〈政治经济学批判〉序言》中，马克思指出："我们判断一个人不能以他对自己的看法为根据，同样，我们判断这样一个变革时代也不能以它的意识为根据；相反，这个意识必须从物质生活的矛盾中，从社会生产力和生产关系之间的现存冲突中去解释。……大体说来，亚细亚的、古希腊罗马的、封建的和现代资产阶级的生产方式可以看做是经济的社会形态演进的几个时代。"[③]马克思、恩格斯将他们所处的时代定性为"资产阶级时代"或"资本主义时代"。在《共产党宣言》中，他们指出："我们的时代，资产阶级时代，却有一个特点：它使阶级对立简单化了。整个社会日益分裂为两大敌对的阵营，分裂为两

---

① 《中国共产党第十八次全国代表大会文件汇编》，人民出版社 2012 年版，第 42 页。

② 徐成芳等：《关于中国共产党的发展理论与中国四波发展的思考》，《社会主义研究》2011 年第 6 期。

③ 《马克思恩格斯选集》第 2 卷，人民出版社 2012 年版，第 3 页。

大相互直接对立的阶级:资产阶级和无产阶级。”①在《资本论》中,马克思又指出:“虽然在14和15世纪,在地中海沿岸的某些城市已经稀疏地出现了资本主义生产的最初萌芽,但是资本主义时代是从16世纪才开始的。在这个时代来到的地方,农奴制早已废除,中世纪的顶点——主权城市也早已衰落。”②在《德意志意识形态》中,马克思、恩格斯还从社会分工与生产力发展的角度,将资本主义时代的发展进程概括为三个时期:殖民地开拓和世界市场开始形成时期(15世纪末至17世纪初);工场手工业和商业迅速发展时期(17世纪中叶至18世纪末);机器大工业和资本主义生产方式在欧洲确立时期(18世纪末)。他们所称的这几个“时期”,近似于后来列宁划分的“小时代”。③

第一次世界大战期间,列宁把资产阶级开辟的“大时代”划分为三个“小时代”:第一个时代是从1789年法国资产阶级革命到1871年普法战争和巴黎公社革命,这是资产阶级崛起上升的时代,是它获得完全胜利的时代,也是已经过时的封建专制制度迅速崩溃的时代。列宁指出:“消灭封建主义及其遗迹、实行资产阶级的……制度的原则,在世界历史上用了整整一个时代。”④这一时代的主要矛盾是资本主义和封建主义之间的矛盾。第二个时代是从1871年巴黎公社革命到1914年第一次世界大战爆发,这是资产阶级取得完全统治而走向衰落的时代,是从进步的资产阶级转变为反动的甚至最反动的金融资本的时代,是“新的阶级”——无产阶级准备和慢慢聚集力量的时代。“新生力量”反对最反动的金融资本的斗争、劳动和资本之间的斗争,成为这一时代的主要矛盾。巴黎公社革命清楚地说明了这一点。资产阶级虽然还处于这一时代的中心,但是,无产阶级作为代表未来的阶级已经开始发挥越来越大的作用。第三个时代是第一次世界大战爆发之后,这个时代使资产阶级处于封建主在第一个时代所处的同样的地位,“这是帝国主义时代,是帝国主义发生动荡和由帝国主义引起动荡的时代”⑤。列宁指出:“消灭资本主义及其遗迹、实行共产主义制度的原则,构成现在已经开始的世界历史的新时代的内容。我们这一时代的口号必然是而且应当是:消灭阶级,为了实现这一目的而实行无产阶级专政,无情地揭露小资产阶级民主派关于自由和平等的偏见,同这些偏见作无情的斗争。”⑥列宁认为世界历

① 《马克思恩格斯选集》第1卷,人民出版社2012年版,第401页。
② 《马克思恩格斯全集》第44卷,人民出版社2001年版,第823页。
③ 参见《马克思恩格斯选集》第1卷,人民出版社2012年版,第190～195页。
④ 《列宁全集》第39卷,人民出版社1986年版,第423页。
⑤ 《列宁全集》第26卷,人民出版社1988年版,第144页。
⑥ 《列宁全集》第39卷,人民出版社1986年版,第423页。

史进入“新阶级实行统治的时代”。“这个阶级在一切资本主义国家里是受压迫的，如今却到处都在走向新的生活，去战胜资产阶级，建立无产阶级专政，使人类摆脱资本的桎梏和帝国主义战争。”[①]对于这个已经来临的新的伟大时代，列宁称之为“帝国主义时代”“无产阶级社会主义革命的时代”“无产阶级世界革命的时代”“无产阶级专政的时代”。同时，列宁明确指出：“我们是生活在两个时代的交界点。”[②]1919年3月，列宁指出：十月革命推翻了资产阶级和资产阶级的议会制度，建立了苏维埃政权，这是“两个具有世界历史意义的时代，即资产阶级时代和社会主义时代，资本家议会制度时代和无产阶级苏维埃国家制度时代的世界性交替的开始”[③]。半年之后，列宁又预见世界历史的进程中即将出现“社会主义国家和资本主义国家共存的时期”[④]。此时，世界范围内的无产阶级与资产阶级两个阶级之间的斗争，表现为社会主义与资本主义两种制度之间的斗争；社会主义国家与资本主义国家之间的矛盾，成为世界的主要矛盾。

总之，按照列宁的观点，我们应该把十月革命开始并延续至今的时代定义为“资本主义制度与社会主义制度交替的时代”，即“从资本主义向社会主义过渡的时代”。正如列宁所说：“从资本主义过渡到共产主义是一整个历史时代。”[⑤]这种观点，曾得到世界无产阶级政党的广泛认同。1957年召开的世界共产党和工人党代表大会通过的《莫斯科宣言》指出：“我们时代的主要内容是由俄国伟大十月社会主义革命所开始的由资本主义向社会主义的过渡。”[⑥]尽管当今国际形势和世界格局发生了很大变化，但是，世界范围内的基本矛盾没有根本改变，社会主义国家同资本主义国家之间的矛盾、资本主义国家内部无产阶级同资产阶级之间的矛盾、帝国主义国家之间的矛盾等等，依然存在；特别是社会主义同资本主义之间的矛盾这个主要矛盾，没有得到解决。因此，列宁关于时代性质的论断没有过时。

二、时代主题的转换并未改变时代性质

在同一时代中，随着国际形势和世界格局的变化，时代主题可能发生转变。第一次世界大战前后，列宁认为，由于经济政治发展不平衡是资本主义的绝对规

① 《列宁选集》第4卷，人民出版社2012年版，第567页。
② 《列宁全集》第26卷，人民出版社1988年版，第142页。
③ 《列宁全集》第36卷，人民出版社1985年版，第208页。
④ 《列宁全集》第37卷，人民出版社1986年版，第188页。
⑤ 《列宁选集》第3卷，人民出版社2012年版，第612页。
⑥ 《中国大百科全书·政治学》，中国大百科全书出版社1992年版，第329页。

律,新兴的资本主义强国企图从老而弱的资本主义国家手中夺取殖民地和世界霸权,所以必然引发重新瓜分世界的帝国主义大战,从而导致无产阶级社会主义革命。他说:“帝国主义战争客观上必然要异常加速和空前加剧无产阶级反对资产阶级的阶级斗争,必然要转变为各敌对阶级间的国内战争。”①在列宁看来,当时时代的主题就是战争与革命。列宁所说的战争包括帝国主义国家之间的战争、帝国主义国家内部无产阶级与资产阶级之间的战争(内战)、帝国主义国家与社会主义国家之间的战争以及帝国主义国家与东方殖民地、半殖民地被压迫民族之间的战争。1918 年,列宁指出:“马克思主义者从来没有忘记,暴力将必然伴随着整个资本主义的彻底崩溃和社会主义社会的诞生。而且这种暴力将构成世界历史的一个时期,一个充满着各式各样战争的整个时代,其中包括帝国主义战争,内战,二者相互交织的战争,民族战争,即受帝国主义者以及在大规模国家资本主义、军事托拉斯和辛迪加时期必然结成这种或那种联盟的帝国主义列强压迫的民族解放战争。这个时代,这个发生大崩溃、动辄诉诸武力、充满危机的时代已经开始了。”②列宁所说的革命则分为帝国主义国家的无产阶级社会主义革命与东方殖民地、半殖民地被压迫民族的民族民主革命。1916 年,列宁指出:“现在的帝国主义战争是两个大国集团的帝国主义政治的继续,而这种政治是由帝国主义时代各种关系的总和所产生和培育的。但是这个时代又必然产生和培育反对民族压迫斗争的政治和无产阶级反对资产阶级斗争的政治,因此就可能有而且必然会有:第一,革命的民族起义和战争;第二,无产阶级反对资产阶级的战争和起义;第三,这两种革命战争的汇合等等。”③所以,列宁提出了全世界无产阶级与被压迫民族联合起来,共同消灭帝国主义的观点。

列宁对时代主题的认识,确实为 20 世纪上半叶的世界历史所证实。但是,从 20 世纪 50 年代中期起,随着朝鲜停战协定的签订和实现印度支那和平的《日内瓦协定》的签署,时代主题开始由战争与革命转向和平与发展。之所以如此,是因为世界的基本矛盾情况发生了深刻变化,军事技术也取得了巨大进步。④将来随着国际形势和世界格局的重大变化,时代主题还会发生转变。可以设想,待到社会主义发展到足以与资本主义进行决战的时候,时代主题必定不同于今天。但是,和平与发展的时代主题将持续一个相当长的时期。因为要打世界战争,须有势均力敌的两大军事集团,如“一战”期间的德奥意“同盟国”和英法俄

① 《列宁选集》第 3 卷,人民出版社 2012 年版,第 4 页。
② 《列宁全集》第 34 卷,人民出版社 1985 年版,第 44 页。
③ 《列宁选集》第 2 卷,人民出版社 2012 年版,第 723 页。
④ 参见李心华、曹希岭:《论当今时代的定位与时代主题的转换》,《鲁东大学学报》2008 年第 3 期。

“协约国”,“二战”期间的德意日“轴心国”和美英法苏中“战时同盟”。正如邓小平在1985年时所说:“打世界大战只有两个超级大国有资格,别人没有资格,中国没有资格,日本没有资格,欧洲也没有资格。”[①]苏联解体之后,在两极对峙的格局已经成为过去,多极化基本格局继续发展的当今世界,难以形成敌对的两大军事集团。社会主义国家与帝国主义国家之间的矛盾、各帝国主义国家之间的矛盾,都还不能形成这样的军事集团,更不用说贫穷国家与发达国家之间的矛盾很难导致世界大战。

但是,时代主题的转换并未改变当今的时代性质,因为世界范围内的主要矛盾没有根本改变。1985年,邓小平在提出和平与发展是当代世界的两大问题时说:“现在世界上真正大的问题,带全球性的战略问题,一个是和平问题,一个是经济问题或者说发展问题。和平问题是东西问题,发展问题是南北问题。”[②]这就是说,和平问题实际上是社会主义国家与资本主义国家的关系问题,发展问题实际上是落后国家与发达国家的关系问题。后来,他又指出:“世界和平与发展这两大问题,至今一个也没有解决。”[③]这就明确告诉我们,社会主义国家与资本主义国家的矛盾和落后国家与发达国家的矛盾这两大矛盾,依然是世界范围内的主要矛盾。1989年,北京“六四”事件发生后,西方七国首脑会议发表宣言制裁中国。邓小平就此发表谈话:“我希望冷战结束,但现在我感到失望。可能是一个冷战结束了,另外两个冷战又已经开始。一个是针对整个南方、第三世界的,另一个是针对社会主义的。”[④]首先,帝国主义国家企图战胜社会主义国家的政策没有变。邓小平说:“西方世界确实希望中国动乱。不但希望中国动乱,也希望苏联、东欧都乱。美国,还有西方其他一些国家,对社会主义国家搞和平演变。美国现在有一种提法:打一场无硝烟的世界大战。我们要警惕。资本主义是想最终战胜社会主义,过去拿武器,用原子弹、氢弹,遭到世界人民的反对,现在搞和平演变。”[⑤]东欧剧变、苏联解体之后,西方国家把和平演变的主要矛头对向中国。一是挥舞“自由”“民主”“人权”的大棒打压中国,企图搞乱人民的思想,使他们对社会主义丧失信心;二是支持所谓“民主斗士”制造政治动乱,甚至授予他们“诺贝尔和平奖”以资鼓励;三是挑唆“台独”“藏独”“疆独”等反动势力制造事端,企图分裂中华人民共和国。不仅如此,西方国家还在经济、政治、军事各个

① 《邓小平文选》第3卷,人民出版社1993年版,第104页。
② 《邓小平文选》第3卷,人民出版社1993年版,第105页。
③ 《邓小平文选》第3卷,人民出版社1993年版,第383页。
④ 《邓小平文选》第3卷,人民出版社1993年版,第344页。
⑤ 《邓小平文选》第3卷,人民出版社1993年版,第325~326页。

领域对中国实行全面封堵。美、日联手在东海挑起钓鱼岛归属争端,美国拉拢菲律宾等国阻挠中国对南海行使主权,其目的就是封堵中国,阻止中国走向强大。其次,“发达国家欺侮落后国家的政策没有变”①。战后,虽然不少殖民地、半殖民地国家宣布独立,但是,西方国家尤其是原宗主国仍然对这些国家在经济、政治、文化各方面实施控制和影响,严重阻碍了这些国家的发展与进步。加之不公正的国际政治经济秩序,使得富国越来越富、穷国越来越穷。更为甚者,西方国家推行强权政治和霸权主义,动辄对落后国家发动军事进攻,侵犯它们的领土与主权,手中却打着“民主”“人权”“人道主义”的旗号。所有这些,都加剧了落后国家与发达国家之间的矛盾。最后,资本主义制度所固有的内在矛盾没有变。苏东剧变之后,西方一些理论家和政治家为此欢呼雀跃,甚至声称人类历史已经终结于资本主义制度。实际上,当代资本主义虽然得到长足发展,但它的生产方式所固有的内在矛盾并没有消除。2008 年爆发的资本主义世界的金融危机,充分暴露了资本主义制度的深刻矛盾,以致西方众多人士不得不从马克思的《资本论》中寻求解决资本主义诸多矛盾的答案,一些大国政府不得不向社会主义国家求助以摆脱经济危机和随之而来的政治危机。总之,时代主题转换之后,世界主要矛盾没有解决,因而从资本主义向社会主义过渡的时代性质没有改变。

三、牢记时代主题,莫忘时代性质

列宁说:“只有在这个基础上,即首先考虑到各个‘时代’的不同的基本特征(而不是个别国家的个别历史事件),我们才能够正确地制定自己的策略;只有了解了某一时代的基本特征,才能在这一基础上去考虑这个或那个国家的更具体的特点。”②和平与发展成为当今时代的主题,为中国的社会主义现代化建设创造了良好的国际环境,也为中华民族的伟大复兴提供了难得的历史机遇。我们应该充分利用世界总体和平、稳定、缓和的大好时机,顺应世界各国致力于发展的强烈愿望,充分利用新科技革命和经济全球化的机遇,加快建设,实现自身的发展目标。西方帝国主义国家及其喽啰们不时地骚扰我们,无非是企图阻止和减慢我们的发展。我们要不为所动,一心一意搞发展,首先是把经济和科技搞上去。

但是,我们强调“和平与发展”的时代主题,不应忘记“从资本主义向社会主

---

① 《邓小平文选》第 3 卷,人民出版社 1993 年版,第 319 页。

② 《列宁全集》第 26 卷,人民出版社 1988 年版,第 143 页。

义过渡”的时代性质。只要这个过渡在世界范围内没有结束,我们同资本主义的斗争就不会停止,其中包括反对帝国主义国家的军事进攻。1920 年 12 月,俄国国内战争刚刚结束,列宁就指出:“我们现在已由战争转向和平,但是我们并没有忘记,战争还会死灰复燃。只要存在着资本主义和社会主义,它们就不能和平相处,最后不是这个胜利,就是那个胜利;不是为苏维埃共和国唱挽歌,就是为世界资本主义唱挽歌。这是战争的延期。资本家是会找借口来打仗的。”[①]“在世界上还存在资本家的时候,只要你是一个社会主义国家的话,就要准备打仗。”[②]我们应该看到,世界大战暂时打不起来,固然有多方面的原因,诸如:两次世界大战的浩劫给人类留下的深重灾难和沉痛教训,世界政治多极化和经济全球化的牵制,核武器等毁灭世界的战争工具形成的“恐怖平衡”,世界各国的发展都需要和平的环境等等,但是,归根结底,是因为东西方之间,即社会主义国家与资本主义国家之间,谁都无力置对方于死地而自身却安然无恙。而这样的局面究竟能维持多久,谁也说不清楚。因此,我们只要还坚持社会主义道路和共产主义目标,就应该对与帝国主义国家之间的残酷斗争保持清醒的认识和充分的准备。苏联演变的历史教训,就在于苏共新领袖忘记了社会主义的根本大计。赫鲁晓夫的“三和”政策中还包括“和平过渡”,即由资本主义过渡到社会主义,而戈尔巴乔夫的“全人类的利益高于一切”的新思维,则根本否定了社会主义与资本主义的对立。须知,帝国主义国家绝不会把社会主义国家的人民利益看得高于一切。戈尔巴乔夫的奇思妙想只是一厢情愿! 1891 年 6 月,恩格斯指出:“为了眼前暂时的利益而忘记根本大计,只图一时的成就而不顾后果,为了运动的现在而牺牲运动的未来,这种做法可能也是出于‘真诚的’动机。但这是机会主义,始终是机会主义,而且‘真诚的’机会主义也许比其他一切机会主义更危险。”[③]1908 年 4 月,列宁也指出:“临时应付,迁就眼前的事变,迁就微小的政治变动,忘记无产阶级的根本利益,忘记整个资本主义制度、整个资本主义演进的基本特点,为了实际的或假想的一时的利益而牺牲无产阶级的根本利益——这就是修正主义的政策。”[④]因此,我们应该吸取苏联演变的历史教训,在谋求和平与发展的斗争过程中,始终不忘时代性质和斗争目的。

在和平与发展的时代主题下,各国都面临着发展的任务,都在谋求发展,但是,各国发展的目的却各不相同,尤其是帝国主义国家和社会主义国家,它们的

---

① 《列宁选集》第 4 卷,人民出版社 2012 年版,第 330 页。

② 《列宁选集》第 4 卷,人民出版社 2012 年版,第 335 页。

③ 《马克思恩格斯选集》第 4 卷,人民出版社 2012 年版,第 294 页。

④ 《列宁选集》第 2 卷,人民出版社 2012 年版,第 7 页。

发展目的截然相反。帝国主义国家发展的目的是巩固资本主义制度，击垮社会主义；社会主义国家发展的目的则是巩固社会主义制度，最终战胜资本主义。二者决战的时刻迟早要到来。因此，只要世界上还存在着社会主义和资本主义两种对立的社会制度，“和平”就不会是永恒的。1907 年 9 月，列宁指出：我们“斗争的目的不应当是……单纯以和平来代替战争，而应当是以社会主义来代替资本主义”①。1918 年 3 月，列宁又指出：“我们开始社会主义改造的时候，应该给自己清楚地提出这些改造归根到底所要达到的目的，即建立共产主义社会。”②我们在和平环境下，开始社会主义改革的时候，也应该给自己清楚地提出改革和发展归根结底所要达到的目的，这就是巩固社会主义制度，消灭资本主义制度，实现社会主义的最终胜利。我们在进行经济体制改革，发展社会主义市场经济时，不要忘记坚持以公有制和按劳分配为主体，以实现全体社会成员共同富裕为目的；要清醒地认识到，追求剩余价值最大化的资本主义生产目的与最大限度地满足人民群众不断增长的物质文化需要的社会主义生产目的，是根本对立的。我们在进行政治体制改革，发展社会主义民主政治时，不要忘记坚持四项基本原则和人民代表大会制度，拒绝西方国家的多党制和议会制，以完善的民主形式和健全的法律制度切实保障人民群众当家作主。我们在进行文化体制改革，推动文化大发展大繁荣时，不要忘记文化建设的根本任务是加强以马克思主义为指导的社会主义意识形态，以维护社会主义的经济基础和政治上层建筑。我们在进行社会各方面的改革，建设和谐社会，争取人的自由全面发展时，不要忘记恩格斯的话：“资本永远都不会成为劳动的代表！要在资本家和工人之间建立一致的感情和利益，那比猛虎和羔羊媾和还难！”③也不要忘记列宁的话：“不消灭阶级，就谈不到个人的真正自由（不是有产者的自由），就谈不到人与人之间在社会政治关系上的真正平等（不是有产者和无产者、饱食者和挨饿者、剥削者和被剥削者之间的虚伪的平等）。”④

资本主义是一个世界体系，以社会主义代替资本主义是一个世界历史过程；任何一国都无法单独赢得消灭资本主义的光荣。因此，我们的发展应以巩固我国的社会主义制度和提高我国人民的生活水平为目的。当然，我们应尽自己所能支持和帮助其他国家的社会主义革命或民族解放斗争，但是，我们首先必须保证自己在社会主义道路上继续前进。邓小平说：“我们要利用机遇，把中国发展

① 《列宁全集》第 16 卷，人民出版社 1988 年版，第 84 页。
② 《列宁选集》第 3 卷，人民出版社 2012 年版，第 457 页。
③ 《马克思恩格斯全集》第 4 卷，人民出版社 1958 年版，第 380 页。
④ 《列宁全集》第 39 卷，人民出版社 1986 年版，第 425 页。

起来，少管别人的事”，“别国的社会制度如何我们管不了”。[①]“第三世界有一些国家希望中国当头。但是我们千万不要当头，这是一个根本国策。这个头我们当不起，自己力量也不够。”[②]我们要吸取过去自己吃糠咽菜，却将粮食和肉类馈赠别国的教训，牢记一个无产阶级政党应该为本国人民负责的马克思主义基本原则，首先解放自己，然后再去解放别人。须知，宁肯牺牲自己，也要援助别人，不是马克思主义，也不是无产阶级国际主义。正如列宁所说：“国际革命的利益固然要求已经推翻国内资产阶级的苏维埃政权援助这一革命，不过援助的方式应该量力而定。即使可能使本国的社会主义革命失败，也要援助国际范围的社会主义革命——这种观点，甚至从强行推动论中也是引申不出来的。”[③]

总之，在战争条件下搞革命，目的是推翻资本主义制度，建立社会主义制度；在和平条件下搞发展，目的是巩固和推进社会主义事业，最终消灭资本主义。忘记从资本主义向社会主义过渡的时代性质，忘记社会主义和共产主义的伟大目标，无论革命还是发展都会误入歧途，走上机会主义道路，葬送社会主义事业。我们在为实现党的最低纲领奋斗时，要时刻不忘党的最高理想和最终目标是实现共产主义。

（原载《聊城大学学报》2017年第6期，原文署名杨贵颖、李心华）

---

① 《邓小平文选》第3卷，人民出版社1993年版，第358、360页。

② 《邓小平文选》第3卷，人民出版社1993年版，第363页。

③ 《列宁选集》第3卷，人民出版社2012年版，第423～424页。

中国共产党“三件大事”的内在逻辑

胡锦涛《在庆祝中国共产党成立 90 周年大会上的讲话》中指出：“90 年来，我们党团结带领人民在中国这片古老的土地上，书写了人类发展史上惊天地、泣鬼神的壮丽史诗，集中体现为完成和推进了三件大事。”[①]这三件大事，堪称中国共产党在争取中国人民彻底解放的斗争中所建立的三座丰碑，体现了中共作为一个马克思主义政党实现共产主义的伟大宗旨。本文拟就这三件大事的内在逻辑谈一些粗浅的认识，以求教于学界同仁。

一、“第一件大事”的目的是实现中国人民的政治解放

胡锦涛指出：“第一件大事，我们党紧紧依靠人民完成了新民主主义革命，实现了民族独立、人民解放。”

马克思在《论犹太人问题》中，曾把人类的解放归结为两个阶段：一是政治解放，二是人类解放。他指出：“政治解放同时也是人民所排斥的那种国家制度即专制权力所依靠的旧社会的解体。政治革命是市民社会的革命。旧社会的性质是什么呢？一句话：封建主义。”[②]可见，所谓政治解放，实际上是资产阶级革命。这种革命反对封建专制制度，摧毁一切等级、行会和特权；这种革命要求废除国教、宗教特权，实行政教分离，使国家从宗教下解放出来；这种革命给予人们结社权、集会权和普选权，给予人们人身自由、择业自由和出版自由。正如马克思所说：“政治解放一方面把人变成市民社会的成员，变成利己的、独立的个人，另一方面把人变成公民，变成法人。”[③]

“可是政治上从宗教中解放出来并不是彻底的没有矛盾的解放，因为政治解放并不是彻底的没有矛盾的人类解放的方法。”“政治解放的限度首先就表现在：

---

① 胡锦涛：《在庆祝中国共产党成立 90 周年大会上的讲话》，《人民日报》2011 年 7 月 2 日。

② 《马克思恩格斯全集》第 1 卷，人民出版社 1956 年版，第 441 页。

③ 《马克思恩格斯全集》第 1 卷，人民出版社 1956 年版，第 443 页。

即使人还没有真正摆脱某种限制，国家也可以摆脱这种限制，即使人还不是自由人，国家也可以成为共和国。”[①]这就是说，政治解放在资产阶级革命的意义上，并不能实现社会全体成员的政治自由，无产阶级和劳动人民并没有摆脱受统治、受压迫的地位。因此，恩格斯后来赋予“政治解放”以新的含义。他在《共产主义信条草案》中指出：“实行财产公有的第一个基本条件是通过民主的国家制度达到无产阶级的政治解放。”[②]这里说的“无产阶级的政治解放”，即无产阶级摆脱受统治、受压迫的地位，亦即《共产党宣言》中所说的“无产阶级上升为统治阶级，争得民主”[③]。只有这样，无产阶级才能真正获得政治解放。

中国没有彻底的资产阶级革命。正如胡锦涛所说：“孙中山先生领导的辛亥革命，结束了统治中国几千年的君主专制制度，对推动中国社会进步具有重大意义，但也未能改变中国半殖民地半封建的社会性质和中国人民的悲惨命运。”[④]辛亥革命作为一次不彻底的资产阶级革命，未能完成反帝反封建的历史任务，未能实现中国人民的政治解放。这个任务只能由无产阶级领导的新民主主义革命来完成。

中国共产党自成立以来，就以中国人民的彻底解放为己任。它领导人民进行了28年的浴血奋战，打败了日本帝国主义，推翻了国民党反动统治，建立了中华人民共和国。新中国的成立，实现了中国从几千年封建专制制度向人民民主制度的伟大跨越，标志着人民民主专政的国家政权的建立。这是中国历史上从未有过的人民当家作主的新型政权。它从根本上结束了极少数剥削者统治广大劳动人民的历史，劳动人民真正成了国家、社会和自己命运的主人。这是中国人民社会政治地位的根本变化，也是中国人民完成政治解放任务的新的开端。

新中国成立后，中国人民作为国家和社会的主人，积极参与了国家事务和社会事务的管理。1954年颁布的《中华人民共和国宪法》规定：“中华人民共和国年满18岁的公民，不分民族、种族、性别、职业、社会出身、宗教信仰、教育程度、财产状况、居住年限，都有选举权和被选举权。”“中华人民共和国公民有言论、出版、集会、结社、游行、示威的自由。”“中华人民共和国公民的人身自由不受侵犯。”《宪法》还规定：中华人民共和国公民的住宅不受侵犯，并有居住和迁徙的自由；公民有劳动的权利，劳动者有休息的权利；公民有受教育的权利和进行科学

① 《马克思恩格斯全集》第1卷，人民出版社1956年版，第426页。

② 《马克思恩格斯全集》第42卷，人民出版社1979年版，第379页。

③ 《马克思恩格斯选集》第1卷，人民出版社1995年版，第293页。

④ 胡锦涛：《在庆祝中国共产党成立90周年大会上的讲话》，《人民日报》2011年7月2日。

研究的自由;公民有对任何违法失职的国家工作人员提出控告的权利。[①] 这些规定及其实施,标志着中国人民政治解放任务的基本完成。

总之,中华人民共和国的成立,标志着中国近代以来无数仁人志士为之奋斗的民族独立、人民政治解放的任务大体完成,并由此开始了为实现国家富强、人民经济解放的任务而奋斗的新征程,具有重大而深远的意义。

二、"第二件大事"的目的是实现中国人民的经济解放

胡锦涛指出:"第二件大事,我们党紧紧依靠人民完成了社会主义革命,确立了社会主义基本制度。我们创造性地实现由新民主主义到社会主义的转变,使占世界人口四分之一的东方大国进入社会主义社会,实现了中国历史上最广泛最深刻的社会变革。"

马克思说:"政治解放本身还不是人类解放。"[②]同毫不触犯"大厦支柱"即私有制的政治解放不同,人类解放是要彻底消灭人类自我异化的极端表现,"推翻那些使人成为受屈辱、被奴役、被遗弃和被蔑视的东西的一切关系"[③]。

后来,马克思、恩格斯还多次使用过"经济解放"和"社会解放"的概念。马克思说:"工人阶级的经济解放是一切政治运动都应该作为手段服从于它的伟大目标。"[④]恩格斯说:"工人阶级夺取政权是社会解放的手段。"[⑤]在他们眼里,"经济解放"和"社会解放"是同一概念。他们设想社会主义革命在西方先进资本主义国家首先取得胜利以后,经过一个政治上的过渡时期,就可以在生产力高度发达和民主充分发展的基础上建立起社会主义社会,实现人民的经济解放或社会解放。但是,现实社会主义却不具有这样的客观基础。所以,根据马克思、恩格斯赋予的"经济解放"或"社会解放"的含义以及现实社会主义的实际情况,我们可以把工人解放即人类解放分成三个阶段:一是政治解放,指的是无产阶级举行政治革命,夺取政权,建立无产阶级专政,摆脱政治上受压迫的地位;二是经济解放,指的是无产阶级实行社会革命,剥夺剥夺者,建立社会主义生产关系,摆脱经济上受剥削的地位;三是社会解放,指的是消灭阶级和国家,消灭城乡之间、工农

---

① 参见中共中央党校史教研室选编:《中共党史参考资料》(八),人民出版社 1980 年版,第 112～113 页。

② 《马克思恩格斯全集》第 1 卷,人民出版社 1956 年版,第 435 页。

③ 《马克思恩格斯全集》第 1 卷,人民出版社 1956 年版,第 461 页。

④ 《马克思恩格斯全集》第 16 卷,人民出版社 1964 年版,第 15 页。

⑤ 《马克思恩格斯全集》第 33 卷,人民出版社 1973 年版,第 417 页。

之间、脑力劳动与体力劳动之间的差别，建成完全的社会主义社会，实现人的自由全面发展。正如列宁所指出的：“我们要争取的平等就是消灭阶级。因此也要消灭工农之间的阶级差别。这正是我们的目的。工农之间还有阶级差别的社会，既不是共产主义社会，也不是社会主义社会。”①

1949 年 3 月，中共在七届二中全会的决议中就指出，中国新民主主义革命胜利后的任务是稳步地由农业国转变为工业国，由新民主主义社会转变为社会主义社会。1953 年 12 月，中共中央宣传部在《关于党在过渡时期总路线的学习和宣传提纲》中又指出：“由中华人民共和国成立到建成社会主义社会，是我国由新民主主义社会过渡到社会主义社会的历史时期，亦即改变现有的资本主义经济和小商品经济为社会主义经济，扩大现有的社会主义经济，使社会主义经济基本上成为我国唯一经济基础的时期。”②

新中国建立后，我们就立即对国民经济进行社会主义改造。首先，没收官僚资本企业并将其改造成为社会主义性质的国营企业，使社会主义经济成为整个国民经济的领导成分，控制国家的经济命脉。其次，适应当时农村生产力发展水平和广大农民的愿望，引导农民走互助合作的道路，发展不同形式的互助合作组织，遵循自愿互利、典型示范和国家帮助的原则，重点发展半社会主义性质的初级农业生产合作社，再发展到社会主义性质的高级农业生产合作社；对个体手工业的改造，也采取了类似的过渡方法。再次，利用国家资本主义的形式，对资本主义工商业进行社会主义改造，从委托加工、计划订货、统购包销、委托经销代销等国家资本主义的初级形式，逐步向高级形式的公私合营过渡，并最终使国家资本主义经济转变为社会主义经济。

1956 年，我国生产资料私有制的社会主义改造取得了决定性的胜利。农民手工业者劳动群众个体所有的私有制，基本上转变成为劳动群众集体所有的公有制。亿万农民和大多数其他个体劳动者，已经成为社会主义的集体劳动者。资本家所有的资本主义私有制基本上转变成为国家所有即全民所有的公有制。全行业公私合营以后，资本家不再是原来企业的所有者，而是按照他们的能力被接受为企业的职员；他们领取的定息，由国家根据合营时核定的私股资产按固定利率付给，已同原有企业的利润没有联系。这样，国家对公私合营企业可以按照社会主义的原则进行生产管理，与国营企业没有多大差别。原私人企业的工人摆脱了雇佣劳动者的地位，同国营企业的工人一样成为企业的主人。在我国国

---

① 《列宁全集》第 36 卷，人民出版社 1985 年版，第 341 页。

② 中共中央党校党史教研室选编：《中共党史参考资料》(八)，人民出版社 1980 年版，第 40 页。

民经济中，全民所有制和劳动群众集体所有制这两种形式的社会主义公有制经济，已经居于绝对统治的地位。我国绝大多数公民依照按劳分配的社会主义分配原则领取劳动报酬，人剥削人的现象基本上消灭了。

我国的社会主义改造，建立了以公有制为基础的社会主义经济制度，使中国人民摆脱了经济上受剥削的地位，因而向经济解放的目标迈出了关键性的一步。但是，按照马克思主义的观点，经济解放不仅意味着不受剥削，而且意味着共同富裕。马克思恩格斯指出："当人们还不能使自己的吃喝住穿在质和量方面得到充分供应的时候，人们就根本不能获得解放。'解放'是一种历史活动，而不是思想活动，'解放'是由历史的关系，是由工业状况、商业状况、农业状况、交往关系的状况促成的。"[①]显然，我国社会主义基本制度建立之后，中国人民经济解放的任务还没有最终完成。

三、"第三件大事"的目的是实现中国人民的社会解放

胡锦涛指出："第三件大事，我们党紧紧依靠人民进行了改革开放新的伟大革命，开创、坚持、发展了中国特色社会主义。"而进行改革开放和发展中国特色社会主义的最终目的，则是实现中国人民的社会解放。

我国政治体制改革和政治建设的主要任务，是完善人民代表大会制度，发展社会主义民主。邓小平指出："我们实行的就是全国人民代表大会一院制，这最符合中国实际。如果政策正确，方向正确，这种体制益处很大，很有助于国家的兴旺发达，避免很多牵扯。当然，如果政策搞错了，不管你什么院制也没有用。"[②]社会主义民主的本质是人民当家作主。但是，必须采取适当的形式才能保证人民当家作主。政治解放，按恩格斯的教导，就是工人阶级掌握政权，争得民主，争得管理国家事务和社会事务的权力。我们不能奢望全体人民都直接来管理国家，但全体人民都必须享有选择自己的代表管理国家的权力。列宁指出："民主是多数人的统治。只有普遍、直接、平等的选举才可以说是民主的选举。只有根据普选制，由全体居民选出的委员会才是民主的委员会。从民主制的一般的、基本的、起码的道理出发，无疑会得出这样的结论，这还要我们来向立宪民主党人先生们唠叨，简直有点离奇。"[③]我们应该改革人民代表的产生办法，由人民群众直接选举，而不是先由上级党政机关指定候选人，然后再通过群众"投票"

---

① 《马克思恩格斯全集》第 42 卷，人民出版社 1979 年版，第 368 页。

② 《邓小平文选》第 3 卷，人民出版社 1993 年版，第 220 页。

③ 《列宁全集》第 22 卷，人民出版社 1990 年版，第 53～54 页。

来确认。我们应该废除干部的委任制，实行选举制，一切干部均由选举产生而且要接受群众监督。只有人民群众掌握了立法机关、行政机关和司法机关，才算是真正掌握了国家政权，真正获得了政治自由。正如列宁所说：“政治自由就是人民处理自己全民的、国家的事务的自由。政治自由就是人民有权选举自己的议员（代表）进杜马（议会）。一切法律都只应由人民自己选举的这个国家杜马（议会）来讨论和颁布，一切赋税都只应由它来决定。政治自由就是人民有权选举一切官吏，有权召集各种会议来讨论一切国家的事务，有权不经任何许可就可以随意印书报。”[①]我们应该为实现这个目标而奋斗。

我国经济体制改革和经济建设的主要任务，是建立健全社会主义市场经济体制，解放和发展生产力，创造更多的物质财富，为实现中国人民的经济解放奠定基础。列宁说：“无产阶级取得国家政权以后，它的最主要最根本的需要就是增加产品数量，大大提高社会生产力。……没有这个条件，劳动摆脱资本桎梏这整个解放事业就不可能获得成功，社会主义就不可能获得胜利。”[②]新中国经过60多年特别是改革开放30多年的发展，经济事业取得了举世瞩目的成就，但是，由于我国社会主义的历史前提是贫穷落后的半殖民地半封建社会，所以我国社会主义制度的物质基础还不雄厚，人民群众的物质生活还不富裕。马克思说：在新的社会制度中，“社会生产力的发展将如此迅速……生产将以所有人的富裕为目的”[③]。可见，我们离经济解放的目标还有较长一段距离。今天看来，邓小平在我国改革开放的关键时刻提出社会主义本质论，是有其深刻寓意的。“社会主义的本质，是解放生产力，发展生产力，消灭剥削，消除两极分化，最终达到共同富裕。”[④]这一科学论断，实质上包含了无产阶级和劳动人民实现经济解放的基本内容，即既不受剥削又生活富裕。我们应该朝这个方向努力。

我国文化体制改革和文化建设的主要任务，是建立与我国社会主义经济、社会主义政治相适应的社会主义文化。中共十七届六中全会通过的《关于深化文化体制改革若干重大问题的决定》指出：“物质贫乏不是社会主义，精神空虚也不是社会主义。没有社会主义文化繁荣发展，就没有社会主义现代化。”[⑤]文化建设必须坚持马克思主义在意识形态的指导地位，用中国特色社会主义理论体系武装全党、教育人民，坚定干部群众的社会主义信仰；必须坚持为人民服务、为社

① 《列宁全集》第7卷，人民出版社1986年版，第114～115页。
② 《列宁选集》第4卷，人民出版社1995年版，第623页。
③ 《马克思恩格斯全集》第46卷（下），人民出版社1980年版，第222页。
④ 《邓小平文选》第3卷，人民出版社1993年版，第373页。
⑤ 《中国共产党第十七届中央委员会第六次全体会议文件汇编》，人民出版社2011年版，第16页。

会主义服务的方向，发展面向现代化、面向世界、面向未来的，民族的科学的大众的社会主义文化，提高人民群众的思想道德素质和科学文化素质；必须坚持“百花齐放、百家争鸣”的方针，在繁荣社会主义文化的基础上，注重培养人们的独立人格和自由精神，促进人的全面发展。我们应该牢记社会主义“两个极大”的要求，在尽快增加物质财富的同时，努力提高人们的精神觉悟。只有这样，才能最终完成社会解放的历史任务。

我们的目的是建成社会主义社会，实现人的社会解放即自由全面发展。有人认为，实现人的自由全面发展，是共产主义社会的任务。其实不然。在《哥达纲领批判》中，马克思在论述共产主义社会高级阶段时说：“在共产主义社会高级阶段，在迫使个人奴隶般地服从分工的情形已经消失，从而脑力劳动和体力劳动的对立也随之消失之后；在劳动已经不仅仅是谋生的手段，而且本身成了生活的第一需要之后；在随着个人的全面发展，他们的生产力也增长起来，而集体财富的一切源泉都充分涌流之后——只有在那个时候，才能完全超出资产阶级权利的狭隘眼界，社会才能在自己的旗帜上写上：各尽所能，按需分配！”[①]我们在阅读这段文字时，一定要注意“之后”一词。马克思在这里明确指出，在共产主义社会高级阶段到来“之前”，即在共产主义社会第一阶段，个人就已经获得了全面发展。只有在这个时候，社会才能得到最终解放，共产主义社会高级阶段才能到来。正如恩格斯所说：“要不是每一个人都得到解放，社会也不能得到解放。”[②]因此，我们必须在积极进行社会主义政治、经济、文化建设的同时，加快发展教育、医药卫生、社会保障、群众住房等各项社会事业，努力使全体人民学有所教、病有所医、老有所养、住有所居。这是实现人的全面发展的必备条件。

综上所述，中国共产党的“三件大事”，既反映了历史发展的客观规律，又体现了共产党人的价值追求。我们应该在改革开放新的伟大革命中，坚持和发展中国特色社会主义，完善政治解放的具体形式，完成经济解放的遗留任务，为争取实现社会解放而努力奋斗！

（原载《社会主义研究》2012年第2期，原文署名宋立娥、李心华）

① 《马克思恩格斯选集》第3卷，人民出版社1995年版，第305～306页。

② 《马克思恩格斯选集》第3卷，人民出版社1995年版，第644页。

革命性质是由社会性质决定的吗？

——山大版《毛泽东思想概论》有关论述质疑

赵金鹏、刘德军、张荣华主编的《毛泽东思想概论》第二章，在讲到新民主主义革命的性质时，是这样表述的：

“在半殖民地半封建的中国社会中进行的革命运动，是什么性质的呢？毛泽东依据马克思列宁主义的基本原理，从中国社会的实际出发，对中国革命的性质作出了科学的界定。

“第一，革命的性质是由社会性质决定的，而决定革命性质的力量，是主要的敌人和主要的革命者两方面。毛泽东指出，鸦片战争以后，中国逐步沦为半殖民地半封建社会。由于革命的主要敌人是帝国主义和封建主义，革命的任务是反对帝国主义、争取民族独立，反对封建主义、扫清政治民主化和经济现代化的障碍，这就决定了中国革命的性质只能是资产阶级民主主义的革命。”①

以上引用的两段话，表达了三层意思：第一，革命的性质是由社会性质决定的；第二，半殖民地半封建的社会性质决定了中国只能发生资产阶级民主革命；第三，由上述两点推断，资产阶级民主革命只能发生在半殖民地半封建的社会中。我认为，这三点论断是站不住脚的。

首先，如果革命的性质是由社会性质决定的论断是正确的话，那么就可以得出这样两个结论：一是在一个社会中只能发生一种革命，二是同一性质的革命只能发生在性质相同的社会中。事实并非如此。一方面，同一个社会中可能发生两种不同性质的革命。比如，奴隶社会末期，一个国家可能发生两种革命，一种是奴隶反对奴隶主阶级的奴隶革命，另一种是地主阶级反对奴隶主阶级的地主阶级革命。封建社会末期，一个国家也可能发生两种革命，一种是农民反对地主阶级的农民革命，另一种是资产阶级反对地主阶级的资产阶级革命。另一方面，同一性质的革命可能发生在不同性质的社会中。20 世纪初，俄国发生的 1917

① 赵金鹏等主编：《毛泽东思想概论》，山东大学出版社 2002 年版，第 49 页。

年二月革命和中国发生的辛亥革命，都是资产阶级民主革命，但是此时的俄国已经进入资本主义社会，而中国却是半殖民地半封建社会。以上两个方面，都否定了革命的性质是由社会性质决定的论断。

其次，半殖民地半封建的社会性质决定了中国只能发生资产阶级民主革命的论断也是错误的。鸦片战争以后，中国逐步沦为半殖民地半封建社会。此后在中国发生的革命，除了资产阶级领导的旧民主主义革命和无产阶级领导的新民主主义革命都是资产阶级民主革命以外，还有洪秀全领导的太平天国革命，它不能称为资产阶级民主革命，而只能算作农民革命。

最后，资产阶级民主革命只能发生在半殖民地半封建的社会中这一推断显然是不对的。如前所述，进入资本主义最高阶段即帝国主义阶段之后的俄国，曾发生过资产阶级民主革命；1848 年欧洲革命爆发时，英、法、德等主要国家都进入了资本主义社会，但 1848 年革命仍然是资产阶级民主革命。可见，社会性质是不能作为判定革命性质的标准的。

那么，判断革命性质的标准究竟是什么呢？要搞清这个问题，首先必须搞清什么是“革命”以及革命发生的根源。我们通常所说的“革命”，是指社会革命，即一个阶级推翻另一个阶级的统治，夺取政权和变革社会制度的革命。列宁说：“无论从革命这一概念的严格科学意义来讲，或是从实际政治意义来讲，国家政权从一个阶级手里转到另一个阶级手里，都是革命的首要的基本的标志。”[①]“一个阶级推翻另一个阶级的统治”，说的是阶级矛盾的两个方面，而正是这两个方面决定了革命的性质；但是，要推翻一个阶级的统治的，可能不是一个阶级，因此，革命性质不是由社会性质决定的，而是由这次革命所要解决的社会主要矛盾决定的。毛泽东所说的“决定革命性质的力量，是主要的敌人和主要的革命者两方面”[②]，虽然表述得不够准确和严密，但大体上可以反映这个意思。

历史唯物主义认为，革命发生的深刻根源在于社会基本矛盾的尖锐化。马克思指出：“社会的物质生产力发展到一定阶段，便同它们一直在其中运动的现存生产关系或财产关系（这只是生产关系的法律用语）发生矛盾。于是这些关系便由生产力的发展形式变成生产力的桎梏。那时社会革命的时代就到来了。”[③]在阶级社会中，生产力和生产关系之间的矛盾表现为阶级矛盾即社会主要矛盾。因此，革命发生的直接根源在于反映社会基本矛盾的社会主要矛盾的尖锐化，正

① 《列宁选集》第 3 卷，人民出版社 1995 年版，第 25 页。

② 《毛泽东选集》第 4 卷，人民出版社 1991 年版，第 1288 页。

③ 《马克思恩格斯选集》第 2 卷，人民出版社 1995 年版，第 32～33 页。

像列宁所说，“革命是随着产生革命的阶级矛盾的日趋尖锐而发展起来的”①。而在阶级社会中，社会基本矛盾所产生的社会主要矛盾，往往不是一个，而是两个或更多。比如奴隶社会末期，社会基本矛盾所产生的社会主要矛盾有两个，一个是奴隶阶级与奴隶主阶级之间的矛盾，另一个是新兴地主阶级与奴隶主阶级之间的矛盾；相应之下，由社会主要矛盾的发展所产生的革命，性质也会完全不同，一种是奴隶反对奴隶主的奴隶革命，另一种是地主反对奴隶主的地主阶级革命。再如封建社会末期，社会基本矛盾所产生的社会主要矛盾也有两个，一个是农民与封建地主阶级之间的矛盾，另一个是新兴资产阶级与封建地主阶级之间的矛盾；相应之下，由社会主要矛盾的发展所产生的革命，性质也会完全不同，一种是农民反对地主阶级的农民革命，另一种是资产阶级反对地主阶级的资产阶级革命。在半殖民地半封建的中国，也不是只能发生资产阶级民主革命。因为社会基本矛盾所产生的社会主要矛盾有好几种，所以要解决这些社会主要矛盾的革命也就有好几种。有要解决农民和封建地主阶级的矛盾的太平天国农民革命，又有要解决资产阶级和封建地主阶级的矛盾的辛亥资产阶级革命，还有要解决中华民族和帝国主义的矛盾的民族革命，比如抗日战争。

有人认为，社会革命只有三种类型：新兴封建主阶级推翻没落奴隶主阶级的革命，新兴资产阶级推翻没落封建主阶级的革命，无产阶级推翻资产阶级的革命；而奴隶反对奴隶主阶级的革命和农民反对封建主阶级的革命，由于最终不能实现社会制度的根本变革，所以不能算作社会革命。这种观点值得商榷。在阶级社会中，生产力和生产关系之间的矛盾表现为阶级矛盾，占统治地位的阶级总是依靠国家政权，即由军队、警察、法庭、监狱等构成的暴力工具，来维护他们所赖以生存的生产关系。革命阶级如果不通过革命手段夺取国家政权，就不能摧毁旧的生产关系，为新的生产关系的发展开辟道路。马克思、恩格斯指出：“那些使一定的生产力能够得到利用的条件，是社会的一定阶级实行统治的条件，这个阶级的由其财产状况产生的社会权力，每一次都在相应的国家形式中获得实践的观念的表现，因此一切革命斗争都是针对在此以前实行统治的阶级的。”②这就告诉我们，任何一次政治变革，只要不是统治阶级内部的权力更替，只要不是反动阶级对革命阶级政权的篡夺，都是社会革命。在奴隶社会，奴隶反对奴隶主阶级的革命，在封建社会，农民反对地主阶级的革命，因其矛头所向是奴隶主阶级的政治统治和地主阶级的政治统治，所以都应该算作社会革命。

① 《列宁选集》第3卷，人民出版社1995年版，第423页。

② 《马克思恩格斯选集》第1卷，人民出版社1995年版，第90页。

即使不把奴隶革命和农民革命算作典型的社会革命，即使只把地主阶级革命、资产阶级革命和无产阶级革命当作典型的社会革命，也不能排除一个社会中发生两种性质的革命的情况，也不能支撑社会性质决定革命性质的观点。比如，法国在 1789～1794 年期间经历了比较彻底的资产阶级革命，推翻了封建制度和专制政体，建立了法兰西第一共和国。1830 年，法国又发生了“七月革命”，推翻了复辟 15 年的波旁王朝，建立了奥尔良王朝。此后，法国工业革命迅速发展，无产阶级队伍不断壮大。到 1848 年欧洲革命爆发时，法国社会中存在着两种主要矛盾，一是资产阶级与封建残余势力的矛盾，二是无产阶级与资产阶级的矛盾。1848 年法国二月革命的主要任务是铲除封建残余，进一步发展资本主义，所以它没有超出资产阶级民主革命的范围。23 年之后，1871 年 3 月 18 日，法国爆发了巴黎公社革命，这次革命所要解决的社会主要矛盾是无产阶级和资产阶级的矛盾，革命的主要任务是使无产阶级掌握国家政权，所以它成为人类历史上第一次无产阶级革命。可见，法国 1848 年二月革命和 1871 年巴黎公社革命，同是发生在资本主义社会中，而性质却是完成不同的。又如，俄国 1861 年的农奴制改革，标志着俄国由封建社会向资本主义社会转变。改革后，虽然仍保存着大量的农奴制残余，但资本主义得到了迅速发展，到 19 世纪 80 年代，俄国完成了工业革命，工业无产阶级发展成为一支独立的政治力量。到 20 世纪初，俄国正式进入帝国主义阶段。此时的俄国社会，存在着两种主要矛盾，一种是资产阶级与封建残余势力的矛盾，另一种是无产阶级与资产阶级的矛盾。1905 年，俄国爆发了资产阶级民主革命。而在 1917 年，俄国先后发生了两次革命，一次是资产阶级反对地主阶级的二月资产阶级革命，一次是无产阶级反对资产阶级的十月社会主义革命。二者相距只有短短八个月的时间，其间俄国的社会性质并未发生转变，却发生了性质完全不同的两种革命，这怎么能说社会性质决定革命性质呢?

总之，革命所要解决的社会主要矛盾决定革命的性质。解决奴隶和奴隶主阶级矛盾的革命是奴隶革命，解决封建地主阶级和奴隶主阶级矛盾的革命是地主阶级革命，解决农民和封建地主阶级矛盾的革命是农民革命，解决资产阶级和封建地主阶级矛盾的革命是资产阶级革命，解决无产阶级和资产阶级矛盾的革命是无产阶级革命即社会主义革命。当然，在具体的历史环境中，由于同一社会中可能存在几种社会主要矛盾，而不同性质的社会中又可能存在同种社会主要矛盾，所以可能出现一个国家几种革命互相交错的情况，也可能出现几个不同性质的国家发生同种革命的情况。正如列宁所说：“我们大家都认为资产阶级革命和社会主义革命是截然不同的东西，我们大家都无条件地坚决主张必须把这两种革命极严格地区分开,但是,难道可以否认前后两种革命的个别的、局部的成分在历史上互相交错的事实吗?难道在欧洲民主革命的时代没有许多社会主义运动和争取社会主义的尝试吗?难道欧洲未来的社会主义革命不是还有许许多多民主主义性质的任务要去最终完成吗?"[①]列宁说的完全正确。法国1848年资产阶级民主革命时期曾发生过无产阶级反对资产阶级的六月起义;俄国1917年十月社会主义革命时期也曾解决过土地革命这个民主主义性质的任务。这些事实,更进一步证明社会性质是不能决定革命性质的。

(原载《探索》2004年第3期)

① 《列宁选集》第1卷,人民出版社1995年版,第591页。

党立于不败之地的根本保证

——保持党同人民群众血肉联系的重大战略意义

党的十八届六中全会通过的《关于新形势下党内政治生活的若干准则》指出:“人民立场是党的根本政治立场,人民群众是党的力量源泉。我们党来自人民,失去人民拥护和支持,党就会失去根基。必须把坚持全心全意为人民服务的根本宗旨、保持党同人民群众的血肉联系作为加强和规范党内政治生活的根本要求。”在此之前,习近平总书记在《庆祝中国共产党成立95周年大会上的讲话》中也指出:“人民立场是中国共产党的根本政治立场,是马克思主义政党区别于其他政党的显著标志。党与人民风雨同舟、生死与共,始终保持血肉联系,是党战胜一切困难和风险的根本保证,正所谓‘得众则得国,失众则失国’。”这就告诉我们,保持党同人民群众的血肉联系,对于党永远立于不败之地,具有重大的战略意义。

无产阶级政党是为了完成无产阶级的解放事业而成立的;没有无产阶级政党教育、组织和领导无产阶级和广大劳动群众,无产阶级就不能完成夺取政权、巩固政权和建设社会主义社会的任务。但是,无产阶级政党如果不能把广大人民群众发动起来,就不能完成自己的历史使命。因为无产阶级的解放事业是群众的事业,而无产阶级政党的党员无论在革命还是建设中都只能是少数;无产阶级政党只有团结和带领广大人民群众,始终保持同人民群众的血肉联系,才能达到自己的目的。

党要保持同人民群众的血肉联系,首先要坚持全心全意为人民服务的宗旨。党没有自己特殊的利益,人民群众的利益就是党的利益;党靠满足人民群众的利益而获得拥护和支持。这就要求党根据形势的发展,不断修正和调整自己的政策,以满足人民群众的要求和需要。在革命战争年代,我党实行土地革命政策,夺取地主土地分给贫苦农民,解决了人民群众的生存问题,使数以百万计的农民参军、数以千万计的农民支前,保证了革命战争的胜利。在国民经济恢复时期和社会主义改造时期,我党在相当困难的情况下,努力满足人民群众的物质利益,人民群众欢欣鼓舞地接受社会主义改造，使我国顺利进入社会主义社会。但是，1957年开始的“左”的错误，导致了1958年的大跃进运动和人民公社化运动，给国民经济和人民生活造成极大困难，也引起人民群众的强烈不满；而在1959年的庐山会议上，却错误地将批评“小资产阶级狂热性”的彭德怀打成“反党分子”，继续坚持“左”的错误，结果造成1959～1961年的三年严重困难，人民连饭都吃不上。好在有我们党和毛泽东主席在革命战争年代和社会主义改造时期积累起来的极高威信，才没有引起全国性的动乱。经过1962～1965年的调整，国民经济有所恢复，人民生活有所好转。然而好景不长，1966年开始的“文革”十年动乱，又使国民经济濒临破产的边缘，人民尤其是农民的生活相当困苦。邓小平敏锐地觉察到，如果现在再不实行改革，提高人民生活水平，克服官僚主义，我们的现代化事业和社会主义事业就会被葬送。他坚决支持了安徽凤阳农民分田到户的行动，并将其推广到全国，实行家庭联产承包责任制，迅速调动了广大农民的生产积极性，不但解决了群众的温饱问题，而且还增加了国家的粮食储备和经济实力。随之进行的社会各方面的改革，造成了如今我国欣欣向荣的大好局面，人民安居乐业，党的威信大大提高。

列宁时期的苏联(包括苏俄)，布尔什维克党时刻以为人民服务为己任。国内战争时期，为了巩固无产阶级政权，支援前线的战争，苏俄实行了“战时共产主义”政策，采用余粮收集制将农民的余粮甚至一部分必需的粮食拿走，以供给军队和供养工人。农民则在极端困苦的情况下为谋求自身解放而做出了巨大牺牲。1920年底国内战争结束后，苏维埃政权渡过了面临灭亡的危险阶段。但是，由于1920年的歉收和“战时共产主义”政策的实施，普遍的饥荒和生活贫困，使苏维埃政权遭到了严重的经济危机和政治危机。这个危机不仅暴露了相当大的一部分农民的不满，而且还暴露了工人的不满。当时广大农民群众不是自觉地而是本能地反对苏维埃政权，甚至爆发了1921年2月底的喀琅施塔得水兵叛乱事件；而这些水兵则是由对继续实行“战时共产主义”政策怀有不满情绪的农民组成的。列宁总结了经验教训，深刻地认识到：我们在经济进攻中前进得太远了，向纯社会主义形式和纯社会主义分配直接过渡，是我们力所不及的，如果我们不能实行退却，即把任务限制在较容易完成的范围内，那我们就有灭亡的危险。于是，列宁领导苏俄转而实行新经济政策。这一政策的主要内容，就是以粮食税代替余粮收集制，这是一种更能为农民接受的经济政策。农民在交纳了预先规定的粮食税之后，余粮可以自由买卖，这就极大地提高了广大农民的生产积极性，促进了自由贸易，恢复了国民经济，并且得到了农民对布尔什维克党和苏维埃政权的信赖和支持。列宁指出：新经济政策的实质是无产阶级同农民的联盟，是无产阶级先锋队同广大农民群众的结合。“新经济政策的实质：最大限度地提高生产力和改善工人和农民的生活状况，利用私人资本主义并把它纳入国家资本主义的轨道，全面支持地方的首创精神，同官僚主义和拖拉作风作斗争。”[①]这充分体现了列宁的爱民思想和对官僚主义的痛恨。但是，列宁的后继者们却背离了列宁的教导。1932～1933 年期间，苏联发生了一场可怕的饥荒，被饿死的灾民达到 800 万人，斯大林却没有放缓强制集体化和超速工业化的步伐；而如果拿出 1932～1933 年出口谷物的一半，就足以使所有灾民渡过饥荒。斯大林之后的苏共领导人，将苏联发展成为一个在军事上能与美国抗衡的超级大国，然而，一个拥有 30000 颗核弹头的核大国，人们连一双靴子和一块肥皂都很难买到。人民群众对苏联党和政府彻底失去了信心。

党要保持同人民群众的血肉联系，还要坚持从严治党，克服官僚主义，始终保持自身的先进性和纯洁性。列宁曾经告诫布尔什维克党：如果说有什么东西会把我们毁掉的话，那就是共产党员成了官僚主义者。他说：对于一个执政的共产党来说，对于一个作为工人阶级先锋队来领导一个大国向社会主义过渡的共产党来说，“最严重、最可怕的危险之一，就是脱离群众……没有同全体劳动大军即同大多数工农群众保持牢固的联系。”[②]因此，列宁高度重视执政党的自身建设，要求以巴黎公社为防止国家和国家机关由社会公仆变为社会主人而采取的两项措施，即普选制、撤换制和普通工人工资制，来制约布尔什维克党和苏维埃政权的工作人员，避免他们产生官僚主义，脱离人民群众。苏俄最初规定，干部的最高工资是每月 500 卢布，比工人的最低工资只高出 3 倍。1918 年 5 月，克里姆林宫总务处长看到列宁工作太累，生活太苦，就把列宁的工资擅自提高到 800 卢布，列宁得知后认为这是违法乱纪行为，立即给予警告处分。但是，列宁逝世后，苏联的最高工资与最低工资的差距不断飙升。1934 年已扩大到 30 倍，1953 年又扩大到 50 倍，勃列日涅夫时期更是扩大到 100 倍。更为严重的是，苏联党政官僚集团成员还享有高薪以外的很多特权，比如住房、食物、交通工具、海滨休假、夏日狩猎等等。法国作家罗曼·罗兰在 1935 年访问苏联时就觉察到了苏联在制度层面上已在一定程度上营造了一个特权阶层（他还没有发现苏联干部和群众的工资差距正在拉大）。他在《莫斯科日记》中说：“没有理由，也不该有理由认为，保卫国家的伟大的共产主义军队及其领导人正在冒险变成特殊阶级，而且，比什么都严重的是，变成特权阶级。组成国家精华的精英人物不应该脱离

① 《列宁全集》第 41 卷，人民出版社 1986 年版，第 393 页。

② 《列宁全集》第 42 卷，人民出版社 1987 年版，第 372 页。

国家……不应该为自己攫取荣誉、福利和金钱的特权。从总体上说，对这一点看来是注意的，至少不出现金钱特权。"但是，"共产党的活跃成员利用其他特权(住房、食物、交通工具等)代替金钱，这些特权确保他们能过上舒适生活并拥有特殊地位。更不用说他们利用影响为自己和自己的亲属谋利益。"[①]特权阶层的产生，严重破坏了党同人民群众的联系，为苏共和苏联的发展埋下了隐患。1937年3月，斯大林在联共(布)中央全会上，也曾讲到保持党同人民群众联系的问题。他讲了一个古代希腊的神话故事：无敌英雄安泰是海神波赛东和地神盖伊的儿子。他在同敌人决斗遇到困难时，只要往地上一靠，便从大地母亲那里获得新的力量。后来，敌人海格立斯发现了安泰的弱点，设法使他离开了地面，将其举到空中扼死了。斯大林认为，"布尔什维克很像希腊神话中的英雄安泰"。当同自己的母亲——人民群众保持联系时，他们便强大到不可战胜；而只要一失去同群众的联系，只要一染上官僚主义的毛病，他们就会丧失任何力量，变成空架子。斯大林虽然发现了问题的严重性，却没有采取果断措施力挽危局。斯大林的后继者在脱离人民群众和背离社会主义的道路上则越走越远，终于导致了苏共的垮台和苏联的解体。当戈尔巴乔夫宣布解散苏共和苏联时，1800万苏共党员和2.8亿苏联人民却无动于衷，皆作壁上观。这真是一场像安泰一样的历史悲剧！

党的十八大以来，以习近平同志为核心的党中央更加重视党的自身建设。习近平总书记在一系列重要讲话中反复强调保持党同人民群众的血肉联系是党立于不败之地的根本保证。在《纪念红军长征胜利80周年大会上的讲话》中，他指出："'水能载舟，亦能覆舟。'这个道理我们必须牢记，任何时候都不能忘却。老百姓是天，老百姓是地。忘记了人民，脱离了人民，我们就会成为无源之水、无本之木，就会一事无成。我们要坚持党的群众路线，始终保持党同人民群众的血肉联系，始终接受人民群众批评和监督，心中常思百姓疾苦，脑中常谋富民之策，使我们党永远赢得人民群众信任和拥护，使我们的事业始终拥有不竭的力量源泉。"在党中央的领导下，全国人民正在为实现"两个一百年"目标努力奋斗，争取到2020年中国共产党成立100年时全面建成小康社会，为进而到本世纪中叶中华人民共和国成立100年时建成富强民主文明和谐的社会主义现代化国家打下坚实基础。另一方面，全党遵照习近平总书记"我们党作为执政党，面临的最大威胁就是腐败"的告诫，坚持"老虎""苍蝇"一起打，使不敢腐的震慑作用得到发挥，不能腐、不想腐的效应初步显现，反腐败斗争压倒性态势正在形成。党以实

---

① [法]罗曼·罗兰：《莫斯科日记》，夏伯铭译，上海人民出版社1995年版，第115～116页。

际行动取信于民，党的作风正，人民的心气顺，党和人民就能同甘共苦，保持血肉联系，使党永远立于不败之地，带领人民实现中华民族的伟大复兴。

（原载《鲁东大学报》2017 年 12 月 31 日）

以科学态度对待马克思主义

——读习近平《在哲学社会科学工作座谈会上的讲话》

习近平《在哲学社会科学工作座谈会上的讲话》中指出："对待马克思主义，不能采取教条主义的态度，也不能采取实用主义的态度。如果不顾历史条件和现实情况变化，拘泥于马克思主义经典作家在特定历史条件下、针对具体情况作出的某些个别论断和具体行动纲领，我们就会因为思想脱离实际而不能顺利前进，甚至发生失误。什么都用马克思主义经典作家的语录来说话，马克思主义经典作家没有说过的就不能说，这不是马克思主义的态度。同时，根据需要找一大堆语录，什么事都说成是马克思、恩格斯当年说过了，生硬'裁剪'活生生的实践发展和创新，这也不是马克思主义的态度。"①这就告诉我们，要坚持以马克思主义为指导，就必须以科学态度对待马克思主义，而不能采取教条主义和实用主义的态度。

以科学态度对待马克思主义，首先要反对教条主义。马克思主义创始人反复强调不能把他们的理论看作教条。恩格斯说："我们的理论是发展着的理论，而不是必须背得烂熟并机械地加以重复的教条。"②"马克思的整个世界观不是教义，而是方法。它提供的不是现成的教条，而是进一步研究的出发点和供这种研究使用的方法。"③马克思、恩格斯本身也是随着历史和实践的不断发展而不断地修正和推进自己的理论。他们在19世纪40～60年代，依据资本主义大工业的发展时期阶级斗争比较剧烈的实际，强调无产阶级必须通过暴力革命夺取政权。1848年，他们在《共产党宣言》中宣布：共产党人的目的"只有用暴力推翻全部现存的社会制度才能达到"。他们把暴力革命看作无产阶级革命的一般规律。1871年巴黎公社失败以后，欧洲主要资本主义国家向大工业的过渡大体已经完成，无产阶级所处的境况已经稳定，资本主义进入了一个相对和平发展的时

---

① 习近平：《在哲学社会科学工作座谈会上的讲话》，人民出版社2016年版，第13页。

② 《马克思恩格斯选集》第4卷，人民出版社2012年版，第588页。

③ 《马克思恩格斯选集》第4卷，人民出版社2012年版，第664页。

期。资本主义的经济实力有了很大增长，政治民主逐步形成，阶级斗争也趋于平稳和缓和。马克思、恩格斯根据资本主义的新变化，提出了无产阶级革命斗争的新策略。1872年，马克思指出，选择无产阶级夺取政权的手段，必须考虑到各国的制度、风俗和传统。有些国家，像美国、英国和荷兰，工人可能用和平手段达到自己的目的。1891年，恩格斯指出，可以设想，在人民代议机关把一切权力集中在自己手里、只要取得大多数人民的支持就能够按照宪法随意办事的国家里，旧社会可能和平地长入新社会，比如在法国和美国那样的民主共和国，在英国那样的君主国。在马克思、恩格斯看来，在个别民主成分较多的国家，工人可能用和平方式取得政权。这就在实际上修正了他们早期关于“除了进行暴力革命以外，不承认有实现无产者目的的其他手段”的结论。

1895年3月，恩格斯在为马克思《法兰西阶级斗争》一书写的导言中指出：历史“彻底证明了，在1848年要以一次简单的突然袭击来实现社会改造，是多么不可能的事情”①。“历史表明，我们以及所有和我们有同样想法的人，都是不对的。历史清楚地表明，当时欧洲大陆经济发展的状况还远没有成熟到可以铲除资本主义生产的程度。”②“历史表明我们也曾经错了，暴露出我们当时的看法只是一个幻想。历史走得更远：它不仅打破了我们当时的错误看法，而且还完全改变了无产阶级进行斗争的条件。1848年的斗争方法，今天在一切方面都已经过时了。”③由于德国工业和交通的发展，先进的武器，宽阔的街道等等一系列条件的变化，对于无产阶级举行城市武装起义，开展巷战变得越来越不利，而普选权却“由向来是欺骗的工具变为解放的工具”，成为“无产阶级的一种崭新的斗争方式”和“最锐利的武器中的一件武器”。可见，马克思主义创始人总是根据历史条件的变化和斗争实践的深入，不断发展革命理论并相应变换斗争策略。

列宁在科学对待马克思主义的问题上，为我们树立了光辉典范。他一生忠于马克思主义，捍卫和发展马克思主义，坚持不懈地同教条主义和各种机会主义作斗争。列宁指出：“我们决不把马克思的理论看作某种一成不变的和神圣不可侵犯的东西；恰恰相反，我们深信：它只是给一种科学奠定了基础，社会党人如果不愿落后于实际生活，就应当在各方面把这门科学推向前进。我们认为，对于俄国社会党人来说，尤其需要独立地探讨马克思的理论，因为它所提供的只是总的指导原理，而这些原理的应用具体地说，在英国不同于法国，在法国不同于德国，

---

① 《马克思恩格斯选集》第4卷，人民出版社2012年版，第385页。

② 《马克思恩格斯选集》第4卷，人民出版社2012年版，第384页。

③ 《马克思恩格斯选集》第4卷，人民出版社2012年版，第382页。

在德国又不同于俄国。”①列宁正是根据这个马克思主义的基本原则，从俄国的具体国情出发，解决了社会主义革命和社会主义建设的一系列问题。众所周知，第一次世界大战期间，列宁根据资本主义经济政治发展不平衡的规律，明确提出社会主义革命“一国首先胜利”的理论，发展了马克思、恩格斯早期提出的共产主义革命“同时发生”的结论，并在这个理论的指引下，领导俄国无产阶级取得了十月社会主义革命的伟大胜利。当时，第二国际的领袖考茨基和俄国的机会主义者，固守无产阶级革命必须在西方发达资本主义国家首先胜利的结论，强调俄国尚未具备社会主义革命的前提条件。普列汉诺夫认为“俄国历史还没有磨好将来要用它烤成社会主义馅饼的那种面粉”，指责列宁背离了马克思主义；苏汉诺夫等人则把“俄国生产力还没有发展到可以实行社会主义的高度”的论点当作口头禅，反对十月社会主义革命。列宁批驳道：“你们说，为了建立社会主义就需要文明。好极了。那么，我们为什么不能首先在我国为这种文明创造前提。如驱逐地主，驱逐俄国资本家，然后开始走向社会主义呢？你们在哪些书本上读到过，通常的历史顺序是不容许或不可能有这类改变的呢？”②他认为，无产阶级在可能取得政权的情况下要立即夺取政权，然后在无产阶级专政下创造建立社会主义所需要的文明。

十月革命胜利以后，列宁曾根据马克思、恩格斯提出的原则性构想，制定了社会主义建设的计划并付诸实践。这些计划和措施，概括起来就是“用正面攻击来消灭资本主义”。实践证明，在一个经济文化落后的小农国家里，这是行不通的。国内战争结束后，列宁对“战时共产主义”进行了深刻反思。他说：“我们计划……用无产阶级国家直接下命令的办法在一个小农国家里按共产主义原则来调整国家的产品生产和分配。现实生活说明我们错了。”③因此，列宁领导苏俄转行新经济政策。实行新经济政策的目的，就是利用国家资本主义发展社会生产力，为社会主义奠定物质基础。但是，当时一些人要从马克思的书本里寻找理论根据。列宁明确指出，马克思没有说过无产阶级国家的国家资本主义，现在我们必须自己来找出路。

以毛泽东、邓小平为代表的中国马克思主义者，也一贯要求以科学态度对待马克思主义。第一次国内革命战争失败以后，中国革命已经没有通过城市武装起义夺取政权的条件。但是，共产国际和中共党内的教条主义者仍然坚持以“城市中心论”为核心内容的错误路线，给党和红军以及中国革命造成了惨重损失。

---

① 《列宁选集》第1卷，人民出版社2012年版，第274～275页。

② 《列宁选集》第4卷，人民出版社2012年版，第778页。

③ 《列宁选集》第4卷，人民出版社2012年版，第570页。

在革命的危急关头，毛泽东依据马克思主义的基本原理，特别是根据马克思、恩格斯关于革命道路的选择要由各国的社会制度、革命所处的客观形势以及敌我力量对比和分布情况来决定的思想，从中国的具体实际出发，深刻阐述了中国革命走农村包围城市道路的必要性和可能性，创造性地开辟了一条中国特色的革命道路，引导中国革命取得了伟大胜利。

长期以来，人们一直固守共产主义社会"两阶段论"。其实，马克思关于共产主义社会发展阶段的思想，只是一种定性分析，而不是定量分析。列宁在《共产主义运动中的"左派"幼稚病》中就曾指出，在共产主义低级阶段即社会主义社会和共产主义高级阶段即共产主义社会之间，还有一个共产主义"中级阶段"。对于比较落后国家来说，无产阶级在夺取政权之后要经过哪些特殊的发展阶段才能过渡到社会主义社会，这要根据各国的具体国情来决定。恩格斯明确指出："至于这些国家要经过哪些社会和政治发展阶段才能同样达到社会主义的组织，我认为我们今天只能作一些相当空泛的假设。"①在邓小平的领导下，我党对我国社会所处的发展阶段作了实事求是的科学分析，明确提出我国正处在社会主义的初级阶段，从而奠定了中国特色社会主义的理论基础。

以科学态度对待马克思主义，其次要反对实用主义。实用主义有两种表现：一是用马克思主义来剪裁现实，二是用现实来剪裁马克思主义。恩格斯指出："如果不把唯物主义方法当做研究历史的指南，而把它当做现成的公式，按照它来剪裁各种历史事实，那它就会转变为自己的对立物。"②改革开放以来，一些人用马克思主义的个别论述来剪裁我国现实，从而得出完全错误的结论。比如，有人根据马克思、恩格斯曾经说过社会主义社会是有计划地组织社会生产，就把计划经济看做社会主义的根本特征，认为我国搞市场经济就是违背了社会主义的基本原则，就是搞资本主义，甚至将社会主义初级阶段说成资本主义初级阶段。

目前实用主义的突出表现，就是用我国现实来剪裁马克思主义。我国提出在社会主义初级阶段建立公有制为主体、多种所有制经济共同发展的基本经济制度之后，一些人便试图从马克思主义经典作家那里寻找理论根据。比如，有人将马克思在《资本论》中所说的"重新建立个人所有制"解释成"重新建立私有制"。其实，对于马克思的这句话，恩格斯在《反杜林论》中早就作了解释。他说："靠剥夺剥夺者而建立起来的状态，被称为重新建立个人所有制，然而是在土地和靠劳动本身生产的生产资料的社会所有制的基础上重新建立。对任何一个懂

① 《马克思恩格斯全集》第 35 卷，人民出版社 1971 年版，第 353 页。

② 《马克思恩格斯选集》第 4 卷，人民出版社 2012 年版，第 595 页。

德语的人来说，这就是说，社会所有制涉及土地和其他生产资料，个人所有制涉及消费品。”[①]《反杜林论》在付印之前，恩格斯曾把全部原稿念给马克思听。因此，恩格斯的解释毫无疑义符合马克思的本意。这就是说，马克思的“重新建立个人所有制”，是指重新建立消费品的个人所有制，不是指重新建立生产资料的个人所有制。又如，有人将列宁在《论合作社》中所说的“我们对社会主义的整个看法根本改变了”，解释成列宁对社会主义社会所有制的看法根本改变了，认为社会主义社会还存在多种所有制形式，其中也包括私有制的经济成分。其实，这完全是一种曲解。列宁在说了这句话之后，紧接着说：“这种根本的改变表现在：从前我们是把重心放在而且也应该放在政治斗争、革命、夺取政权等等方面，而现在重心改变了，转到和平的‘文化’组织工作上去了。”[②]列宁讲得很明确，“我们对社会主义的整个看法根本改变了”，说的是“我们对社会主义革命重心的整个看法根本改变了”。过去重心是政治革命，现在转为社会革命，亦即由夺取资产阶级政权，建立无产阶级专政，转为变革资本主义经济制度，建立社会主义生产关系。这可谓一个根本性的转变，但不是对社会主义所有制看法的改变。

最后，需要强调的是，坚持以科学态度对待马克思主义，前提是真正弄懂马克思主义。这就要求我们认真学习马克思主义经典著作，而且长期坚持不懈，以求掌握真谛、融会贯通。习近平说：“对马克思主义的学习和研究，不能采取浅尝辄止、蜻蜓点水的态度。有的人马克思主义经典著作没读几本，一知半解就哇啦哇啦发表意见，这是一种不负责任的态度，也有悖于科学精神。”[③]我们只有采取科学态度，克服浮躁情绪，扎扎实实地学懂马克思主义，才能真正坚持马克思主义。

（原载《山东社会科学报道》2016 年 8 月 1 日）

---

① 《马克思恩格斯选集》第 3 卷，人民出版社 2012 年版，第 509 页。

② 《列宁选集》第 4 卷，人民出版社 2012 年版，第 773 页。

③ 习近平：《在哲学社会科学工作座谈会上的讲话》，人民出版社 2016 版，第 12 页。

后 记

本人在讲授《科学社会主义原理》《国际共产主义运动史》《中国革命史》《邓小平理论概论》《毛泽东思想和中国特色社会主义理论体系概论》的过程中，对其中的重大理论问题进行了认真学习和研究，撰写了一系列学术论文。现从中选取一些相关文章，结集成《科学社会主义若干问题探讨》一书，并按所讨论的专题，分为上、中、下三编。

本书在出版过程中，承蒙山东外事职业大学领导和山东大学出版社的大力支持与帮助，在此谨表衷心感谢！

作　者

2020 年 2 月 6 日